东方文化集成

"东方文化集成"为季羡林教授所倡导,由北京大学东方学研究院"东方文化集成"编委会组织撰写出版。

这是一项迎接21世纪东方文化复兴和再创辉煌的世纪性文化工程。

中国与东北亚文化交流志

严绍璗 刘渤 著

东方文化集成
季羡林 创始主编
东方文化综合编

北京大学出版社

图书在版编目(CIP)数据

中国与东北亚文化交流志/严绍璗,刘渤著.—北京:北京大学出版社,2016.1
(东方文化集成)
ISBN 978-7-301-26574-1

Ⅰ.①中… Ⅱ.①严… ②刘… Ⅲ.①文化交流-文化史-中国、东亚 Ⅳ.①K203 ②K310.03

中国版本图书馆 CIP 数据核字(2015)第 284616 号

书　　名	中国与东北亚文化交流志 ZHONGGUO YU DONGBEIYA WENHUA JIAOLIU ZHI
著作责任者	严绍璗　刘　渤　著
责任编辑	张　冰　严　悦
标准书号	ISBN 978-7-301-26574-1
出版发行	北京大学出版社
地　　址	北京市海淀区成府路 205 号　100871
网　　址	http://www.pup.cn　新浪微博:@北京大学出版社
电子信箱	zpup@pup.cn
电　　话	邮购部 62752015　发行部 62750672　编辑部 62759634
印刷者	三河市北燕印装有限公司
经销者	新华书店 650 毫米×980 毫米　16 开本　23 印张　375 千字 2016 年 1 月第 1 版　2016 年 1 月第 1 次印刷
定　　价	58.00 元

未经许可,不得以任何方式复制或抄袭本书之部分或全部内容。
版权所有,侵权必究
举报电话:010-62752024　电子信箱:fd@pup.pku.edu.cn
图书如有印装质量问题,请与出版部联系,电话:010-62756370

"东方文化集成"编辑委员会

创始主编 季羡林

名誉总顾问 林祥雄　炎黄国际文化协会会长
　　　　　　　　　　北京大学东方学研究院研究教授

名誉顾问
杜德桥　英国大学汉语研究所所长、教授
冉云华　加拿大麦克斯特大学教授
饶宗颐　香港中文大学教授
谭　中　印度尼赫鲁大学院汉语系主任、教授
池田大作　日本创价学会名誉会长 北京大学名誉教授
王庚武　新加坡东亚政治经济研究所所长、教授 前香港大学校长
马悦然　瑞典皇家科学院院士、教授 诺贝尔奖瑞典文化学院评审委员会委员
杜维明　美国哈佛大学教授 哈佛燕京学社前主任 北京大学研究教授
安乐哲　美国夏威夷大学教授
罗亚娜　斯洛文尼亚卢布亚纳大学汉学系主任、教授 欧洲中国哲学研究会会长

特别顾问 陈嘉厚　张殿英

顾　问（按姓氏笔画为序）
王　镛　叶奕良　卢蔚秋　刘　烜　孙承熙　仲跻昆　李中华
李　谋　吴同瑞　张广达　张岂之　张光璘　姚秉彦　赵常庆
梁立基　袁行霈　麻子英　黄宝生　楼宇烈

主　编 张玉安　唐孟生　严绍璗　王邦维

"东方文化集成"分编主编
东方文化综合研究编
孟昭毅　郁龙余　侯传文
中华文化编
张　帆
日本文化编
严绍璗　王新生

朝鲜、韩国、蒙古文化编
李先汉　金景一　陈岗龙
东南亚文化编
裴晓睿　罗　杰
南亚文化编
薛克翘　魏丽明
伊朗、阿富汗文化编
王一丹　张　敏
西亚北非文化编
赵国忠　吴冰冰　林丰民
中亚文化编
吴宏伟
古代东方文化编
拱玉书　李　政
编辑部成员
主　任　唐孟生
副主任　李　政　林丰民　魏丽明
秘　书　樊津芳

"东方文化集成"总序
季羡林

我们正处在一个新的"世纪末"中。所谓"世纪"和"世纪末",本来是人为地创造出来的。非若大自然中的春、夏、秋、冬,秩序井然,不可更易,而且每岁皆然,决不失信。"世纪"则不同,没有耶稣,何来"世纪"? 没有"世纪",何来"世纪末"? 道理极明白易懂。然而一旦创造了出来,它就产生了影响,就有了威力。上一个"世纪末",19世纪的"世纪末",在西方文学艺术等意识形态领域中就出现过许多怪异现象,甚至有了"世纪末病"这样的名词,这是众所周知的事实,无待辩论与争论。

当前这一个"世纪末"怎样呢?

我看也不例外。世界上许多国家和地区都出现了政治方面天翻地覆的变化,不能不令人感到吃惊。就是在意识形态领域内,也不平静。文化或文明的辩论或争论就很突出。平常时候,人们非不关心文化问题,只是时机似乎没到,争论不算激烈。而今一到世纪之末,人们非常敏感起来,似乎是憬然醒悟,于是东西各国的文人学士讨论文化的兴趣突然浓烈起来,写的文章和开的会议突然多了起来。许多不同的意见,如悬河泄水,滔滔不绝,五光十色,纷然杂陈。这样就形成了所谓"文化热"。

在这一股难以抗御的"文化热"中,我以孤陋寡闻的"野狐"之身,虽无意随喜,却实已被卷入其中。我是一个有话不说辄如骨鲠在喉的人,在许多会议上,在许多文章中,大放厥词,多次谈到我对文化,特别是东方文化与西方文化的联系,以及东方文化在未来的新世纪中所起的作用和所占的地位等等的看法。颇引起了一些不同的反响。

为说明问题计,现无妨把我个人对文化和与文化有关的一些问题的看法简要加以阐述。我认为,在过去若干千年的人类历史上,民族和国家,不论大小久暂,几乎都在广义的文化方面作出了自己的贡献。这些贡献大小不同,性质不同,内容不同,影响不同,深浅不同,长短不同:

但其为贡献则一也。人类的文化宝库是众多的民族或国家共同建造成的。使用一个文绉绉的术语,就是"文化多元主义"。主张世界上只有一个民族创造了文化,是法西斯分子的话,为我们所不能取。

文化有一个很突出的特点,就是,文化一旦产生,立即向外扩散,也就是我们常说的"文化交流"。文化决不独占山头,进行割据,从而称王称霸,自以为"老子天下第一",世袭珍藏,把自己孤立起来。文化是"天下为公"的。不管肤色,不择远近,传播扩散。人类到了今天,之所以能随时进步,对大自然,对社会,对自己内心认识得越来越深入细致,为自己谋的福利越来越大,重要原因之一就是文化交流。

文化虽然千差万殊,各有各的特点;但却又能形成体系。特点相同、相似或相近的文化,组成了一个体系。据我个人的分法,纷纭复杂的文化,根据其共同之点,共可分为四个体系:中国文化体系,印度文化体系,阿拉伯伊斯兰文化体系,自古希腊、罗马一直到今天欧美的文化体系。再扩而大之,全人类文化又可以分为两大文化体系:前三者共同组成东方文化体系,后一者为西方文化体系。人类并没有创造出第三个大文化体系。

东西两大文化体系有其共同点,也有不同之处。既然同为文化,当然有其共同点,兹不具论。其不同之处则亦颇显著。其最基本的差异的根源,我认为就在于思维方式之不同。东方主综合,西方主分析,倘若仔细推究,这种差异在在有所表现,不论是在人文社会科学中,还是在理工学科中。我这个观点曾招致不少的争论。赞成者有之,否定者有之,想同我商榷者有之,持保留意见者亦有之。我总觉得,许多人(包括我自己在内)对东西方文化了解研究得都还不够深透,有的人连我的想法了解得也还不够全面,不够实事求是,却唯争论是尚,所以我一概置之不答。

有人也许认为,我和我们这种对文化和东西文化差异的看法,是当代或近代的产物。我自己过去就有过这种看法。实则不然。法国伊朗学者阿里·玛扎海里所著《丝绸之路》这一部巨著中有许多关于中国古代发明创造的论述,大多数为我们所不知。我在这里不详细介绍。我只引几段古代波斯人和阿拉伯人论述中国文化和希腊文化的话:

由扎希兹转载的一种萨珊王朝(226—Ca.640 年)的说法是:"希腊人除了理论之外从未创造过任何东西。他们未传授过任何艺术。中国人则相反。他们确实传授了所有的工艺,但他们确实没有任何科学理

论。"(329页)

羡林按：最后一句话不符合事实，中国也是有理论的。这就等于黑格尔说：中国没有哲学。完全是隔膜的外行话。书中还说：

在萨珊王朝之后，费尔多西、赛利比和比鲁尼等人都把丝绸织物、钢、砂浆、泥浆的发现一股脑儿地归于耶摩和耶摩赛德。但我们对于丝织物和钢刀的中国起源论坚信不疑。对于诸如泥浆——水泥等其余问题，它们有99%的可能性也是起源于中国。我们这样一来就可以理解安息——萨珊——阿拉伯——土库曼语中一句话的重大意义："希腊人只有一只眼睛，唯有中国人才有两只眼睛。"约萨法·巴尔巴罗于1471年和1474年在波斯就曾听到过这样的说法。他同时还听说过这样一句学问深奥的表达形式："希腊人仅懂得理论，唯有中国人才拥有技术。"（376页）

关于一只眼睛和两只眼睛的说法，我还要补充一点：其他人同样也介绍了另外一种说法，它无疑是起源于摩尼教：

"除了以他们的两只眼睛观察一切的中国人和仅以一只眼睛观察的希腊人之外，其他的所有民族都是瞎子。"（329页）

我之所以这样不厌其烦地引这许多话，绝不是因为外国人夸中国人有两只眼睛而沾沾自喜，睥睨一切。令我感兴趣的是，在这样漫长的时间以前，在波斯和阿拉伯地区就有了这样的说法。我们今天不能不佩服他们观察的细致与深刻，一下子就说到点子上。除了说中国没有理论我不能同意之外，别的意见我是完全同意的。在当时的世界上，确实只是中国和希腊有显著、突出、辉煌的文化。现在中国那一小撮言必称希腊的学者们或什么"者们"，可以憬然醒悟了。

但是这也还不是令我最感兴趣的问题。我最浓烈的兴奋点在于，正如我在上面所说的那样，畅谈东西文化之分，极富于近现代的摩登色彩。波斯和阿拉伯传说都证明：东西文化之分的说法，古已有之，于今为烈而已。其次，令我感到欣慰的是，文化的东西二分法，我并非始作俑者，古代的"老外"已先我言之矣。令我更感到欣慰的是我讲的东西方思维方式是东西文化的基础。波斯和阿拉伯古代的说法，我认为完全证实了我的看法。分析出理论，综合出技术，难道不是这样子吗？

时至今日，古希腊连那一只眼睛也早已闭上，欧洲国家继承并发扬了古希腊辉煌的文化，使欧洲文化光照寰宇。工业革命以后，技术也跟了上来，普天之下，莫非欧风。欧美人昏昏然陶醉于自己的胜利之中，以

"天之骄子"自命,好像有了两三只眼睛。但他们完全忘记了历史,忽视了当前的危机。而中国呢,则在长时期内,由于内因和外因的缘故,似乎把两只眼睛都已闭上。古代灿烂文化不绝如缕。初则骄横自大,如清初诸帝那样,继则震于西方的船坚炮利,同样昏昏然拜倒在西方的什么裙下,一直到了今天,微有苏醒之意,正在奋发图强中。

从上面谈到的历史事实中,我得出了一个结论:上下五千年,纵横十万里,东西文化的变迁是"三十年河东,三十年河西"。这本来是两句老生常谈,是老百姓的话,并不是我的发明创造。我提出来说明东西文化的关系,国内外都有赞成者,国内外也有反对者,甚至激烈反对者。我窃以为这两句话只说明了一个事实。中国古代哲学讲变易,佛家讲无常,连辩证法也讲事物时时都在变化中。大自然、人类社会和人类内心,无不证明这两句话的正确。我不过捡来利用而已。《三国演义》开宗明义就说:"话说天下大势,分久必合,合久必分。"说的不也就是这个浅显的道理吗?

可是东西方都有人昧于这个浅显的道理。特别是在西方,颇有人在有意识或无意识中,觉得自己的辉煌文化会万岁千秋地辉煌下去的。中国追随者也大有人在。他们根本没有意识到,文化也像世间的万事万物一样,不会永驻的,也是有一个诞生、发展、成长、衰竭、消逝的过程的。

但是,中国有一句俗话:是非自在人心。人是能够辨是非,明事理的。以自己的文化自傲的西方人也不例外。在第一次世界大战以前,西方这种人简直如凤毛麟角。一战爆发,惊醒了某一些有识之士。事实上在一战爆发前,就有人有了预感。德国学者奥斯瓦尔德·斯宾格尔(Oswald Spengler)在1911年就预感到世界大战迫在眉睫。后来大战果然爆发。从1917年起,斯宾格尔就开始写《西方的没落》。书一出版,立即洛阳纸贵。他的基本想法是:文化都可以分为四个阶段:一、青春,二、生长,三、成熟,四、衰败。尽管他的推论方法,收集资料,还难免有主观唯心的色彩。但是,他毕竟有这一份勇气,有这一份睿智,敢预言当时如日中天的,他认为在世界历史上八个文化中唯一还有活力的文化也会"没落"。我们不能不对他表示敬意。美中不足的是,他还没有认识到东方文化和西方文化的存在和交流关系。(参阅齐世荣等译《西方的没落》上、下册,商务印书馆,1995年)

在西方,继斯宾格尔而起的是英国历史学家汤因比(Arnold J. Toynbee,1889—1975)。他自称是受到了前者的影响。二人同样反对"欧洲中心主义",是他们有先见卓识之处。汤因比继承了斯宾格尔的意见,认为文化——他称之为"文明"——都有生长一直到灭亡的过程。他把人类历史上的文明分为21种,有时又分为26种。这些意见都表述在他的巨著《历史研究》中(1934—1961年),共12卷。他比斯宾格尔高明之处,是引入东方文化的讨论。到了70年代,他同日本社会活动家池田大作对话时,更进一步加以发挥,寄希望于东方文化。(参阅《展望二十一世纪》,国际文化出版公司,1985年)

我并不认为,斯宾格尔和汤因比——继他们之后欧美一些国家还有一批哲学家和历史学家、社会学家赞成他们的意见,我在这里不具引——等的看法都百分之百正确。但在举世昏昏,特别是欧美人昏昏的情况下,唯独他们闪耀出一点灵光,是十分难能可贵的。他们的看法从大体上来看,我认为是正确的。如果借用上面提到的古代波斯和阿拉伯人的说法,我就想说:希腊人及其后代的那一只眼睛,后来逐渐变成了两只眼睛;可物极必反,现在快要闭上了。中国人的两只眼睛,闭上了一阵,现在又要睁开了。

闭上眼睛的欧美人士,绝大多数一点也不了解东方,而且压根儿也没有了解的愿望。我最近多次听人说到,西方至今还有人认为中国人还缠小脚,拖辫子,抽大烟,养小老婆。甚至连文人学士还有不知道鲁迅为何许人者。在这样地球越变越小,信息爆炸的时代,西方之"文明人"竟还如此昏聩,真不能不令人大为惊异。反观我们中国,情况恰恰相反。欧美的一切,我们几乎都加以崇拜。汉堡包、肯德基、比萨饼,甚至莫须有的加州牛肉面,只要加一个洋字,立即产生大魅力,群众趋之若鹜。连起名字,有的都带有点洋味。个人名字与店铺名字,莫不皆然。至于化妆品,外国进口的本来就多。中国自造的也多冠以洋名,以广招徕。爱国之士,无不痛心疾首,谴责这种崇洋媚外的风气和行为。然而,从一分为二的观点上来看,也有其有利的一面。孙子说:"知己知彼,百战不殆。"专就东西而论,现在的情况是,我们对西方几乎是了若指掌,而西方对东方则如上面所说的那样,是一团漆黑。将来一旦有事,哪一方面占有利条件和地位,昭如日月矣。

对西方的文化,鲁迅先生曾主张"拿来主义"。这个主义至今也没有过时。过去我们拿来,今天我们仍然拿来,只要拿得不过头,不把西方文化的糟粕和垃圾一并拿来,就是好事,就会对我们国家的建设有利。但是,根据我上面讲的情况,我觉得,今天,在拿来主义的同时,我们应该提倡"送去主义",而且应该定为重点。为了全体人类的福利,为了全体人类的未来,我们有义务要送去的,但我们决不会把糟粕和垃圾送给西方。不管他们接受,还是不接受,我们总是要送的。《诗经·大雅》说:"投我以桃,报之以李。"西方文化给人类带来了一些好处。我们中国人,我们东方人,是懂得感恩图报的民族。我们决不会白吃白拿。

那么,报些什么东西呢?送去些什么东西呢?送去的一定是我们东方文化中的精华。送去要有针对性,针对的就是我在上面提到的那一个西方文化产生的"危机"。光说"危机",过于抽象。具体地说,应该说是"弊端"。近几百年以来,西方文化产生的弊端颇多,举其大者,如环境污染、大气污染、臭氧层破坏、生态平衡破坏、物种灭绝、人口爆炸、新疾病丛生、淡水资源匮乏等等。此等弊端,如不纠正,则人类前途岌岌可危。弊端产生的根源,与西方文化的分析的思维方式有紧密联系。西方对为人类提供生存所需的大自然分析不息,穷追不息,提出了"征服自然"的口号。"天何言哉!"然而"天"——大自然却是能惩罚的,惩罚的结果就产生了上述诸种弊端。

拯救之方,我认为是有的,这就是"改弦更张""改恶向善",而这一点只有东方文化能做到。东方文化的基本思维方式是综合,表现在哲学上就是"天人合一",张载的《西铭》是一篇表现"天人合一"思想最精辟的文章:"乾称父,坤称母,予兹藐焉,乃混然中处。故天地之塞吾其体,天地之帅吾其性。民吾同胞,物吾与也。"(下略)印度哲学中的"梵我一如",也表达了同样的思想。总之,东方文化主张人与大自然是朋友,不是敌人,不能讲什么"征服"。只有在了解大自然,热爱大自然的条件下,才能伸手向大自然索取人类衣、食、住、行所需的一切。也只有这样,人类的前途才有保障。

我们要送给西方的就是这种我们文化中的精华。这就是我们"送去主义"的重要内容。

我们的"李"送了出去,接受不接受呢?实际上,我们还没有正式地送,大规模地送。连我们东方人自己,其中当然包括中国人,还不知道,还不承认自己的这种宝贝,我们盲目追随西方,也同样向自然界开过战,我们也同样有那一些弊端,立即要求西方接受,不也太过分了吗?不过,倘若稍稍留意,人们就会发现,现在世界各国,不管出于什么动机,也不管是根据什么哲学,注意到上述弊端而又力求改变的人越来越多了。今年《日本经济新闻》刊载了高木韧生的文章,说21世纪科研重点将是"人类生存战略"。这的确是见道之言。我体会,这里所说的"科研"包括文理两个方面。作者把科研提高到"人类生存"这个高度来看,不能不谓之有先见之明,应该受到我们大家的最高的赞扬。至于惊呼人口爆炸的文章,慨叹新疾病产生的议论,让人警惕环境污染、臭氧层破坏、生态平衡的破坏、淡水资源的匮乏等等的号召,几乎天天可见。人类变得聪明起来了,人类前途不是漆黑一片了。我想,世界各国每一个有心人,无不为之欢欣鼓舞。我这一个望九之年的耄耋老人,也为之手舞足蹈了。

我在上面刺刺不休说了那么多话,画龙点睛,不出一点:我曾在一次国际学术讨论会上说过一篇短话,题目叫做"只有东方文化能够拯救人类"。我在上面说的千言万语,其核心就是这一句短短的话。至于已经来到我们门前的21世纪究竟是什么样子?西方文化究竟如何演变?东方文化究竟能起什么具体的不是空洞的作用?人类的前途究竟何去何从?所有这一切问题,都有待于历史发展的进程来加以证明。从前我读过一个近视眼猜匾的笑话。现在新的一个世纪还没有来临,匾还没有挂出来,上面有什么字,我们还不能知道。不管自诩眼睛多么好,看得多么远,在这一块尚未挂出来的匾前,我们都是近视眼。

在这样的情况下,我认为,我们最重要的任务就是学习,就是了解。我们责怪西方不了解东方文化,不了解东方,不了解中国,难道我们自己就了解吗?如果是一个诚实的人,他就应该坦率地承认,我们中国人自己也并不全了解中国,并不全了解东方,并不全了解东方文化。实在说,这是一出无声的悲剧。

了解的唯一途径就是学习,而学习首先必须有资料。对我们知识分子来说,学习资料首先是文字,也就是书籍。环顾当今世界,在"欧洲中心论"还有市场的情况下,在西方某一些人还昏昏然没有睁开眼睛的时候,有关东方的书籍,极少极少。有之,亦多有偏见,不能客观。西方如此,东方也不例外。即使我们有学习的愿望,也是欲学无书。当然,东方各国的情况不尽相同,各国刊出书籍的多寡也不尽相同。但总之是很少的。有的小一点的国家,简直形同空白。有个别东方国家几乎毫无人知,它们的存在在一团迷雾中,若明若暗,似有似无。这也是一出无声的悲剧。

就是为了这个缘故,我们这一批人不自量力——或者更明确地说是认真"量"过了自己的"力",倡议编纂这一套巨大空前的"东方文化集成"。虽然,我们目前的队伍,由于历史造成的原因,还不是太大;我们的基础还不是太雄厚;但是,我们相信主观能动性。我们想"挽狂澜于既倒",我们决非徒托空言。世界人民、东方人民、中国人民的需要,是我们的动力。东方人民和西方人民的相互了解,是我们的愿望。东方人民和西方人民越来越变得聪明,是我们的追求。我们老、中、青三结合,而对著作的要求则是高水平的。我们希望,能通过这个活动,既提高了中国对东方文化的研究水平,又能培养出一批学有专长的人才,收得一举两得之效。

我们既反对"欧洲中心主义",我们反对民族歧视;但我们也并不张扬"东方中心主义"。如果说到或者想到,在 21 世纪东方文化将首领风骚的话,那也是出于我们对历史发展的观察与预见,并不出于什么"主义"。本着这种精神,我们对东方几十个国家一视同仁。国家不论大小,人口不论多寡,历史不论久暂,地位不论轻重,我们都平等对待,决不抬高与贬低,拜倒与歧视。每一个东方国家都在我们丛书中占有地位。但国家毕竟不同,资料毕竟多寡悬殊。我们也无法强求统一。有的国家占的篇幅多一点,有的少一点。这是实事求是,与歧视毫无关联。我们虔诚希望,在即将来临的 21 世纪中,中国的两只眼睛都能睁开,而且睁得大大的,明亮而睿智。西方的一只眼睛能变成两只,也同样睁开,而且睁得大大的,明亮而且睿智。世界上各个民族也都有了两只眼睛,都要睁得大大的,明亮而且睿智。我们共同学习,努力互相了解。我们坚决相信,只要能做到这一步,人类会越来越能相互了解,世界和平越来越成为可能,人类的日子会越来越好过,不管还需要多么长的时间,人类有朝一日总会共同进入太平盛世,共同进入大同之域。

1996 年 3 月 20 日

导 言

　　古代东亚地区,曾经存在着历史久长且层面宽阔的"汉字文化圈"。这一文化圈以"汉字"作为东亚各民族和各地区文化连接的桥梁,共同创造着古代东亚辉煌的文明,在世界文化史上留下了伟大而独特的一页。

　　地处东北亚的日本列岛与朝鲜半岛,是古代东亚"汉字文化圈"极为重要的国家。公元前三世纪的中国古文献,例如《山海经》中,便开始有了关于"原日本人"(Proto－Japanese)与"朝鲜"的记录,距今已有二千四百余年的历史了。这是中国,或许也是世界上最早的关于"日本"与"朝鲜"的记载。从那时候起,他们为了发展自己的民族与文化,曾历尽千辛万苦。就其文化而言,日本与朝鲜的民族文化的发展,一般来说,在他们自身的人文与自然的土壤中生成繁衍的同时,始终保持、维系并发展着与中国文化的层面广泛且时间悠久的联系与交融。在历史发展的不同时期,中华民族的文化成果,以各不相同的形态融入日本与朝鲜的民族文化的土壤之中,成为日本列岛与朝鲜半岛相应的历史时期中自身民族文化发展的强有力的积极的因素。这些融入于异质文化之中的中华文化的若干因素,已经变异为日本文化或朝鲜文化的有效的成分,并作为日本文化或朝鲜文化的民族成分的一部分,不断地参与对新到来的中华文化实行新的"变异"。它既表现了中华文化所具有的世界历史意义,又表现了东亚一些民族文化所具有的内在结构的复杂性与丰富性。本志主要的内容,便是依据上述的东亚古代文化发展的历史事实,阐述中国与日本、朝鲜等国文化交流的基本过程。

　　由于篇幅的限制,所论各题尚有许多丰富的内容只能割舍,而涉及文化史学的相关的理论问题,有兴趣的读者,可以阅读著者有关的著作,以弥补于万一。本志的读者,也可能产生一个疑问,这便是关于中国与日本、朝鲜文化关系的双向流动问题——这是双边文化关系或多边文化关系研究中具有敏感性的问题。本书著者认为,从文化发展的历史而言,两种文化一旦形成文化史学上称之为"交融"的关系,那么,这种"交融"或"交流"总是双向存在的。但是,由于在特定的历史时期中,两种或两种以上的文化的"势"的不同,因而便造成双向交融或交流的"当量"是很不相同的。

例如以古代中国文化与日本文化的关系而言,当中国文化源源不断地东传日本之时,日本文化也确实传入了中国。公元八世纪初期,著名的日本歌人山上忆良就在中国创作了"三十一音音数律"的和歌。八世纪中期,在中国的日本留学生阿倍仲麻吕又创作了著名的《三笠山歌》。这两首和歌的创作,都是在《万叶集》编撰之前。《万叶集》与《古今和歌集》中,都编有日本人在中国创作的作品。十四世纪时期,四十七音图的日本假名,已完整地传入中国。十六世纪,中国人开始了对日本文学作品的翻译,例如在明人李元恭等编撰的《日本考》中,对和歌的汉译多达51首。这无疑是世界上最早的和歌翻译。十七世纪时,中国有一个著名的文人叫曹寅,他是小说《红楼梦》的作者曹雪芹的祖父,他根据当时流传的"寄语"(即中日词汇对照),在他自己创作的杂剧《太平乐事》中,特地用假名写了其中的第七幕《日本灯词》。这是中国人第一次用日本文字进行文学创作。我相信这也是世界上第一位用日文进行文学创作的外国人。可以毫不夸张地说,这些记录在中日文化关系史上都是极为辉煌的。但是,从中国文化发展的总体历史来说,古代日本文化西传的这些事例,未能"融入"中国文化的本体之中,例如未能像汉唐时代的西域文化或在更长的时代中的南亚佛教文化那样,构建成中国新的文化形态的因素,因此,在本志写作时,就没有能把这些生动的事例组成章节写入书内。这倒不是著者的疏漏,而是经思考所作的选择,尚希读者鉴谅。

本志的读者,将有可能对古代中国与日本、朝鲜的文化关系的基本线索,获得一个大致可靠的认识,如果由此而加深对东北亚文化的丰富性和中华文化所具有世界历史性意义的理解,那便是对本志著者最大的慰藉了。

目 录

第一编 史前文化编

第一章 古代日本的发现——中国上古文献中关于日本的记载 …… 3
 第一节 《尔雅》中的"日下"与"日本"的定名 ………………… 3
 第二节 《尚书》中的"岛夷"与"原日本人" ………………… 5
 第三节 《山海经》中的"倭"与"阿伊努"人 ………………… 7
 第四节 《三国志·魏书·倭人传》与"邪马台"国 …………… 9

第二章 古代朝鲜的发现 ……………………………………………… 11
 第一节 从考古学看古朝鲜文化的起源 ……………………… 11
 第二节 中国古籍记载的古朝鲜 ……………………………… 13
 第三节 朝鲜神话 ……………………………………………… 15

第三章 日本文化的黎明时期——日本神话与中国文化的交融 … 17
 第一节 中日二神创世神话的交融 …………………………… 17
 第二节 中日"独身神"神话的共融 ………………………… 21
 第三节 日本"天孙降临"神话与中国文化的交融 ………… 24
 第四节 日本的"唯美神话"与中国上古的"物崇拜" …… 30

第二编 思想哲学编

第四章 中国古代思想哲学的东传与古代日本的文化 ………… 37
 第一节 古典儒学东传日本 …………………………………… 37
 第二节 日本古代文化中的道家思想 ………………………… 42
 第三节 中国的阴阳学说与日本的古代文化 ………………… 53

第五章　佛教的东传和早期佛教活动的文化史意义 …… 63
第一节　早期佛教的传入 …… 63
第二节　鉴真和尚的东渡 …… 70
第三节　入唐八家及其在日本文化史上的意义 …… 75

第六章　中国儒学与朝鲜 …… 84
第一节　朝鲜儒学概述 …… 84
第二节　朝鲜儒学的代表人物 …… 93

第七章　中国佛学与朝鲜 …… 104
第一节　中国佛学的东传 …… 104
第二节　新罗时代的中朝佛学交流 …… 108
第三节　高丽时代的中朝佛学交流 …… 110
第四节　李朝时代的中朝佛学交流 …… 114

第八章　日本五山时代的禅宗与宋学 …… 118
第一节　五山文化的范畴 …… 118
第二节　五山僧侣儒佛互补的理念 …… 120
第三节　中国宋学的东传 …… 121
第四节　日本中世时代的新儒学 …… 126

第九章　日本近世的儒学 …… 132
第一节　林罗山与朱子学派 …… 133
第二节　中江藤树与阳明学派 …… 142
第三节　伊藤仁斋、荻生徂徕与古学派 …… 150

第三编　文学编

第十章　日本古代文学的形成与中国文化 …… 165
第一节　日本最早的书面文学集《怀风藻》 …… 165
第二节　《万叶集》与中国文化的关联 …… 170

第十一章　日本平安文坛上的中国文化 …… 185
第一节　白居易文学与日本平安文坛 …… 185

第二节　《竹取物语》与中国文化 ················· 200
　　第三节　《源氏物语》与中国文化 ················· 207
　　第四节　平安文坛上的唐人传奇《游仙窟》············ 213

第十二章　中国古代文学东传朝鲜与高丽时代的汉文学 ········ 218
　　第一节　《公无渡河》与汉文散文和汉文诗 ············ 218
　　第二节　新罗的汉文学与崔致远 ·················· 221
　　第三节　高丽时代的汉文诗 ····················· 226

第十三章　李白、杜甫对朝鲜古典诗歌的影响 ············ 238
　　第一节　李白对朝鲜古典诗歌的影响 ················ 239
　　第二节　杜甫对朝鲜古典诗歌的影响 ················ 247

第十四章　朝鲜古代小说的形成和中国文化的关系 ·········· 255
　　第一节　朝鲜三大古典小说 ····················· 255
　　第二节　朝鲜古典小说和中国文化的关系 ············· 262

第十五章　日本五山时代的汉文学 ··················· 268
　　第一节　五山汉文学的创始 ····················· 269
　　第二节　五山汉文学的繁荣 ····················· 270
　　第三节　五山汉文学的终结 ····················· 272

第十六章　江户时代的文坛与中国文化 ················ 274
　　第一节　"唐通事"的兴起与黄檗宗的东传 ············ 274
　　第二节　明代的传奇与日本的"假名草子" ············ 284
　　第三节　明清俗语文学的创作经验与江户时代
　　　　　　前近代型小说的产生 ··················· 292

第四编　典籍编

第十七章　汉籍东传日本的轨迹与形式 ················ 309
　　第一节　以人种交流为自然通道的传播形式
　　　　　　（公元五世纪——八世纪末） ·············· 309
　　第二节　以贵族知识分子为主体的传播形式
　　　　　　（公元九世纪——十二世纪） ·············· 312

第三节　以禅宗僧侣为主体的传播形式
　　　　（公元十三世纪——十六世纪） …………… 314
第四节　以商业为主要通道的传播形式
　　　　（公元十七世纪——十九世纪中期） ………… 320

第十八章　日本古代的汉籍刻刊 …………………………… 325
　第一节　《百万塔陀罗尼经》与日本古代版刻的起始 ……… 325
　第二节　和刻外典汉籍的发生 ………………………………… 326
　第三节　五山汉籍刻版印刷事业与汉籍"五山版" ………… 329
　第四节　"正平版"《论语集解》与西日本刻书事业的发展 … 333
　第五节　汉籍"官版"的刊行与活字刊印的起始 …………… 339
　第六节　江户时代汉籍私人刊印事业的发端 ………………… 344

参考文献 ……………………………………………………… 347
再版后记 ……………………………………………………… 349

第一编

史前文化编

第一章

古代日本的发现

——中国上古文献中关于日本的记载

第一节 《尔雅》中的"日下"与"日本"的定名

公元前五世纪至前三世纪,中国上古时代最早的字书《尔雅》第一次记叙了我国先民对中国四周的地理观念。它称北方为"觚竹",南方为"北户",西方为"西王母",东方为"日下"。其中关于"日下",《尔雅》说:

> 日下者,谓日所出之所,其下之国也。

在古代汉语中,"下"主要有两个意义。一是表示"从高处到低处",与日本语中的"さがる"(Sagaru)和"おろす"(Orosu)等同义,属于动词形态。一是表示"所处的位置在下方",与日本语中的"もと"(Moto)和"した"(Shita)等同义,属于名词形态。《尔雅》中"日下"的"下",应当属于前一种意义的方位词。所以,所谓"日下",便是"在太阳之本",而不是"太阳落下"的意思。

如是,《尔雅》的这一表述便可以得到顺理成章的诠释。它的本意是说,中国之东,那里是太阳的故乡。这一记载,在当时未必确指日本列岛,它更多的是表现了中国古代先民关于太阳的奇特幻想和对于东海的神奇传说,从而构成了上古时代独特而神秘的东方观念。

尽管如此,由《尔雅》所表述的中国上古先民的这一东方观念,与以后"日本"的定名,却有着密切的关联。

日本在飞鸟时代之前,关于自身的国土和人种,并没有一个统一的确定的名称。日本最早的书面文献《古事记》是依据上古流传下来的若干"帝纪"和"旧辞"编纂而成,其中称自己的国土为"大八岛国""大八洲""苇原中国""丰苇原水穗国"等。八世纪末编成的《万叶集》及以后的《古今和歌集》,自称国名为"やまと"(Yamato),用汉字表为"倭"或"倭国"。这显然是把中国古文献自《山海经》以来关于"倭"的记载,与《三国志·

魏书·倭人传》中关于"邪马台"记述综合而成的定名。然而,在七八世纪时代日本律令制国家体制逐步确立,形成古代国家的时候,朝廷开始官定国名为"日本"。公元720年依据中国传统的编年体裁又采用古汉文撰写成的日本古代第一部史书,首次命名为《日本书纪》。

"日本"的含义便是"太阳的故乡"。在这里,"本"就是"もと"的意思,即在太阳之下。那么,当时的日本人究竟依据什么观察,感受到自己生活的土地竟然是"太阳的故乡"呢? 地球运动的实际状况使人类对于太阳的升降具有共同的感受——即太阳从东方升起,在西方降落。这一点,对古代日本人来说具有同样的意义。因此,"日本"这一名称的意义,在最初的时候,它并不是日本列岛本土居住民的意识,而是观察到太阳从东方升起的日本列岛西侧的居住民的意识。

实际上,"日本"这一名称,与中国《尔雅》中把东方称为"日下"具有极为深刻的内在关联。六七世纪时代的日本贵族阶级正是接受了《尔雅》中所表达的上古时代中国先民的最原始的东方地理观念,进而把它作为自己生活的土地、国家和人种的称谓。

古代日本确定"日本"这一国名与"天皇"这一称号,经历了一个历史过程,从中显示出《尔雅》的东方观念对当时日本最高层知识分子心态的影响。古代日本的最高君主在确定"天皇"的称号之前,曾称为"王""大王""天子"等。公元607年,日本第二次"遣隋使"大臣小野妹子携带"推古天皇"(这是后世的称呼)致中国隋代皇帝的《国书》。此《国书》的开首这样写道:"日出处天子致书日没处天子"①。此话的前半部分"日出处天子"是日本国王的自称,文句中的"日出处",明显地来自《尔雅》中"日下者,谓日所出之所",使用的是中国先民的东方地理概念。此句的后半部分用"日没处天子"来指称中国的皇帝,这里表述的是日本人的西方地理观念,认为中国便是太阳西落的地方。这是当时日本的贵族知识分子仿照《尔雅》中"日所出之所"而拟就的西土地理观。正是从这个意义上,确认"日本"这一定名是从"日下"引申出来的,这并不过分。这是《尔雅》表述的中国古代先民原始东方观念的最大价值。

---

① 此《国书》引文见《隋书》卷八一《东夷传》,并见《册府元龟》卷九九七《外臣部·悖慢》。

第二节 《尚书》中的"岛夷"与"原日本人"

中国上古时代记载日本列岛的知识的最早文献,应该推断为《尚书·禹贡》①。《禹贡》为《尚书》中一篇独立的地理学著作,相传它记叙的是大禹时代华夏族的地形、山川及田赋等的状况。司马迁确信《禹贡》的价值,《史记·夏本纪》几乎全文抄引《禹贡》的文字。

如果从《禹贡》记叙的地理观念来考察——北起冀州,南至衡阳,西自佣州,东抵大海,这显然是战国时代政治活动的主要区域。由此大致可以判断《禹贡》是公元前五世纪至前三世纪时代的作品,无疑是世界上最早的地理学著作。

在《禹贡》中,有两处记载透露出中国古代先民关于日本列岛的最初的知识和观念:

其一曰:"冀州……岛夷皮服,挟右碣石,入于河。"

其二曰:"扬州……岛夷卉服,其篚织贝,其包桔柚锡贡。"

这是中国上古时代与海东原始居住民的最早记载。

从殷周开始,华夏族关于域外四方居住民的基本概念,习惯上采用"北狄""西戎""南蛮""东夷"的称谓。最早时期的"东夷",指的是今天江淮流域一带的原居住民。自春秋后期之后,江淮流域逐渐得到开发,楚、吴、越等诸侯国曾强大于一时。从此时代起,中国古文献中关于"夷"的观念,与殷周时代的"东夷",其内涵便有了很大的不同。随着江淮流域的繁荣与海外交通的拓展,上古时代中国人的地理知识面也逐步扩大,这时候所谓的"夷"与"东夷"主要是指海外居住民了。

从《禹贡》所指示的方位来看,它所记载的"岛夷",指的是中国战国时代活动于我国河北之东大海之中,与江浙之东大海之中的域外人种。他们分别从冀州(今河北)与扬州(今江苏)一带,分南北两路,登陆上岸,进入我国境内。此种"夷民",考之战国时代的地理观念,再参证相关的古文献资料,可以判断,他们是日本列岛上的原居住民。人类学上称之为"原日本人"(Proto-Japanese)。

那么,究竟依凭什么作此判断呢?《论语》中有一段很有趣的事实,生动地表明了那个时代中国先民关于"夷"的观念的演变。

---

① 本章引《尚书》文,皆见清人阮元校刻《十三经注疏》,北京:中华书局,1980年。

《论语·公冶长》记孔子曰:

  道不行,乘桴浮于海。从我者其由与!①

  孔子打算如果自己的政治理想不能实现,他就准备乘筏渡海,离国他去。此种因政治的失意而欲作"寓公"的想法,是上古以来中国华夏知识分子的传统,并不奇特。令人震惊的是,孔子竟然欲渡海东走。这是中国历史上第一位公开言明打算移居海外的政治家、社会活动家和学者。那么,孔子到底准备去什么地方呢?《汉书·地理志》说得很明白,其文曰:

  孔子悼道之不行,设桴于海,欲居九夷。夫乐浪海中有倭人,分为百余国。②

  这两段史料中,有两点是非常重要的。第一,春秋时代,海外传闻的增多及与海外交往的拓展,促使孔子产生了欲去海外作政治"寓公"的念头。第二,孔子欲居的海外,就是"九夷"之地。而此时的"夷",已不在中国本土,实在便是乐浪海中的"倭人"。据此则知,此时代的所谓"夷",即是"倭",也即是"原日本人"。

  从现在的研究中已经获知,古代日本列岛与中国大陆的交往,首先是通过朝鲜半岛来实现的。从日本列岛的九州,越过对马海峡,沿朝鲜半岛西南海岸,西北向航行,便可到达中国大陆。《禹贡》中所记在冀州见到的"岛夷",即是沿此航线进入我国河北渤海湾的"原日本人"。他们身穿兽皮衣服,沿碣石山下行,到达黄河入海口。在这里需要指明的是,《尚书》中的"右",是与《易经》中所表示的相一致的方位概念,即指"西"位。同时,上古时代中日之间的联系,也有利用季风,直接越过东海而到达中国大陆的江浙沿岸,然后登陆上岸。《禹贡》中所记在扬州见到的"岛夷",他们身穿草麻编织的衣服,挑筐中装着贝类的海货,又以桔子、柚子等南方水果进献,这便是利用季风和大洋回流,直接渡过东中国海,到达江浙大陆的日本列岛九州、鹿儿岛等的原居住民。

  东汉学者王充在《论衡》中的记载,加强了《禹贡》的确证性。《论衡·恢国》篇曰:"成王之时,倭人贡畅。"《论衡·儒增》篇曰:"周时天下

---

① 本章引《论语》文,皆见清人阮元校刻《十三经注疏》,北京:中华书局,1980年。
② 本章引《汉书》《后汉书》《三国志》文,皆见中华书局版"二十四史"(校刊本)。

太平,越裳献白雉,倭人贡鬯草。"①这都是记载的日本列岛南部的原居住民携带香草登上中国大陆的状况。

《尚书·禹贡》中记录的这些"岛夷",是全世界第一次在文献中记录到的"原日本人"。

第三节 《山海经》中的"倭"与"阿伊努"人

《山海经》在中国上古文献中,第一次用"语音记录"的方式,记录到了在中国大陆活动的"原日本人"的人种的名称。它的历史价值是无可替代的。②

关于《山海经》的编纂年代,学术界有不同的看法。一般说来,把它确定为中国战国时代后期的作品,即编纂于公元前三世纪左右,是比较合理的。此书的作者广收各种奇闻怪事,由此而保存了极为丰富的资料。其中,关于"原日本人"的人种名称的记载是极为重要的,《山海经》第十二《海内北经》曰:"盖国在巨燕南,倭北。倭属燕。"

这是一个十分有意义的记录。它提到了三个名称——"盖国""巨燕"和"倭"。其中,"盖国",当是朝鲜半岛上的一个部落,而"巨燕",则是战国七强之一。不称"燕"而称"巨燕",当是燕国之自称。此处最可注意的便是"倭"了。这是中国古文献中首次使用"倭"来指称"原日本人"和古日本。其后,中日双方共同使用这一称谓长达近十个世纪。

这里需要指出的是,所谓"倭属燕",并不是说"倭"直接隶属于"燕国",而是指"倭"实居于燕国的影响之下。当时,中国的齐、燕两国正努力于向东方发展,海上交通日见发达。中国大陆、朝鲜半岛和日本列岛三者之间的联系已经建立。《山海经》的这一段记载,正是透露了这样的历史现象。这一记载,可以与《尚书·禹贡》所述之"岛夷"相互参证。但是,《山海经》与《禹贡》不同,《禹贡》记录的"岛夷",是当时中国人对"原日本人"的称呼,而《山海经》记录的"倭",则是当时"原日本人"对自己的人种的称谓,这是我国先民对古代日本认识的一种深化。

继《山海经》之后,中国上古文献如《汉书·地理志》《论衡》等,皆凡提到当时日本列岛的居住民,都称之为"倭"。

---

① 本章引《论衡》文,皆见《诸子集成》(七),北京:中华书局,1986年。
② 本章引《山海经》文,皆见《经训堂丛书》,清光绪十三年刻本。

为解明《山海经》关于"倭"的记录,必须对汉语的语音史作一些说明。在汉语中,一个汉字表示的音,古代与现代,多有不同,这在日本语中也是一样的。在语音学上称为"古今音"。"倭"字在现代汉语中发声为"Wo"。从构字上说,此字属于"委"(wei)部,但从汉语的语音史来说,"委"在古音系中发"a"声,与它相构成的字,也发声为"a",如"委""矮""倭"……其中,如"矮"(ai)这个字,在今天的吴方言中,如在上海话中,还保留着古音,发为"a",是一个入声字。由此可以判断,所谓"倭"(Wo),在上古时代也发为"a"。这样就解开了《山海经》的记录,原来,它记录到的并不是"Wo"人,而是"a"人。

中国上古文献中所记录到的"a",有时也称为"倭奴"(anu)。《后汉书·东夷传》记载,公元57年"倭奴国奉贡朝贺……光武(帝)赐以印玺。"中国皇帝赠送给倭奴国王的这颗金印,已于1784年4月13日(日本光格天皇天明四年二月二十三日)在九州志贺岛的叶崎出土,现保存于东京国立博物馆中。此金质印章的文字为"汉倭奴(anu)国王印"。此即证实了"倭"即是日本列岛人,他们也称为"倭奴"。中国《禹贡》中所记载的"岛夷",即是"倭"或"倭奴"。原来,他们都是"原日本人"的两个不同的称谓。

原来,《山海经》等中国上古文献中所记录的"倭"和"倭奴",便是日本列岛最早的原居住民"Ainu"的译音。它不是一个国家国名的译音,而是一个原始民族的人种的译音。

关于"阿伊努"(Ainu)人的问题,是日本古代文化史上一个神秘而又复杂的问题。

二十世纪初期,英国著名的医学家和人类学家别尔慈(E. Balze)在东京帝国大学任教期间,曾对日本列岛上的土著居民(即原日本人)作过比较详尽的人类学研究。他认为,日本列岛最早的居住民,是一种自称为"Ainu"的,而被人称为"虾夷"的人种。别尔慈参加了《大英百科全书》的写作,他在第十二卷中这样写道:

> 在其他的移民来到日本列岛之前,有一个种族的移民似乎是在大陆和附近的群岛之间还没有造成广大的海峡的时代,从亚洲东北渡海而来。这种人即"虾夷"人,他们自称"Ainu"。称之为"虾夷"是因为毛发长如虾须。他们可以被认为是日本的土著,曾经占领过全日本。但其后逐渐被东北地区的中国人、高丽人、蒙古人、马来

人、印度尼西亚人（包括印度支那与中国南部地区的居民）所驱逐，向北方退去，一支仅存少数人，残居于北方……他们眉突出，发稠密，眼圆而深陷，睫毛长而分歧，鼻垂直，脸和全身多毛。①

别尔慈的这一见解，得到日本著名的考古学家滨田耕作的支持。滨田氏认为，此种"虾夷"就是"原日本人"（Proto—Japanese）。他说："虾夷之为日本基础人种之一，是无可怀疑的……我以为，'原日本人'的形成，大约可以追溯到纪元前数百年或上千年。"

根据别尔慈与滨田耕作等对"阿伊努"（Ainu）人的研究，可以推断，"原日本人"（Proto—Japanese）的形成，正相当于我国西周至战国时代。这与前述中国上古文献的记载，正相一致。所有的史料都表明，在公元前二三世纪之前，"阿伊努"（Ainu）人活跃于日本列岛。自春秋战国以来，他们从不同的方向到达中国大陆。我国上古文献中依据当时各种不同的现状，分别称他们为"岛夷""倭""倭奴""毛人""毛民""虾夷"等，而其中以《山海经》起始使用的"倭"和"倭奴"最具科学性和严肃性。它表明我国先民开始懂得采用语音记录的方法，在中日交往中记录对象国的事务。

"倭"的本意是指日本列岛的原居住民"阿伊努"（Ainu）人，但是，当"大和族"（Yamato）统一了日本之后，他们也长期习用这一人种的音译。在长达近十个世纪中，"倭"与"日本"共存并称，而"倭"与"和""大和"又演变为同音同声词。这是一个不具有感情色彩的人种名，又扩展为地域名和国家名。只是到了十五世纪之后，中日之间的海防形势发生了重大变化，由于以日本人为主的海盗袭击中国和朝鲜沿海，人们愤而称之为"倭寇"。但这是在中国上古文献记录到"a"之后两千年才发生的事情。

第四节　《三国志·魏书·倭人传》与"邪马台"国

日本古代国家最初的雏形，开始于公元三世纪左右。从文化史学上说，作为国家的雏形的形态，并不能称为"国家"。它们是不同形态的"部

---

① 本《志》作者严绍璗于1992年9月曾在日本北海道地区对"阿伊努"人进行过民族学与民俗学等方面的实地调查，并实证E. Balze报告的可靠性。1994—1995年，在日本文部省国际日本文化研究中心担任客座教授，该中心的"人类学（血液）实验室"专长研究东亚人种诸问题，蒙尾本惠司教授教示关于"阿伊努"人的许多知识，深受启示。

落"与"部落联盟"。但是因为古人并没有这样的科学的概念,因此,他们常把"部落"与"部落联盟"称之为"国"。

继《山海经》关于"原日本人"的记载之后,公元一世纪,杰出的史学家班固,在《汉书·地理志》中,第一次从政治地理学的角度描述了日本列岛的面貌。他说:

> 乐浪海中有倭人,分为百余国,以岁时来献。

"乐浪"是当时中国汉代的中央政权在朝鲜半岛上设立的"郡"。班固当时向世界透露,中国获知在朝鲜半岛的海外,存在着倭人,他们分为一百余个部落或部落联盟,而且每年到中国来,并赠送礼品。这与稍后王充在《论衡》中的记载,互相呼应。

当然,班固的报道,只有三句话十七个汉字。但它是世界上最早的关于日本列岛的记载。从《汉书》开始,中国的"正史"中便建立起了关于日本的正式的记载。

公元三世纪前后,中国先民关于日本列岛的知识有了一个跃进性的突破。当时,陈寿根据鱼豢的《魏略》等资料,在其所撰的《三国志》的《魏书》中,专门撰写了《倭人传》。全传共计2300余字,描述了当时分布于日本列岛的32个"国家"的状况,分析了它们所处的内外形势。此篇《倭人传》,至今仍然是研究日本史前社会与国家起源的最具权威性的文献。

在这32个"国家"中,有一个国势鼎盛的"女王国"。它统领28个属国,国中以女性名曰"卑弥呼"者为最高首领,又以男弟为政务之辅佐,"邪马台"为"女王之所都"。由此而形成了日本历史上的千古之谜——邪马台。

虽然,"邪马台"至今还众说纷纭,但是《三国志·魏书》的这一记载,意味着古代中国人的日本观正在脱去原始的性质。因为这一关于"邪马台"的记载,是把日本列岛上的国家与人种作了区分。中国人第一次在自己的关于日本的报告中,判明了以往各种文献中所记录的"倭",是一个人种的名称,由"倭种"所建立的"国家",以女王国为首,各具其名,不相混淆。至此,上古时代我国先民的日本观念,大约经历了三个阶段之后,更趋向于事实本身。从这个意义上说,至此,我国上古先民已经把握了日本列岛的基本面貌。这种认识,多少已经具有了社会人类学、政治地理学、经济地理学等的内涵,这是当时世界上最先进的、最科学的日本观。

正是在这样的意义上,可以说,由于中国上古文献持续不断的记录和报道,日本终于被世界所发现。

第二章

古代朝鲜的发现

第一节　从考古学看古朝鲜文化的起源

二十世纪六七十年代考古学所取得的成果证明，在朝鲜半岛和我国东北地区均发现了文化上一脉相承的50处旧石器文化遗址。其中较为典型的有3处：朝鲜平壤市祥原黑隅里遗址、我国辽宁营口市金牛山洞穴遗址（下层）和本溪市庙后山洞穴遗址。

1966年在朝鲜平壤市祥原黑隅里发现的黑隅里遗址中，出土了旧石器时代的29种哺乳动物化石和当时人类搬运来的河卵石，以及带有制造使用痕迹的石器。石器的制作方法采用的是把石灰岩和河卵石放在台石上面，用石块捶打的"直接打击法"。黑隅里洞穴的年代，据推定，迄今大约有60万—40万年。

中国辽宁营口市金牛山洞穴遗址是1974年由北京大学考古系发掘的重要遗址。在这个遗址最下层的旧石器时代层里，发现了有头盖骨和四肢骨的完整的人类化石，为东北亚人类的研究提供了珍贵的资料。此外，还发现了哺乳动物化石等当时人类使用石器和火的痕迹。金牛山遗址的哺乳动物化石和平壤黑隅里遗址的动物形状极其相似。在石器制作方法上也可以看到一脉相承的关系。金牛山遗址的年代，据推定，迄今约为50万—20万年。

庙后山洞穴遗址是1978年发现的，辽宁省博物馆和本溪市博物馆利用三年时间进行发掘，于1986年出版了《庙后山报告书》。庙后山遗址发现有直立猿人阶段的犬齿化石一颗和稍晚的古人阶段的臼齿化石一颗及一段腕骨化石。庙后山遗址的年代，据测定为24万年前。

庙后山遗址的哺乳动物形态与北京周口店动物形状相似，也与韩国京畿道全谷里遗址出土的石器制作法属于一个系统。《庙后山报告书》中这样写道："考虑到辽东半岛和朝鲜半岛在地理上山水相连这一点，两个地域间的初期文化交流，肯定存在密切的关系。"

东夷族广泛分布在渤海沿岸，主要是生活在山东半岛、中国东北和朝鲜半岛的古代民族。东夷民族的葬制，主要用石块建造，即是石墓。石墓可分为积石冢、石棺墓、石椁墓、石室墓、支石墓等，其中具代表性的是石棺墓。石棺墓的最早建筑时期，相当于新石器时代的中期。与朝鲜半岛的石棺墓构造、建造方式相一致的坟墓，在中国东北地区被广泛发现。1985年在中国辽宁省建平县牛梁河积石冢遗址，发现的新石器时代红山文化时期的石棺墓，即是证明。牛梁河积石冢遗址位于大凌河上游，大凌河从长城东部燕山山脉发源，注入渤海北部辽河河口。大凌河与渤海沿岸古代文化关系密切，也与古朝鲜文化和历史的发展，有不可分割的关系。

朝鲜半岛青铜器时代的墓葬石棚，又称支石墓，其形式分为北方式及南方式两类。北方式石棚是先在地上并立用板石做成的支石，然后封闭一端，再盖上大型天井石，它主要分布在朝鲜半岛汉江以北，与中国辽宁所发现的形制相一致。南方式石棚是在地下建造箱形石墓，埋入尸体后，或放三四个块石，或先铺小石块之后，再覆盖天井石，它主要分布在朝鲜半岛汉江以南，与中国山东所发现的形制相一致。

考古还发现，朝鲜半岛北部各地大量出土中国战国时期燕国货币明刀钱，多者一次达千余枚。这表明公元前四到三世纪，燕国与朝鲜在经济上更加发展了彼此间的联系。朝鲜平壤市南郊大同江南岸，现仍有以乐浪命名的一个区。区内的台地上有土城遗址，略呈不规则形，东西约700米，南北约600米。在考古发掘中，发现柱础石、甬路、井和下水道等建筑遗迹。城内出土的遗物相当丰富，历年采集所得有砖瓦、封泥、陶器和铜铁器等。瓦当上除常见的云纹外，还有"乐浪礼官""乐浪富贵""大晋元康"等铭文。特别是封泥，除乔列、华丽二县外，乐浪郡所辖的其他23县的令或长、丞、尉的官印，以及"乐浪太守章""乐浪大尹章"都有发现。这些遗址、遗物充分证实这里是汉晋乐浪郡治朝鲜县的故址。卫氏朝鲜及以前的箕氏朝鲜的王都王俭城，在设置汉四郡时降等为乐浪郡治朝鲜县。据此可知，现今平壤市乐浪区的土城遗址，亦即箕氏、卫氏朝鲜王都王俭城的故址。

原乐浪郡各县的墓葬，一般称为乐浪墓葬群，其中以乐浪郡治址南面的墓葬群最为有名。总数在两千座以上，多为方台形封土的坟丘墓。这种墓葬形制是中国周汉时期最为通行的形制。墓葬的结构主要为木椁墓和砖室墓两种。其砖砌和木工的做法、木棺的样式，乃至细微到一块砖上的花纹或一个榫卯,都和中国中原地区的汉代古墓了无差异。随葬品丰富多彩,几乎包括一个属于统治阶层的汉朝人日常生活所需的一切什物。代表汉代铸铜技艺的博山炉,在盘中伏了一只昂首的龟,龟背上立着展翅的鸟,燃香的玲珑透空的山形炉就顶在鸟的头上。一张漆案的案面上是汉代四川漆工画的云气、鸟、兽等图案。古代画家不顾漆的粘性,竟能画得那样婉转流利,足见技巧之熟练。朱漆碗和羽觞上也画着鸟形和几何图案,大都是红黑二色,黑漆朱绘之、朱漆黑绘之。漆器上有铭文标记着漆工和工官的名字。乐浪墓葬群及其丰富的随葬品,充分反映其属于汉文化,也具体体现了当时中朝文化交流的一个重要侧面。

除上述乐浪郡城址、乐浪墓葬群外,考古已证实的郡县城址还有:带方郡及秥蝉、长岭、昭明三县的城址。

带方郡城址位于黄海北道凤山郡石城里。城址略呈长方形,东西556米,南北730米。城址内出土有东汉到西晋的纪年砖,如光和五年(182年)、泰始七年(271年)等。城址北面发现的墓砖上有"使君带方太守张抚夷""大岁戊申渔阳张抚夷"的铭文。表明张抚夷是渔阳即今北京市密云县人。葬年戊申,即晋武帝太康九年(288年)。这些遗迹遗物充分证实这里是带方郡治带方县城的故址。

秥蝉县城址位于平安南道龙冈郡城岘里。城址略呈长方形,东西约1500米,南北约1300米。城址东北遗有元和二年(85年)的秥蝉神祠碑。碑铭的内容为秥蝉向山川之神、平山君祈求百姓安宁,五谷丰登。此碑是朝鲜半岛已发现的最早石刻,也是确定秥蝉县城址的有力物证。

长岭县城址位于黄海南道信川郡凤凰里。在这里,考古发现长篇铭文:"守长岭县王君,君讳乡,年七十三,字德彦,东莱黄人也。正如九年(246年)三月廿日,壁师王德造。"证实这里是长岭县城的故址。

昭明县城址位于黄海南道信川郡土城里。城址呈长方形,东西500米,南北200米。城址附近的墓砖上有"太康四年(283年)二月昭明王长造"的铭文,证实这里是昭明县城故址。

总之,上述考古的发现,可以证实中国的山东、辽宁一带与朝鲜半岛,古代在文化上所存在的不可分割的联系。

第二节　中国古籍记载的古朝鲜

中国古籍中关于古朝鲜的记载,主要有:箕子的东走、燕国与朝鲜的交涉、秦开的拓地和燕国的扩张。

箕子东走,避居朝鲜一事的最早记载,主要可举如下三种:

> 武王胜殷,继公子禄父,释箕子之囚。箕子不忍周之释,走之朝鲜。武王闻之,因以朝鲜封之。箕子既受周之封,不得无臣礼,故于十三祀来朝。武王因其朝而问鸿范。(伏生的《尚书大传》)

> 武王既克殷,访问箕子。武王问以安民之道(略)。箕子演述鸿范九畴(略)。于是,武王乃封箕子于朝鲜而不臣也。(《史记·宋微子世家》)

> 殷道衰,箕子去之朝鲜,教其民以礼义、田蚕、织作。乐浪朝鲜民犯禁八条:相杀,以当时偿杀;相伤,以谷偿;相盗者,男没入为其家奴,女子为婢,欲自赎者人五十万。虽免为民,欲犹羞之,嫁娶无所雠……可贵哉,仁贤之化也。(《汉书·地理志》)

箕子去的朝鲜在何处?应在以平壤为中心的朝鲜半岛西北部地区。我国著名地理著作《山海经·海内经》曾说:"东海之内,北海之隅,有国名曰朝鲜,天毒,其人水居,偎人爱人。"意思是:东海的里面,北海的角上(恰是现今朝鲜西北地方),有个国家(或部落联盟)名叫朝鲜,首府在险浈,人们傍水而居,待人亲热,对人有感情。

据迄今所知资料,中朝两国最早的官方接触和交涉始于战国中期,是由当时中国北方的燕国与当时朝鲜西北地方的箕氏朝鲜之间进行的,时间大致是公元前四世纪晚期到公元前三世纪早期。证明这一事实的基本史料,主要是《三国志·魏书》东夷传裴松之注引《魏略》的有关片断:

> 魏略曰:昔箕子之后朝鲜侯,见周衰,燕自尊为王,欲东略地,朝鲜侯亦自称为王,欲兴兵逆击燕以尊周室。其大夫礼谏之,乃止。使礼西说燕,燕止之,不攻。后子孙稍骄虐,燕乃遣将秦开攻其西方,取地二千余里,至满番汗为界,朝鲜遂弱。

燕国与朝鲜,一方要"东略地",一方要"逆击燕",双方坚持不下,战争一触即发。幸运的是,箕氏王朝有一位名叫礼的贤明大夫。这位大夫不仅洞悉时局大势,而且兼通朝、燕情况,长于对外交涉。他得知,如今"尊周"的口号丝毫不起作用,主要靠国力的大小和武力的强弱,一旦两国打起来,箕朝不见得稳操胜券,而且劳民伤财,于事无补。于是极陈利弊，劝说朝鲜侯以和平方式解决问题。箕朝国王接受了这位贤大夫的意见，便派礼作为箕朝使臣到西方的燕国进行交涉。事情进行得很顺利。

公元前323年，箕氏朝鲜派其大夫礼与燕易王进行交涉和约定后，在内政和外交方面逐渐"骄虐"起来，经常侵据辽东地方。这时燕国经过昭王的改革已经显著强大，便于公元前280年前后，派出曾在东胡为质、熟悉两辽情况的秦开为将，攻取箕氏朝鲜域外的西方，取地二千余里，以满潘汗为界，箕氏朝鲜国力开始下降。

第三节　朝鲜神话

朝鲜神话包括檀君神话和高句丽、新罗的始祖神话。

关于檀君神话，载于朝鲜史籍《三国遗事》中：

> 魏书云，乃往二千载，有檀君王俭，立都阿斯达（经云无叶山，亦云白岳，在白卅地，或云在开城东，今白岳宫是），开国号朝鲜，与高同时。古记云，昔有桓因（谓帝释也）庶子桓雄。数意天下，贪求人世。父知子意，下视三危太伯，可以弘益人间。乃授天符印三个，遣往埋之。雄率徒三千，降于太白山顶（即太伯今妙香山）神坛树下，谓之神市，是谓恒雄天王也。将风伯雨师云师，而主谷主命主病主刑主善恶，凡主人间三百六十余事，在世理化。时有一熊一虎，同穴而居，常祀于神雄，愿化为人。时神遗灵艾一炷，蒜二十枚曰：尔辈食之，不见日光百日，便得人形。熊虎得而食之，忌三七日，熊得女身，虎不能忌，而不得人身。熊女者无以为婚，故每于坛树下，咒愿有孕。雄乃化而婚之，孕生子，号曰檀君王俭。以唐高继位五十年庚寅（唐高即位元年戊辰，则五十年丁巳，非庚寅也，疑其未实），都平壤城（今西京），始称朝鲜。又移都白岳山阿斯达，又名弓（一作方）忽山，又今弥达，御国一千五百年，周虎王即位己卯，封箕子于朝鲜，檀君乃移于藏唐京，后还隐于阿斯达为山神，寿一千九百八岁。

关于高句丽始祖朱蒙的传说记载于《三国遗事》中。十三世纪高丽著名诗人李奎报写成长篇叙事诗《东明王》，描绘了朱蒙祖先身世和他创造高句丽的艰苦过程。

内容是：天帝之子解慕漱白天而降，用神法变出宫殿，引诱河伯女儿柳花出水嬉戏，与她定情。柳花因此遭到河伯的严厉惩罚，但不久就被东扶余国王金娃王所救,成为宫女。后来,柳花产一卵,卵破而朱蒙出。朱蒙长大,十分善射,才能出众。为了防备金娃王及太子被迫害,逃往南方淹滞(鸭绿江北)。在这里得到龟鳖之助,渡江到沸流水畔的纥升骨,建立了自己的国家——高句丽。

这一种神话在《后汉书·东夷传》《魏书·高句丽传》和《朝鲜史略》中都有类似记载。

关于新罗的建国神话,载于《三国史记》。内容大体是:新罗始祖是朴赫居世。传说原有6个村,其祖先都是来自天上。相传大约在公元前69年,6个村子的祖先率子弟们寻求有资格为王的人。他们发现南边有奇气如同闪电,一匹白马下跪作叩头状。跟踪找去,发现一个青紫色的蛋。把蛋打破后,一个俊美的童子从中而出。沐浴之后,童子全身光彩照人,鸟兽为之起舞,日月分外明亮,起名为赫居世。因为蛋和瓢的模样相近似,赫居世就以"朴"为姓。与此同时,在一个水井边,有鸡龙出现。这个鸡龙自肋下生下一个美丽的女孩,但嘴唇很长,有如鸡喙。经洗浴,长唇脱落。朴赫居世长到13岁,便要这个鸡龙所生的女孩为妻,夫妻两人成了新罗的国王和王后。

第三章

日本文化的黎明时期

——日本神话与中国文化的交融

第一节 中日二神创世神话的交融

中国和日本,在其文化的史前时期,都曾经产生过美丽而丰富的神话,它预报了东亚文化黎明时期的到来,而且也成为人类文化史上的瑰宝。

在日本文化史上,最原始的神话大部分已经湮没无闻,剩下的也仅是零星断片了。由日本最古老的文献《古事记》和《日本书纪》保存下来的神话群系被称为"记纪神话",它们是日本现存的最具谱系化的神话系。

中国的神话,从表面上看,文献分散,记录无序,层次模糊,缺乏体系。但是,如果加以整理,便可组合成若干系统。例如"盘古神话"系、"昆仑山神话"系、"伏羲女娲创世神话"系等。其中,尤可注意的,则是"伏羲女娲创世神话"系统,它是中国汉、苗、瑶、彝、壮等民族共存的创世神话,具有相当广泛的地域覆合和人种覆合的特点。

中国的神话与日本的神话,各有其形成的本源。无论是在内含的气质,或在外观的形态上,它们都不尽相同。中国神话中的神,都是"大地之神",他们庄严而含蓄,洋溢着与天地共奋斗的色彩。日本"记纪神话"[①]中的神,都是"高天之神",他们勇武而外露,显示出神治的色彩。这恰好是两个民族的传统精神的最初表露,它们共同展示着古老的东亚

---

① 从文化史学上说,日本"记纪神话"并不是原始型态的神话,它在六世纪到八世纪之间被人为地加工了,是一种"变异体神话"。在这一神话群系中,当然也还保存着许多原始神话的痕迹。本志作者严绍璗对这一神话群系的内部机制作过多次论述,请参见《日本"记纪神话"变异体的模式和型态及其与中国文化的关联》(《中国比较文学》第2辑,又见《北京大学哲学社会科学优秀论文选》,北京大学出版社)、《日中神话の比较研究》(《日本宫城女子大学研究论秀论文集》第77辑)、《神话の研究》(《日中文化交流史丛书·文学卷》中西进、严绍璗共编,日本大修馆出版社)等。

本章所引《古事记》文,皆据邹有恒、吕元明译本,北京:人民文学出版社,1979年。所引《日本书纪》文,皆据《日本古典文学大系》,岩波书店,1974年。

文化的黎明。

中国"伏羲女娲神话"群系,作为东亚地区典型的"群婚制"时代的"兄妹婚"神话,至今保存有如下的材料:

(1) 一世纪(汉代)高诱《淮南子注》:"女娲,阴帝,佐伏羲治者。"①

(2) 一世纪(汉代)应劭《风俗通义》:"女娲,伏羲之妹,祷神祀,置婚姻,合夫妇。"②

(3) 七世纪(唐代)李冗《独异志》:"昔者,宇宙初劈之时,只有女娲兄妹二人,在昆仑山下,议以为夫妻。"③

(4) 一世纪(汉代)文物"武梁祠石像画"。此石像画左侧为男神伏羲,上半身为人形,下半身为蛇形,蛇身由左侧向右环绕。右侧为女神女娲,上半身为人形,下半身为蛇形,蛇身由右侧向左环绕,从而形成两蛇身相交于一起。

(5) 二三世纪(汉末至西晋)"吐鲁番帛画"三幅。此三图构画大体相似,左侧为男神伏羲,人首蛇身形,手持矩。右侧为女神女娲,同男神人首蛇身形,手持规。两蛇身环绕相交。

(6) 苗族古传《盘王书》中有《葫芦晓歌》,载其始祖创生曰:"天降大雨,世上仅存伏羲、女娲兄妹二人。伏羲欲婚,女娲不愿,以为兄妹不当婚配。惟男子屡求,女则不能拒。于是,女娲生一计,对伏羲说:'汝始追我,如能及之,便成夫妇。'言毕,则绕一巨树,速奔跑。男不能及,便生一计,反身相巡,与女相遇,女果入抱。便为夫妇,生养子孙。"

(7) 瑶族古传创世神话说:"大雨不断,洪水泛滥,人类灭亡。仅存伏羲、女娲兄妹二人……不久,长大成人。兄伏羲欲以妹为妻,妹固拒之,然兄追求不断。妹无奈,便说:'你追我跑,如果抓到我,就结婚吧。'于是,妹绕大树转圈,兄追不及,返巡迎上,终获妹于身,遂成夫妇。"

由以上这些材料共同组合成了中国多民族的"伏羲女娲创世神话"群系。从神话结构的意义上说,这个神话群系主要是由三个要素构成的,称为"创世三要素"。

第一要素,在苗族、瑶族等的神话形态中,兄妹成婚必定要环绕着"巨树"旋转。"树"是创世中唯一的道具。神话的这一要素,后世逐渐透

---

① 本章引《淮南子》文,皆见《诸子集成》(七),北京:中华书局,1986年。
② 本章引《风俗通义》文,天津:天津人民出版社,1980年。
③ 本章引《独异志》文,皆见宛平山堂本《说郛》卷一一八。作者李冗,又作李亢。

入到民风民俗之中。据清代道光年间《贵州通志》记载,十七世纪侬人(壮族之一支)求配偶时,"于平地立一柱,俗称'鬼杆'。男女绕此'鬼杆'舞蹈……后女跑男追,以示情爱。"直至二十世纪九十年代,苗族在春节中仍然盛行"踩花山"的习俗,——即在村落的广场中竖立一个高高的"花山"。所谓"花山",便是用高达 30 米左右的杉木立起的树杆,苗民称之为"花塔"。"花山""花杆""花塔"是同一物的不同称法而已。男女老少拥立在"花山"的四周,年青人徒手登塔,最先达顶者,便被视为英雄。村里笙乐轰鸣,男女青年绕此"花杆"且歌载舞。这样,高耸的"花山"便是男女恋爱的唯一的道具了①。这一节目形式,它是与本民族的"伏羲女娲创世神话"密切相关,而节目中的"花杆",便是再现了神话中的"巨树"。实际上,作为神话中的这一唯一的道具,它便是上古时代的"陶祖"的物化象征,表示生命的创造之力。

　　第二要素,伏羲、女娲二神创世之时,在苗族、瑶族神话中,他们都需要绕着"巨树"旋转。汉族的神话中,"武梁祠石像画"与"吐鲁番帛画"都展示了二神人首蛇尾,而二尾呈相交的形态。此种"人身旋转"与"蛇尾相交"当属同一表现形态,构成二神创世的最基本的形式。它是男女二神的婚配正在进行中的象征。

　　第三要素,在"武梁祠石像画"与"吐鲁番帛画"中,二神在创世之时,都是男神在左侧,女神在右侧,形成"男左女右"的体位定势。这里的"左"和"右",是属于"八卦"系统的方位,即"左"为"东","右"为"西"。这一体位概念来源于中国上古先民以北斗星为坐标的天体运动理论。《淮南子·天文训》说:"北斗之神有雌雄……雄左行,雌右行。"稍后的《春秋纬元命苞》中有"天左旋,地右动"之说。先民认为,太阳由东向西运行,便是"天左旋""雄左行"。落下的太阳,在晚上经由地下,由西偷运到东,便是"地右动""雌右行"。由此而保持了天地的平衡与和谐。于是,阴阳两性的结合,无疑便要遵循天地的这一规则,这是中国先民确认的两性行为规范。

　　中国多民族的"伏羲女娲创世神话",由此"三要素"构成。其中的每一要素,都具有确定的文化学意义。

　　日本的"记纪神话",开始于原始的混沌时代,到了天神的第七代伊邪那歧命与伊邪那美命,他们奉命下降大地,开始了日本的创造,这便构

---

① 关于苗族"踩花山"的调查报告,请参见 1992 年 2 月 4 日台湾《联合报》恩渝文。

成了"二神创世神话"。

二神原本是"无性神",只是到达大地之后,才成为男女二神,构成兄妹,实行了婚配。它无疑也具有血族群婚时代的"兄妹婚"的本质特征。这是日本神话群系中最早的创世传说。《古事记》有如下的记载:

> 二神降到岛上,树起了"天之御柱",建起了"八寻殿"。于是,伊邪那歧命问他的妹子伊邪那美命:"你的身体是怎样长成的?"她回答说:"我的身体已经完全长成了,只有一处没有合在一起。"伊邪那歧命说:"我的身体也都长成了,但有一处多余。我想把我的多余处,塞进你的未合处,生产多土,你看怎样?"伊邪那美命回答说:"这样作很好。"伊邪那歧命接着说:"我和你围绕这个天之御柱走,在相遇的地方结合。"这样约定之后,又说:"你从右边走,我从左边走,绕着相遇。"当绕着柱子走时,伊邪那美命先说:"哎呀,真是个好男子!"伊邪那歧命接着说:"哎呀,真是个好女子!"……在交合之后生了孩子,却是个水蛭子。把这个孩子放在芦苇船里,任其顺水流去……
>
> 二神商议说:"我们这次生的孩子不好,应该禀报天神。"于是,便一同去向天神请教。天神让他们占卜神意。占卜之后指示说:"因为女人先说话了,不好,回去重新说。"二神回来,像先前那样绕着"天之御柱"走,伊邪那歧命首先说:"哎呀,真是个好女子!"伊邪那美命接着说:"哎呀,真是个好男子!"这样说过之后,又实行交合,生子淡道之穗之狭别岛,其次生……因为以上八岛是最先生产的,所以,日本被称为大八岛国。

《日本书纪》成书晚于《古事记》八年,它是用古汉文编写的,其中的《神代纪》中也有同样形态的神话:

> (前略)二神即将巡天柱,约束曰:"妹自右巡,吾自左巡。"既而分巡相遇,阴神乃先唱曰:"妍哉,可爱少男屿!"阳神后和之曰:"妍哉,可爱少女屿!"先生蛭儿……

这则神话表现了日本古老的先民的"性意识"的最初的觉醒,与万物创造的最原始的心态,具有鲜明的日本民族的特色。然而,从神话的结构上说,本则"二神创世"神话,却与中国多民族中所共存的"伏羲女娲神话"系统在构造相一致,它也是由三个主要要素所组成,也具有"创世三要素"。

第一要素,二神降临大地,首先便立起了"天之御柱"(《日本书纪》中称为"国中之柱")。神话中的每一次婚合,皆以此柱为中心。"天之御柱"或"国中之柱",在日本语中都训读为:"Amanomihashira"。它们是二神创世中最重要的也是唯一的道具。

现今日本长野县的诹访郡诹访市,自古以来民间一直有"御柱节"。其主要内容为"伐柱""出山""立柱"等等。这个节日中的"御柱"(Onbashira),显然就是"二神创世"神话中的"天之御柱"的象征。

日本神话中的这些"御柱"和"国柱",它们与中国神话中的"巨树""鬼杆""花山"一样,在文化学上具有相同的象征意义。

第二要素,二神创世之时,一定要绕着"天之御柱"旋转,即"巡天柱"。日本伊邪那歧命与伊邪那美命二神在创世时所采用的最基本的形式,则与中国苗族、瑶族神话中的伏羲、女娲二神创世的形态完全相同。

第三要素,二神在以"绕柱旋转"的方式创世时,无论是《古事记》或是《日本书纪》,都一致认定"男神左巡,女神右回",也形成"男左女右"的体位定势。这一文化概念承袭于民间生活中,一直穿透了佛教的意识。中世时代流行于日本现今爱知县一带的《本御神乐》,洋溢着佛教的"彼岸"观念,其中有"入净土"的仪礼——亡者从"现世"通过"无明桥"走向"黄泉",男子要走"左侧"入口,女子则走"右侧"入口。

日本"二神创世"神话结构上的这些特征,与中国多民族中所共存的"伏羲女娲神话"系统在构造的"三要素"相一致,它说明了在日本的神话时代,中日两大国家之间所存在的文化的融通。

第二节 中日"独身神"神话的共融

从神话的组成层次来说,世界各民族的创世神话,大致都是由"独身神"神话与"偶生神"神话这样两个先后联接的形态所组成。所谓"独身神"神话,指的是世间的万物,包括诸神与俗人,皆由一神独身所创造。从社会学的视角说,这是人类最原始最古老的创生观念。在那个时代,人类虽然存在着两性生活,但是,当时的人,尚未意识到"性"对于生命创造的意义。所谓"偶生神"神话,指的是世间万物皆由男女二神和合所创造。这表明当时的人已经认识到"性"对于生命创造的意义,并把它作为观察宇宙的切入点。一切古老的民族,在自身的神话中,大凡都经历了这样两个层次。一般地说来,总是"独身神"神话在先,"偶生神"神话继后。但是,由于日本"记纪神话"并不是原始形态上的神话群系,而是经由人为加工整理,并融入了以中国文化为核心的外来文化的因子而组成的"新神话",这种构成的独特性,使这一神话群系以"偶生神"神话开其首,而中间穿插着"独身神"神话。日本"记纪神话"中的"独身神"神话,与中国的神话在形态构造方面,也具有内在的关联,成为日本上古文化中独特的人文景观。

公元前三世纪,中国的《山海经·海内经》有如下的记载:

> 西南黑水间有都广之野,后稷葬焉。膏菽、膏稻、膏黍、膏稷爱自生。

这是华夏民族最早的关于"独身神"的神话。西南黑水一带有广阔的原野,后稷神死后便葬在那里。后稷神遗体中的脂,长出了菽、稻、黍、稷。这真是充满了异彩的想象之力!在这则神话中,中国的农神采用的是"神体自身裂变"的化生方式来创造食物。这种以自身躯体裂变的方式从事于万物的创生,是中国华夏民族"独身神"神话在形态方面的最基本的特征。

三国吴人徐整,在其《五运历年记》中记载了中国"独身神"盘古的神话:

> 首生盘古,垂死化生。气成风云,声为雷霆,左眼为日,右眼为月,四肢五体为四极五岳,血液为江河,筋脉为地里,肌肉为田土,发髭为星辰,皮毛为草木,齿骨为金石,精髓为珠玉,汗流为雨泽,身之诸虫,因风所感,化为黎甿。

与此相关,六世纪梁代的任昉在《述异记》中有更多的关于"盘古神话"的记载:

> 昔盘古氏之死也,头为四岳,目为日月,脂为江海,毛发为草木。秦汉间俗说,盘古氏头为东岳,腹为中中岳,左臂为南岳,右臂为北岳,足为西岳。先儒说,盘古氏泣为江河,气为风,声为雷,目瞳为电。

这两份文献记录了汉民族关于"盘古神"的四种神话,全都属于"独身神"创世传说。根据这些神话,那么,中国大地上的太阳和月亮,高山与河流,乃至黎民百姓,皆系后稷或盘古一神所化生。其中有两个特点,尤为重要：

第一，在各种的"盘古神话"中，都说太阳和月亮是盘古的眼睛所化生。《五运历年记》更分为"左眼为日，右眼为月"。

第二，"后稷神话"和"盘古神话"都采用神的躯体自身裂变的"化生"的方式来从事世间万物的创生。这与希腊神话中的"独生神"普罗米修斯创世不同。普罗米修斯把树枝和泥土捏作人形而创造了人。更与《圣经》在《创世记》所表述的创世说不同。"主"是运用自己的意志来实现创造的。"主"说："应该有光"，便有了白天和黑夜；"主"说："应该有青草、蔬菜、树木"，于是有了青草、蔬菜和树木；……在第七天的时候，"主"依照自己的形象造出了"人"。但是，中国的"后稷神"和"盘古神"完全是运用"自身裂变"的方式来创造世界的。

日本"记纪神话"在"二神创世"之后，便有了"独身神"的神话。应该充分注意的是，所有的"独身神"神话，在创生的形态方面，都采用了"化生"的方式。

第一，在《祓禊》神话中，描述男神伊邪那歧命从黄泉探望妻子，历险归来，为了清洁自己的身子，便到了竺紫的日向国桔小门的阿波歧原，举行"祓禊"的仪式：

> 伊邪那歧命洗左眼时化成的神，名叫天照大御神。洗右眼时化成的神，名叫月读命。洗鼻子时化成的神，名叫建速须佐之男命。

这便是日本民俗中"祓"的源起，在此"祓"中便诞生了日本的太阳神、月亮神和勇武之神。其中的"天照大御神"更成为日本皇家的始祖而被尊为"远皇祖"。然而，究其日神和月神的诞生形态，却与中国的"盘古神"在创世时以"左眼为日"，以"右眼为月"的化生完全一致。

第二，《火神被杀》与《五谷的产生》神话是记载"国神"（俗民的首领）与食物的产生的神话。《古事记》记载女神伊邪那美命在生产火神迦具土神的时候，被火所烧死，去了黄泉：

> 于是，男神伊邪那美命拔出所佩的十拳剑，砍他的儿子迦具土神的脖颈……被杀的迦具土神的头化成神，名字叫正鹿山津见神。他的胸部化成神，名字叫淤滕山津见神。他的腹部化成神，名字叫奥山津见神。他的阴部化成神，名字叫暗山津见神。他的左手化成神，名字叫志艺山津见神。他的右手化成神，名字叫羽山津见神。他的左脚化成神，名字叫原山津见神。他的右脚化成神，名字叫户

山津见神……共为八神。

这则神话中所产生的各种大山"津见神",便是管理大山的"国神"的意思。他们全都是从被杀的迦具土神的躯体中"裂变"而成。"记纪神话"中又有关于"五谷"产生的神话:

速须佐之男命向大气津比卖神乞求食物。大气津比卖从鼻孔、嘴巴和肛门中取出种种美味,做出了各种食物送给他。速须佐之男命看到这种情景,认为是有意把脏东西给自己吃,便杀死了大气津比卖神。被杀的神身上长出了东西。头上生蚕,两眼生稻种,两耳生粟,鼻孔生小豆……

在这则神话中,大气津比卖的遗体裂变成了人间的"五谷"这一创生的方式,与中国的后稷神完全相同。毫无疑问,在这一神话系统中,日本"独身神"是从中国的"后稷神"和"盘古神"的形态中,得到了构成万物生成的创世发想的。

第三节 日本"天孙降临"神话与中国文化的交融

"天孙降临"神话是日本创世神话系统中极为重要的内容之一。这一则神话所表现的基本观念,长期以来成为日本意识形态的重要部分。

据《古事记》的记载,"天孙降临"神话的本题如下:

天照大御神和高木神对太子正胜吾胜胜速日天忍穗耳命说道:"现在复奏说苇原中国已经完全平定,应按照以前的委派,下去统治。"太子回答说:"我在整理行装时,生了儿子。名叫天迩歧志国迩歧志天津日高日子番能迩迩艺命,应该让这个儿子去。"按照天子的这个意见,天照大御神和高木神命令日子番能迩迩艺命说:"丰苇原水穗国是委任给你统治的国土,应按照这个委派,从天上下去。"……

于是,天儿屋命、布刀玉命、天宇受卖命、伊斯许理度卖命、玉祖命,共五伴绪,各分担司职,随同天孙从天上下降。天照大御神和高木神并把以前曾经诱她走出天屋的八尺钩玉、镜和草薙剑,以及常世思金神、手力男神、天之石门别神作为副,赐给了迩迩艺命。然后,天照大御神说道:"这面镜子,如同我的灵魂,要像供奉我那样来祭祀它"……

于是，天照大御神命令天津日高日子番能迩迩艺命离开天之石位，拨开密密云层，威风凛凛地开路而来，下了天浮桥，站在浮洲上，从这里又降到了筑紫的日向地方的高千穗峰上。

这一则神话与前述的"二神创世"神话是互相呼应的。"二神创世"在于解明日本的万事万物，包括日本的人在内，皆由"天神"所创造。"天孙降临"则要解明在由天神创造了日本之后，再由"天神"直接下降大地来管理由它们所创造的一切。天照大御神对她的孙子说得明白："丰苇原水穗国是委任给你统治的国土。"《日本书纪》载有"天孙降临"时的"神敕"，其文曰："苇原中国，是吾儿可王之地也。"据此，这一则神话的本题是极为明确的，即日本大地的统治者，不是由"天神"所创造的"人"，而是"天神"本身与"天神"的胤裔"天皇孙"，天照大御神便成为日本历代最高统治者的"皇祖"——这便是日本意识形态中的"日本神国观念"与"天皇天神观念"最初的源头。

江户时代的日本汉诗人大窪诗佛（1769—1837年）有《皇统歌》一首，其诗曰：

> 天地开劈来，大统长相随。
> 天子无姓氏，定知姓是天。
> 天皇如日月，万古无变迁。
> 谁道周德盛，劣能八百年。
> 为嬴为刘后，至近二千年。
> 其间几姓氏，相代迭忽焉。
> 何如日出国，相传自绵绵。①

这首诗讲的是日中"皇家观"的比较，前六句阐述日本的天皇与凡人不同，故无民姓，只以"天"为姓，其谱系如日月，万古不变。后六句指中国皇家，因无缘天降，故为嬴为刘，更迭不断，相传周德之盛，也不过八百年而已。全诗最后之"日出国"，即指日本，已见第一章之述。诗人于此二句，赞颂天皇世家，实乃万世一系。这首诗，对"天孙降临"神话的本质，作了通俗明白的阐述。

"天孙降临"神话具有完全的日本气质。但是，如果从神话的构造上

---

① 诗见《江户汉诗集》(《日本古典文学大系》卷八九)，岩波书店，1974年。

说,这则神话却也并不是"纯粹"的日本形式的,它是融汇了丰富的中国文化而得以构筑成的。

依据神话的本题,天神下降大地,本来应该由天照大御神之子来承担的,但是,在执行这一使命时,却意外地改由天照大御神的第三代,即由她的孙子来扮演这一角色。天照大御神为何最终决定不是采用第二代,而是启用第三代来开创这一历史性的场面呢?

与此相关,天孙降临大地之时,天照大御神赐给他镜、玉、剑三种宝物,并派遣五部之神同行,又有另外的三神作为副手。在这则神话中出现的事与物,其数量关系都与"三"和"五"相联系。这是一个很有价值的问题。

"数"在本质上是一个具有哲学属性的概念。它在不同的民族中,"数"常常表现出对于事物创世与生命运行的各具民族特色的思维。由《古事记》开始的日本书面文献,它表现古代日本人对"数"的观念,是以"八"为中心的。二神创造了日本诸岛,名为"大八岛国""大八洲"。其后,诸神的生养,也是以"八"与"八"的约数或倍数进行的。直至今天,日本东京站的中心称为"八重洲",而"八佰伴"之类的商家活跃于中国。然而,在中国的古文化中,"奇数"却具有表现创造性价值的功能。中国的古典哲学,从它形成的时候开始,便特别重视"一、三、五"这样的奇数。

《老子道德经》说:

> 道生一,一生二,二生三。三生万物。①

这是一个关于宇宙万物生成的哲学命题,老子采用了一系列的数来加以表达。这一命题中的"道",指的应是世界尚未形成的原始状态。所谓的"道生一",即是从"混沌"中产生了第一种物质;所谓的"一生二",便是从第一种物质中分裂出"阴"与"阳"两种物质;所谓的"二生三",便是阴阳互配的结果,由此而生成了世界的万物,这就是"三生万物"。

据此,在中国古典哲学中,"三"是两性和合、开创万物的意思,具有至高无上的意义。正是在这个意义上,日本"天孙降临"神话在三处关键性的情节中,全部采用了"三"的观念。天照大御神启用第三代天孙,赐以"三神器",配之以三神为副,下降苇原中国,这便意味着开创万物,促其有成,建立新秩序,确立新统治的意思。

---

① 本章引《老子》《庄子》文,见《诸子集成》(三),北京:中华书局,1986年。

中国古典哲学认为"五"也是一个圣数。司马迁在《史记·天官书》中说："为天数者,必通三五。"又说："为国者,必贵三五。"与"三"作为圣数,表示万物之始不同,"五"作为圣数,中国古典哲学用此来表示宇宙中心的意义。这一意义可以《九宫图》加以表示：

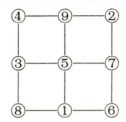

这是根据《周易》中"数"的要旨演化出的《九宫图》。它表现了中国古代的哲学家对于宇宙与人生的一种观察模式。图中的每一宫,代表一个"数",自"一"至"九",计凡九个数。图中的"五",居于九宫的中心。由线条连结的每三宫数相加,其和完全相等,皆为"五"的三倍数。此图表现的是一种以"五"为宇宙与人间的中心,实现稳定平衡的心理形态,"五"便成为创造此种和谐的核心。在中国文化史上,易学家、阴阳学家常常使用此"九宫"来推演他们的哲学,军事家也常常用此"九宫"来布置军阵。

由于"五"在中国古典哲学中具有突出的意义,所以在文化史上被普遍地采用来描述多样性的世界。哲学家用"五行"来表述世界万物的起源与多样性的统一;历史学家用"五帝"来构筑先史时代的社会形态;文献学家用"五典"来泛指上古的典籍;文化史家用"五色"来概述天地之间的正色;地理学家用"五岳"来概述中国的名山;音乐家用"五音"来表述音阶中的音级;儒学家用"五经"来提纯本门的经典,并用"五常"来确立人间的道德规范。总而言之,以"五"来表现事物的特别的存在与存在的稳定性,在中国古代文化中具有普遍的意义。

于是,上古时代的日本,在描绘"天孙降临"时,天照大御神派出众神与天孙同行,确定其数为"五部之神",这就不是一个任意定下的数字。它取"五"这一个在中国文化中的圣数,便包蕴着协助天孙,确立人间统治中心的意义。

这样,中国古代文化中圣数的观念,便赋予了"天孙降临"神话在形态表现上具有了潜在的哲学意义。

本则神话中,当天孙下降大地时,天照大御神向天孙赐赠了三件宝物——镜、玉、剑,作为降临大地的镇护之宝。这便是日本皇家史上的"三神器",它是日本皇权的"物"的最高象征,至今,"三神器"仍然皮藏于皇宫的密室之内。

"三神器"所表现的最根本性的社会机能,便在于体现皇权的最高的价值标准。它是用"镜"来体现皇权应该具有的最高智慧;用"玉"来体现皇权应该具有的最宽容的仁政;用"剑"来体现皇权应该具有的最威严的勇武之立力。实际上,"三神器"所要体现的便是"智""仁""勇"的价值标准。然而,这一组价值规范,恰好是中国上古文化所一直倡导的人格修养的标准。此种人格修养,也常常通过特殊"物"的属性而加以表现。

神话中,天照大御神在赐天孙"三神器"时,特别强调了"镜"的意义。天神说:"这面镜子如同我的灵魂,要像供奉我那样来祭祀它。"这就是说,"镜"在"三神器"中具有第一位的意义。

在中国的古代文化中,早期的道家学说曾经建立起了自己独特的"镜论",把对"镜"的观念,确立为一种哲学思想。

《庄子》说:

> 明镜之道,可以分形变化,以一为万。又能令人聪明,逆知方来之事。

这是中国最早的"镜论"。日常生活中使用的"镜",被赋予一种哲学的意义——代表人间的智慧力。

其后,此种"镜论"更深入于道教的教义之中。四世纪的道教宗师葛洪,在《抱朴子》中说:

> 万物之老者,其精悉能假托人形,以眩惑人目,而常试人。唯不能在镜中易其真形耳![1]

这是说,"镜"具有洞察幽微、照破天地、识别人世间一切假相的作用。魏晋隋唐的一些著作,如《西京杂记》中便有汉宣帝与"身毒国宝镜"的传说,《洞冥记》中又有关于"波祇国青铜镜"的记载,《酉阳杂俎》中还有"济南方山明镜崖"的故事,所有这些都表现了"人间的魑魅",虽然有各种的伪装,但是,却无法回避"镜"的智慧之力,它们在"镜"中被显现出了本相。这是中国文化中独特的"镜观"和"镜论"。日本天照大御神把

---

[1] 本章引《抱朴子》文,见《诸子集成》(八),北京:中华书局,1986年。

"镜"作为自我灵魂的代表,赐给她的天孙,其文化学的意义,渊源于此。

作为"三神器"之首的"镜",在《日本书纪》中被称作为"八咫镜"。这里的"咫",是一个地道的古汉语量词,近似于八寸的长度单位。所谓"八咫镜",则意谓横竖皆为八寸的镜。中国唐代初期有一部专门记录关于"镜"的各种传说的著作《古镜记》。其中说华夏族的先祖黄帝,曾经铸造过十五面镜子。有一面镜子的威力最大。"此镜横径八咫,四方外又设八卦,持此镜则百邪远人。"无疑,这面"八咫镜"便是镜中之王。它由黄帝所铸造,原本是表现了华夏民族创世者的智慧力。日本"天孙降临"神话接过这一面"镜中之王",把它作为天照大御神的灵魂,传授给她的天孙。这真是充满着奇异的想象力和瑰丽的色彩。

"镜"所内含的这种文化学的意义,至今一直潜在于中日国民的意识之中。中国民间在建造新屋之时,常常在正梁上朝南安放一面小镜子,以示避邪获福。如果有人久病不愈,也在房屋正门上方,或阳台露地上,悬置镜子一面,促使魑魅离身。这是中国人传统"镜观"的遗迹。日本国民在新年之时,常常在屋内要放置一种称为"镜饼"的装饰物。"镜饼"并不是如同"镜子"般的"饼",而是如同"饼"一般的"镜",白玉色,不可食。这一饰物祝福全家充满智慧,永保平安。这真是天照大御神融汇中国"镜观"后所留下的意想不到的遗产。

"三神器"中的"玉",原是温润而有光泽的美石,因此在文义上便具有了爱护与相助的意思,《诗经·大雅·民劳》中说"王欲玉女(汝),是用大谏"。它被引入中国的上古政治学说之中,因为它的贵重和稀少,于是便成为权力的一种标志,它是皇权的代表。所谓"天书玉策",便是天子受命的瑞征。最高权力的授受,是以"玉玺"的转移作为标识——自公元前三世纪秦代以来,皇帝的印章,皆用玉制,故称"玉玺"。《史记·秦始皇本纪》说:"令子婴斋,当庙见,受玉玺。"这是统治权力的象征。所以后世便把皇帝召见臣僚的大殿,称之为"玉阙";由平地通向"玉阙"的阶梯,称之为"玉阶";记录帝王谱牒的册子,称之为"玉牒"。凡此种种,无一不和皇权相联系。当然,"玉"所表现的权力,与"勇武之力"不同。它的所谓温润与细腻,使它成为与"威武"相对称的所谓"仁政"的代表。天照大御神把"玉"赐赠给天孙,正是内含了这种原本于中国上古时代的政治学理。

在日本的神话系统中,有多次关于"剑"和"刀"的描述。例如,男神伊邪那歧命有"十拳剑",他用扎把剑斩杀了儿子火神迦具土之命;速须佐之男命又用他姐姐天照大御神赐给的"十拳剑",在出云国的肥河上与八头蛇奋力拼斗。"剑"在神话中反复出现,这与日本民族的勇武的性格相关。

但是,作为天照大御神赐赠给天孙的"三神器"之一的"草薙剑",它不是一般意义上的"勇武"的表现,而是"皇权的勇武"的象征。《日本书纪》记此剑的来源时,讲了这样的故事:

> (速须佐之男命,即素浅鸣尊在肥河上与八头大蛇搏斗)时素浅鸣尊乃拔所带十握剑,寸斩其蛇。至尾,剑刃少缺,故割裂其尾,视之,中有一剑,此所谓"草薙剑"也。

据此记载,则此剑与大蛇有关。这里隐藏着一个承袭中国上古时代表现皇权观念的传说。司马迁《史记·高祖本纪》有如下一则关于刘邦起事的传说:

> 高祖被酒,夜经泽中,令一人前行。行前者还报曰:"前有大蛇挡径,愿还。"高祖醉,曰:"壮士行,何畏!"乃前,拔剑斩蛇。蛇遂分为两,径开。行数里,醉,因卧。后人来至蛇所,有一老妪夜哭。人问何哭,妪曰:"人杀吾子,故哭之。"人曰:"妪子何为见杀?"妪曰:"吾子,白帝子也,化为蛇,当道,今为赤帝子斩杀之,故哭。"……后人告高祖,高祖乃心独喜,自负。

据《史记》的这一记载,刘邦斩杀了白蛇,便象征着新的皇权即将诞生。斩蛇与皇权之间,具有隐秘的关联。"天孙降临"神话中,天照大御神从众多的刀剑之中,把在斩杀肥河大蛇中夺来的剑,赐赠给天孙,这便多少包含了当年刘邦用剑斩杀大蛇的隐秘之意了。这便表示了要用勇武之力来建立皇权,并确保皇权的宗旨了。

第四节 日本的"唯美神话"与中国上古的"物崇拜"

日本神话系统中表现"美意识"的"唯美神话",其根源于这个民族的"原始信仰"与"原始怯邪"。所谓"原始信仰",即他们崇拜表现"真、善、美"的"物";所谓"原始祛邪",即他们回避并诅咒表现"凶、恶、丑"的"物"。这些作为心理形态的"美意识"便成为"唯美神话"的主题。

在日本神话群系中,此种"原始崇拜"与"原始祛邪"的最集中的表现首先是"桃崇拜"的意识。女神伊邪那美命因为生养火神而被炙死,男神伊邪那歧到黄泉去探望,看到了女神的变态的形象——"头上有大雷,胸上有火雷,腹上有黑雷,阴部有析雷,左手有若雷,右手有土雷,左脚有鸣雷,右脚有伏雷。"《古事记》接着写道:

> 伊邪那歧命看到这种景象害怕起来,往回逃跑。他的妻子伊邪那美命说:"你让我受了羞辱。"立即派黄泉丑女在后面追……伊邪那歧命取下插在右髻上的多齿木梳,折下梳齿扔到地上,长出竹笋,乘丑女拔食竹笋,又逃跑了。伊邪那美命派八雷神,率领1500名黄泉军追上来。伊邪那歧命拔出所佩的十拳剑,一边向后面挥动,一边逃跑,一直被追到黄泉的边界比良坂。这时,伊邪那歧命从坂下的桃树上,摘下三只桃子,等黄泉军追到时,向他们打去,黄泉军便逃了回去。

《日本书纪》关于这一则神话有相同的记载。

男神去探望苦难中的女神,然而,作了黄泉之鬼的女神,却要把丈夫置于死地。男神虽然贵为天神,身佩十拳剑,然被恶鬼追杀时,竟然毫无办法,最后,只是因为采摘到了三只桃子,这才终于打退了1500名黄泉兵的追击。这就是著名的"黄泉比良坂神话"。在这则神话中,"桃"可以除尽丑恶,它是具有何等伟大的力量啊!这则神话无疑生动地表现了日本古代先民的"桃崇拜"的心态。

这种对"桃"的崇拜心态,在中国古文化中,大约可以追溯到公元前六世纪时代。《左传·襄公二十九年》有如下的记载:

> 楚人使公亲襚,公患之。穆叔曰:"袚殡而襚,则布币也。"乃使巫以桃,襚袚殡①。

公元前544年,楚康王死去。当时,鲁襄公恰好在楚国。于是,楚人请襄公为康王尸体着衣。为消除襄公的恐惧,便先用桃枝扫除棺木,表示去除了邪恶。这则故事表明,在公元前六世纪的时候,中国华夏民族中已经存在着"桃"能除恶的心理状态。《山海经》说:"元旦,设桃符于门。"在中国的战国时代,华夏民族已经把"桃"这一实物加以符号化,并把它作为驱恶除邪的门神。汉魏六朝时代关于"桃"的除恶神力,有着生

---

① 见清人阮元校刻《十三经注疏》,北京:中华书局,1980年。

动的民间传说。下面两则传说,具有非常重要的意义。

东汉的应劭,在《风俗通义》中有这样的记录:

> 上古之时,有神荼和郁垒昆弟二人,性能执鬼。度朔山上有桃树,二人于树下简阅百鬼。无道理妄为人祸害者,神荼与郁垒缚以苇索,执以食虎。

晋朝的宗懔,在《荆楚岁时记》中,又有这样的记载:

> 桃都山上有大桃树,盘曲三千里,上有金鸡,日照则鸣。下有二神,一名郁,一名垒,并执苇索,以伺不祥之鬼,得则杀之①。

这两则传说,说明汉民族中的"桃崇拜"意识得到了强有力的发展。传说可能是同源的。两位中国的神,以桃树为依托,打击恶鬼。在这些传说中,"神"本身并不是无所不能的,无论是"度朔山传说"还是"桃都山传说",二神在镇压恶鬼的时候,都离不开背靠"桃树"。日本的"黄泉比良坂神话",描写男神伊邪那歧命只是在逃到了比良坂的桃树下,采摘了桃实,才打退了恶鬼。这两组神话,不仅在内在的心理意识上有着基本的共同处,而且在此种心态的外在表现形态上,也几乎相一致。这之间无疑有着"物信仰"文化的共同交融之处。

这种共同的"物信仰",一直延续在两国的民风民俗中。中国的汉民族保持着过新年贴"桃符"的习俗,宋人王石在他的《元旦》诗中,描写了家家户户除旧迎新,"旧桃换新符"的情景。日本自古以来有著名的民话《桃太郎》。桃太郎是从桃实中生产出来的孩子,具有特殊的力量,并特别擅长打鬼。他带着大狗、猴子、山鸡,一起到了"鬼岛",大家齐心协力,打开了三座大门,征服了那里的红鬼、白鬼和黑鬼。这则民话再一次生动地表现了日本民族的"桃崇拜"意识,并一直流传至今,为广大的孩子们所喜欢。

日本"黄泉比良坂神话"中,当男神伊邪那歧命用"桃"击退了黄泉恶鬼之后,便对"桃实"说:"像方才帮助我一样,将来苇原中国的众生遇到患难的时候,你也去救他们吧!"于是,赐给"桃"一个名号,命为"意富加牟豆美",称为"意富加牟豆美之神",此即为"仙桃之神"。

这样,"桃"便从单纯的"除恶"的宝物,进一步发展为具有了"吉祥"

---

① 本章引《荆楚岁时记》文,见《四部备要》中《史部·地理》。

的意义了。"桃崇拜"的这一层意思,在中国的《诗经》中已经出现。《周南·桃夭》中说:

> 桃之夭夭,灼灼其华;之子于归,宜其室家。
> 桃之夭夭,有蕡其实;之子于归,宜其家室。
> 桃之夭夭,其叶蓁蓁;之子于归,宜其家人。

在这首诗中,"桃"是女孩子出嫁的吉祥物,明显地含有"祝福"的意义。待到秦汉之后,汉民族更认为"桃"具有长寿之力。汉魏小说《汉武内传》中有这样的传说:

> 西王母自设天厨,真妙非常,丰珍上果,芳华百味……命侍女更索桃果。须臾,以玉盘盛仙桃七颗,大如鸭卵,形圆色青以呈王母。母以四颗与帝,三颗自食。桃味甘美,口有盈味。帝食,辄收其核。王母问帝,帝曰:"欲种之。"母曰:"此桃三千年一生实,中夏地薄,种之不生"……

女神西王母,把三千年才生长成的桃,送给汉武帝,食后使其长生不死,成为"真人"。于是,中国人在寿诞之时,习惯上以"桃"祝福,具有了"长寿"的象征性意义。

中日两国的神话中展现的此种"桃信仰"的美意识,其渊源于中国上古时代更原始的"女阴崇拜"。先民崇奉"女阴"具有的除祟去恶的力量,其潜在信仰流传至今。"桃"是"女阴崇拜"的实物符号,一旦"信仰"被符号化,于是便赋予了广阔的想象前景,随着人种的迁徙与融合,此种被符号化的信仰心理,也就东传日本列岛,丰富了原日本人的美意识,并潜移默化地被组入神话群体之中,便使日本的"唯美神话"也显现出了多元化的特征。

日本的神话群系,生动地展现了日本文化的黎明时期的光辉。当这一黎明的晨曦正在到来的时候,它的最初的文化,便展现了与中国文化之间的多彩而深刻的交汇融合,这揭示了日本文化运行中的最本质的特点,即内聚着丰富的"变异体功能",它便预示了日本文化未来发展的方向和道路,其中,历史地命定了它与中国文化之间的不可分割的联系与交融,由此而创造了东亚辉煌的文化,并在世界文化史上留下了不灭的荣光。

第二编

思想哲学编

第四章

中国古代思想哲学的东传与古代日本的文化

日本一位有影响的学者曾经这样说:"日本古代没有哲学。"这一论断表现了哲学家对日本思想史的沉重的思考,显得近乎冷酷。从世界哲学思想史来说,日本古代确实未曾有过像古希腊这样杰出的哲学家,也未曾有过如中国古代这样辉煌的哲学时代。处在亚洲东隅的大洋之中,由于地理的和历史的原因,日本民族创造了属于它自身的独特的人文景观,其中也包含了哲学思想的特殊形态——这便是汲取亚洲大陆,主要是中国的已经成熟的哲学思想的若干内容,并借助其表现形式,在日本民族智慧的土壤中加以"变异"而形成自身的哲学思想形态。

第一节 古典儒学东传日本

从思想史的角度考察,作为异文化的哲学思想最早传入日本的便是中国的儒学。儒学在日本的流布,并与日本本土精神的交融,大致可以分成三个历史时期——五世纪至十二世纪的古典儒学的传入期,十三世纪至十六世纪的禅宗与宋学的传入期,十七世纪至十九世纪中叶的确立程朱之学为官方哲学期。每个时期中还可以划出若干阶段来。

一、中国古典儒学的传入

五世纪初,古典儒学传入日本列岛。

日本最早的书面文献《古事记》卷中"应神天皇"条中有如下的记载:

> 天皇命令百济国说:"如有贤人,则贡上。"按照命令贡上来的人,名叫和弥吉师。随同这个人一起贡上的有《论语》十卷、《千字文》一卷,共十一卷。

这是中国文献典籍传入日本的最初记录,而最早传入的文献典籍则是作为儒学经典的《论语》。"应神天皇"作为日本《古事记》与《日本书纪》的第十五代天皇,实际上传说中的人物。过去的史学家一般把他定为三世纪左右,而近十余年来,日本历史学界断其年代大约在公元五世纪左右,言之有据,当从其说。这位百济人和弥(吉师是尊称),日语读若"wani"。在晚于《古事记》八年成书的《日本书纪》中,"和弥"用汉文写为"王仁",却仍然读为"wani",这与现代日本语应读若"onin"不同。考其差别之由来,当是"wani"之音直接源于中国东北地方的方言。从他的名字与教养来说,无疑是一位生活于当时朝鲜半岛的汉族移民,抑或是汉族移民的后裔,由他把儒学传入了日本。若与印度佛教文化经由中国和朝鲜传入日本的时代相比,还要更早一些。对日本来说,儒学便是上古时代从域外传来的最早的一种西方思想。

《日本书纪》卷十一记载应神天皇去世后,太子菟道稚郎子与其兄大鹪鹩互让帝位的故事,有趣而意味隽永:

> 誉田天皇(应神天皇)崩,时太子菟道稚郎子让位于大鹪鹩尊。未即帝位,仍咨大鹪鹩尊:"夫君天下以治万民者,盖之如天,容之如地,上有欢心,以使百姓,百姓欣然,天下安矣。今我也弟之,且文献不足,何敢继嗣位,登天业乎?大王者,风姿岐嶷,仁孝远聆,以齿且长,足为天下之君。先帝立我为太子,岂有能才乎?唯爱之者也,亦奉宗庙社稷重事也。仆亦不佞,不足以称。夫昆上而季下,圣君而愚臣,古今之常典也。愿王勿疑,须即帝位。我则为臣之助耳。"
>
> 大鹪鹩对言:"先皇谓皇位者一日不可空,故预选明德立王为耳。祚之以嗣,授之以民,宠其章令闻于国。我虽不贤,岂弃先帝之命辄从弟王之愿乎!"
>
> 固辞不承,各相让之。

我们现在还无法考定这个记载的准确程度。传说中的这两位日本皇子,仿照中国的周泰伯、仲雍让位季历的故事,从而表现出了极为强烈的儒学的人格修养原则。

《日本书纪》卷十一又记仁德天皇事曰:

> 四年春正月,诏群臣曰:"朕登高台以远望之,烟气不起于域中,以为百姓既贫而家无炊者。朕闻古圣王之世,人人诵咏德之音,家家有康哉歌。今朕临亿兆于兹三年,颂音不聆,炊烟转疏,即知五谷不登,百姓穷乏也。封畿之内,尚有不给者,况乎畿外诸国乎耶?"三月,诏曰:"自今之后,至于三载,悉除课役,息百姓之苦。"

七年夏,天皇居台上而远望之,烟气多起。是日语皇后曰:"朕既富矣,岂有愁乎?"皇后对咨:"何谓富焉?"天皇曰:"烟气满国,百姓自富欤!"皇后且言:"宫垣坏而不得修,殿屋破之衣服露,何谓富乎?"天皇曰:"天之立君,是为百姓,然则君以百姓为本。是以古圣王者,一人饥寒,顾之责身。今百姓贫之,则朕贫也;百姓富之,则朕富也。未之有百姓富之,君贫矣。"

仁德天皇即是应神天皇的长子大鹪鹩。他即位后表现出的这一套"君民贫富观",无疑便是儒学经典《论语》中"仁政治国"原则的表现,更是《论语·颜渊篇》中所说的"百姓足,君孰与不足?百姓不足,君孰与足?"的具体翻版。

《论语》的核心在于提出了作为个人的人格修养的原则,与作为社会的仁政治国的原则。这一基本的核心思想,在五世纪已为日本统治者的最高层所接受。

其后,据《日本书纪》记载,继体天皇七年(513年),"五经博士段杨尔自百济来朝"。次年,"五经博士高安茂自百济来朝"。这里说的"五经博士",指的是中国梁武帝天监四年(505年)下诏"立五馆,开国学,置五经博士各一人",并以明山宾、陆琏、沈峻、严植之、贺场为博士,各司一馆而掌之。每馆养数百学生,将名经者登用为官吏[①]。中国梁朝一代,史载百济曾五次遣使来访。由此推之,当时的百济制度,大概是以梁朝为模本的。此时传入日本的中国儒学的五经与"五经博士",便是以百济为中心的朝鲜半岛而得以实现的。继后,推古女皇时,经由百济、高句丽渡日之儒学博士不绝于途。于是,中国古典儒学传入日本,遂成定局。

日本推古天皇十一年(603年),圣德太子制定《十二阶冠位》,次年又定《十七条宪法》,作为国家立国的政治准则与官僚群臣的行为准则。一曰以和为贵,上和下睦;二曰笃敬三宝;三曰承诏必谨,上行下靡;四曰以礼为本,上不礼而下不齐。五曰绝飨弃欲,明办讼诉;六曰惩恶劝善;七曰人各有仁,掌宜不滥;八曰早朝晏退;九曰信是义本;十曰绝忿弃嗔;十一曰明察功过,赏罚必当;十二曰勿敛百姓,十三曰勿妨公务;十四曰无有嫉妒,千载以难待一圣;十五曰背私向公;十六曰使民以时;十七曰事不可独断,必有众议。这《十七条宪法》深受中国政治思想的影响,而

[①] 参见《梁书》卷二七、卷四八,《南史》卷六二、卷七一等。

且文中不少遣词造句,更直接来自汉籍文典。如第一条"和为贵",则来自《礼记·儒行》篇的"礼之用,和为贵",而"上和下睦"则取自《左传·成公十六年》中"上和下睦"与《孝经》中"民用和睦,上下无怨"。第三条"上行下靡"取自《说苑》。第四条"上不礼而下不齐"取自《韩诗外传》。而第十四条"千载以难待一圣"则取自《文选·三国名臣传序》等。总计十三条二十一款的文字,取自汉籍《周易》《尚书》《左传》《论语》《诗经》《孝经》《韩诗外传》《礼记》《庄子》《韩非子》《史记》《说苑》及《昭明文选》等。所有这些都表明,在七世纪初期,中国文献中的主要典籍已经传入日本,其主要内容已为日本当朝的政治家所掌握。

这是日本皇室首次利用儒家思想于政治,其后,经四十余年的准备,便借势发动了"大化革新"。

大化革新之后,718年(日本元正天皇养老二年),制定了《养老律》和《养老令》。这是把经历了近一个世纪的封建新政法典化的著作。其中依据《养老令》,天智天皇时代开始设立了传授儒学经典的学校。京师有大学,地方有国学,以养成官僚群臣。均设明经、书、算三科。教科书依仿中国唐代国子监、太学与四门学的课业而列的章法,分为大、中、小三经。大经有《礼记》(郑注),《春秋左氏传》(服虔、杜预注);中经有《毛诗》(郑注),《周礼》(郑注),《仪礼》(郑注);小经有《周易》(郑玄、王弼注),《尚书》(孔安国、郑玄注)。此外,有《论语》(郑玄、何晏注),《孝经》(孔安国、郑玄注)。这是在唐代《五经正义》编纂之前,采用两汉经典本的初起阶段。它表明在八世纪初期,中国儒学的主要著作已经传达于日本知识分子群体之中。

这是中国儒学传入日本的尝试阶段。在这一阶段中,儒学在日本的传播,首先是从皇家最高层起始,并逐步达于官僚层中。因此,儒学在传入日本之始,其主要功能便是作为维护皇权的政治思想策略而得到崇敬。

二、早期儒学的扩散

从八世纪中期起,中国儒学在日本以超越"经学"的形态,而以"史学"和"文学"作为"明经"的两翼传入日本,从而使儒学进入扩散阶段。

八世纪以来,由于唐代诗文的发达,造成了日本官吏的考试,要加考诗赋。《学令》规定,学生中有善于文藻、长于讲说者,可以向式部省送举。日本神龟五年(728年)在明经博士外,正式增设文章博士。730年,新设文章生 20 人。当时,像著名的学者吉备正备从中国归来,为高野皇女(即后来的孝谦天皇)讲学,除了经典《礼记》之外,还专门讲授"三史"中的《汉书》。这就是说,当时的儒学者,除通"五经"之外,还兼学"诗赋"与"三史"。

此时,传入日本的儒学,由"经"而"文"的倾向益见明显,一方面由于本土贵族文化的成熟,一方面也由于唐风的强烈影响,高级官员皆通儒识文。于是,早先的明经科中便分增了文章科。文章博士大多来自世家子弟,以经国济民为志。他们修史以明鉴,属文以明志。一时之间,用汉文编撰的史学和文学著作,如日中天。史著如《续日本纪》《日本后纪》《续日本后纪》《文德天皇实录》与《三代实录》等;文学集著如《凌云集》《文华秀丽集》《经国集》等。这些文史著作虽然也从不同的侧翼表现了儒学思想,但是,经典儒学的传播却失去了原先的势头。当时的大学与国学中,又将原先在明经道中选学的"三史"和《文选》合并而开设"纪传道"。

"纪传道"是一个广泛的文化领域,它几乎包括了除儒学的经学之外的一切汉文化,养成了日本平安时代官僚贵族中一批富有才华的学者。当时的著名学者庆滋保胤在《池亭记》中记叙他的生活理念时说:

> 盥漱之初,参西堂,念弥陀,读《法华》。饭餐之后,入东阁,开书卷,逢古贤。夫汉文帝为异代之主,以好俭约,安人民也;唐代白乐天为异代之师,以长诗句,归佛法也;晋朝七贤为异代之友,以身在朝,志在隐也。余遇贤主、遇贤师、遇贤友,一日有三遇,一生有三乐。

这是一个很典型的描述。它反映了在这一时代中使日本知识人感奋的文化热点,则是集中于大陆的佛学、中国的史学与中国的文学。日本古代的大学与国学,原本是在儒学传入之后,为以儒学为中心而设立的高级官员的养成所。但在政治的实际运行中,儒学的经典性意义逐渐淡化。这是中日思想关系史中非常值得注意的文化现象。

三、古典儒学的式微

儒学自五世纪传入日本之后,经历了儒学经典传播的初步尝试(即大学中设"明经道"),也经历了由纯粹的经学形态向史学与文学的扩散(即大学中设"纪传道")。这是前后两个相关的历史进程。一方面是儒学的经典意义淡化,一方面是儒学传播的领域得以扩散。从日本儒学史来说,古典儒学虽然介入了日本国家的政治生活,但是它却还未能与当时社会更广泛的文化层面交融在一起,始终停留在表层层面上,因而缺少把古典儒学从政治性的"实用功能"形态,提升到文化性的"学术形态"的基础。

十二世纪的藤原赖长,曾为此作过许多努力。1136年,当时只有十七岁的藤原赖长出仕崇德天皇的内大臣。他以文章博士藤原成佐为师,专心于文史,专研于经义。1143年,他在阴阳师安倍泰亲的协助下,参照《周易正义》,完成了对《周易》的训点。同年,他自画孔子之像,每于孔子生日,则悬挂于座前,并着手恢复"释奠"之仪。1145—1150年任大学头,他建造文仓以皮藏图书。这个时期,作为唐代儒学的最高的经典《五经正义》已经传入日本,他本人于1144年已全部读毕。其后,则诵《毛诗》,习《春秋》《礼记》。在他就任大学首长之后,在鸟羽法皇的支持下,便把《五经正义》作为学生必读之教科书,并于1153年恢复了"学问科试",同年8月起又实行了对孔子的祭奠。藤原赖长试图重新恢复古典儒学在日本的昔日荣光,却把儒学又一次推入到政治活动之中。在当时,他甚至得不到在位天皇的支持,因而不得意而转求于退位的法皇。据说,1143年8月藤原赖长与另一位当世才士藤原通宪相会于鸟羽殿,谈论当时学界,叹儒学之陵夷,竟泪下满面,相与痛哭。日本古典儒学在此时已步入式微阶段了。

日本早期儒学的影响大体仅及于日本文化的表层。一种外来文化,尤其是它的精神成就,即使未曾受到排拒,但要转化为接受民族的心理,也需要持久而连续的积淀过程。而日本的早期儒学在未及深入积淀为日本民族文化心理时,就因丧失了它在政治上的扶持者而失去了继续发展的依据。日本早期儒学的必然落伍是意料之中的事了。

第二节 日本古代文化中的道家思想

一般认为,古代日本在与中国的交往中,造成了中国儒学和印度佛学东渐的趋势。因此,不仅在民众中,就是在学术界,也有不少人在谈到古代中日两国的文化关系时,便把"儒学与日本的关系"作为唯一的关系加以对待,更进而认为,日本自古以来,便是一个"儒学国家"。这与古代中日之间的文化关系的实况大相径庭,只是由于儒家们的张扬宣传,才造成了认识上的狭隘偏误。其实,在漫长的古代社会中,在十七世纪宋明儒学依靠幕府的极权政治取得作为官方意识形态的统治地位之前，日本从中国所接受的大陆文化是丰富多元的。从古代中日文化关系的总体态势来考察，中国本土的道家思想几乎与儒学思想一起，在最早的时候，随着中国大陆移民的东迁而传入了日本。①

这里说的"道家思想"，是泛指中国先秦以老庄为代表的"学派思想"，也包括从此种学术思想中派生敷衍出的自中国战国时代发展起来的"方士与方术"，并也包括自东汉以来逐步形成而至南北朝时期臻于完备的作为宗教的"道教"。它应与中国在宋明时代形成的"道学文化"作完全的区别。若与佛学相比，则道家文化进入日本的时代要早得多。道家思想对日本文化的渗透和影响，无论是在思想信仰方面，还是在政治形态方面，抑或是在文学艺术方面，以及社会生活的形态方面，都是多彩的、生动的，而且是深远的。

一、中日古文化中的"神道观"

"神道"作为一种敬神本位观念，在原始民族的宗教信仰中是普遍存在的。中国古文化中的"神道"观念，当是与先民的"鬼神"观念共生的。就文字记载而言，则最早见于《易经》。《易经·观卦》的"彖传"说："观天之神道而不忒四时，圣人以神道设教而服天下。"这里的"神道"，当指"上天诸神之意"。从哲学上说，所谓"神道"，便是指具有宗教意义的关于世界的一般真理。这一概念为东汉时代创建的中国道教所承袭。《太平清领书》(即《太平经》)中曾多次使用"神道"一词，用来指"神明之道"和"清明之神道"。在这个意义上，中国的"道教"也可以称为"神道之教"。在《太平经》之后，二三世纪的张角、张鲁，五世纪的寇谦之、陆修静，六世纪的陶弘景等，继承了此种"神道信仰"。在佛教传入之后，中国本土的道教以"神道之教"，与西来的"佛道之教"相抗衡。从宗教学上说，中国古文化中的"神道"，便是对道教教理与道教仪礼的总摄。

日本古文献中最初使用"神道"概念，见于《日本书纪》卷第二十一中《用明天皇纪》。用明天皇是日本皇谱中第三十一代天皇，在位仅585年至586年凡一年。此时佛教传入不久，朝廷中的政治斗争，借助于"排佛"与"尊佛"之争，异常激烈。作为用明天皇的两大宠臣，苏我马子氏族开始营造佛殿，而物部守屋氏族则烧毁庙宇。在这场争斗中，《日本书

---

① 本章所引《日本书纪》文，皆见《岩波日本古典文学大系》本，岩波书店刊。

纪》的作者评论道:"天皇信佛法,尊神道"。皇权采取了体面的协调主义,以确保政权的稳定。此处的"神道"一词,显然是借用了中国的宗教学概念。它与"佛教"恰好构成一对对立的范畴,符合中国文化中所谓的"神道之教"与"佛道之教"相对立的含义。当"神道"一词引入日本文化之时,此时作为这一概念的内涵已经发生了变异,它不再作为中国道教的总摄,而是指在佛教传入之前已在日本本土流传的咒术性宗教的信仰与仪礼。《日本书纪》完成于公元720年,它用汉文撰写。而在此之前八年用"真名"写成的《古事记》中,则还未见有"神道"的概念。此即可以断论,"神道"一词,其源于中国文化,并约在八世纪初期被导入日本文化之中。

"神道"概念的建立,在日本文化史上具有重大的意义。由于确立了天照大御神为日本的"皇祖神",又认定了日本皇谱的"万世一系","神道"便成为自日本开国以来所确立的纯粹的日本传统,它代表着日本国家和个人的理想的存在的形态,是这个国家的整个国家精神的最高理念。"神道信仰"在日本古代既是一种宗教,也是一种政治学和哲学。从本质上说,它是古代日本皇家的世界观。从奈良平安时代到江户时代,"神道学"一直在国家权力的保护下发展,形成为诸多的学派,例如有"两部神道学""伊势神道学""垂加神道学""吉田神道学""平田神道学"等。近代以来,日本国家主义和民族主义,以及其后的军国主义,都利用这一"神道"传统,为其政治的和军事的目的服务。战后,"神道"作为一种日本的本土宗教,仍然有着广泛的信仰层面。

中国古代文化虽然首创"神道"这一范畴,但是由于儒学尊崇宗师孔子的教诲,"不语怪力乱神",其论者皆"敬鬼神而远之",所以一方面"神道"的观念一直渗透于民众之中,然而另一方面,在学术文化中,"神道"的概念意识却逐渐隐秘。日本文化却与此不同,它在接受了中国文化的关于"神道"的观念之后,却在全民族高扬发展。有些研究者,一直把"神道"只是作为日本的宗教,而不明白这一概念及其所内含的信仰,在东亚文化圈内形成与发展的历史层次。

二、日本上古文化中"尊"的观念

《日本书纪》作为日本最早的史书著作,成书于公元720年,其"神代卷"记述了日本开国神话,其中几乎所有的"天神"都被称之为"尊"。

卷第一《神代上》起首曰:

> 开劈之初,洲壤浮漂,譬犹游鱼之浮水上也。于是,天地之中生一物,状如苇芽,便化为神。号国常立尊。次国狭槌尊。次丰斟亭尊。凡三神矣,乾道独化。

比《日本书纪》成书早八年而编撰成的《古事记》,它是用"真名"写成的,或许因此而更接近当时的口语。它关于日本开国神话的起首是这样写的:

> 天地初成,高天原有神,其名曰天之御中主之神。次曰高御产巢日之神。次曰神产巢日之神。此三神者,乃独神也,隐其身①。

《日本书纪》中被称为"尊"的,也就是《古事记》中称之为的"神"。"记纪神话"中的第一代有性男神"伊邪那歧命"被称为"伊弉诺尊",第一代有性女神"伊邪那美命"被称为"伊弉冉尊"。作为日本民族勇武精神象征的"速须佐之男命",被称为"素盏鸣尊"……

那么,《日本书纪》为什么要把本来口语的"神"(Kami,古语 Kamu),却用"尊"(Mikoto)来限定这一意义的表述? 从文化史上来考察,这与当时中国道教思想的浸染有关。

虽然佛教徒在点数佛像时,也常把"一座佛"称为"一尊佛",但道教却在此之前,已把居于清微天玉境的"天宝君"称之为"元始天尊",把居于禹余天上清境的"太上道君"称之为"灵宝天尊",把居于大赤天太清境的"太上老君"称之为"道德天尊"。这三"尊"合称,便是"三教洞主"。至于民间称呼的"玉皇大帝",《道藏》却正式称之为"玉皇大天尊",而"玉王太一君",则称之为"太一救苦天尊"。

事实上,在《日本书纪》之前几个世纪,日本人的意识表现就已经显现出与中国道家文化的融合,而《日本书纪》从它的第一页开始,就显示了它所受到的道学文化的浸染。当然,《日本书纪》中所内含的中国道家文化的因素,就远不止于把天神称为"尊"这一范围的。

三、"天皇"的定格与道家文化

道家所追求的人生目的,与早期儒学文化主要表现在政治思想与政治制度方面大不相同,它们并没有畅想出一套较完整的政治制度来,而后来发展起来的道教所构筑的世界,却是一个超乎世俗凡人的以君王为

---

① 本章引《古事记》文,皆据《岩波日本古典文学大系》本,岩波书店刊。

首的极乐天地,因此,当道家文化东传之后,它最先便是丰富了当时日本人的天神帝王意识,于是在围绕着日皇的一系列观念中,我们也可以寻觅到早期道家文化传入日本的痕迹。

在《日本书纪》中,日本国王已确定无疑地被称为"天皇"了。如作为日本天皇皇统的第一章《神武纪》,其开首便曰:"神日本磐余彦天皇、讳彦火火出见,彦波瀲武鸕鹚草葺不合尊第四子也"。这便确认了"天皇"的称号。当然,"天皇"的称号,并不初见于此。目前有据可证的是公元607年推古帝时代的圣德太子在奈良营造法隆寺时,在金堂的药师像上镌刻有"池边大宫治天下天皇"九字。这一年恰是日本大和朝廷派遣以小野妹子为首的"西海使"赴中国之时。他携带的致中国的《国书》中,其开首曰:"日出处天子致书日没处天子",第二次的《国书》中,起首又曰:"东天皇敬白西皇帝"①。这便是说,大约在七世纪时代,日本的政治体制中已经确立了"天皇"(Amatsu Mikoto)的概念。

但是,在此之前,日本人并不把自己的最高君主称为"天皇"。目前尚保存有熊本县江田船山出土的五世纪时代的大刀遗物。此大刀上有铭文曰:"治天下□□□齿大王"。这大概便是古坟文化中期传说中的"蝮瑞齿别帝"的事了。从这一"铭文"来看,在五世纪时期日本人的君王观念中,是以"大王"(Okimi)为最高等级的。

奈良时代的日本人开始把本国的最高君主定格为"天皇"。这一定位,实际上是由两方面的因素造成的。其一是日本原始神话在此时"变异"为"记纪神话"。这一神话系统最终确立了日本统治者是由"天孙降临"的观念②。于是,需要采用一个恰当的名位来定格,以便确认最高君主具有"现人神"的意义。其二是中国本土的宗教,即道教意识的传入,使此种内在的欲求有了表现的可能。

本来,"天皇"一词,在中国上古文化中,无论是指"天皇、地皇、泰皇",抑或是指"天皇、地皇、人皇",它都是中国人早期的一种神道观念。《礼记·曲礼(中)》中"太上贵德疏"曰:"三皇称皇者,皆行合天皇之星。"《晋书·天文志》解释这一说法时说"钩陈口中一星,曰天皇大帝。其神曰耀魄宝,主御群灵,执万国图,抱北极。"这是古代中国人神道观中设置

---

① 见《日本书纪》卷二二《推古天皇纪》。
② 关于日本神话的诸问题,参阅严绍璗《神话世界中的中日文化的融合》(载《中日古代文化交流史大系,文学卷》,浙江人民出版社刊中文版,大修馆书店刊日文版)。

的最高星座,但是,它不是自然运行中的"星",而是人格化的"神"。所以,汉代张衡在《思玄赋》中说:"叫帝阍使辟扉兮,觌天皇于琼宫。"张衡是中国早期道教形成时期的重要学者,他在赋篇中构筑起的居于天上琼宫中的天皇,是融合了中国早期神道观念而发展为主宰天地间的"至尊"。这一范畴当然是极具道教色彩的。《道藏·秘藏经》说:"太清九宫,皆有僚属,其最高者称天皇。"奈良时代的日本人,便从中国的道教中获得启示,把他们的最高君主定格为"天皇"。这一名位,一方面包含了日本君主自天而降的皇统,一方面确认了在天地间的至尊。事实上,当时的日本人并不是如同后世那样把"天皇"称为"Tenno",而是称为"Amatsu Mikoto"。在这里,"Mikoto"是"尊""神"之意,而"Amatsu"就是"天"的所有格。这样,所谓"天皇",便是"天尊""天神""至尊"等的意思,这与道教的教理完全一致了。

耐人寻味的是,在形成时期的"天皇"的观念中,事实上还包含着中国道教的"真人"的意义。《日本书纪》记载第四十代天皇"天武天皇"(673—686年在位)称为"天亭(左加水)中原瀛(左加水)真人"。

同书在"天武纪十三年(685年)"中又记此年天皇"作八色之姓":

> 冬十月,诏曰:更改诸氏之族姓。作"八色之姓"以混天下万。一曰真人;二曰朝臣;三曰宿祢;四曰忌寸;五曰道师;六曰臣;七曰连;八曰稻置。

这是在皇室与中央大员中确定的八种家格的称号,这些家格便表示在朝廷中的地位。其中,把"真人"确认为第一等家格,并且规定仅仅赐与皇族,从而显示了"天皇"与"真人"在当时是为社会所认定的关于君主至贵的一组概念。

在中国文化史上,"真人"是道家文化的典型范畴。《庄子·大宗师》曰:

> 何谓真人?古之真人,不逆寡,不雄成,不谟士。若然者,过而弗悔,当而不自得也;若然者,登高不栗,入水不濡,入火不热,是知能登假于道者也。若此,古之真人,其寝不梦,其觉无忧,其食不甘,其息深深。
>
> ……
>
> 不知说生,不知恶死,其出不䜣,其入不距,翛然而往,翛然而来已矣。

《太上经》也说：

> 道之积成，托形立影，与时翱翔，有名无体，谓之真人。

毫无疑问，"真人"是早期道家文化中确定的关于"道"的修养的最高范畴。正如道家经典反复指出的，"真人"从本质上说，他们已经不再是"人"，而是由"道"的堆积物所托形立影而成，超越死生，来去无形。这一至尊神奇的构想，极大地充实与扩展了日本皇权的想象力，提升了皇权的神秘性，因此，它很快为七世纪时代的皇家所吸收，并把它灌注于"天皇"这一概念之中了。

四、日本古代皇室的"神器信仰"与"祝紫为上"

实际的文化势态可能要更加生动，不仅仅是在君主定格的名号方面，而且在与构成"天皇"观念的象征意义方面，也仍然可以见到朦胧的道家思想。

据日本最早的书面文献《古事记》"神代卷"的记载，当年"天孙"降临大地，成为日本的最高统治者之时，其祖母天照大御神曾授与他象征皇位标志的三种神器——八咫镜、八坂琼曲玉、天丛云剑。《日本书纪》有相同的记载，唯不同的是，"天丛云剑"改为了"草薙剑"。于是，自古以来，这"镜、玉、剑"三神器，便是日本皇家权力的象征了。故《神皇正统记》中说："三神器之传世，与日月星辰为天同。"直至明治天皇在即位的《召书》中，仍然奉此三神器为"天祖灵威之所凭"。然而，这"神器"一词，其本身就是道教的范畴。在东汉的一些"纬书"中，已经表露出"镜"和"剑"作为帝王信仰的思想，并且把"镜"和"剑"看成是一种"组合"。六世纪梁代的道教大师陶弘景，则详细地论述了这种信仰在宗教哲学方面的意义。

与此种"神器信仰"具有同样意义的，便是这一时代日本皇室把"紫色"作为社会地位中最高等级的标志。公元603年圣德太子制定"六色十二阶"冠位，冠位有"大德""小德""大仁""小仁"等十二等，以道德评判确认其在朝廷的地位。每一冠都以不同的颜色区分其地位的高低。在此"十二阶位"之外，又特别确定一种"紫冠"作为官位中最高等级的标志色。《日本书纪》卷第二十四《皇极天皇纪》有如下记载：

> 二年（即643年），冬十月壬子，苏我大臣虾夷，缘病不朝，私授紫冠于子入鹿，拟大臣位。

苏我氏是当时朝廷中握有重权的一族。苏我虾夷直接从天皇处获得"紫冠"。此冠驾于十二阶之上,作为"大臣"的身份标志。故其因病不朝,把"紫冠"私下授予儿子入鹿,拟由子代父位。这就显示了"紫冠"的价值与力量。

又据《日本书纪》记载,推古天皇十六年(608年)中国第一位使臣裴世清抵达日本,"皇子(圣德太子)诸王诸臣,悉以金髻花着头,亦衣服皆用锦紫绣织……"这是强调当时日本的显贵们身着的衣服皆系紫色的锦绣,由此也知"紫色"的高贵。

在圣德太子后约四十年,孝德天皇于"大化革新"中修订旧制,重定"七色十三阶"冠位。《日本书纪》卷第二十五《孝德天皇纪》曰:

> 大化三年(647年),是岁,制七色一十三阶之冠。一曰织冠,有大小二阶,以织为之,以绣裁冠之缘,服色并用深紫。二曰绣冠,有大小二阶,以绣为之,其冠之缘、服色,并同织冠。三曰紫冠。有大小二阶,以紫为之,以织裁冠之缘,服色用浅紫。……

作为官阶标志的"冠"与"服",仍然依次为"深紫""浅紫"等色。冠阶位数虽有变化,但"紫色"始终是作为官位中最高等级的标志。

中国文化中的各学派都很重视色彩,并确认表达自身文化内涵的所谓"正色"。这是中国文化独特的心理形态。儒家以"朱色"为正色,并最为痛恶"紫色"。《论语·阳货》篇曰:"子曰恶紫之夺朱也;恶郑声之乱雅乐也。"班固沿袭此种心理特征,他在《汉书·王莽传赞》中说:"紫色邪声,余分闰位",说的是"紫色"与"邪声"一样,并非正位。

然而,道家却以"紫色"为正色,恰与儒家相对峙。早期道家有"紫气东来"之说,表示圣事临门。《关令内传》说:"关令登楼四望,见南极紫气西迈,喜曰:'复九十日外,法应有圣人经过京邑'。至期斋戒,其日果见老子。"这便是"东来紫气满函关"的传说。道家把天帝的居处称为"紫微宫",把神仙的居处称为"紫宫",视浩渺的苍穹为"紫虚",亦称"紫冥"。在中国各学派的文化特色中,道家"祝朱为上"。

如果从上述中国文化的这一特征来观察七世纪时代日本皇家的"色彩观",那么,无疑可以认定,此种皇家色彩观中具有明显的中国道家文化的色彩。

五、十世纪时代日本宫廷的"咒文"

据公元十世纪成书的《延喜式》卷八的记载,当时每年六月与十二月,宫廷举行"大祓"的仪式。所谓"大祓",这是起源于《古事记》神话的除灾去恶的宗教活动。在这个仪式中,必定要向天帝天神们致以"祝词"。"祝词"的格式大体一样,其文曰:

> 谨请皇天上帝,三极太君,日月星辰,八方之诸神,司令与司籍,左东王父,右西王母,五方之五帝,四时之四气,捧以银人,清除祸灾;捧以金刀,清延帝祚。

> 咒曰:东至扶桑,西至虞渊,南至炎光,北至弱水,精治千之城、百之国。万岁,万岁,万万岁!

"大祓"的观念来自日本的本土,然而,在"大祓"上向天帝天神致意的"祝词",却是移植中国道教祝文的精彩杰作。文中表达的需要致意的各路上帝太君,即所谓的"皇天上帝""三极太君""东王父""西王母""五帝"等一连串的受祭神格,全部采自道教的神谱。咒文中所谓"扶桑""虞渊""炎光""弱水",皆是中国秦汉文献中划定四方之界时常用的疆域名称。至于"左"侧供奉"东王父","右"侧供奉"西王母"——这"左"与"东"相配,"右"与"西"相配,使用的全是中国"八卦"的方位概念。

此种形态的"祝词",风行于历代天皇之中。据《江家次第》记载,圆融天皇于天禄四年(973年)元旦的四方拜典仪式上,在向北礼拜了自己的本命星后,遥唱"咒文"。文说:

> 贼寇之中,过度我身;毒魔之中,过度我身;厌魅之中,过度我身……急急如律令。

这是很有趣的祈祷。此篇"咒文"采用"……之中,过度我身"的表述方法,这是中国道教"咒文"的最基本的格式之一。所谓"过度我身",便是平安地经过我身,无害我身之意。而口唱"急急如律令",更是道士们在念诵"咒文"时必用的术语。

六、日本奈良平安时代文学中的道家思想

与儒学表达的治国的原则和人格的原则不同,中国的道教思想(广泛意义上的道家文化)追求的是人的现世的"至乐",它与"原则"相比,更

加充满欲望和激情。此种极具幻想成分,又满含着享乐色彩的意识,沁润着日本社会更加广泛的层面,尤其是对早期的文学创作影响至深。

七世纪时代早于《万叶集》之前,日本古文学中有一种用汉文创作的文人作品,我们把它称为"汉文传奇"①。它们是日本古文学从神话、传说向物语创作演变的过渡性桥梁。此类传奇以《浦岛子传》为代表,在创作意识中具有很深的道家思想的底蕴。

《浦岛子传》描写一位日本的青年渔夫与"蓬莱龟女"之间情欢的故事。日本作者把作品情节展开的背景,安置在中国渤海中的"蓬莱"。这一选景意识便是道家情结的表现。中国早期的古文献关于"蓬莱"的记叙具有极大的神秘性。《史记·封禅书》有如下记载:

>……蓬莱、方丈、瀛洲。此三神山者,其传在勃海中……诸仙人及不死之药皆在焉。其物禽兽尽白,而黄金银为宫阙。未至,望之如云;及到,三神山反居水下。临之,风辄引去,终莫能至云。

"蓬莱"在这里体现的是一种"至乐"的神仙境界,这是一种非常具有中国汉民族特色的精神形态,它浓缩为已具宗教气息的道家方士意识。在中国文化中,"蓬莱"与其称它为一个地名,还不如认定它为一种文化更为恰当。日本作者把它创作的作品的中心场景设置在"蓬莱",便是这一特定文化精神的体现。

中国的道教在追求达到自我"永生"的最高境界的过程中,十分强调在现世的修炼。一为"丹石之炼",一为"内气之炼"。《浦岛子传》表现男女主人公的数种情爱,便是依照这"丹石"与"内气"的功夫展开的。其中关于"内气"中的"房中术",传奇的文字皆本于中国道教的房中专著《素女经》《玉房指要》《洞玄子》等。

《浦岛子传》描写男主人公在回归日本乡土之后,违背龟女的告诫,打开宝匣,"紫烟升天无其赐,岛子忽然顶天山之雪,乘合浦之霜矣","芳兰之体率于风云,翩飞苍天"。这一场景是紫烟升腾,人间飞升,凡体成仙,表现的完全是道教气魄。作者把使男主人公与他的情人永世分离的"玉匣"作为宝物,超出一般常人之情。然而,作者正是站立于道家理想

---

① 关于日本古文学中"汉文传奇"诸问题,参阅严绍璗《日本古代物语与中国文化》(载《中日古代文化交流史大系·文学卷》浙江人民出版社刊中文版,大修馆书店刊日文版)。又参见严绍璗《日中文化における神話から小説への軌跡についての研究(その一)》载日本文部省国際日本文化研究センタ《日本研究》第12辑(1995.7)。

之上,把"自我的永恒"作为信念的至极。

十世纪时代,日本古文学中出现了一种新的文学样式"物语"。目前学术界认定的第一部作品是《竹取物语》。作家以女主人公赫映姬最终回归月亮作为结局。这一结尾是以中国秦汉时代方士的"日月神客体论"作为构思的基础①。原本在世界的神话中,人类对太阳和月亮的幻想是以"日月神本体论"的形态展开的,即把太阳和月亮幻化为与"人"一样具有生动的生命力的"日神"与"月神"。

无论是希腊还是中国,抑或是日本,其原始的日月神神话,都是属于这一类"日月神本体论"。但是,中国文化从战国时代开始,以追求"人"在现世的永生为目标,从道家思想中发展出"方士"与"方术"。然而,他们到底也无力在人世间达到这一企求,于是就慢慢构想出让人飞升月亮,在那一片广漠寒冷的幻化之地上来完成这一梦想。这样,中国原始神话由于道家方士思想的透入,便产生出新神话来,这便形成了以"嫦娥奔月"为代表"日月神客体论"。"日月神客体论"完全是中国道家形态的新神话,在世界的其他民族的神话中,尚未见有同一类型的神话。《竹取物语》中赫映姬对她的养父母说:

> 我非本土之籍,乃系月都之人也。原先有约,来此世上,今应归返。本月十五日,本籍月亮之国将来迎接。

到了八月十五的半夜,果然有天外来客。他们以隆重的仪仗迎接赫映姬回返。女主人公穿上"羽衣",吞吃了"不死之仙药",登上"云车",在百"人"的簇拥之下,飞向月亮。《物语》的作者在作品中为女主人公设定的本籍,是完全基于"日月神客体论"的观念,进而运用"羽衣""仙药""云车",创造女主人公回奔月亮的场面,则又是完全采用了中国道家方士的道具。

可以这样说,在中国的儒学传入日本的同时,道家文化也传入了日本。儒学文化主要被日本统治阶层利用来设计国家的政治的格局,进而,便愈益成为官方的意识形态;而道家文化则与日本本土的"神道观"相结合,主要被用来丰富对天皇的思想信仰,进而,更在民众中成为扩展

---

① 关于《竹取物语》与中国道家思想的关系,参见严绍璗《中日古代文学关系史稿》第四章,湖南文艺出版社刊。又参见严绍璗《かぐや姫の研究二题》,载《東アジアの中の平安文学》,日本勉诚社刊。

生活乐趣的指南。或许,这便是儒家与道家这两种中国文化在日本被注定了的命运。

第三节 中国的阴阳学说与日本的古代文化

阴阳学说就其本源而论,它是上古时代的中国先民对宇宙的一种认识论。作为中国古代先民对万物起源的理解,"阴"与"阳"或许是中国哲学史上最早被提出的一对具有哲学意义的范畴。早在西周时代,中国的哲学家已经察觉了世间万物"正反相生""阴阳相成"的若干规律。《国语·周语(上)》记伯阳父说:"阳伏而不能出,阴迫而不能蒸,于是有地震。"这就创立了从阴阳的角度观察自然的基本立场。《易》提出"一阴一阳之为道",把阴阳之间的运动,看成为宇宙间一切事物的根本规律,成为集上古时代阴阳学说之大成。战国后期,中国诸子百家中以邹衍为代表的一派,致力倡导"阴阳五行"之说,并以"五德终始""五德转移"等相为辅佐,与"天人感应"相呼应,正式开创"阴阳学说",为《汉书·艺文志》列为"九流"之一。

"阴阳学说"是一个复杂而庞大的体系,它既提供了古人观察宇宙(包括自然、社会和人体自身)的一个基本的立场,又把人的思维引向神秘世界。它虽然未成为中国统治思想的正宗,然而作为正宗的儒学却大量间杂有"阴阳学说"。事实上,"阴阳学说"一直影响着中国的哲学,并深深地沉淀于民俗民风之中。不惟如此,"阴阳学说"对东亚古代文化,特别是对日本古代文化的内含及其表现形式,也具有十分重要的意义。如果脱离了"阴阳学说"这个范畴,恐怕也是难于解开古代日本的许多文化之谜的吧。

一、《易》的东传

《易》是中国"阴阳学说"中最基本的著作,关于此书传入日本的时间,可以《日本书纪》的记录为根据。《日本书纪》中《继体天皇纪》记载:

> 七年(513年)夏六月百济……贡"五经博士"段杨尔。

此"五经"当指《易》《书》《春秋》《诗》《礼》,而以《易》为其首。这是日本文献中关于《易》的最早的记录。朝鲜半岛上的百济国,援中国学制而立"五经博士"。这位段杨尔先生,与他的先辈"王仁"一样,极有可能本人即为中国的士人,抑或是他的先人已移居朝鲜。据此则知,中国的《易》大约是在六世纪初东传日本的。

其后,在继体天皇之子,即六世纪的钦明天皇时代(539—571年在位),又有"易博士""历博士"等相继抵达日本。他们父子两代,致力于导入中国文化,特别是导入了以《易》为代表的中国的"阴阳学说"(当然,这种导入是经由朝鲜半岛的)。607年(日本推古天皇十五年),日本组成以小野妹子为正使的第二次遣隋使团时,僧人曼奉圣德太子之命,随团赴华。他在中国留学二十四年,专事学习佛教与阴阳学说。回国之后,便为中臣廉足、苏我入鹿等讲授《周易》。这大概是日本最早的关于《易》的讲筵了。

以《易》为代表的阴阳学说,在日本被称为"阴阳道"。它在东传的过程中,被卷入了当时日本社会上的"崇佛"与"排佛"的斗争之中。

随着《易》的东传,阴阳道观念渐渐渗透于日本社会,并进而与日本民族的各种信仰、思想和观念结合在一起,创造了日本古代文化的新形式。

二、日本古代政治中的阴阳道学说

七世纪时代,围绕着佛教的斗争,终于以崇佛派的胜利而趋于和缓,从中国传入的阴阳学说也因此而得到了被推崇的地位。当时的日本,正面临着确立律令制国家的形态,在其准备的前夜及其推行过程中,在理论方面以及具体的运作方面,都从中国的思想文化中获得了重大的支持。阴阳学说便是其中相当活跃的一种思想理论。

(一)圣德太子与阴阳道学说

圣德太子是古代日本确立律令制国家形态的具有卓越贡献的政治家。作为推古天皇的摄政,他确定了《十二阶冠位制》,为这一律令制国家奠定了等级制的官制基础;又制定了《十七条宪法》,作为各级官员的道德标准与行为准则;在政治思想方面,圣德太子既是一位优秀的佛教理论者,又精通于《易》学阴阳道。他是最早把日本国家政治体制的建设与中国的阴阳学说结合起来的政治家。

日本推古天皇十一年(603年),圣德太子确定了《十二阶冠位制》:

> 十二月,始行冠位。大德、小德,大仁、小仁,大礼、小礼,大信、小信,大义、小义,大智、小智。并十二阶,并以当色绝缝之,顶撮总

如囊，而着缘焉。唯元日着髻花。

这一制度是以"官冠"的种类来表示官僚的位阶，以及他们在朝的席次，其中渗入了不少的阴阳道思想。在确定作为等级身份的官员的"十二阶冠位"方面，其序列并不是按照佛教的"德、仁、义、礼、智、信"排列，而是据中国《管子》的五行之说，定"德、仁、礼、信、义、智"的次序。在确认各阶位的"冠色"时，并没有采用儒学的"色彩观"，却与阴阳五行相配。其中，"德"为最高阶位，配以"紫色"①。自"德"以下，"仁"为"青色"，与"木"相配；"礼"为"红色"，与"火"相配；"信"为"黄色"，与"土"相配；"义"为"白色"，与"金"相配；"智"为"黑色"，与"水"相配。再以颜色的深浅分别同一层次中的大小两个等级，构成十二阶。此谓调和阴阳五行之意。推考圣德太子所以确定"冠位"为十二等之意，也是为了与阴阳学说中的太一星概念相一致，即天帝所居之太一星，有十二卫星围绕，以此象征建立以天皇为中心的官僚制度。

日本在最初确立律令制国家的官阶时，特别注意融入中国的阴阳学说，其意在于顺应阴阳五行之说，以避妖变，更召祥福。这里所谓的"妖变"，指的是形形色色的凶兆。这种观念本身便是随着阴阳思想传入日本而产生的。"妖变"有许多不同的形式，诸如"服妖""诗妖"等。所谓"服妖"，指由服装的不吉利的色彩、式样、服饰等所表现的凶兆。平安时代的日本，对着装具有很高的审美要求，贵族们特别相信"服妖"之说，所以力戒而避之。又如"诗妖"，指的是在民间流传的歌谣、童谣中表达的不吉利言辞，像《日本书纪》中所记载的自圣德太子逝世后直至"大化革新"期间许多奇异的童谣，如皇极天皇二年（643年），当时的权臣苏我入鹿独谋，将废上宫王等，而立古人大兄为天皇。于是，便有童谣流传：

　　岩の上に　小猿米焼く　米だにも
　　　　　　食けこ通らせ　山羊の老翁

在这首童谣中，歌者以"岩之上"喻"上宫"，以"米烧く"喻"烧毁上宫"，"小猿"即指"苏我入鹿"，后三句则比喻山背王的头发黑白斑杂二毛恰似山羊，舍弃宫室而匿于深山之状。

又如皇极天皇三年六月，"有人于三轮山见猿昼睡，窃执其臂，不害

---

① 此处的"紫色"，乃系道家之色。详见前章的论述，"紫冠"则为十二阶位之外的大臣的最高标志。

其身,猿猶合眼而歌"。此猿竟会吟唱歌辞,真是人间奇闻。此歌之内容,便是预言若干年之后,圣德太子之子山背大兄王被苏我入鹿围困于生驹山之事。正是基于这种信仰,所以,圣德太子在确定国家重大的官僚冠位制度时,在其最基本的部位上,融入了阴阳五行学说。

在确定《十二阶冠位制》的第二年,即推古天皇十二年(604 年),圣德太子再定《十七条宪法》。其意在于加强以天皇为中心的国家意识,并对官僚的行为加以规范。这一《宪法》之所以被确定为"十七"条,当是基于中国文献《管子》等的学说,即将"阴"的极数"八"与"阳"的极数"九"相合而成的。

圣德太子选定在推古天皇十二年,即"干支纪年"中排列的"甲子"年将此《宪法》颁示天下,也出于太子对于阴阳学说的信仰。原本"十干"与"十二支"共有六十种组合。至第六十一种时,将会出现相同的组合,所以日本人把"六十一岁"称为"还历"。阴阳道定六十年为"一元",二十一元为"一蔀",以殷亡周兴前后的"甲子"与"辛酉"为基准,认为在"一蔀"即 1260 周年内,革命之事必逢"甲子""辛酉"之年而起①。基于此种信仰,圣德太子选定"甲子"之年颁示《宪法》,以示维新奠基之意。圣德太子还把这一信仰贯彻于他编定的日本国史中。现今保存的《日本书纪》是以原先由圣德太子及苏我虾夷等人编纂的《天皇记国记臣连伴造国造百八十部并公民等本纪》为底本的②。《书纪》关于日本的开国纪年的确认,完全是根据圣德太子在《天皇……本纪》中表述的阴阳道干支纪年的概念而判定的。它以推古天皇九年(601 年),即"辛酉年"圣德太子营造斑鸠宫为基准,由此上溯一蔀,即上推 1260 年作为"神武天皇"元年,日本的开国,即日本的皇谱与皇统,便从这一年起算。所以,日本的所谓第一代天皇的开国纪年,是在没有任何地上地下文物实证,也没有任何文献事实记载的状态下,出于圣德太子及其门人对于"干支纪年"的信仰而自我推算确立的,这其中深深地渗透着中国的阴阳学说的思想。作为历

---

① 在中国古历法中,"蔀"有另一种计算方法,在汉初所传的古代六种历法中,以十九年为"一章","章"有七闰,四章为"部",二十部为"纪",三纪为"元"。此种纪年法,当与阴阳学说有别。

② 此本《天皇……本记》始编于 620 年。645 年苏我氏灭亡,此书在苏我虾夷家被烧毁。《日本书纪》卷二四《皇极天皇纪》:"四年六月己酉,苏我臣虾夷等临诛,悉烧《天皇记》《国记》珍宝。船史惠尺即疾取所烧《国记》,而献中大兄。"所以,只有船史惠尺取出的"国记"部分流传了下来。这部分内容便成为《日本书纪》的主干。

史事实,它是不足为信的;然而,作为思想的现象,却是生动而深刻的。

(二) 律令制中的阴阳思想

中大兄皇子推行的"大化革新"的成功,意味着日本古代国家向中国式的集权制度的转变,开始进入了律令制时代。这一转变过程至奈良初期逐步完成,建成了新的国家体制,确立了王道思想,迎来了古代天皇政治的全盛时期。

在日本政治的这一重大转变过程中,中国的阴阳学说一直支配着推进王道主义的政治家们的理念。发起"大化革新"的中大兄皇子即天智天皇,与其弟大海人皇子因权力之争而引发了"壬申之乱"。不久,大海人皇子推翻了天智天皇之子大友皇子的近江朝廷,即位号天武天皇。

天武天皇精通式占术,笃信阴阳道。据说"壬申之乱"中经过伊贺国时,天空中黑云飞舞,天武天皇即行式占,预示此乃天将二分之征兆,以此鼓舞士气。当时,占卜之术大体有四:一曰龟占,二曰筮占,三曰式占,四曰算占。所谓"式占",便是把方圆两个(式)盘重叠旋转,盘的表面记有"十干""十二支"以及阴阳道诸神与诸星之名。此种占术在十世纪后逐渐式微,但从天武天皇精通此术来看,在当时的日本一定是相当普遍的。1925年朝鲜平壤附近原汉代乐浪郡治遗迹石岩里201号坟的椁室,以及同一遗迹的王肝墓北室有两个考古发现,前者为直径9.4厘米的一个残缺的圆盘。此盘中央有一个可以插入转轴的孔,四个同心圆把圆盘表面分为四部分,中心部分有四个小孔,以刻线相连而成北斗星状,其他三部分记着阴阳道的十二月神及干支二十八宿。后者是一个边长13.5厘米的方盘,两个直径9厘米的圆形小薄板表面涂有黄粉,边缘刻以红线,上有黑字书写的十二月神及干支二十八宿。依据这两件文物,参照古文献的记载,研究者可以复原出当年天武天皇式占时使用的工具——式盘。

天武天皇十五年(686年),改年号为"朱鸟",自比当年中国的汉高祖,故而称"火德"[①]。进而,天武天皇又在作为中央中枢机关的八省之一的中务省中,设立了"阴阳寮"。"寮"是隶属于"省"的一级政府建制。阴阳寮建立之时,设"头"一人为长官,统辖有"助""允""大属""小属""阴阳师""阴阳博士""阴阳生""历博士""天文生""漏博士"等官员88人。

---

① 以"鸟"作为年号,这是与日本古代的原始图腾(Totem)相关的。参见严绍璗《日本古代物语的形成与发达》(载《中日古代文化交流史大系·文学卷》浙江人民出版社刊中文版,大修馆书店刊日文版)。

他们从事占卜、相地、天象、历法等项属于阴阳学说的专业性作业,并有权将各种灾象变异密奏天皇。"阴阳寮"官制的确立,它表明阴阳道在古代日本,不仅作为一种思想理念,而且在具体的运作方面,直接参与了国家的政治活动,在律令制国家维护自己的体制方面,发挥了不可忽视的作用。

(三)摄关政治中的阴阳学说

日本阴阳道随律令制国家的建立而进入政治活动。在平安时代的政治运作中,阴阳学说日益作为"宫廷阴阳道"而服务于贵族阶级。随着公家贵族斗争的激化,阴阳家纷纷卷入政治权力之争,玩弄占卜者越来越引人注目,直至院政开始动摇。在这一历史过程中,摄关政治始终使用阴阳道来确保其政治统治。其中,十二世纪的藤原赖长可谓代表。

藤原赖长(1120—?),父亲藤原忠实为鸟羽天皇"关白",摄关政治,权极峰顶。所以,他十五岁便位居正二品权大纳言,三十岁为左大臣从一位,与其兄藤原忠通争夺"关白"之位。这是一位学者型的理想主义政治家,他重视汉籍,尤重《易》经。据说他二十四岁拜师藤原成佐始学《易》经,为此,依当时之俗,特请阴阳大师安信泰拜祭"泰山府君",亲为卜占。祭拜之际,始为大雪纷飞,然而当大师仰问府君,学《易》是否有凶时,雪停天晴,月亮复出。大师示为吉兆,大喜过望。藤原赖长于是沐浴更衣,诵读周《易》。藤原成佐侍奉左右,讲授《周易正义》等。继而,藤原赖长又延请阴阳家藤原通宪为其讲述并演习占卜。首讲仪式于府邸寝殿的西北廊下设席,师傅通宪面西,赖长面东而坐。据说此乃模仿周武王从太公望学丹书之例。当时正值朝廷甲子改令之时,藤原赖长困惑于此。然学《易》作卦之间,豁然开通。于是,上呈甲子革令之文,是年改号为"天养"。近卫天皇又以藤原赖长进献的养女多子为皇后。父亲藤原忠实又把早先传给长子忠通的"藤原摄关家传宝物"转交给赖长。一时之间,藤原赖长的权力达到了顶峰。这其间阴阳道学说曾帮助了他的成功。

然而,藤原赖长却成于阴阳学说,也败于阴阳学说。其兄藤原忠通与他的阴阳师傅藤原通宪相勾结,在近卫天皇患眼疾去世后,制造谣言。朝廷传闻天皇之灵假女巫降神,说数年前有人诅咒自己,把钉子钉在了天宕山天狗像的眼睛中,令其失明痛疾而亡。近卫天皇之父鸟羽上皇遣人调查,果见天狗像中有钉子,查考天宕山僧侣,得知五六年前确有人来此作法念咒。此乃阴阳道中巫蛊之术。藤原忠通与通宪等进言,指称此系藤原赖长所为,因而其政治生涯急转直下,终于在"保元—平治之乱"中死于箭矢。或许,这多少意味着摄关政治与阴阳道的历史命运。

三、日本传统民俗的阴阳道

阴阳学说传入日本，很快便与天皇制政治合流，表现得相当活跃。如果说，阴阳道与日本政治的融合，在很大程度上是依赖于政治家的意念（即人为的因素）的话，那么，它对于日本人生活层面的影响，则主要根源于阴阳学说的深层结构中所蕴含的若干因素，适合于日本民众的某些潜在心理。

（一）神祇活动中的阴阳道

皇极天皇元年（642年），天下大旱，百姓纷纷以牛马牺牲祭神，或迁徙街市，或祈求河伯；苏我入鹿又在南庭安置佛菩萨、四天王，众僧侣齐诵《大云经》。天皇本人又至南渊河，跪拜四方之神，仰天祷告，终于电闪雷鸣，大雨倾盆。这里所谓的"牛马牺牲""迁徙街市"或"祈求河伯"等都是出于阴阳道的仪礼。《易》经中说："以乾为马，以坤为牛"，在中国，"牛马牺牲"意味着天地之神阴阳交会而兴云作雨，故民间以此形式来祈求降雨。皇极天皇跪拜四方，这是在古代日本"女帝祭祀雷神"的习俗中，又混入了阴阳道祭祀四方之神的要素。

皇极天皇三年七月，东国不尽河附近的大生部多以"常世神"自称，劝诱村民供奉凤蝶幼虫，以求富贵长生。当地居民据此筑起神坛（祭虫坛），且歌且舞，以示祭祀。这又一次显示了日本古风俗与阴阳道的融合。

皇极天皇时代，史载"国内巫觋等，折取枝叶，悬挂木绵，伺候大臣渡桥之时，争陈神语入微之说"。此风延之平安时代，京都崛川的尿桥一带，常常聚着不少的阴阳师，为过桥者进行"桥占"。"桥"是交通要道，为人群往来之所，也是供奉"地界神"的所在。阴阳师们在这里一方面向神祈求交通安全，一方面为行人预言吉凶祸福。这显然是易筮占卜之类的阴阳术数已进入日本民间生活的表现。

（二）人名与星辰信仰中的阴阳道

在日本的《古事记》《日本书纪》《万叶集》《风土记》以及《正仓院文书》等一系列古文献中，保留着许多动物的名称。其中有些是日本现实生活中有的，如牛、马、狗、猪等；有些是日本现实生活中没有的，如虎、龙等。一般认为，古文献中记载的这些动物名，当与十二地支有关。为了祈求对人身的保佑，日本人便把十二地支的动物名，大量地征用为人名，例如牛麻吕、牛壳、龙、龙麻吕、龙女、小龙、马手、马依、猪麻吕、猪壳、羊壳等，从中可以窥见源于中国阴阳说的命名法的传播。

日本人对星辰的信仰，主要表现在对北辰星（北极星）与北斗七星的信仰上。北极星位于天的中央，统领众星，由此而认为北极星能够昭示大至国家的兴亡，小至个人的祸福。此种观念，极易与阴阳道的纤纬结合在一起。在奈良时代，城乡广泛流行对北辰星的信仰。每年春秋两季，京畿官民男女相聚，举行祭祀北辰星的大型活动。至平安奠都之后，每年在三月三日和九月九日，有两次献灯祭祀北辰星的活动。每当此时，天皇也在清凉殿向北遥拜。此种大型祭祀的盛况，可以从桓武天皇延历十四年（795年）新京踏歌宴上的歌辞中得到生动的明证。其中一首曰：

　　新年正月北辰来，满宇韶光几处开。
　　丽质佳人伴春色，分行连袂舞皇垓。

当北极星高挂天际的时候，大地一片春意融融，丽质佳人连袂起舞，婀娜翩跹，一派悠闲舒适、喜气洋洋的气象。日本人对北极星的信仰，可以追溯到更加古远。在北九州的宇佐八幡宫第一殿的助殿有北辰社，祭祀北辰神。北辰神作为占卜之神，这是从朝鲜半岛的新罗带入的信仰。据说当年新罗的辛岛氏从半岛渡入，北九州的香春岳从事矿山的开发，传入了向北辰星神占卜的信仰。辛岛氏一族的信仰，其源于五世纪盛于新罗的阴阳学说。可以推测，日本皇都京畿地区的"北辰信仰"，当是起源于宇佐地区流传的原新罗民间的阴阳说，至少这二者的关系是极为密切的。

此外，有关北斗七星的信仰，在平安时代也渐渐地发达起来。鉴于人的出生总可以在七星中找到归属，所以，祭祀"本命星"的"属星祭"也很热闹。例如，子岁出生的人便祭贪狼星，丑岁出生的人便祭巨门星，寅岁出生的人便祭禄存星，卯岁出生的人便祭文曲星，辰岁出生的人便祭廉星，巳岁出生的人便祭武曲星，午岁出生的人便祭破军星。北斗七星被认定为日月众星之精华，可以司善恶，可以颁祸福，只要对其礼而拜之，便可享尽长寿福贵，驱恶避罪，心想事成。这便是阴阳说的天人感应观。

（三）泰山信仰与阴阳道

阴阳学说作为一种理念，力图探究大千世界包罗万象的根源性特质，从而建立起缜密的理论体系。以此为前提，进行咒术占卜，并且将其运用于人类生活，在个人的现实生活与人生的终极理想之间构筑起一座桥梁，对于山岳的信仰便是在此基础上形成的。

古代中国尊奉为宗教的名山有五座，此即为"五岳"——东岳泰山，西岳华山，南岳衡山，北岳恒山，中岳嵩山。从地理的视角考察，此五岳是以洛邑(洛阳)为其中心轴,这似乎可以理解为以地理配置来诠释阴阳五行之说。在此五岳之中,泰山最被看重。其所以如此,这是因为"东"为日出之所,五行之中为木,四时之中为春,阴阳之始动,万物之初生,此之谓"泰"。所以,泰山乃天地相交、万物繁衍之动力所在。泰山在战国时代地属齐疆,自古就是阴阳术士们讲述《易》说,从事占卜的活跃地区。泰山由此而被赋予了更加强烈的阴阳说色彩,当是没有疑问的。自秦始皇以来,历代帝王都欲"封禅岱宗",作为建国立业的重大举措。

中国本土的阴阳学说发展到晋代,"泰山信仰"增添了新的内容。泰山在作为生命发祥地的同时,也被认定为接受魂魄之山。作为天帝后代的泰山神,从此又兼司召人魂魄之职了。这样,泰山神便被称作"泰山府君",作为冥府君主受到祭奉。

"泰山府君"的信仰传到日本,在平安朝公家社会中得到发展。公元十世纪左右,日本专门供奉"泰山府君"的祭祀,由当时的阴阳大师贺茂氏与安倍氏的积极提倡而流行开来。

祭祀"泰山府君"的仪礼,最重要的是宣读"祭文"。"祭文"称为"都状",这是一篇祝词。目前保存最早的是冷泉天皇(1045—1068年在位)的"都状"。此次祭祀"泰山府君",事在1050年,其文如下:

> 谨上　泰山府君都状　南阎浮洲大日本国天子亲仁
> 　　　　　　　　　　　　　　　　御笔　二十六
> 　　献上　冥道诸神一十二座①
> 　　银钱　二百四十贯文
> 　　白绢　一百二十四
> 　　如上　亲仁谨启泰山府君、冥道诸神:即位至今,未经几年,近日苍天为变,黄地妖至,怪物数数,梦想纷纷。司天、阴阳勘奏其详,其征尤重。若蒙冥道之恩助,人间凶厄,何不攘哉!故为攘祸胎于未萌,延宝祚至将来,敬设礼奠,谨献诸神。昔崔夷希祈之东岳而得延九十之算,赵颓子莫以中林获授八百之祚。古今虽异,精诚惟同。伏愿垂彼玄鉴,答此丹祈。谨启拂除灾异,赐余宝祚,删死籍出北官,录生名于南简。延年增岁,久祝长生。
> 　　　　永承五年十月十八日　天子亲仁(御笔)谨状

---

① 所谓"诸神一十二座",是指天曹、地府、水官、北帝大王、五帝大王、泰山府君、司命、司禄、六曹判官、南斗好星、北斗七星、家亲文人(后世也作"家亲丈人")。它们都是主管福禄寿之神。

目前还保存着日本鸟羽天皇永久二年(1114年)大臣(从四位)藤原显隆的"都状"。其文如下：

> 谨上　泰山府君
> 　　日本国从四位上行右中辩兼备中介藤原朝臣
> 　　　　　　　　　　　　显隆　年四十五
> 　　　本命庚戌　行年庚戌
> 　　献上　冥道诸神一十二座
> 　　　银钱　二百四十贯
> 　　　白绢　二百二十匹
> 　　　鞍马　一十二疋
> 　　　勇奴　三十六人
> 　如上　谨启泰山府君、冥道府君：夫信至高天神怜之，慎至深地祇护之，某官带右司郎中，升位大中大夫，此乃蹈踏天地，仰敬神祇之故也。复祈冥应，更备清奠，聊存黍稷之味以望明德之馨。伏乞加级如恩，升进任意。蹈兰台、攀秋月；步槐路、接青云。延赵氏之算，诚乃天应；祈鲁姓之恩，盍成地望！谨启息灾延命，一家有福。
> 　　永久二年十一月二十三日　从四位上行右中辩
> 　　　　　　　　　　　　　　藤原朝臣谨状

日本现在保存着若干"都状"的宝物，如京都府立综合资料馆所存原阴阳师若杉家的"都状"，状纸皆为黄色。祈愿者的署名为墨书黑体，其余皆为朱笔红字。这一陈式可能自平安时代以来一直被保存下来了。

从这两篇"都状"的内容来看，表现的都是对生存环境的恐慌与危机感，以及对摆脱危机、追求未来的渴望。然而，天皇在祭文中祈求长寿延年，天下太平；大臣在祭文中希冀息灾攘祸，官运亨通。不同层面上的人，对生存与未来怀有不同的心思。他们都从阴阳道中寻找到了适合于他们确保自身安全，并能提供美好未来的慰藉。他们相信作为阴阳道化身的"泰山府君"，通过自己虔诚的祈祷，一定能有吉祥的回报。这种心态表明，阴阳道思想已经融入日本社会各个层面的信仰之中，并且成为当时日本民族的一种心理形态了。

第五章

佛教的东传和早期佛教活动的文化史意义

佛教是世界最主要的宗教之一种,其源发于古代的南亚。公元一二世纪时,佛教内部形成了 Mahāyāna(摩诃衍那)和 Hina-yāna(希那—衍那)两大理论体系。

在其后佛教向南和向北的传递中,"南传佛教",即主要是传播于南亚与东南亚的佛教学说,其基本教义属于"Hina-yāna",世称"小乘佛教";"北传佛教",即传播于中国,并经中国传入到朝鲜,后又经由中国和朝鲜传入到日本的佛教学说,其基本教义属于"Mahāyāna",世称"大乘佛教"。"北传佛教"不仅只是一种宗教形态,而且在其流传的过程中,由于各民族文化的浸润,从而逐渐形成为具有丰富的人文内容的文化复合体,对东亚文化的发展,具有极为重要的意义。

从日本文化史考察,佛教传入日本,并在日本文化史上发挥其影响力,大致可以平安时代与镰仓时代的交替,即以十二世纪末划分出两大阶段。

第一节 早期佛教的传人

关于早期佛教传入日本列岛的时间,学术界尚有不同的说法。大多数的学者依据《日本书纪》"钦明天皇"时代的如下记载,认定早期佛教是在公元 552 年传入日本的:

十三年冬十月

百济圣明王(更名圣王)遣西部姬氏达率怒唎斯致契等,献释迦佛金铜像一躯、幡盖若干、经论若干卷。别表赞流通礼拜功德云:"是法于诸法中最为殊胜,难解难入,周公孔子尚不能知。此法能生无量无边福德果报,乃至成辨无上提菩。譬如人怀随意宝,逐所须用尽依情。此妙法宝亦复然,祈愿依情无所之。且夫远自天竺,爰泊三韩,依教奉持,无不尊敬。于是,百济王臣明,谨遣陪臣怒唎斯致契,奉传帝国,流通畿内。果佛所记:'我法东流。'"

是日,天皇闻已,欢喜踊跃,诏使者云:"朕从昔来未曾得闻如是微妙之法,然朕不自决。"乃历问群臣曰:"西蕃献佛,相貌端严。全未曾有,可礼以不?"苏我大臣稻目宿祢奏曰:"西蕃诸国,一皆礼之。丰秋日本,岂独背也。"物部大连尾舆、中臣连镰子同奏曰:"我国家之王天下者,恒以天地社稷百八十神,春夏秋冬祭祀拜为事,方今改拜蕃神,恐致国神之怒。"天皇曰:"宜付情愿人稻目宿祢,试令礼拜!"大臣跪受面忻悦。

这是一则十分生动有趣味的故事,它透露了早期佛教经由百济进入日本的过程。与早期儒学的东传相同的是,由《日本书纪》记载的这一历史过程,同样具有强烈的皇家文化的色彩。

但是,日本十二世纪的文献《扶桑略记》记载了一个与此并不相同的故事。在是书"继体天皇十六年壬寅"条中,有如下的文字:

日吉山药恒法师《法华验记》云:"延历寺僧禅岑记云:第廿七代继体天皇即位十六年壬寅,大唐汉人案部村主司马达止。此年春二月入朝,即结草堂于大和国高市郡坂田原,安置本尊,归依礼拜。举世皆云:'是大唐神之出缘起!'隐者见此文,钦明以前唐人持来佛像,然而非流布也。"

据《扶桑略记》引证《法华验记》的说法,一个叫"司马达"的中国人在继体天皇十六年到达日本,——他是从事制造"鞍座"的手工匠集团的首领(即所谓"案部村主"①)。司马达是一个佛教的教徒,当他们落户于大和国高市郡坂田原时,当即便安置了菩萨本尊,并进行佛教的仪礼。这一年即公元522年——据此,则可以说佛教便在此年传入了日本。据说,司马达后来以振兴佛教为己任,曾受命到播磨迎接高丽僧人慧便入宫。司马达的女儿司马岛,十一岁出家为尼,又往百济留学受戒,僧号"善信尼";司马达的儿子有日本名曰"多须奈",在用明天皇临死的时候(586年,用明天皇即位只是一年),多须奈为天皇而出家修道。推古天

---

① 在《日本书纪》关于中国迁移民的记录中,常见有"陶部""鞍部""画部""锦部"等的专业名称。这是指当时从中国大陆迁移日本列岛的居民的职业性(手工工匠)集团,他们在当时日本的经济活动中,代表着最先进的生产力。

皇十三十四年间（605—606年）天皇命建造有名的"本尊丈六释迦佛像"的工匠师"鞍作鸟"，便是多须奈之子，也便是司马达的孙子。

这两则记载虽然有三十年的时间差，学术界为此也争论不下。其实，它们都记录了日本文化史上极为重要的文化现象，即在公元六世纪的上半叶，发源于南亚的佛教，经由中国和朝鲜两个通道，开始传入民间和宫廷。在这里，认定早期佛教传入日本的两个通道，而不是仅仅经由朝鲜半岛进入日本，这在东亚文化史上具有更加接近事实的意义。或许，由于亚洲大陆（主要是中国）的迁移民，在此之前已经络绎不绝地经过朝鲜半岛和东海进入日本列岛，当时在中国本土和在朝鲜半岛上发达起来的佛教，早已经传入日本，也未可知——只是由于日本的书面文献起源于八世纪，未能记录到这一事实而已。

在佛教传入之前，日本本土在心理信仰方面，主要表现是以对自然神崇拜和以对祖先神崇拜为中心的原始"神道观"。一般说来，作为非本土宗教的佛教的传入，在心理信仰方面并未受到什么强有力的抵制。前述朝臣中的物部氏对佛教的敌视，主要是政治的因素，而不是心理信仰的因素。事实上，在六世纪后期朝廷中赞成佛教的苏我氏与反对佛教的物部氏、中臣氏的互相攻伐中，双方都对"佛"许下兴寺造像的承诺。佛教初始的传播中，包括贵族知识分子在内的大多数信仰者，对佛学的真谛，其实并没有什么理解，他们只是把"慈悲佛""智慧佛"等作为对自然神和对祖先神的崇拜的延伸，祈求能施与功德、能排除忧患、能祛除病灾等等，并且常常把前述由中国传入的阴阳道观念与占卜祭法等混杂在一起。因此，早期传入的佛教，也就谈不上佛教信仰中的教义的"宗派"了。

佛教徒以"三宝"为崇敬的根本。所谓"三宝"，梵文"Triratna"的意译，即指"佛"（创教者释迦牟尼，也泛指一切佛）、"法"（佛教的教义，也指一切经）、"僧"（继承并宣扬教义的一切僧尼）。此时及以后十几个世纪的漫长的时间中，传入日本的"法"（一切经）则全部是汉文翻译的佛典；作为佛教的上层僧尼，则全部无一例外地都具有汉文化的素养，都能阅读汉文文献。这是东亚佛教史上极为重要的文化特征，以前的几乎所有的佛教史，都忽视了东亚佛教流传中的这一属于"汉字文化圈"内的基本特征。从这个意义上说，佛教的传入日本，是大陆汉文化继续东传的又一翼，是这一文化潮流的继续延伸。

当佛教进入日本的时候，正是日本社会处在由氏族部落联合体向古代国家转型的时期，上层权力集团亟须推进这一转变的各种政治思想，佛教与儒学一起，成为促进日本古代国家成型的强有力的两大政治思想支柱。早期佛教与政治的关系极为紧密，具有极为明确的"镇护国家"的色彩。

公元593年，日本推古女帝即位，于当年即把她的侄子厩户丰聪耳皇子册立为皇太子，此为日本史上著名的"圣德太子"。圣德太子于当年即行代摄皇权，这或许是日本古代政治史上"摄关"政治的起始吧。圣德太子是第一位钻研佛教原理、并把早期佛教学说实际运用于他的政治运作中的政治家和思想家，从而对日本的古代文化产生了极为深刻的影响。

圣德太子的佛教实践活动，主要有以下四个方面：

第一，就像他以博士觉哿为师学习儒学一样，他以高丽僧人慧（惠）慈为师，学习佛法。从圣德太子后来的著作看，他当时学习的主要是"大乘"中的"三论宗"，世称"大乘空宗"。

所谓"三论宗"，就是指本宗的教义是以《中观论》《十二门论》和《百论》的佛法而提出的，主张"不生、不灭、不一、不异、不去、不来、不断、不常"的"八不主义"，并以"八不"指出"中道实相"，所以其佛法称之为"八不中道"，其核心则在于"破邪"和"显正"。从东亚佛教史上来说，"三论宗"经常成为其他各宗的先驱。

传说当年龟兹（即今新疆维吾尔自治区库车县）的三藏鸠摩罗什从莎车（即今新疆维吾尔自治区莎车县）的王子须耶利苏摩接受"三论"，并于四世纪末五世纪初即南北朝时羌族所建的后秦时代到达内地。鸠摩罗什把"三论"由梵文翻译成汉文，传播其教义。这是印度"三论宗"传入中国的起始。在中国经几代法师的传播，到了隋朝的嘉祥大师（吉藏），"三论宗"在中国已经有了很多的补充和发展，并远播朝鲜和日本。高丽僧人慧慈在推古天皇三年（595年）到达日本，于推古天皇二十三年（615年）归国，在日本二十一年间，圣德太子一直以他为师，学习《涅槃》《法华》《维摩》诸经，并有所发明。推古天皇十四年（606年）秋七月，圣德太子奉敕主持佛学讲坛，"讲《胜鬘经》，三日竟说之"。同年，"皇太子亦讲《法华经》于冈本宫"，自天皇至群臣，皆为听众，并亲自撰著《胜鬘经义疏》《法华经义疏》《维摩经义疏》，世称《三经义疏》，也称《上宫御制疏》，成为日本佛教学史上最早的佛学著作，也是日本文化史上最早的用汉文撰著的专门性学理著作。

第二，在圣德太子的推动下，佛教在日本得到了进一步的发展，其主要的表现有三：

1. 广泛招纳中国与朝鲜的僧尼前来日本授法。

推古三年(595年)，"高丽僧慧慈归化，则皇太子师之"①。同年，"百济僧慧聪来之。此两僧，弘演佛法，并为三宝之栋梁"。

推古十年(602年)，百济僧人观勒到达日本，并进献历本及天文地理书，还有遁甲方术类文献。同年，"高丽僧僧隆、云聪，共来归"。

推古十七年(609年)，百济僧人道欣、惠弥等十人出使中国，因隋末战事而"泊于肥后国苇北津"(今日本九州)，圣德太子准其入国，并安置于元兴寺。

推古十八年(610年)，"高丽王贡上僧昙徵、法定"。昙徵于佛典之外，还通晓儒学"五经"，并精于绘画和工艺。

2. 推进寺庙与佛像的建设。

圣德太子在其代行"摄政"的元年(593年)，即"始造四天王寺于难波荒岭"，皇太子供奉"四天王像"，并于第二年诏令全国，修筑寺院。

推古四年(596年)，"法兴寺造竟"，慧慈等居住于此寺中。

推古十一年(603年)，中国大陆迁徙民秦造河胜从皇太子"受佛像，因以造蜂冈寺(广隆寺)"②。

推古十三年(605年)，为法兴寺建造本尊丈六释迦佛像各一尊，"乃命鞍作鸟为造佛之工"。时高丽国王以三百两黄金作为赞助费。

推古十四年(606年)，两尊释迦佛像被安置于法兴寺。此年的佛诞生日，举行盛大的佛像开光斋会。由此而开始每年的四月八日为"浴佛节"，每年的七月十五日为"盂兰盆会"，这是日本民族保存至今的盛大的具有宗教意义的民间庆典习俗。同年，天皇赐中国迁徙民工匠"鞍作鸟"以"大仁位，因以给近江国坂田郡水田廿町焉。鸟以此田为天皇作金刚寺"。

推古天皇十五年(607年)，修建法隆寺。法隆寺的修建，在日本文化史上具有超越佛教本身的更重大的文化价值——它不仅展示了那个时代日本民族关于宗教的文化观念，更展示了日本民族在哲学思想、美学意识、建筑技术、工艺美术、材料科学、计算技术和天文历法等方面所

---

① 本节关于圣德太子事迹的引文，除特别注明外，皆引自《日本书纪·推古天皇》纪年时诸文。

② 关于"秦造"作为中国大陆迁徙民的文化标志，拙文《日中文化における神话から小说への轨迹についての研究(その一)》一文中有详细论证。文见《日本研究》(日本文部省国际日本文化研究センター纪要)第12辑。

达到的知识高度。

据说,到圣德太子的后期,全日本已有寺庙四十六座,僧尼人数已达一千三百余人。

3. 由圣德太子开启学习"三论宗"之后,佛教的一些宗派开始在各个寺院中获得发展。当时,以"三论宗"为其先驱,成实宗、俱舍宗、法相宗、华严宗、律宗,凡此六个宗派开始在寺庙中流传,世称"南都六宗"。佛法的传播只有当它具有"宗派"的特征时,它才是"成熟的"。不过,当时在日本寺庙中流传的这六个"宗",主要还是僧侣们的书斋中的学问,并不是如在当时印度和中国那样,具有严格的信仰上的分歧。"南都六宗"更多的是表示僧侣研究的佛法的内容的不同,因此,当时的寺庙,并不像后来的寺庙那样,只属于某一"宗",当时在一个寺庙中,几"宗"并居,一个僧人也可以兼学几"宗"。这是佛教初传日本的特征。

第三,圣德太子把佛教的经典与信仰,编入国家官吏的行为规范之中,使日本初传佛教的"镇护国家"色彩更显突出。

在本志第四章第一节"古典儒学东传日本"中,提到圣德太子于推古天皇十二年(604年)制定《十七条宪法》,其中第二条曰:"笃敬三宝。三宝者,佛法僧也,则四生之终归,万国之极宗。何世何人,非贵是法,人鲜尤恶,能教从之;其不归三宝,何以直枉。"把佛教界定为"四生之终归,万国之极宗",则把佛教在治国治民中的作用推到了极点。《十七条宪法》把对佛法的遵从作为朝廷内外全国官吏的行为规范之一,这就使这一时期的日本佛教具有了明确的政治意义与官方的道德色彩。或许,也正是因为佛教具有了强有力的皇家背景,以致在未来的十一十二世纪时代,佛教的上层僧侣阶级,飞扬嚣张,道德堕落,终于把前期佛教送入了没落衰败的境地。但是,政治文化现象的发生与发展,常常内具两重性或多重性。在圣德太子确定把佛教作为全国官吏的行为规范之后,佛教在全日本更加广泛的层面中传播,人们在作为心理信仰的同时,获得了一种与本土文化不尽一致的可以启示思维的新的文化综合体,从而为推进日本本土文化的发展,并孕育新的文化形态提供了条件。由奈良时代开始的,到平安时代逐渐发达的讲述绚丽多彩的"灵异故事"的文学,以及"神佛结合"的诸种祭祀的形成,便都是在这样的文化土壤中萌生出来的,它一直影响着古代日本整个思想与文学的发展。

第四,圣德太子开通了中日之间直接的具有官方性质的海上通道,成为其后一千数百年间日中直接文化交流的先驱。

日本推古天皇十五年（607年）秋七月，圣德太子派遣以大礼臣小野妹子（苏因高）为大使的"遣隋使团"（日本史上也称"西海使"），不以旧规绕道朝鲜半岛，而是直接越过东海而抵达中国——在此之前，"倭国"也间有派遣使者越东海而赴中国南朝者，但皆未形成外交定势，且使团规模、行进路线、船舶装备等皆语焉不详。此次"遣隋使团"的访华，据《隋书·东夷传》与《日本书纪》等记载，当时的隋朝朝廷给予了隆重的接待，并于第二年在隋使裴世清等十二人的陪同下，返回日本。当年九月，圣德太子再度派遣小野妹子为大使，陪同裴世清归国。

小野妹子的第二次出使，有两件事是很值得注意的。

第一件事是向隋炀帝送达由圣德太子代推古天皇写定的《国书》

> 其辞曰："东天皇敬白西皇帝。使人鸿胪寺掌客裴世清等至，久忆方解。季秋薄冷，尊何如？想清悆，此即如常。今遣大礼苏因高、大礼乎那利等往。谨白不具。"

这封《国书》，假如没有后来《日本书纪》的编撰者们的修改，那么，起首便曰"东天皇敬白西皇帝"，自称为"天皇"。《日本书纪》没有记录小野妹子带到中国的第一封《国书》的内容，但《隋书·东夷传》却载此首封《国书》文，其开首则曰"日出处天子致书日没处天子无恙"（日本《善邻国宝记》引《经籍后传记》则曰"日出处天皇致书日没处天子"），则自称为"天子"或"天皇"。这便很典型地表现了古代日本在从氏族共同体与部落共同体走向统一的律令制国家的进程中，最高统治者已经具备了极为强烈的皇权意识。但是同时，《国书》也表现了当时日本的最高权力者对中国的极友善的态度，文中说由于中国裴大使等的到达，天皇"久忆方解"，而"季秋薄冷"，不知中国皇帝身体"何如"，言辞好比家常，亲切倍至。这是自中日直接交通以来，直到明治时代的日本皇室的对中国的基本的心理状态。

第二件事是此次出使中国，日本方面"遣于唐国学生倭汉直福因、奈罗译语惠明、高向汉人玄理、新汉人大国、学问僧新汉人日文、南渊汉人请安、志贺汉人慧隐、新汉人广济等，并八人也"。

这里开录的是一张跟随小野妹子第二次"遣隋使团"到达中国的日本留学生名单。这是在日本的文化史上（也是日本历史上、日本教育史上）第一次正式向国外派出留学生，也是中国第一次正式接受日本的留学生。这份名单涉及日本民族人种学上的某些概念和范畴。文中所说的"倭汉"人,指的是经由朝鲜半岛迁徙日本的原汉族人;所谓"新汉人",指的是自中国南北朝之后迁徙日本的原汉族人;所谓"汉人",则是指未能确定其先辈迁徙日本年代的原汉族人(这是因为原大陆迁徙民中有"秦汉人""新汉人""倭汉人"之分,未确定其类属的原汉族迁徙民,则一般称之为"汉人")。其中除一般的留学生外,明确其身份的尚有"学问僧"日文一人,由此而开启了在以后的日本访华使团中日人来华求法问道的辉煌文化局面。

关于圣德太子对华通使的起因及其意义,中日史学者多有论说。其中有一说认为"和中国的交通是由皇太子为求取经论而开辟的"①。此说从《日本书纪》上看,并不十分明确。但据《隋书·东夷传》,则有这样的陈述:"使者曰:'西海菩萨天子重兴佛法,故遣朝拜。'"这么说来,圣德太子是以向中国求法问道为契机,从而开通了中日之间海上的直接交通。但是,如果从日本的政治文化史的整体形势而言,那么,圣德太子的这一通使决策,当然具有更为深刻的背景。诚如日本江户时代《驭戎慨言》所说:"圣德太子听政时,因求佛法屡次遣使;又其时韩国人来,亦常称赞中国;又见书籍所载种种盛事,故万事皆欲模仿之,而勃不可遏也。"圣德太子的时代,日本已经进入统一国家的前夜,朝廷以百般的努力,决心以大陆的中国为楷模,在经济制度、政治形式和文化形态诸方面,建立起"新国家"。在此形势中,圣德太子的对华通使,是他的整个立国战略的组成部分,而其中以佛教为中心的寻法问道,便成为实施他这一立国战略的最好的契机。

第二节　鉴真和尚的东渡

七世纪初,圣德太子以三次"遣隋使团"的对华通使的伟大决策,终于开通了中日之间经由东海的直接的政治与文化的交流。从七世纪中期(630年第一次"遣唐使团"起程),迄于九世纪中期(840年第十八次"遣唐使团"归国)的二百多年间,以"遣唐使团"为两国文化接触的纽带,中日之间的文化关系在更加宽阔的层面中发展,由此也带动了整个东亚地区文化的进步。

七世纪中期,日本社会经历了"大化革新",国家体制走上了律令制

---

① 参见[日]村上专精:《日本佛教史纲》,杨曾文译,北京:商务印书馆,1992年,第15页。

的模式,于是便加快了与中国大陆的交往,期待从已经高度发达并臻于成熟的唐代文化中获取经验。其中,在广泛意义上的向大陆文化的学习(包括对于佛教新知识与新宗派的学习),便是当时以推进自己国家的发展为己任的日本朝廷(他们由贵族知识分子组成)与高级僧侣(他们由宗教界的知识分子组成)发自内心的精神欲求。①

此种对中国文化的欲求,在其文化活动中,主要表现为大量的日本知识分子通过官方的或私人的方式,来到中国求学问道,但其中也产生了向中国邀请名儒高僧前往日本讲学的新形式。据《新唐书》卷二〇二《文艺列传》中的"萧颖士"一则记载,"倭国遣使入朝,自陈国人愿得萧夫子为师者"。这便是日本通过"遣唐使团"邀请中国学者赴日讲学的早期记录。萧颖士诗在当时日本的知识界有很高的知名度,故有此举。可惜日本的这一邀请,由于"中书舍人张渐等谏,不可而止"。一批迂腐的老儒,败坏了一件在中日文化关系史上或许可以长远影响后世的大好事。

萧颖士虽然未能去日本讲学,但是在佛教界,八世纪中期,日本邀请中国高僧鉴真和尚东行,此壮举终于经过十年的辛苦而得以实现,在日本文化史和中日文化关系史上都具有重大的意义。

鉴真和尚(688—763年),俗姓淳于,唐代广陵江阳(今江苏扬州)人。他十七岁时从道岸法师受"菩萨戒",二十岁时从弘景法师受"具足戒",从而正式成为"律宗"僧侣。

"律宗"是中国佛教的宗派之一,以弘传戒律得名。其经论弘传《四分律》,故也称为"四分律宗"。"律宗"弘道中逐渐分为"相部宗""南山宗"和"东塔宗"三宗派,而在中唐,特别是唐后期,"南山宗"最为盛行,成为中国佛教律学的正统。其承传的谱系,大致如下:

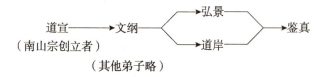

鉴真和尚是南山律宗的第四代,到八世纪二十年代,他的学说修养

---

① 日本当代著名的文学史家西乡信纲,在其《日本文学史》的《抒情诗时代》一章中,把这一时代日本文化出内心的向中国文化的学习,称之为"这是贵族们受外来文化的毒害,逐步走上殖民地化的征兆",并嘲笑他的先辈向中国文化的学习为"盗木乃伊的人常常变成木乃伊"等等。无疑,这是一种反历史主义的"岛国文化沙文主义"精神形态。

已在律宗学界确立了地位。《唐大和尚东征传》称他为"淮南江左净持戒律者,唯大和尚独秀无伦,道俗归心,仰为受戒大师",又称之曰"江淮之间,独为化主"。

八世纪的日本,佛教有了相当的兴隆,但僧人的大部分却未能按佛教戒律的规定举行度僧受戒的仪式①,从而造成了宗教界的混乱与国家对宗教僧尼管理的困难。

为了整顿日本的佛教界,朝廷和高级僧侣打算从中国佛教界延请德高望重的高僧前来日本普法。据《东大寺要录》说,先是奈良元兴寺的律师隆尊,有感于僧尼受戒律不足,曾请舍人亲王奏于朝廷,"于我国中虽有律,未闻传戒人"。他希望从唐国聘请高僧赴日传律。于是,日本圣武天皇天平四年(732年)敕命荣睿(兴福寺)、普照(大安寺)二僧人,随第十次"遣唐使团"(大使多治比广成、副大使中臣名代)赴中国求法,并"请戒律之僧"赴日。荣睿与普照在中国学法十年,久闻鉴真律学造诣,于唐天宝元年(742年)访扬州大明寺,特邀鉴真赴日传律。两位日僧对鉴真陈述:"佛法东流至日本国,虽有其法,而无传法人。本国昔有圣德太子,曰:'二百年后,兴教于日本。'今钟此运,愿和尚东游兴化。"当时,鉴真的弟子几乎无一应者,鉴真于是感慨万千,对众人表示:

是为法事也,何惜生命! 诸人不去,我即去耳!②

在鉴真献身于佛法的精神感召之下,弟子思托、祥彦、道兴等凡二十一人决心与大和尚同行。于是,便开始了在中日文化史上无与双匹的历时十二年的"鉴真六次东渡"的伟大壮举。

鉴真和尚于公元743年首次渡航赴日,随行佛门弟子及工匠凡八十五人,但在余姚一线即遇风暴,舟船破损。继而,第二次与第三次出海相继失败。744年第四次从福州渡航时,由于广陵僧界不愿鉴真赴日,申请采访使劝阻,命令所经官府寺院"勿令[鉴真]更向他国",在严密的阻拦措施中,把鉴真"迎回"扬州。748年,鉴真一行从扬州出海,再作渡日

---

① 按戒律规定,欲为"居士"者,须受五戒;欲为"沙弥"或"沙弥尼"者,须受十戒;欲为正式"僧"或"尼"者,须受俱足戒。所谓"俱足戒",指的是受戒时必须有"三师七证",即以"戒和尚""教授师"和"羯磨师"为"三师",以七位和尚担任证人为"七证"。至少也应该有"三师二证"才可以举行仪式,并承认其资格。

② 文见[日]真人元开:《唐大和上东征传》,汪向荣校注,北京:中华书局,1979年。本节以下引文未注明者,皆从此出。

第五章　佛教的东传和早期佛教活动的文化史意义 | 73

之行。由于长期的疲劳，鉴真此时双目失明，而肩负邀请使命的日本僧人荣睿，也病殁于端州（今高要县），而更险恶的是，"风急浪峻，水黑如墨；沸浪一透，如入高山；怒涛再至，似入深谷"，狂风怒涛把鉴真一行抛掷到了海南岛南端，上陆后，经广东、广西、湖南、江西，折返扬州，仅回路已经走了一万余里。真是坚韧不拔，令人起敬！唐天宝十二载（753年）日本朝廷的第十一次"遣唐使团"归国前夕，大使藤原清河等专程赴扬州拜访了鉴真大和尚。鉴真当时已经得知当朝的唐玄宗希望派出中国的"道士"而不是中国的"和尚"去日本的讯息，但他东渡传法的决心已定，终于在同年的十一月率领弟子凡三十八人，搭乘副大使大伴古麻吕的第二舶①，经冲绳群岛而抵达日本九州南部萨摩国阿多郡秋妻屋浦（今鹿儿岛川边郡坊津町秋目），并于日本天平胜宝六年（754年）二月抵达日本当时的国都奈良。鉴真一行在赴奈良途中，受到官员与僧俗民众的热烈的迎送，在到达奈良后，天皇即敕命鉴真"传灯大法师位"。

中国大和尚鉴真，为了向日本民众弘扬佛法，"四度造船，五回入海，十二年中辛苦无量，道俗逝化者三十六人，永（即"荣"之误）睿、祥彦是也，退还之者二百八十人"②。他历经十二年的努力，以非凡的气魄和坚韧的毅力，实现了自己的理想。这应该是中日两国国民永远不能忘却的史实！当然，鉴真大和尚的东渡所具有的文化史的意义，在传播唐代文化和加深两国国民的精神理解诸方面的实际成果，是远远地超越了鉴真大和尚自己的意料的。

第一，鉴真在日本佛教界首设"戒坛"，传播"律学"，成为日本佛教中"律宗"的创始者。

鉴真初到之年，便在奈良东大寺卢舍那佛殿之前设立"戒坛"，圣武太上天皇首先登坛受"大乘菩萨戒"，继后，皇后与皇太子也相继受戒，继后又为全国沙弥四百四十余人受"俱足戒"。此后，当时下野（今栃木县辖内）的药师寺和筑紫（今福冈辖内）太宰府观世音寺内，也由鉴真的弟子设立了戒坛，合称为"天下三戒坛"。由此而开始在日本的佛教界确立起律学教义和完备的受戒仪规，使日本的佛教从传入的初级形态获得了沿着宗教

---

① 日本的"遣唐使团"一般是由四艘船舶组成一个使团，所以"和歌"中有"一行四舶兮劈波向浪"之句。此次第十一次"遣唐使团"归国时，恰好是第二舶经万难而抵达日本；而由大使藤原清河乘坐的第一舶，因遇海浪，漂流至安南（越南），最后折回中国，藤原清河随即在中国娶妻定居并在唐朝廷为官。这在中日交流史上又是一段生动的故事。

② 文见凝然：《律宗纲要》卷下。

仪轨向前发展的可能，同时也使律令制国家对宗教的控制得到加强。

第二，为日本佛教界充实了一大批宗教文献，其中佛学的经论章疏皆备。已知由鉴真携带入日本的佛经有唐僧实叉难陀所译的《华严经》八十卷等；又有律论如《律二十二明了论》；戒律如《四分律》；律学注疏如《四分律比丘含注戒本》《羯磨疏》《戒本疏》《行事钞》《关中创开戒坛图经》《四分律疏》《饰宗义记》《补释饰宗义记》《戒疏》《菩萨戒疏》《批记》等；又有天台宗章疏与其他宗派的典籍，如《摩诃止观》《法华玄义》《法华文句》《释禅波罗蜜此第法门》《小止观》《六妙门》等。此外，尚有《比丘尼传》《大唐西域记》等。这一批文献既充实了日本佛教典籍的收藏，更为佛教新宗派的传入作了先导。

第三，鉴真大和尚在向日本导入佛教新文化的同时，也把中国唐代的世俗文化带入了日本。在他所携带的文献中，尚有《王羲之真迹行书》一帖、《王献之真迹行书》三帖，又有当时的若干唐代诗人的诗作，对推进世俗文化的发展，特别对提示佛教僧侣留意于外典文献与外典文化，具有示范性的意义。以后，日本的空海大师在中国求法归国后著《文镜秘府论》，乃是顺延这一文化传统的结果。

第四，随同鉴真到达日本的有一批从事佛教艺术的中国唐代工匠，他们在日本传播了中国已经成熟的建筑工艺、绘画工艺、造型工艺等等，其集中表现在鉴真所督造的"唐招提寺"中。

公元757年，日本孝谦女天皇把故一品新田部亲王的宅第赠送鉴真大和尚（宅址现为奈良市西京五条）。鉴真依据其弟子思托与普照的提议，为"以戒持之力，保护国家"，把宅第重建为寺庙。此寺之建筑，由鉴真督工，来自中国的工匠与日本的工匠通力合作，于759年竣工。孝谦天皇赐寺庙官额，号"唐律招提寺"。此寺在奈良时代后期和平安时代前期，成为全日本研究与传播佛教律学的中心道场。鉴真大和尚最后便在此寺中圆寂。至今，他的精神仍然安静地留守在这幽静的庙堂之中。

唐招提寺是由金堂、讲堂、经藏楼、钟鼓楼、宝藏楼、礼堂和僧坊等组合成的一个恢弘的建筑群。其中的金堂，是以唐代开元、天宝年间佛殿为模本所建，堂殿完全敞开，面宽七开间，进深四开间；以粗大的立柱和气派的斗栱支撑突出的轩檐，屋脊两端有高翘的雉尾；殿内天花板上描绘着佛菩萨宝相花，格间作彩藻图案。堂内供奉佛像，为丈六金色卢舍那佛坐像，由一木雕成，背后刻有八百六十四个小佛像。大小佛像，面颜清晰，乃至他们的衣褶也不失其自然韵态。此佛像及两边配侍的药师像、千手观音像等，皆由中国工匠设计与施工，间有日本工匠参加。这一建筑的设计与建筑的实施，对于把唐代文明传入日本，推动日本天平时代的工艺技术的进步，实有不可估量的意义。

第五，在日本的医药史上，鉴真有不可磨灭的功绩。在鉴真到日本后不久，他便治愈了光明皇太后的病。后来，在圣武太上天皇病中，朝廷组成由一百二十六名医学家组成的"禅师团"，鉴真大和尚也列其中。鉴真于药物学方面，多有造诣，他虽然双目失明，但仍然能通过"嗅、尝、闻、捏"，准确判断药物。据说，光明皇太后临终之前，曾将鉴真送给她的六十余种药材赠送东大寺，现在正仓院中仍然保藏着的龙骨、紫雪等，便是鉴真携带入日本的。在此之前，日本在药物学方面还尚未建立起独立完整的"药物"概念，鉴真大和尚在药物的材料鉴别、药物的炮制技巧、药物的配伍与定量等诸方面为日本古代"汉方医"与"汉方药"的发展，奠定了相当的基础。据九世纪藤原佐世的《本朝见在书目》的著录，鉴真有《鉴上人秘方》一书传世，可惜今已逸失。

在鉴真大和尚去世后第十四年，扬州的佛界才得知这一噩耗。各寺僧人皆着丧服，向东举哀三日。在龙兴寺的斋会上，鉴真的弟子法进，在对大和尚的悼念诗中这样说道：

    大师慈育契园空，远迈传灯照海东；
    度物草筹盈石室，散流佛戒绍遗纵；
    化毕分身归净国，娑婆谁复为驱龙？
    ……

第三节　入唐八家及其在日本文化史上的意义

在圣德太子去世（622年）后七年，舒明天皇继推古天皇而即位。第二年（此即唐太宗贞观三年）便继续实行圣德太子对华通使的国策，"以大仁犬上君三田耜、大仁药师惠日遣于大唐"[①]，这便是中日两国关系史上日本"遣唐使团"的起始。当时，日本社会已经处在"大化革新"的前夜了，宫廷的革新派、贵族知识分子和高级僧侣，他们对大陆唐朝的日臻发达的文化，充满着渴望。"遣唐使团"的出发已是刻不容缓的事情了。

---

① 文见《日本书纪·舒明天皇二年》。

"遣唐使团"的组成成员,每一次因实际的情况而稍有不同,但基本的成员则是由政府官员、留学生(大都是贵族知识分子)、学问僧、神道师、航海工匠等几部分组成。第一次"遣唐使团"的随行成员因史无记载而不明,但第二次使团的成员则《日本书纪》记载在案,名目清晰,其文如下:

> (孝德天皇白雉)四年(653年)夏五月辛亥朔壬戌,发遣大唐大使小山上吉士长丹,副使小乙上吉士驹(驹,更名丝),学问僧道严、道通、道光、惠施、觉胜、辨正、惠照、僧忍、知聪、道昭、定惠(定惠,内大臣之长子也)、安达(安达,中臣渠每连之子)、道观(道观,春日粟田臣百济之子)、学生巨势臣药(药,丰足臣之子)、冰连老人(老人,真玉之子)并一百廿一人,俱乘一船,以室原首御田为送使。
>
> 又大使大山下高田首根麻吕(更名八掬胫),副使小乙上扫守连小麻吕,学问僧道福、义向并一百廿人,俱乘一船,以土师连八手为送使。

从这一记录上看,孝德天皇是年派遣了两个使节团,每一团皆有一百二十余人,真是浩浩荡荡,或许一团走南路,一团走北路。但史料缺载,不得其详。令研究者注目的是,在出使的名簿上,除了大使和副使之外,开列的主要是"学问僧"的名录,第一团竟有十三位之众——这就突显了一个重要的事实,即在"遣唐使团"中,到中国求法问道的日本僧侣,占着其中重要的位置。在两个多世纪的到达中国的"遣唐使团"的活动中,名留史籍的日本"学问僧"大约有九十余人。此外,还有在参加朝廷派遣的官方使团之外,一些满怀激情却又不能入团的僧人,"入唐间,待商贾之客而得渡"①,乘用商家私人船舶,前往中国求学,即如私费留学一般。

学问僧们在中国唐代的文化环境中,学习当时勃兴的各家佛法,广泛结交中国的僧俗知识人,并加强文学艺术的修养,吟诗作文,研究佛法之外的"外典之学",在归国之时,便把唐代的佛教及与佛教相关系的(乃至无关系的)唐代文化一起带回到了日本列岛,成为日本新文化建设的极为重要的因素。

在"遣唐使团"的"学问僧"活动中,在日本文化史上最具有影响和代表性的,则首推最澄、空海、圆仁、圆珍、常晓、圆行、慧运、宗睿八和尚,史

---

① 日本《本朝文粹》卷一三庆兹保胤《奝然上人入唐时为母修善愿文》。

称"入唐八家"。

和尚名	生卒年代	入唐年代	宗派	归国年代
最澄	767—822年	804年随第17次遣唐使团	日本天台宗创始人	805年随遣唐使船归国
空海	774—835年	804年随第17次遣唐使团	日本真言宗创始人	806年随遣唐判官高阶远成归国
圆仁	794—864年	838年随第18次遣唐使团	天台宗山门派创始人	847年随新罗商船归国
圆行	799—852年	838年随第18次遣唐使团	真言宗	839年与常晓同随遣唐使归国
慧运	800—871年	842年随唐商李处人船	真言宗	847年随唐商张支信船归国
圆珍	815—891年	853年随唐商钦良船	天台宗寺门派创始人	858年随唐商李延孝船归国
常晓	？—866年	838年随第18次遣唐使团	真言宗	839年与圆行同随遣唐使归国
宗睿	809—884年	862年随唐商张支信船	天台宗	865年随唐商李延孝船归国

"入唐八家"是九世纪时中日之间以佛教为纽带而把中国文化东传到日本列岛的重要的文化使节。他们在往返的路途中，经受了严峻的考验，像最澄和空海赴唐的时候，原本第17次遣唐使团船是803年从难波（今大阪港）出发，途中因风恶而折返。第二年出发时，大使葛野麻吕与空海乘第一舶，判官菅原清公与最澄乘第二舶，结果，四船离散，各自南北，第一舶经三十余天而被风吹至中国福州长溪，而第二舶经五十余天海上的漂流最终在中国明州（今宁波辖内）登陆。至于像圆仁、圆行、常晓等的第18次"遣唐使团"，835年出海而半途折回，837年又出海再次折回，直到838年第三次入海，船舶才解缆成功，经二十日而达当时的扬州府海陵县（今江苏省泰州辖内）。路途的艰难没有折服他们到中国求

法问道的虔诚信念。至于他们在中国的巡礼留学,也备尝辛劳。像圆仁到达中国时已经四十三岁,以当时人口的平均年岁已经属于老年了,他为了巡礼五台山,从登州出发,经莱州、青州、淄州、齐州、郓州等,徒步2990余里,终于经四十四日跋涉,得从河北阜平县的龙玄关进入五台山。当他踏上五台山这"文殊圣域"的时候,伏地礼拜,泪流满面。他在山上问道五十余天,把自己从日本带来的日本天台宗延历寺众僧未决的三十个疑问,提呈五台山大华严寺(显通寺)长老志远和尚,请志远和尚裁决①。在当时中国的唐代的执政者对文化的融合还没有自觉意识的时代里,日本的僧人为了学习大陆的新文化,怀抱有如此的至诚之心,有如此的百折不挠的追求,实令今日的研究者肃然起敬!

以"入唐八家"的宗教活动为代表而构筑起的中日文化交流,在这一时代中的主要意义有以下几个方面:

第一,日本自七世纪中期开始实行"大化革新"之后,朝廷内部充满了斗争。革新力量为了削弱传统的旧势力对皇权的控制力与影响力,怹惠天皇屡次迁徙国都。终于在794年,国都迁徙到了平安新京(即今京都市辖内)。在各种新旧力量的对抗中,以"南都六宗"为代表的早期传入的佛教愈来愈呈现出颓废之势。这主要表现在两个方面:一是为了逃避国家的课役,众多的豪绅与上层农户出家为僧尼;二是上层僧人以官府为背景为非作歹,一些直接接近宫廷皇室的僧侣更是介入国家政治。恒武天皇在推进律令制国家的建立中,有意疏远以"南都六宗"为代表的佛教旧势力,寻求推进新宗派的确立②。最澄与空海在中国求法留学中,分别接受了"天台宗"与"真言宗"的学理。

最澄在台州兴龙寺受天台山修禅寺长老道邃的教法,并手写天台宗文献《摩诃止观》等,又上天台山追随佛陇寺僧人行满受法,得天台教籍八十二卷。道邃与行满,皆系天台宗六祖湛然的直传,由此则最澄乃系受中国湛然教系传法的日本第一位天台宗僧人。当最澄离开天台山之际,行满嘱咐说:"早达乡关,弘我教门,抱我严训,生生世世佛种不断,法门眷属,同一国土!"

---

① 圆仁求法问道诸事,参见圆仁撰《入唐求法巡礼行记》(白化文、李鼎霞等校注),花山文艺出版社。

② 恒武天皇迁都平安京时,没有允许原"南都六宗"的寺庙也跟随迁徙入京,这在事实上已经削弱了他们的活动。故特别注意像最澄在比睿山等的新佛教活动。

空海在中国长安受业于青龙寺密教名僧惠果，惠果本是印度密教高僧不空的弟子。不空于玄宗开元年间自印度来长安，并亲自翻译《金刚顶瑜伽真实大教王经》等密教文献一百十一部凡一百四十三卷。805年六月，空海入"学法灌顶坛"，从惠果受胎藏界的灌顶。七月又受金刚界的灌顶，并由惠果授予密教典籍与修行仪轨，八月授予空海"传法阿阇梨"（即传法导师）。

最澄与空海在中国习得了天台宗与真言宗的真谛，回国后，成为日本天台宗与日本真言宗（密宗）的创始人①。圆仁在华留学后，归国成为天台宗的三代传人，并成为天台宗山门派的创始人。圆珍在中国留学后归国成为天台宗的五代传人，并为天台宗寺门派的创始人。圆行、慧运和常晓在中国留学后，也分别成为真言宗的传人。

"天台宗"与"真言宗"的创立，意味着日本平安时代新佛教的确立，并为日本佛教文化的发展带来了新的生机。这两个宗派虽然其后都有许多的小宗形成，但其基本的宗派法理，却一直绵延至今。

第二，入唐僧侣在中国各地的求法问道，大量收集相关的文献典籍，促使汉译佛典文献不断东传。当时，几乎每一位"学问僧"在归国时总是以携带大量有关佛教的经疏章论为大宗货物。据日本《大正大藏经》的《目录部》中所记载的各位"学问僧"归国后编写的《请来目录》，大致可知汉译佛学文献进入日本的状况：

最澄：230种凡四百六十卷；　　空海：216种凡四百六十一卷；
圆仁：585种凡七百九十四卷；　圆行：69种凡一百二十三卷；
慧运：? 　凡一百八十卷；　　　圆珍：441种凡一千卷；
常晓：31种六十三卷；　　　　　宗睿：134种凡一百四十三卷。

大批佛教文献典籍的东传，首先是极大地丰富了日本佛教的收藏，同时，由于大批文献皆用汉文翻译或用汉文写成，这便进一步推进了汉文化的发达。其中，由于大批佛典的到达，日本建立了"写经所"——抄写佛典的专门机构。写经所不仅抄写佛典也抄写非佛典的"外典"文献。诚如本志第四编《典籍编》中所阐述的日本保存至今的这一时代的汉籍

---

① 在最澄和空海入唐之前，天台宗和真言宗的一些经论已经传入日本。最澄已经读过由鉴真和尚携来的《法华玄义》《法华文句》等天台宗文献；空海也读过《大毗卢遮那成佛神变加持经》（即《一日经》）等，而且，当时也已经流传有如《金刚顶经》《金刚顶瑜伽中略出经》等密宗（即真言宗，又称瑜伽密宗）文献。但是，皆未成流派，不成体系。

写本中,有一部分便是"写经所"的"写经生"们劳苦的业绩。

在入唐学问僧传入佛典的同时,他们也多少表现出了对中国的非佛学文化的关心。不少学问僧在问法之余,也把非佛典的"外典"的汉籍文献传入了日本。空海在中国时,为寻求佛学内外的典籍,曾写信给当时的越州节度使,今存空海《与越州节度使求内外经书启》即是求书之函。此信中说:"三教之中经律论疏传记,乃至诗赋碑铭卜医,五明所摄之教,可以发蒙济物者",他统统都要①。看来,中国的这位越州节度使一定是满足了空海和尚的要求,据《遍照发挥性灵集》卷四记载,日本嵯峨天皇弘仁二年与弘仁三年(811—812年)空海和尚两次向天皇献上在唐所得之汉籍"四部文献"有:

《王昌龄诗格》一卷;　　《贞元英杰六言诗》三卷;
《飞白书》一卷;　　　　《德宗皇帝真迹》一卷;
《欧阳询真迹》一卷;　　《鸟兽飞白》一卷;
《不空三藏碑》一帖;　　《大王(王羲之)诸舍帖》一帖;
《岸和尚碑》一帖;　　　《释令起八分书》一帖;
《谓之行草》一帖;　　　《徐侍郎宝林寺诗》一卷;
《张谊真迹》一卷;　　　《急就章》一卷;
《王昌龄集》一卷;　　　《朱千乘诗》一卷;
《王智章诗》一卷;　　　《朱书诗》一卷;
《杂诗集》四卷;　　　　《译经图记》一卷;
《杂文》一卷;　　　　　《诏敕》一卷;
《古今文字赞》三卷;　　《古今篆隶文体》一卷;
《梁武帝草书评》一卷;　《王右军兰亭碑》一卷;
《昙一律师碑铭》一卷;　《大广智三藏影赞》一卷;
《进李邕真迹屏风表》。

事实上,当时的学问僧,生活在唐代文化的氛围中,几乎很少有人能够不受唐代总体的世俗文化的浸染和影响的。他们对于唐代的文学,无论是诗还是文,对于诗学理论,乃至对于书法、碑帖等等,多有挚爱和造诣者。据圆仁的《入唐求法巡礼行记》记载,844年入唐的日本学问僧惠萼,在苏州的南禅院,亲手抄录《白氏文集》三十三卷,并于847年与圆仁

---

① 文见空海《遍照发挥性灵集》卷五记载,西山禅念沙门真济编集,日本明治二十六年森江佐七重刻本。

一起携带归国,此本被保存至今。正是如此,入唐学问僧们构成了汉籍与汉文化东传的又一通道。

陆龟蒙有感于当时日本在华的学问僧对中国世俗文献的热情,他在《圆载上人挟儒书归日本国》中写道:

> 九流三藏一时倾,万轴光凌渤澥声;
> 从此遗编东去后,却应荒外有诸生。
> ——《唐甫里先生文集》卷一二

所有这些在九世纪时传入日本的中国佛学与非佛学的典籍,以及由写经生们所手写的汉籍,凡今日仍然在世者,都已经作为中日文化史上的丰碑而被确认为"日本国宝"和"日本重要文化财",永久受到世人的关注与尊重。

第三,"入唐八家"的僧人,对于佛学之外的学问的研究,具有极精纯的成果。其中,空海所撰写的《文镜秘府论》,圆仁所撰写的《入唐求法巡礼行记》和圆珍所撰写的《行历记》等,皆用汉文写成,所论皆为汉文,所记皆为中国事,在文化史上大概可以说是最早的表述外国人的中国观念的著作,如我们现在所称的"国际中国学"的最早的著作。

《文镜秘府论》是以中国诗歌创作中的"声病"为中心的文学理论著作,这是日本文化史上第一部对中国文化进行研究的专门性著作。《文镜秘府论》分"天、地、东、南、西、北"六卷,每一卷内又分为若干的"类",共凡十五类。"天"卷所论为"调四声谱"和"调声";"地"卷所论为诗歌的"势、例、体、义"等;"东"卷所论为"诗对";"南"卷所论为"文意"与"体""位";"西"卷所论为"文笔十病";"北"卷所论为"对属"。作者不仅对中国诗歌非常熟悉,而且,对中国的语言有极高的造诣。空海是从中国语言论及中国的作诗之法、讨论汉诗创作在语言"声韵"方面的弊病与可能犯的错误。这一论题不要说对一个外国人,就是对一个中国人来说,也是十分困难的课题,由此可以洞见空海和尚对中国文化造诣的深高。这种造诣无疑是与他在本国的努力与入唐的访问密不可分的。

《文镜秘府论》不仅在汉语的声韵理论上独树一帜,而且,由于空海撰写是书的资料,绝大部分都取材于在中国问学期间,书中保存的先秦至唐代的第一手文学资料极其丰富,在经历了人世间诸多变故之后,它们却很好地存留在空海的《文镜秘府论》中。清末学者杨守敬对《文镜秘府论》有如下的评断:

至其所引六朝文,如顾长康《山崩》诗,王彪之《登冶城楼》诗,谢朓《为鄱阳王让表》,魏定州刺史甄思伯《难沈约四声论》,沈约《答甄公论》,常景《四声赞》,温子昇《广阳王碑》,魏收《赤雀颂》《文宣谥议》,邢子才《高季式碑》,刘孝绰《谢散骑表》,任孝恭书,何逊《伤徐主簿》诗三首,徐陵《横吹曲》《劝善表》《定襄侯表》。其所引唐人诗尤多秘篇,不可胜举。又引齐太子舍人李节《音韵决疑》,亦《隋书经籍志》所不载,尤考古者所乐观也。①

除《文镜秘府论》外,圆仁的《入唐求法巡礼行记》则是东亚文化史上一部极具价值的关于佛学的、历史学的、行政学的、民俗学的和地志学的著作。作者以他亲身的经历,记述他及与他相关的入唐学问僧的生活、求法和处事。全书四卷,起自唐文宗开成三年(838年),终于唐宣宗大中元年(847年),前后恰好为十年(实际记事为九年七个月),事涉今日江苏、安徽、山东、河北、河南、山西、陕西凡七省。该书的文化史意义在于:(1)以生动的事实,描述了入唐渡海的艰难与他们拼死的奋斗;(2)记载了在十年间作者亲身经历的唐代各个寺庙的宗教活动,包括路途的辛苦、外国人行路的规则、问道的经过、佛事和仪轨等等;(3)生动和翔实地记录了"武宗灭佛"的过程和目睹的事实,并有亲身的经历,可以大大地补充《唐书》《资治通鉴》和《佛祖统纪》等的不足;(4)弥补中国史书文献记录中的缺漏,报告了唐代在政治、经济诸方面的鲜为人知的事件,如关于唐文宗被软禁至死的事实,关于唐武宗杀戮先帝重臣的事实,又如关于当时山东粮价的记录等等,皆未见中国的史书。(5)作者在中国各地巡行求法,以极高的汉文手笔,描写了他十年间所经之处的山川、农家和城市的风光,并记录了很多的民间节庆活动的风俗。在东亚文化史上,圆仁的《入唐求法巡礼行记》,与玄奘的《大唐西域记》、马可·波罗的《东方见闻录》,合称为"东方三大旅行记"。

第四,入唐的学问僧在中国求法问学,在接受汉文化的深切教养的同时,在唐代的国际文化环境中,也受到了相当程度的梵文文化的教养,像空海、圆仁这样原本学识深厚的学者,学习梵文,阅读汉文与梵文对照的佛学文献,如《汉梵两字金刚般若经》《汉梵两字阿弥陀经》《汉梵两字一切佛心真言》《汉梵灌顶心中心真言》《唐梵两字秘密心中心真言》《唐

---

① 杨守敬:《日本访书志》卷一三。

梵两字最胜无垢清净光明大陀罗尼》等。他们从汉文与梵文中受到启示，极大地推动了他们对于创造日本语言的记音符号——即创造日本文字的想象力。

日本民族为创造自己的文字"假名"，走过了漫长的道路。当"やまて"民族形成之初，与其他民族一样，都经历了只有语言没有文字的状态，后来，接受了"汉文"作为民族的记事的书面形式，但此种书面形式与语言没有关系，这便是"言文分离"的时期，其后，它又尝试用汉文中的"词"表述其语言中的"义"（这是以后日文中"训读"的起始），但仍然未能解决"言文"的分离，于是，又尝试用汉字的"字音"来记录"语音"，这就是"真名"（这是以后日文中"音读"的起始），开始了向着"言文一致"的方向的努力，但由于汉字本身的繁复与读音的先后变迁，"真名"是一个既复杂又混乱的系统。

九世纪入唐的学问僧，在接触了大量的汉文化，特别是汉字与汉字书法之后，他们开始着手用两种方法把汉字的形体简化，创造新的记音符号。第一种方法是使用汉字的偏旁，如语言中有"i"这个音，原先是用汉字"伊"来表示的，现在采用"伊"的偏旁"イ"来表示，这"イ"就成为日本语的记音符号，也就是新日文了。第二种方法是使用草体的汉字，如"波"字，它的草书体形同"は"，于是，就用"は"来记录日语中"hā"这个音，"は"便是新日文了。用汉字的偏旁组成的新日文，便是后来的"片假名"，用汉字的草书组成的新日文，便是后来的"平假名"。

相传，"假名"文字的创造者，就是入唐八家的空海大和尚。但科学地说，日本假名文字的创造，是经历了几代人的摸索努力，由于空海所具备的学识，便由他加以整齐统一，是理所当然的。在整齐统一文字的时候，他们则通过所学的梵文"悉昙学"的知识，分解出了日本语言中的语音成份，构成了日本语的"五十音"的排列，从而使"假名"进入可以实际运用的阶段。

由于入唐僧人的智慧与努力，他们通过总结先祖的经验，根据在中国所学习到的汉文与梵文的知识，终于为自己的民族创造了真正的文字。这是日本入唐僧人对日本文化，也是对东亚与世界文化的伟大贡献。一般说来，一个民族拥有了自己的文字，实现了"言文的一致"，这个民族才真正地步入了人类的"文明时代"！

第六章

中国儒学与朝鲜

第一节　朝鲜儒学概述

一、中国儒学的东渐

中国儒教思想及文化,其最初传入朝鲜的时间,由于缺乏文献而无法确定。大多学者认为儒教最初由中国传入朝鲜是在卫满朝鲜①、汉四郡时代开始的。当时汉朝的文物制度与学术思想已全盘移植、输入。当时有乐浪人王景,于汉明帝时因治水有功,被封为庐江太守,其人不仅能通周易,对天文、术数等多种技艺亦擅长,可见早在乐浪时代,能通中国古典的人已不少。

根据《魏略》记载,在卫满朝鲜时代,燕昭王二十九年(前283年),朝鲜侯王与燕国已有外交往来,从当时汉字的传来,可推测汉字中所包含的儒教思想已被传入、习得。例如通过"孝"字,就可学得人子事亲之道;通过"忠"字可知人臣事君当忠之理;通过"信"字而知朋友、国际间当守之义等等。

不只如此,在考古与神话等方面,亦反映出古朝鲜与中国在文化上存在着毋庸置疑的联系。

朝鲜地区在地理上与当时的燕、齐、鲁、郑等只有一水之隔。鲁、郑即孔、孟出生之地,儒家思想及其文化影响朝鲜的社会是可以想象的,近年来大量考古发现更证明了这一点。在朝鲜半岛北部各地大量出土中国战国时期燕国货币明刀钱,多者一次达千余枚,这表明在公元前四到三世纪,燕国与朝鲜在经济上更加发展了彼此间的联系。而乐浪、带方郡的遗址、遗物,以及扬雄的《方言》、汉乐府诗《公无渡河》等均进一步证实:中国汉代文化与朝鲜文化具有密切的联系。

---

① 卫满朝鲜:前190—前108年,是古朝鲜时代最后的王朝。

朝鲜王卫满殂后,正当汉武帝治世。武帝在开封二年(109年)遣兵从海陆二道进入朝鲜,第二年在朝鲜设立了四郡。自此,汉人官吏、商贾、农民以及其他人频繁来往于此地。这些人也间接传播了汉文化。

在三国时代①,忠孝思想与后来从中国传入的孔孟儒学,在国家体制的建立与家庭伦理等方面都造成很大影响。但如《魏略》所记载,朝鲜民族无论是扶余族或高丽人,皆有敬祖的观念,于死者必厚葬,积石封土再围种以松柏装饰;孔子亦曾慨叹道:"道"之不行于世,而愿乘桴浮于海,来居"君子之国"。由此可以推测,在孔子的教学思想传入朝鲜、日本以前,东方居住民群体已被华夏人称为"君子国"了。

在三国时代,"太学"之中已开始了儒教经典与忠孝思想的教授;从民族传统来看,在三国战乱时,各国为了自身的安全,孔子的忠孝思想易于被接受。

中国儒学进入朝鲜的过程大致可分如下四个阶段。第一,三国时代传入的汉代五经思想。第二,统一新罗和高丽前期传入的隋、唐文学的儒教思想。第三,高句丽末叶,传来朱子思想。第四,朝鲜后半期传来的清代实学思想。

朝鲜朝两次大战乱(1592、1637年)后,为了培养国力,英祖(1725—1776年)和正祖(1777—1800年)以来,柳磻溪、李星湖、丁茶山等实学派造成了新学风。当时的清代学术思想,不仅被认为与空疏的宋明理学相反,而且随着西学的传来,造成了实事求是的新学风。在中国,历经了性理学的衰退,明末的义理学者与清代公羊学派的鼓吹民主,反清思想,强调民族自主等。朝鲜朝后半期的儒学思想一如中国,陆续有实学的兴起与鼓吹民族自主的"义理思想",图谋恢复国权的"义兵运动"等,到旧韩末日帝时代止,此种传统的朱子学被一贯承传下来。

二、三国时代的儒学

三国时代,高句丽、新罗、百济三国鼎立。它们之间不断展开对立抗争,此时文化方面亦呈现出古代社会固有的土俗文化和以乐浪为主的中国大陆文化两大支流的时代。

三国时代,乃是铁器文化时代,铁制农具使农耕生活的发展迈进了一大步,也为古代王权国家提供了经济基础。在政治及社会伦理方面,

---

① 三国时代是指从四世纪初到七世纪中叶的高句丽、百济、新罗三国鼎立的时代。

则吸收了中国的儒教,宗教方面则吸收了中国佛教思想,形成了有个性的民族文化。

综观整个三国时代,三国各自为自己部族的生存与发展而吸收了中国文化,活用了中国文化,发挥了传统的自主性。值得注意的是,这种接受不只是思想的接受,而且包括了法制、教育制度、田制、兵制等全盘社会制度,都接受、移植了中国文化体系。

高句丽时代正是中国的汉唐时期。当时的文化交流被现存文献疏略,但仍可看出双方始终保持着密切联系。

首先,汉字的传播带来了儒家思想。因为文字的传入,文字中蕴含的思想与感情亦同时传来。在三国时代的读书目录中,不管是在帝王、知识层和一般的教育观念中,皆以儒教的"五经"思想,及史书类的《史记》《汉书》《后汉书》,文字类的《字林》《字通》,文学类的《文选》等书为主要的学习材料。这些经学、史学、文学的学习,是以经学为根本思想,在研读习熟之后应用于社会现实生活。因此学习汉文字就是学习汉学,而汉学内容以经学即儒学为主。古代的汉文学者因此又称为儒学者,汉文的学习就意味着对儒学的研究。

据旧、新《唐书》记载,高句丽人喜学,至穷里厮家亦相竞勉。衢侧悉构大屋,号扃堂。子弟未婚之前,昼夜于此读书,习射,书有上文提到的经、史、文各类。《新唐书》《旧唐书》所反映的是高句丽王朝末期的情况,表明高句丽的政治文化中心转移到朝鲜半岛之后,仍在继续大力全面吸收汉文化。

高句丽小兽林王二年(372 年)建立国家教育机关"太学",颁布律令,订立社会统治体制。从汉代以来经魏晋的中国"太学"制度,皆以教授儒教经典的经学、史学、文学为主。朝鲜的太学依样模仿,也是以教授儒学为中心的培养人才之所,以汉学为主要内容的高句丽教育事业已有较大发展。七世纪中叶,高句丽进而派遣贵族子弟赴唐,入国学,直接吸收汉文化。

百济也曾广泛吸收汉文化。近肖古王在位期间(346—375 年),博士高兴以汉文撰修百济国史《书记》,表明百济引入汉字、汉文化已有较长时间。据《北周书》记载,百济的青年学子"俗重骑射,兼爱文史。其秀异者颇解属文,又解阴阳五行,亦解医药卜筮占相之术",这表明当时以中国儒学经史为主要内容的百济教育事业已有很大发展。

百济仿效中国的国家体制建立自己的官制。百济前期具有中央集权国家形态的是古尔王时代(234—285年)。古尔王二十七年实行新的中央官制,设置"六佐平"制与十六官阶品等,确立了政治体制,具备了国家发展的基础。所谓"佐平"乃大臣级的名称,"六佐平"即以六大臣分掌国务的政府官署,六佐平源于周礼的六官,是模仿中国的六典而来。后来,百济又确立了从中央到地方郡县皆由百济王族与贵族的体制,如此以血缘关系来支配地方与人民是采取周代及汉朝的封建专制国家的体制。

百济行政区域的编制,则分为五部五方,这一点在中国的《隋书》《周书》和《北史》中都有记载。他们将首都境内区域分为"五部",地方分为"五方"的单位加以管辖。首都的"五部",各部下再分"五巷";地方的"五方",各置一人为"方领","方领"兼负行政与国防的责任,每方又分为"十郡"。"方"和"郡"是行政区域,但同时也是军事辖区。如此五分法的行政单位与军队组织,与"五行思想"有很大的关联。这样,百济以国家行政组织确立集权体制模仿中国式中央集权官制与军制,而完备了国家制度。

据新罗建国传说,新罗在部落联盟阶段后期,与汉文化的联系较过去有进一步发展。在氏族首领的姓名、部落名称以及以后的国家正式名称等方面,均有所体现。

545年,居柒夫等以汉文撰修新罗国史。682年,新罗建立国学。八世纪中叶,改国学为太子监,设置各科博士及助教,定必修科目为《论语》《孝经》,定选修科目为《礼记》《周易》《左传》《毛诗》《尚书》《文选》。入学者为十五至三十岁的贵族子弟,修业年限为九年。788年,新罗实施"读书三品科"制度,进行国家考试,以录用官吏。"读《春秋左氏传》,若《礼记》,若《文选》而能通其义,兼明《论语》《孝经》者为上;读《曲礼》《论语》《孝经》者为中;读《曲礼》《孝经》者为下。若博通五经、三史、诸子百家书者,超擢用之"。①

为倡导对儒学的尊重,入唐宿卫、新罗王子金守忠归国时,曾携回文宣王、十哲、七十二弟子图,即置于太学。惠恭王、景文王等亦曾多次幸国学,命博士以下讲论《尚书》等经义。837年,新罗在唐朝的留学生达216人之多。

真兴王二十九年(568年)立于新罗国境的《黄草岭碑》中有如下记载:"纯风不扇,则世道乖真,玄化不敷,则邪为交竞,是以帝王见号莫不

---

① 朝鲜《三国史记·新罗本纪》元圣王四年。

修己以安百姓。"在此"修己以安百姓"是孔子语,是儒教政治观念的根本。在碑文中同时含有儒教及朝鲜古神道的要素。在真兴王巡狩碑中又有"邻国誓言,和使交通"一语,即是讲与邻国建交之时,非以利害得失,而是以信义、和睦为本,这和《大学》中"国不以利为利,以义为利也"之义相同。新罗景德王(742—764年在位)曾命忠谈师作《安民歌》来歌颂国家平治、百姓安和的景象,其内容中称王为父,民为子,象征仁慈之君父,爱怜体恤天下之民,充分呈现出儒教中爱民与民本思想。

在三国古代国家建设发展的过程中,中国儒学思想中内含的自主精神与抵抗意识,在古代部族社会起了非常大的作用。战国时代显现的战争原理也培养了朝鲜民族的智慧和勇气,从"春秋精神"中学到国际外交中弱者抵抗强者的外交原理与原则,这是因为三国时代开始传入汉朝的经学思想,使朝鲜民族受到中国思想的影响。这种影响不只是在政治原理方面,另外对礼俗、法制等整个社会生活,都有广泛影响。汉字的输入,使朝鲜民族能自作外交文书,记录朝鲜的历史、古代的诗歌及文学,使三国时代脱离原始文化,开创文化发展的新纪元。透过儒学思想,学得个人伦理、国家伦理,所以三国时代人的生死观、民族观、国家观也从以前淡漠的意识中蜕变成确实的、有体系的民族思想。

三、高丽时代的儒学

在朝鲜儒学史中,比起其前的三国时代和其后的朝鲜时代,高丽时代的儒学占在一个特殊的位置上。中国的儒学如果加以大致区分的话,可分为汉代儒学与宋代儒学。

高丽时代宋学的传来,即朱子学的输入,不只对高丽时代,且对朝鲜整个思想,都带来了重大的转换和影响。

高丽时代前期受唐学术影响,后期则受宋学的影响。中国汉代的儒学,乃是以儒教为中心的经学思想为主;唐代则融合儒、佛、道三教,而具有文学的性格;宋学则表面上排斥老庄、佛,将儒学往哲学深化,此即宋代的"性理学"。

高丽太祖王建统一了战乱的三国后,为了维持国家的统一和安定,不只致力于政治的、军事的安定与强化,更在思想的层面倾注了特别的关心,这反映在太祖的《训要十条》中。

综观太祖的《训要十条》,其中包含融摄了佛教信仰、道教及民间信仰,并活用儒教的政治原理。不只如此,对儒教教育的重要性及其他医学、阴阳、卜术都有特别的注意。《训要十条》中显现的思想,并非从论述宗教信仰上立意,而是从收拾民心、确立社会纲纪、发展国家建设大业上着眼。《训要十条》也是警诫后世诸王的书,通过太祖的实地行政中体现了儒学精神。如《训要》第七条说人君得民心之难,认为收拾民心之要乃在从谏言、远谗言,使民以时,减赋税、轻徭役,此种思想是应用孟子的儒教民本主义思想与爱民思想为根据的政治哲学,提出了国家的统治思想。

高丽朝的历代君王中,最崇尚儒教、将学术与文化实践于政治生活的,当首推第六代的成宗(982—992年)。在当时,以理念和哲学进言的元老儒臣崔承老(927—987年),成宗代的文化与崔承老的思想有密切关系。如高丽太祖的《训要十条》,融合了儒、道、佛以及土俗的信仰,但到了第六代的成宗时,输入了以儒教为中心的中国汉唐制度与文化,对所有的制度予以再修订。成宗采用崔承老的儒家政治思想发挥于文化、政治上,而在实际施政上则更彻底地反映了儒家思想。崔承老的儒教思想侧重于政治的、社会的、经济的方面。

高丽前期的国王一般都定期到国学去祭孔,以倡导对孔子的尊崇。上自国王,下至闾巷儿童,所受正式教育,以儒家经典为义。如1119年八月初一,睿宗御清燕阁,命翰林学士朴升中讲《尚书·洪范》,十一月辛亥,又命朴升中讲《中庸》。1134年三月,高丽国王仁宗命以《孝经》《论语》等儒经分赐给闾巷儿童,以广教化。

如果说高丽王朝前期从太祖经成宗至睿宗、仁宗为止,以崇儒政策振兴文教,发展儒学,那么从后期的武臣集权时起,则到了儒学沉滞的黑暗期。

高丽中期一连串的内忧外患导致了文化的全盘衰落现象。高宗时代(1214—1259年)开始了与蒙古的战争,接着又展开了联元伐日,使国民经济凋敝。后来又有几代的"妙清之乱""郑促夫之乱""金沙弥之乱"等等相继发生。佛教的隆盛亦随着时代变迁出现了堕落、腐败的一面,与低俗的迷信信仰关联的密教、风水、图谶等盛行,带来了社会风俗的紊乱。如此的高丽社会,由于内外的诸多原因,造成儒学的衰退。忠烈王六年(1280年),王曰:"今日之儒者唯学科举之文章,而无博通经史者,使能通一经一史以上者,教国子生。"由此可知当时学者只重科举的情形。

在朱子学传来以前,高丽的知识人信仰上崇尚佛教,政治上则信奉儒教，儒者与僧侣在思想上皆兼儒佛，从无反目对立之事。而从此时开始，朱子学与佛教则形成了根本上对立的形势。在输入朱子学以前的朝鲜思想中，从三国以来盛行以"五经"为中心的汉唐学风，在朱子学传来之后更重"四书"，从而展开其"性理学"。

据载，朱子学乃高丽忠烈王时，由安珦（1243—1306年）从元朝传来。朱子学对当时社会和政治都起了很大的作用。

高丽社会的儒学者中，最先理解及力说朱子学的是安珦，而朝鲜朱子学的传入，也是从他开始的。安珦于忠烈王五十五年（1289年）入元，抄录朱子全书，绘孔子、朱子之像带返。不只如此，他还刷新了当时的教育思想、教育制度，阐明教育的使命和太学的宗旨。

随着朱子学在当时的太学——成均馆的讲授，社会上便出现了以儒教批判佛教的论说。朱子说本来即从性理的立场，排斥佛教为异端，程子、朱子都有相当高层次的理论。朝鲜的排佛论则到了郑道传、权近时，才出现有体系的论著。郑道传在政治方面反对佛教的道坛、教理，并阻止佛教人接近政治。权近则从学术上论述儒、佛的思想特征，并企图在全国确立儒教的学术地位。

高丽末期的性理学者在以朱子学为背景、排斥佛教、崇尚新儒教方面虽大致相同，但在以朱子学为中心的对新儒学的解释，及他们对人间、世界的解释、评价方面都有不同。在高丽末期朝鲜初期，随着社会的变动，他们对历史观及对现实的见解，呈现出分裂的两大对立派别。一派是以郑梦周为首，郑梦周是后期朝鲜正统儒学思想的始祖。另一派是以郑道传为首，郑道传的思想是视当时的政治状况与社会的变动，提出对社会弊端加以改革的思想。比起郑道传一派，郑梦周一派则更能继承传统学派的渊源，此点可以说是朝鲜朱子学的特色，对朝鲜精神史造成了极大影响，此种影响并延及后世。

四、李朝时代的儒学

在高丽朝灭亡、李朝成立的过程中，发生一场著名的"排佛尊儒"运动。高丽末期，盛行求福的佛事与田赋、财物的贡纳，造成寺院财力过度强盛，并使国家财力穷乏，田制紊乱，所以从社会内部开始有了新的改革要求。

程朱理学的发展是李朝时代儒学发展的主要方面。理学传入之前，一直以辞章和训诂为主的学风，在理学传入后转变为以经史为主。这一转变开始于高丽朝末叶,而进入李朝时期后则更趋显著。理学的传入也使佛教逐渐受到排斥,从攻击佛教徒的世俗权开始,发展到把佛教视为异端邪说,予以完全否定。这开始于高丽朝末叶,李朝以后排佛更趋猛烈。李朝时期,理学的理论有所发展,并形成自己的高峰。

儒教从高丽末期以来,皆与佛教对立;从李朝开国之初,开始抑制道教,废止高丽时代以来的"醮礼所",唯留下一所"昭格殿"。其后由于赵光祖的进言,连"昭格殿"也被废止。李朝中期学者李彦迪在其《书忘齐忘机堂无极太极说后》中,从性理学的立场,批判佛教与道家思想。可见李朝的儒学除排斥佛教外,更进一步排斥道教,渐渐强化了朱子学的正统性。

李朝的性理学不重视自然及宇宙的问题,而重视有关人的性情修养及道德价值问题。从退溪与奇大升、栗谷与成浑的"四端七情论"开始,展开了广泛的理气性情论争。另外,依据宋翼弼、金长生等人生道德原理的"人性论",展开了儒教行为规范的礼说。

李朝世宗大王(1419—1450年)不只是在近世朝鲜,且在整个朝鲜史上亦被称为圣君。从李朝成立,经过太祖、太宗的创业期,李朝在政治上得到安定。之后的世宗时代是守成时代,这是创造高度文化的黄金时代。世宗曾亲笔书下了"家传忠孝、世守仁敬"。可见世宗的根本精神是守护国与家的自主意识与忠孝精神及爱百姓、尊重他人的仁爱与尊敬的精神。李朝的创建是以儒教理念为基本,而世宗精神的核心是儒教人道主义的思想。

其后,经过世祖、成宗,至十五世纪末为止,树立了国权,扎实地发展求进。这一切之所以能顺利完成,是由于儒家出身的人才的力量,所以这派人物被称为"事功派"。但是,在李朝创建时,另有从政界退隐下来的郑梦周的一派。此学派由吉再、金淑滋、金宗直、金宏弼、赵光祖所继承,这些人是坚守义理思想传统的性理学派,也即李朝的"道学派"。这些"道学派"学者,坚守社会正义,并有强烈的批判精神。而协助世祖继位的"勋旧派"势力,组织了特权阶层,继续掌握朝中势力。他们从世宗代开始进出政界,逐渐与"道学派"渐生摩擦,开始牵制新进"士林",所以引起新进"士林"对世祖登极以来的一切权利阶层展开批判。也正是因为如此,"道学派"人士遭受了接二连三的士祸及重大牺牲。李朝的思想泰斗赵光祖即在牺牲之列。

李朝的"道学派"在高丽灭亡、李朝初建时未参与李朝的建国,在世祖篡权后,对新组成的"勋旧特权层"亦不惜加以强烈的批判,从士祸及牺牲中所显现的道学派义理精神中,可以发现朝鲜儒学的特有精神。

性理学全盛时期的十六世纪的朝鲜社会,在儒教理念的基础上发展、成长。在此背景下,继承了高丽末期以来的义理思想学派惨遭牺牲,这是在宋代性理学传来三百年后的时代了。此时诞生了朝鲜儒学双璧——退溪李滉(1501—1570年)和栗谷李珥(1536—1584年)。而花潭徐敬德(1489—1546年)和一齐李恒(1499—1579年),以及牛溪成浑(1535—1598年)等,都是同时代的人物。当时,不管是从性理学被接受、研究的历史过程来看,还是从一般士人不得不从社会活动中隐退、埋头钻研于学问的社会条件来看,性理学都达到了鼎盛时期。

朝鲜的性理派学者,在诸多问题中,对人间倾注了更多的关心。在视理学为人间性理问题的同时,也认为它是与善恶、正邪直接连接的义理问题。以退溪与栗谷为代表的李朝全盛时期的性理学,将人生的问题从高层次的哲学原理上分析,融合于历史的、社会的现实,创造了后世向义理思想与实学思想的发展。

李朝前期以来,从对"四端七情"的人性论的分析与辩论上,更进一步对具体的人性、物性的同异展开了辩论。"理气论"是性理学的基本问题,李朝前期虽然追求理气调和的立场占优势,李朝后期却呈现了更强调一端的倾向:李玄逸、李恒老、奇正镇、李震相等的"主理论",任圣周、任宪晦等的"主气论"。"主理论"者如李恒老成为朝鲜末期"义理学派"追求义理学的根据,"主气论"者则表现了与"观念论"相对的"现象论"的关心,而致力于向具体性哲学的探求。

性理学的展开,使朝鲜儒学的传统绵延传续至李朝末期。这种性理学形成李朝时代的意识构造,其他任何新的独创的思想,都在性理学范围之内才可能被接受。

王阳明学说最初传来朝鲜半岛是在朝鲜前期的明宗代。明宗代十三年(1558年),少年时代的柳成龙(1542—1607年)偶得《阳明集》一书,这是阳明学最早传来的记录。从宋代朱子与陆象山展开论争开始,朱学即展开了对"心学"的批判,所以朝鲜的朱子学派也排斥阳明学。退溪在阳明学传来之初,就著述《传习录论辩》,对阳明学展开了理论的驳斥。可见在李朝时代"阳明学"传来、接受的过程中,从一开始就被朱子学从传统的立场加以批判、排斥。所以在后来的阳明学者中,除极少数外,都不曾承认自己支持阳明学的立场。这些阳明学者们大体上是以郑齐斗之后的"少论"家系为中心,以家学形态传承。在朝鲜后期的思想史上,阳明学虽不能保有独自的活动领域,但在朱子学的强烈批判中,尚能维持、发展这一儒学思想流派,实在具有重大的意义。

李朝后期通过与清朝的交流,以朱子学为唯一社会理念的朝鲜社会,开始发生了思想上的大变化。此时的新风潮是对李朝后期社会的一系列不合理与精神凝滞现象的全盘批判,同时提出改革现实问题的对策,脱离传统权威的束缚,产生了自由的新学风。近年来,将这种学问倾向称为"实学"。

在"实学派"产生及展开的过程中,"实学"思想虽已在朱子学派中被确立,事实上是始于李朝后期的实学独立领域的人物——柳馨远。在其学派的形成过程中,实学明显地倾向于对土地与官僚制度的改革主张。藉此改革以提出追求、恢复社会经济秩序的"厚生论"。

"实学派"的精神与学风,到了十九世纪后半叶,在接触了随西洋武力侵略而来的西洋近代文明时,与自然的适应西洋近代潮流的"开化思想"相连接,因此被视为担当了连接传统社会与近代社会的桥梁。

到了李朝末期,在传统社会与西洋文物接触的过程中,即可见对西洋新文物的异质感而生的拒绝反应。西洋文物不是义理的,而是追求利益的一种违正道的邪道。另外,西洋的社会秩序,在君臣、父子、夫妇的人伦关系上,揭示了与儒教传统秩序的不同形式,所以可见这种拒绝西洋社会秩序的态度,是将西洋文化视为破坏东方传统秩序的灭伦理乱纲常的邪恶文化。

朝鲜儒学的朱子学传统,通过义理精神,完成了士林的价值观与政治纪纲,是社会伦理的根据。以这种义理精神批判官僚阶层的现实主义的价值标准,是朝鲜生动的伦理规范。在朝鲜,由于外国的武力威胁与侵略,在国家生死存亡的迫切关头,拒绝任何妥协、回避,而坚持到底的义理学派的人物,是民族意识的觉醒。儒教理念的义理精神不在追求保守,而是在追求自主的信念。这是民族思想的核心,是与朝鲜民族共同存续下来的生命自体。

第二节　朝鲜儒学的代表人物

(一) 强首与薛聪

强首与薛聪是新罗统一后的二位巨儒,是当时儒教汉学界的最高峰。强首,中原京(忠州)沙梁部人。他从少年起就喜好读书,通晓古今。

他的父亲知道他的志向,问他:"你是学佛呢,还是学儒?"他回答说:"我听说佛教是讲人世外的东西,这是愚弄人的,怎么能学佛呢?我要学儒家之道。"父亲从他所愿,于是就请了老师,读《孝经》《曲礼》《尔雅》《文选》等。虽然他所听到的是非常浅近的道理,但是所得到的却是高远的东西,很快就成为当时的杰出人物。后来他出来做官,曾辅佐武烈、文武、神文三王,特别长于外交文书。使强首流芳于世的不是他的政绩,而是他的文章。只可惜他的文章多已失传,其经学造诣的深浅无从得知。

薛聪,神文王时人,字聪智。薛聪生性聪敏,博通经史,也擅长写文章。他的父亲是新罗十圣之一,是当时佛教界著名的学僧元晓。他则是新罗十贤之一。他用方言读九经,训导后生,后来的学者都以他为宗师,薛聪关于经文的著述不少,但已失传。从他以方言训导后生读九经来看,他对儒学的发展有不可忽视的贡献。

(二)李穑与郑梦周

牧隐李穑与圃隐郑梦周是当时世所推崇的崇儒抑佛主义者。

李穑(1328—1396年),字颖叔,号牧隐。早年游学于元朝,后来由于父丧,在恭愍王元年回国。他曾多次上书论时事,其中《论崇学》写道:"近来学校不振者,学者皆以干禄,务记诵功利之学,且登仕者不必及第,及第者不必由国学故尔,则乞明降条制,外而乡校,内而学堂,考其材而开之成均馆(此时国学已改为成均馆),限以日月见其成绩,责之礼部,中者依例与官,不中者亦给出身之阶,求举者必使由国学,则学校与而将见人才辈出"。他还有一篇为《抑异端》,其中认为:"中世以降,佛徒益繁,五教两宗为利之窟,无处非寺,人民多游食于其间,识者每痛心焉。佛大圣人也,好恶必与人同,安知已逝之灵,不耻其徒之如此也。乞明降条禁,已为僧者亦与度牒者,而无度牒者即充军伍,新创之寺并令撤去。惟佛者至圣至公,奉之极美,不以为喜,待之甚薄,不以为怒。(中略)但为上者人所则效,虚费者则所耗竭,防微杜渐,不可不慎"云云。

李穑的言论,虽然颇有见地,但并没有为时政所用。他论抑异端,只是斥责僧侣的行为,而不是攻击佛教的本身,所以有"佛大圣人""佛者至圣至公"等语,这也常常为后来的儒学家批判。李穑曾几次到元朝,并且登第,仕于元朝的翰林院,后来归国后也几次做官,以振兴学术界为己任。

恭愍王三十二年,曾下令整顿学校,颇有中兴之风。成均馆此时也得以重建,李穑被任命为大司成,通经学的人士金九容、郑梦周、朴宜中、李崇仁等为教官。李穑更定学制,以四书五经为典,讲论切磋,崇儒学,避异端,国学很快振兴起来,义理格致之学也有些发展。在教官中,郑梦周的讲说和李崇仁的文章都是深受李穑赞扬的。李穑曾这样评价郑梦周:"达可(梦周字)伦理,横说竖说,无非当理。"

恭愍王十六年,李穑与李仁复一起上书,请求实行元朝的科举制度。从此馆试、殿试、会试成了高丽时代的科举方式。后来到了高丽末期,因试官不公等原因逐渐弊端百出。

李穑的门人很多,如朴尚衷、郑道传、权近、吉再等,后来都成为高丽末李朝初的名流。

圃隐郑梦周(1337—1392年),字达可,圃隐是他的号。恭愍年间登第,曾屡次做官,官至侍中。他天分很高,性格豪迈,博学好辩,颇有讲学才能,后人因此推称他为"东方理学之祖"。

郑梦周本来是一个儒者,所以在政治上必定遵从儒教的行为规范,他也以排斥异端为己任。恭让王继位后,酷信佛教,想迎粲英为师,圃隐在筵席上进言说:"儒者之道,皆日用平常之事,饮食男女,人所同也,至理存焉。尧舜之道,亦不外此。动静语默之得其正者,是尧舜之道,初非甚高难行。彼佛氏之教,则不然,辞亲戚,绝男女,独坐崖穴,草衣木食,观空寂灭,为宗,是岂平常之道"(《高丽史·郑梦周传》)。由引可见他的抑佛扬儒态度。

对儒教与佛教的抑扬议论,在当时的太学(成均馆)尤为热烈,成为排斥异端运动的中心。当然在这种情形下,难免会有言辞过激之人。成均馆博士金貂,学生朴礎等斥佛毁神的上书,触王震怒。后由郑梦周等上书力劝才得以赦免。

同王二年,郑梦周做了侍中。他想在社会中强化儒教礼俗,上书得到允许。朱子家礼在朝鲜盛行,立家庙、作神主,以奉先祀。

高丽末期时,和明朝与日本经常发生事端,朝廷屡次派遣郑梦周出使。他的出色的外交才能使他不辱使命。郑梦周确实是高丽末首屈一指的学者政治家。后来因参与王室之争而亡身,后人追慕不已。谥文忠,至朝鲜中宗十二年,从礼祀文庙。

(三) 郑道传

三峰郑道传(? —1398年),奉化县人,字宗之。他天资聪颖,少年即有大志。早年曾师于李牧隐(穑)门下,博览群书,经史、文学、政法、兵书、乐医无所不通。曾事恭愍、祸、昌、恭让诸王。到了李朝开国之际,由于郑道传以儒教主义为政治经济及其他一切的基础,所以实行儒教为基础的政治,但这被后来王子芳远(太宗)一派所忌,太祖七年竟被害死。

郑道传常常以训后生、辟异端、明道学为己任。李朝开国时,他为了实现自己的理想,著书立说。例如他所作的《心气理篇》及《佛氏杂辨》等,都成为后世学者辟异的论据。

《心气理篇》分为"心难气""气难心""理谕心气"三篇。心即释氏(释迦牟尼),气即老氏(老子),理是儒家之道。他认为释氏讲修心,老庄讲养气,各偏一方。有心无理,有气无理都是行不通的。只有以儒家的义理之正来养心气,才能使心灵看清事物之理,气度达于天地。但郑道传只是从儒家的观点出发论心、气,所以不免有偏见,所以这三篇文章与其说是哲学论文,不如说是文学精品。

《佛氏杂辨》是太祖七年,郑道传卒岁所作。其中包括"佛氏轮回之辨""佛氏因果之辨""佛氏心性之辨""儒释同异之辨"等十五篇,上面四篇是其中主要的篇章。"轮回之辨"与"因果之辨"互为表里,佛家有"精神不灭""轮回受形"之论。儒家有"人物生生不穷"之说,但儒家生生之说是"已往者往而过、未生者来而续"(即新陈代谢)主义。轮回说则不然,认为有血气的东西,自有定数,来来去去,没有增损。有聚必有散,有生必有死。能知其生,得于气化之自然。最初是没有精神寄寓在太虚中的,这就能知道其死,是与气俱教的,不会有形象还留在冥漠之中。郑道传认为如果知道了这一点,那么因果报应说不辨自明了,等等。

郑道传所著书中有一篇关于儒学的《学者指南图》,现已失传。但是阳村所撰《三峰集》序中,评价此书"义理之精,了然在目,能尽前贤所未发"。

(四)权近

权近(1352—1409年),号阳村,字可远,曾是牧隐的门人。少年好学,恭王朝登第,历仕祸、昌二代。恭让王二年,因事谪居于益州等地,第二年被放逐到忠州的阳村。李朝太祖开国后被召蒙恩。太祖五年曾出使明朝京都,深受明太祖优遇,称"老实秀才"。后来官至大提学。谥文忠。因为久在文翰之任,所以国家间外交文字多出其手。

权近虽然是牧隐的弟子,但很敬畏郑道传,并多受其学风影响。他的著作除文集外,还有《入学图说》(共一册)、《易、诗、书、春秋浅见》(共一册)、《礼记浅见》(共二十六卷)、《东国史略》(共六卷)等。其中《入学图说》与《礼记浅见》为其代表作,堪称精品。

权近以《入学图说》成为朝鲜儒学图说之鼻祖,对后世学者有很大影响。图说在朝鲜儒学史上占有重要地位。图说分前后集,共有二十五图,其中天人心性合一之图、大学之图、中庸首分释之图尤为著名。第一图天人心性合一之图,是全篇着力最多、最基本的部分。此图是依周濂溪《太极图》及朱子《中庸》章句之说①,就人心性上分析理气善恶之殊,以此显示程朱学的要领。著者着眼于儒教根本思想的天人合一观念,以天人心性四字混作为图,半白(阳、气)、半黑(阴、质)、上圆(头)、下方(下部),隐然表现一个人体形象。在上部图太极、阴阳、五行之圈,以此演绎心性。中央"心"字上,对立"理之源""气之源"之分。自"理之源"演绎四端之情;自"气之源"演绎可善可恶之七情。在"四端"下有"诚字圈","七情"下有"敬字圈","恶几"下有"欲字圈",以此显示圣人与众人的分别,等等。权近的这种思想,是源于周濂溪所谓"君子修之吉,小人悖之凶"。也就是说,人的本性具有感性的方面(气)与理性的方面(理),感性的方面容易导致动物的欲望,需要经常以理性来克服它。

权近的图说条理细密,尤其是"心"字,代表天人合一之理,是很巧妙的,但是也未免有牵强杜撰的毛病。图说于后世的影响是很大的。后来的郑秋峦(之云)、李退溪的"天命图"及其四端七情分理气的观点,也是受了阳村图说影响的。《入学图说》后来传到日本学界,曾多次刊本。

(五) 李滉

李退溪,名滉,字景浩,退溪、退陶、陶叟都是他的号。燕山君七年(1501年)生于礼安县温溪里(今安东郡陶山面温惠洞),卒于宣祖三年(1570年)。其父(埴)、祖(继)、叔(堣)、兄(瀣)皆好文学。少年时,退溪曾经跟随叔父松齐学习,长于思索。中宗二十三年中进士,二十八年入太学。明宗元年,开始卜居于兔溪。同王十年,移居陶山南。他曾深蒙明宗、宣祖殊遇,官至大提学及左赞成。死后,谥文纯。光海二年,从祀文庙。

明宗末年,曾屡次召命退溪,都被他坚决谢辞。退溪天性端厚,笃学志道,喧扰无常的政界生活并不是他所向往的,所以说退溪彻头彻尾是学者。退溪的学说,因文入道,义理精密,体验研究,多是自得。他深信朱子,一生遵守朱子的言论。所以他的纯正哲学,大多出于朱子学说。例如他的宇宙二元观,是对朱子思想的发挥。朱熹在论理气关系时曾说:"所谓理与气,决是二物"(答刘淑文书)。又认为理先气后。退溪也

---

① 天以阴阳五行化生万物,气以成形而理亦赋焉。

从道器即理气二元解释宇宙,认为"万物之体象,是器。其所具之理,是道"。道与器有不可分的关系,但也不是互相夹杂的。在朱子与退溪,就物上看,理气即道器深然无间,不可分开,但理是理,气是气,二者不相夹杂,退溪之说尤其彻底。对理气在宇宙间的作用,朱子认为气能凝结造作,而理却无情意造作。退溪认为"理与气并有实质的作用",即不把"理"纯粹视为抽象的概念。至于道器(理气)的道德价值,退溪认为理是"纯善无恶之理",有绝对的价值,而气是"可善可恶之气",有相对的价值。退溪对于心性问题也是如此分析。

后来,奇高峰对退溪的看法提出质疑,退溪也作书答辩,往复至三四次。其后,退溪又著《圣学十图》,献给宣祖。其中"心统性情图",有"四端理发而气随之,七情气发而理乘之",这虽然和先前"理之发""气之发"等名稍异,但是对于"理气互发四七分对"的意思并未改变。

退溪所著,除以上提到的外,还有诗文若干卷及自省录,都包含在他的文集中。此外还有《启蒙传疑》《朱子书节要》《宋季元明理学通录》《心理释疑》等等。

李退溪的学说对后世影响很大,也波及日本学界。他成为朝鲜主理论的集大成者,被誉为"朝鲜的朱子"。

(六)李珥

李珥,字叔献,号栗谷,由于世居坡州的栗谷,所以以此为号。中宗三十一年(1536年)生于江陵外氏家,宣祖十七年(1584年)卒于京城。栗谷天资超人,七岁即能读经作文。十九岁曾入金刚山,从事戒定,探究禅家的妙境,后来则专门研究儒教学说,曾向退溪学习,受到退溪称赏。栗谷做过历承旨、大司谏、大提学等,官至兵曹及吏曹判书,谥文成,后从祀文庙。

栗谷不仅以道学者闻名于世,人们也以经世家来尊崇他。他通经学知时务,明事理而善经济。宣祖时,曾要维新治国,栗谷从格致诚正文学到一般实际问题,无不奏陈,言无不尽。他把"修己与治人","学问与政治"看成是一种事业。他的《东湖问答》《万言封事》《圣学辑要》《人心道心说》《时务六条疏》等,都是针对治学与时务的。其讲述圣学,剖析精致,陈述时事,痛快切实,不是一般的学者所能达到的。

栗谷的政治目的是建设儒家理想的国家,即要实现所谓王道政治,以修己治人、格君正俗为要领,以改革朝政、普救生民为急务。他曾力陈适时变法的重要性,他说:"政贵知时,事要务实"(《万言封事》)。又说,

"法因时制,时变则法不同"(同上)。栗谷的这些观点都是可以为后世效法的。但在当时,他的观点则引起很多仕路流俗之人的不悦,当时的君主也认为祖宗之法不可变,所以他的建议并未被采纳。

从宣祖八年(1575年)开始,当时的士族分为东西二党,议论纷然。栗谷超然中立于二党之间,极力调和,想促使士族一心为国,然而却被党人忌恨,最终弃朝退回田间。但是在他给弟子讲学时,每每提起却以此为乐。他教授学生,从不问其贵贱,来者授之。他认为对学者来说,立志是第一位的。他对学校制定了一系列规范,让学生先读"小学",然后读"四子",以及《近思录》《心经》等。

栗谷的学说,也是继承程朱之学,但与退溪有异同。栗谷认为理、气不是二个物,也不是一个物,只是"一而二,二而一"的东西,即只是一体两面的东西,"发之者气也,所以发者理也"。以合一的方法看,理气是一物;以分析的方法看,理气是两种东西。

(七)柳馨远

柳馨远(1622—1673年),字德夫,号磻溪,生于汉城。生性聪敏、勤奋,能过眼成诵。十三四岁时便开始着意于圣贤之学,读经传百家之书。三十二岁中进士,其后则闭门专心研读儒学。柳馨远的忧国经世之志,可以说是深切的,这在他著的《随录》中有所表露。这本书中,他以田为本,提出公田制方案。即不画井田之形,只求井田之实,然后选取有才能的人,命官分职管理。他还有关于钱币的理论,主张实行货币制。他也论述了武术的重要性。关于兵制,他就卫营、将才、武器、城池、兵车、牧马、邮驿等等一一详论,尤其是关于兵农问题,他主张兵农一体。

对当时奴婢制的缺陷,柳馨远从两方面批判。第一是针对把奴婢视为财产的问题。他说:"今我国以奴婢为财。夫人者同类,岂有人以人为财之理……国是吾国,民是吾民,岂可更于其间,别作奴婢,以害吾民乎?"(《随录》卷二六"奴隶条")。第二,他指责了奴婢永世法,他说,"然罚不及嗣,无世世为奴之法"(《随录》卷二六"奴隶考说")。

朝鲜崇尚门阀,一般不问人格修养如何。所以庶族、门第寒微的人即使是饱学德高之士,也不能与门阀世族同列。柳馨远认为这也是人才不兴、文化不振的原因。他认为应当不问阶级,而看其人的学识与德行如何。如果两个人的品学相同,就应该列为同等;如果一个门第虽高,但学识德行并不是士人行为,就应列为平民;而门第虽卑微,但品学达到士的标准的,也应该列在士类中,以年龄来排序。以这种标准来定位人的社会地位,在封建社会中还是很少见的,其中隐含着打破阶级的思想。

(八)丁镛

丁镛,字美镛,又字颂甫,而犹堂、茶山、俟庵、洌上都是他的号。丁镛生于英祖三十八年(1762年),卒于宪忠二年(1836年)。

茶山少时颖悟,颇知文字,长成后博学多闻,特长在经世实用之学。早年曾中进士,入太学,被选招启文臣,后又入玉堂为修撰,同王十九年(1795年)任司谏院司谏,很受恩宠,其时常读西教书籍。至纯祖元年(1801年),严禁西学,茶山逃到康津,居住了十八九年。到了纯祖十八年(1818年),才被放还旧地。

茶山一生致力于学,考证实事,著述极多,约略共有30多部,计200多卷。其中《经世遗表》《牧民心书》《钦钦新书》等,都是关于经世实用之学,大多是实际见闻,对于现实生活很有补益作用。

茶山曾论及经学,提出了很新颖的观点,有别于朱子学派。他说:"本然之性,原出佛书,与吾儒天命之性,相为水炭,不可道也。曰万物皆借于我者,强恕求仁之戒也。为人子、为人父、为人兄弟、夫妇、宾主之道,经而三百,曲(礼)而三行,皆借于我,反身成诚,则克己以复礼,天下归仁,非万物一体,万法归一之意也。曰孟子论性并及耳目口体,无论理、不论气之病也"。于此可见,茶山隐晦地指摘性理学者的弊病。

他认为太学只是"胄子""国子"(王及贵族子弟)的学宫,他们有治理国家与人民的责任,所以应教他们以治国之术,这不是庶民凡夫所能学的。"曰明德者,孝弟慈,非人之灵明也。曰格物者,格物有本末之物。致知者,致知所先后之知也。曰诚者物之终始,诚意所以进元在上也。且就格物之格,援引诸书,训之为量度之义,而以为司马温公之训杆格物欲,朱子之训至,皆非也。王阳明训知为正物,犹之可也云"(见《大学公议》)。

茶山又有"二人为仁"的思想,认为"虚尊太极以理为天,则不可以为仁"。于此可见性理学者的虚尊太极、以理为天的弊病,这种观点在清儒中也有流行。他认为作学问的方法和态度是"诚","惟是是求,惟是是从,惟是是执",只有这样的实事求是、认真严肃的方法和态度才是治学之道。

(九)金正喜

金正喜(1786—1856年),字元春,号阮堂。阮堂生于礼山乡邸,纯祖九年进士。同一年,其父酉堂以冬至副使出访燕京(北京),阮堂随行,滞留了一段时间,与当时清朝的学者名流广泛交游。阮堂历任奎章阁待教、忠清右道暗行御史、成均馆大司成,至兵曹参判。后来其父因遭诬告流配,阮堂也因此事流落到济州岛大静县,近十年才得以赦免。三年后又因友人权敦仁所谓"误礼事件"(宪宗庙迁),再次流配到咸静道北青,第二年放归,过四年而卒,时年七十一岁。

阮堂生平所景仰的是清朝儒者覃溪翁方纲、芸台阮成等大家,所以他到燕京时,曾特地拜访两位大家,讨论经义、诗文,甚至金石、书画,目睹了大家的儒雅风度,而两位大家也认为阮堂是海东少有的英才。

在经学方面,阮堂标榜自己是汉宋折衷之说,实际上他是崇尚汉学(训诂学)。他著了一篇《实事就是说》。其中说:"汉书河间献王传云,实事求是。此语乃学问最要之道,若不实以事,而但以空疏之术为便,不求其是,而但以先入之言为主,其于圣贤之道,未有不背而驰者矣。汉学于经传训诂,皆有师承,借极精实,至于性道、仁义等事,因时人人皆知,毋庸深论,故不多加推明。然偶有注释,未尝不实事求是也……夫圣贤之道,在于躬行,不尚空论。"

阮堂也因此倡导实学,在经典中尤其重视《易经》与"礼经"。他认为《易经》并不是卜筮之学,它是关于人事"改过变通"的书,所以穷可以通,死可以生,乱可以治,绝可以续,不会有长期的混乱或长期的安泰发生。这就是他的"平均论"。他认为,"平均者物物各得其所也"。君子治世也要以平均为要务。

他对"礼学"也非常重视,所以他也曾自号礼堂。他写了一本《礼堂说》,其中认为,"圣人之道,至平且易也,《论语》记孔子之方,借矣。但恒言礼,未尝一言及理也……故曰一日克己复礼,天下归仁焉……圣学礼也,不云理也"。

阮堂金正喜也是朝鲜的一代大书法家,他的书法,对笔画的粗细、曲直、墨色的浓淡,亦即对每个字的构成,在力学方面的调和美,给以充分的重视,并注意聚集每个字所构成的整体美。

(十)徐敬德

徐敬德(1489—1546年),字可久,号花潭,开城府人。少年时就长于思索,但他不热衷功名。中宗二十六年时因母命中司马(小科),然后就潜心道义,视世间荣辱为身外之物。也正因此,他家境贫困,甚至屡次断粮,但他泰然处之,后来连朝廷命他做参奉,也被他拒绝了。到了宣祖朝时,追赠他为右议政,谥文康。

徐敬德治学，十分注意思索及体验工夫，所以他一生著作甚少，只有《花潭集》一卷流传，其中所载的论文，如《原理气》《理气说》《太虚说》《鬼神生死论》《复见天地之心》等篇，足以窥见其高远的哲学思想。

徐敬德对朱子学的理气二元论，提出了具有创见的批判观点"气一元论"，主张"气外无理"，成为朝鲜主气论者的先驱。

在宇宙本体观上，徐敬德以太虚为宇宙根本，他称之为"先天"。他写道，"太虚淡然无形，号之曰先天，其大无外，其先无始，其来不可究。其淡然虚静，气之原也"（《原理气》篇）。先天之气独立于时间、空间的制约外。可见徐敬德是将先天之气视为是实在的本体。

他又有"后天发生论"，认为"既曰一气，一自含二。既曰太一，一便涵二。一不得不生二，二自得生克，生则克，克则生，气之自微以至鼓荡，其生克使之也"。他说，一气含有阴阳二气，阳动阴静，阳之最大者为天，阴之最大者为地。天地形成的时候，结阳的精华为日，结阴的精华为月，剩下的在天上就形成星辰，在地上的就形成水火，可见他把水火视为地上万物的二大元素，人与万物只不过是水火的精华所结而已。

徐敬德主张一气，也不是否定"理"字，他是把"气"作为生成万物的原理和原质。他在《理气说》中说："气外无理，理者气之宰也。所谓宰，非自外而宰之，指其气之用事，能不失所以然之正者，谓之宰。理不先于气，气无始，理固无始。若曰理先于气，则是气有始也。"

他还认为"死生人鬼，只是气之聚散而已，有聚散而无有无，气之本体然矣"。他还有物质不灭论思想。

（十一）李彦迪

李彦迪（1491—1553年），字复古，号晦斋，庆州府人。中宗九年登第。受当时朝政所累，经历坎坷。死后受赠为领议政，谥文元，配享文庙。其主要著作有《大学章句补遗》及《续或问》《奉先杂仪》《中庸九经衍义》（未完成）、《遗集》等。其中《大学章句补遗》及《续或问》（并一册）是其晚年诸书中致力最多，也最有特色的。

晦斋的哲学论辩，多见于其文集。他的精诣之见、独得之妙则是在《与曹忘机堂汉辅书》中。这本书是晦斋在二十八岁时所作。先是孙忘齐与曹忘机堂有无极太极的论辩，后来晦斋也加入其中。忘齐与忘机堂的辩论现在已没有文字流传了，以晦斋的书看，忘齐的学说是出于陆象山，而忘机堂的学说则是受道家及禅学影响的。忘机堂认为太极就是无极，又是太虚，太虚之体，本求寂灭，怎么能就太极而论有无、分内外、滞于名数之末呢？他论及修养的极致，说"游心于无极之真，使虚灵之本体，作得吾心之祖，使天地万物朝宗于我"等等，确实是受庄子"逍遥游"的思想影响。晦齐则立足于朱子学的观点，认为"无极只是形容此理之妙，无影响，无声臭耳，决非虚无之义。如异端之无"。至无之中，有至有，故曰"无极而太极"，非谓太极之上，复有无极也。又大本达道，固无二致，而其中犹有可言体用、动静、先后、本末者，则岂可以为浑然无分，而徒至灭无之境然后，乃可见道之极致耶？（《晦齐集》卷五）。

晦齐的论辩观点大致如上所述。他立足于朱熹的理气二元论，认为理气不可分，但"有理而后有气"，是朝鲜主理论者的先驱。

李退溪曾推晦齐为东方四贤之一，由此可见晦齐学说的地位。

第七章

中国佛学与朝鲜

第一节　中国佛学的东传

一、高句丽佛教

据《三国史记》等史书记载,佛教最初由中国传入朝鲜是在高句丽第十七代小兽林王二年(372年)。

当年六月,中国的前秦王苻坚派遣使臣和僧顺道送来佛像和经文。小兽林王四年,僧阿道自前秦至高句丽。翌年二月,高句丽始建肖门寺,让顺道住,又创伊费兰寺让阿道住。这就是海东佛法之始。

事实上,在这之前已有佛教传入的痕迹。

这就是东晋高僧支遁道林(314—366年)给当时的高句丽僧送来书信一事。只是这个高僧的名字没有传下来,故传为释亡名。道林书信的内容是介绍东晋高僧竺法深(道潜)的,他们均收录在《梁高僧传》和《海东高僧传》之中。

因史料缺乏,对传入佛教的内容如何,怎样信仰和发展,都已无法详细知道了。在《三国史记》中有:故国壤王末年(391年)下诏,要求崇信佛法以求福("崇信佛法求福")。由此我们可以部分地窥视当时高句丽的佛教信仰观和国家的接受程度,以及以国王为首的高句丽人的佛教观。

首先,国王向全国人民下诏,要求崇信佛法,这可以认为是国家奖励佛教信仰。其次,佛法被理解为能使生活幸福的信仰。下诏信佛的国王是要以崇信求幸福。

广开土王即位第二年(392年),于平壤建立了9个寺院。据《三国遗事》中记载,初期的僧人认为,寺院是修福和消灭罪孽的道场。可以认为,这是广开土王为其父王故国壤王向所有百姓下达的崇信佛法的诏令所采取的后续措施。

文咨王七年(498年)七月,建立了金刚寺,学术界认为,1938年在平壤大同江畔清岩里发现的古寺院遗址,即是这所寺院。

平原王十八年(576年)前后,大丞相王高德派释义渊到北齐。他从当时都统定国寺法上(495—580年)问学佛教始末缘由和中国佛教教学之后返回高句丽。从这个时期能见到的《十地》《智度》《地持》《金刚般若》等论推测,当时对这些宗教学已有所研究。由此我们也可以知道,当时高句丽毫无遗漏地引进了中国大陆盛行的佛教学及其文化,并且更加致力于确立高句丽式的佛教及其文化。

在高句丽时代,到中国求法或传教的高僧是很多的,僧朗就是其中著名的一位。

僧朗出生于高句丽辽东。在长寿王(413—491年)后期(南北朝时期的宋末齐初),他去中国深入研究僧肇(383—414年)系统的三论学,打开了新的境界,完成了一个学问体系。同时,他对华严也有深入研究。最初,他在北朝学习,齐末梁初到南朝,之后在会稽山冈山寺稍事逗留,再往钟山草堂寺。当时,梁武帝钦仰其名,于天监十一年(512年)选学僧10人,以从僧朗受学。其中,据说僧诠才学出众,继承了僧朗之法。僧朗,作为第一个指导中国学僧的朝鲜人,对中国学术界的影响是很大的。

当时来中国活动的高僧还有释波若(562—613年)、印法师、实法师等。惠便、惠慈、惠灌都是曾到日本传授佛教的高僧,高句丽僧侣对日本文化作出了很大贡献。

二、百济佛教

佛教传入百济,是顺道到高句丽12年之后的事情。枕流王元年(384年)九月,印度僧摩罗难陀从东晋来到百济,国王将其迎住宫中,以礼相待。据《海东高僧传》载:"王出郊迎之,邀至宫中,敬奉供养,禀受其说。"翌年二月,于汉山建寺院,使10人得度为僧。这是百济佛教的开端。

法王元年(599年)十二月,下令禁止杀生,要民家放走所养鹰鹞,焚烧渔猎工具。翌年一月,建王兴寺,沙门30人得度。

武王(600—641年)时期,建弥勒寺。在全北益山该寺遗址上,至今仍矗立着朝鲜石塔中最古老、最雄伟的石塔。透过弥勒寺的遗迹,我们可以看到百济弥勒佛土思想的一个侧面。

今天的忠南德山修德寺,是武王时期高僧惠现持诵法华经、研究三论的地方。

据中国史书记载:"僧尼寺塔堪多,而无道士"。可见,百济佛教在全国都是非常兴盛的。

在百济高僧的求法活动中,谦益法师位居首位。他在中印度的常伽那大律寺学梵文5年,专门研究律部。圣王四年(526年),他偕同印度僧倍达多三藏,携带梵本《阿毗昙藏五部律》回国。僧谦回国后,翻译五部梵本律文七十二卷,著律疏三十六卷为新律,从而完成百济律典。这些反映了百济佛教的创造性。

百济和高句丽一样,有许多求法僧来往中国,但留名后世的不过几人,最具代表性的首推高僧玄光。他在中国南朝曾受陈国南岳慧思(514—577年)法华经安乐行法门的秘传,加以精修,证得法华三昧真理。他依师僧吩咐,回国建寺院,大力进行教化。他有以中国禅师慧曼为首的许多弟子,画像在中国南岳(慧思)的影堂内(28人图)和天台山国清寺的祖师堂中。

后来百济的许多僧人又到日本致力于传授佛教,如昙慧、慧聪、观勒、道藏等等。

百济的佛雕,源于中国六朝。百济佛一般具有如下特色:自然主义色彩较强,表情温和,有人情味。大部分佛像的面部都浮现出一种所谓的"百济的微笑"。进入七世纪前半期后,百济佛仍然继续坚持传统的中国南朝的样式,但已明显地受到中国初唐的影响,在雕刻技术上较前也有新的飞跃。七世纪前半期,百济开始雕刻摩崖佛,现今已发现的瑞山及泰安等地的摩岩佛,无疑是源于中国的石窟寺院。百济的石窟雕刻,也是统一新罗许多摩崖佛群的先驱。

三、新罗佛教(三国统一之前)

在新罗,法兴王十四年(527年)异次顿殉教以后,佛教得到公认,成了国家信仰,但这不是新罗佛教之始。经高句丽传入佛教,是比这早得多的事情。对佛教的传入有各种不同的说法,所以新罗佛教系何时由何人初传,无从确切了解。

法兴王确信佛教能为国民造福,对国家有益,但因臣下反对而不能如愿。据《三国遗事》《三国史记》《海东高僧传》等书载,后来因为异次顿的殉教,新罗才接受了佛教。

异次顿殉教之后,法兴王便如愿以偿。从此,新罗允许信仰佛教自由。翌年,下令禁止杀生。法兴王二十二年(535年),在金桥(庆州西川)东边的天镜林打好地基,开始创建兴轮寺。据说,兴轮寺建好一部分时,法兴王便削发进入兴轮寺,法名法空。法兴王王妃建立永兴寺,并且入寺成为比丘尼,法名为妙法。

到法兴王之后的真兴王(540—576年)时期,新罗佛教便为形成自己的特色开始奠基。真兴王一生一心奉佛,末年成为沙门,号为法云。

新罗真兴王时代,高僧辈出。很多求法留学僧来往于中国。对新罗佛教作出巨大贡献的有圆光、安含、慈藏三位高僧。

圆光在真平王十一年(589年)去中国留学,于真平王二十二年回国,受到国王圣人般的尊敬。特别是他讲说大乘经教,并在这块土地上传播了大乘法文。真平王三十年,新罗企图征伐高句丽,向隋朝请兵。圆光奉王命写乞师表,他说:"为求自存而灭他,不是沙门之行,但贫道于大王土地上吃大王的水草而生,岂能不从命。"可见,当时佛教已适应于国家。真平王三十五年,有皇龙寺举办百高座,邀请高僧讲经,圆光作为上首的说法。圆光回国后也曾讲授世俗王戒,充分显示了当时佛教人的社会指导地位。

安含(579—640年),于真平王二十二年与高僧惠宿一起乘船赴中国,踏上了求法之路,但因船遇风暴,中途返回。翌年又与吏臣一起赴中国。安含被唐朝皇帝留住大兴圣寺,5年时间涉猎了所有经教。真平王二十七年,他与印度僧3人,中国僧2人一起回国。他留住皇龙寺,翻译《梅檀香火星光妙女经》,由新罗僧昙和笔受。安含是新罗十圣之一,其真影奉置于兴轮寺金堂。据此估计,他对新罗佛教是很有影响的。

善德王五年(636年,《唐高僧传》为638年),慈藏与弟子10余人赴唐。他留唐期间教化了许多人,受到唐帝的厚待。回国后尊王命留在芬皇寺,讲大乘论,后被任命为大国统。整备了僧尼的一切规则和教团的诸般事宜。同时他向朝廷建议采用唐朝的文物制度。

新罗佛教本来是以王室为中心的。后来先觉的高僧深入大众,努力教化,以使人们懂得佛法。新罗佛教大众化的先驱是从真平王到真德王时期的神僧惠宿和惠空。由此,佛教在新罗不分贵族和庶民,为全国国民所信奉和理解。

新罗时期的佛教文化也是相当繁荣的,如真兴王三十五年(574年)

铸成的皇龙寺丈六三尊像,是新罗三宝之一。善德王(632—646年)时期的良志法师,是新罗初期伟大的佛教艺术家,在造像、建塔、雕刻、书画方面,他都有神妙手艺和神通艺术。

由上所述,三国时代的佛教传入朝鲜半岛的路线大体分为陆路和海路两条。陆路是指佛教传入高句丽的途径。海路是指佛教传入百济的路线。这两条途径均系从中国传来。

第二节　新罗时代的中朝佛学交流

在统一三国后的一百年间,新罗杰出高僧不断出现。他们进行研究和著述,在佛教界内外开展了许多活动。元晓和义湘是传布中国佛教宗派、影响较大的两位新罗僧人。

元晓,真平王三十九年(617年)出生于押梁郡(现庆山郡慈仁)佛地村。元晓曾立志到当时佛教极盛的唐国留学。

元晓曾偕义湘一同赴唐,当"道出辽东边"时,被敌国高句丽巡逻拘留,后再度启程赴唐。据传他们在唐项城(亦作党项城。仁川东南华城郡南阳里)遭遇苦雨,依道旁土龛间避身。明日醒来,发觉却在古坟骸骨旁,乃觉悟到一切由心之生灭,"三界唯心,万法唯识。心外无法,胡用别求"。于是抛弃赴唐留学打算,未离半岛,留住芬皇寺。元晓深入钻研玄奘新译佛经诸论,在新罗倡导法性宗。为调和统一各宗派的对立相争,撰著了《十门和诤论》。因此元晓的法性宗与唐朝的法性宗略有差异,又称"海东(朝鲜)宗"。元晓破戒后,自称十性居士,皈依净土宗,周游各地,致力于此宗的传布,使净土宗得以在下层社会弘布。元晓对新罗佛教的发展作出了重大贡献,著作达81部之多。

义湘于真平王四十七年(625年)出生在一个贵族家庭。早年出家,成为皇福寺的沙门。文武王元年到了唐朝,拜在终南山华严大家智俨门下研究佛学。师僧智俨死后,他继续讲学,于文武王十一年(671年)回国。义湘回国后,成为新罗华严宗的初祖。

义湘在国内各地进行教化,于文武王十六年得到朝廷的帮助,在太白山下建立浮石寺,并以这里为讲授教学的根本道场,全国问法者云集,弟子达三千多人。他既致力于教学指导,又向上至国王,下至庶民的所有人进行教化。据说在文武王筑城时,他写了大意为"治者有道,则画地为城,民不敢逾。治者失道,虽筑铁城,亦无济于事"的几句话送给国王,筑城便告中止。

义湘门下有许多弟子,其中杰出的10名弟子被尊为湘门十大德,这就是悟真、智通、表训、真定、真藏、道融、良圆、相愿、能仁、义寂等10人。而且,表训与师僧一起被奉安于兴轮寺的金堂十圣之中。

圣德王元年,义湘78岁时圆寂。他受世人的尊敬,被视为如来的化身。义湘的著述不多,至今留存的只有《华严一乘法界图》和《白花道场发愿文》等几篇短文。

元晓和义湘两位高僧对当时的新罗作出了巨大贡献,同时在佛教史上占有重要地位。若将二人的业绩特点加以比较,元晓主要是大力进行国民教育和研究,成就在著述和思想方面;而义湘则在后进教育和教团的发展方面创下了巨大的业绩。

三国统一以后,新罗人自由渡海,来往于中国大陆和朝鲜半岛之间,其中很多人为中朝佛学的交流作出了贡献。

新罗僧圆测于627年15岁时到唐长安留学,从法常、僧辨学佛教经论。玄奘回国后,即往就学,得受《瑜伽师地论》《成唯识论》等。后被召为西明寺大德,为《成唯识论》《解深密经》《仁王经》等撰疏。在唐高宋后期和武则天执政初期,被选入译经馆助中天竺地婆诃罗译《大乘密严经》《大乘显识经》等。圆测勤敏善学,成为玄奘著名弟子之一。他精通汉语、梵语,终身留在中国,长期从事佛经的翻译,并为经论撰疏,对中国佛教的发展作出了贡献。

传入朝鲜的中国佛教宗派有律宗、涅槃宗、华严宗、法性宗、法相宗、净土宗、天台宗、禅宗。禅宗在朝鲜分立于九山(迦智、实相、桐里、阇堀、凤林、狮子、圣住、须弥、曦阳)。一般指称前五宗及禅宗为五教九山。五教九山的开创时间,除九山中的须弥山及曦阳山在高丽王朝初年外,其他全在新罗王朝时期。

中国禅宗极盛时期,曾有不少新罗学僧来唐朝学习禅法。首先将中国禅宗引入朝鲜的,是新罗僧人法朗,但关于他的记载现在无法知晓,据传法朗将禅法传给了弟子神行。

中国禅宗传至六世祖惠能(638—713年)时,分为南顿禅(南宗)和北渐禅(北宗)。法朗传入的是北宗。但在朝鲜兴盛起来的却是南顿禅,它的传入是由新罗王朝僧人、中国禅宗六世祖惠能的法孙道义开始的。道义形成了迦智山禅派,后来的洪陟形成实相山禅派,惠哲形成桐里山派,玄昱形成凤林山禅派,道允形成狮子山禅派,无染形成圣住山禅派,梵日形成阁堀山禅派等。

新罗大力吸收盛唐的灿烂艺术,庆州佛国寺的旧址还多少可以看出它所保留的盛唐艺术的宏伟壮丽。庆州西南吐含山东侧的石窟庵,是朝鲜唯一的人工石窟。推定建于新罗景德王十年(751年),显然是受了中国营造石窟风气的影响。

庆州拜里的三尊石佛,本尊为阿弥陀佛,右为势至菩萨,左为观音菩萨。本尊高2.77米,这是新罗即将统一时的作品。三尊均显矮胖,躯体为失去均衡的四等身。这种约为四等身的躯体及圆胖的面庞,可以上溯到六世纪后半期中国佛雕的传统手法。观音菩萨的项链及长长的珠带,显然接受了600年中国隋佛的影响。拜里三尊的身躯,虽显臃肿僵化,但却反映出具有中国隋佛的量感。朝鲜半岛的弥勒佛像源于六世纪中叶的中国佛。拜里三尊石佛显然是以六世纪后半期北周佛为范本而制作的。

佛教艺术方面的优秀作品,还有享誉中国唐朝的万佛山。万佛山为新罗景德王(742—765年)赠送给中国唐代宗的礼品,是用五色氍毹、沈檀木、明珠、美玉等制成的假山。山上的佛像达万尊之多,因此称其为万佛山。高一丈多,上面有奇岩怪石、溪流、洞窟,并有伎乐歌舞及列国山川。只要有风吹来,上面的钟阁就响起钟声,山上的僧众顿时都叩头至地,似乎还能隐约听到诵经之声。得到如此新奇绝妙的礼品,唐代宗不禁赞叹:"新罗技艺,巧夺天工,非人工所能为也"。

第三节　高丽时代的中朝佛学交流

佛教在朝鲜的大发展,是在新罗王朝时期。当时许多中国佛教宗派都先后传入新罗,形成"五教九山"林立的盛况。净土宗,由于元晓的努力,也得以在新罗弘布。高丽王朝时期,在教理的阐扬方面,趋于停滞。程朱理学自元传入高丽后,佛教逐渐被目为异端邪说,乃至大遭排斥,以后更趋没落衰退。

高丽时代,宗派开始形成。十一世纪后期,高丽僧义天入宋,学天台教义,回国后广泛传布,在高丽形成了天台宗一派,义天成为朝鲜天台宗的初祖。他在中国学华严教理和天台教观,提出"教观兼修",主张教禅消除对立,相依合作。

义天开创天台宗后,禅宗的九山合并为曹溪宗,以惠能大师为宗主。

从此,朝鲜的五教九山成为五教两宗。其中以华严、天台两宗为最盛。天台宗虽然标榜教禅相依,实际仍以教宗为主。因此,高丽王朝前期在佛教界占主导地位的是教宗,而曹溪宗势力相对较弱。在武臣专权时期,普照国师知纳主张以禅为主,教禅调和,定慧并修。教禅调和的具体内容即"顿悟渐修"。由于知纳的努力,曹溪宗有所振兴。继知纳之后,太古(普愚)、懒翁(惠勤)继续发展曹溪宗的禅风。他们都曾留学元朝,太古学中国禅宗中的临济宗,懒翁从印度僧指空法师修学。但随着程朱理学逐步在高丽兴盛,佛教在精神方面便日益失去其指导作用。

一、利严与须弥山

从新罗末开始传布的禅法,进入高丽时期宗风更扬,形成了九山门禅派。新罗末,南宗传入,依次开立迦智山、实相山、桐里山、圣住山、阇堀山、狮子山、凤林山等7派山门。进入高丽时,真澈大师利严开创须弥山门,静真大师竞让创立曦阳山门,于是形成九山禅门。

利严(871—936年),俗姓金,12岁出家。896年入唐,在云居道膺门下勤修6年,得到法印,然后广求善知识,于孝恭王十五年(911年)回国。高丽太祖闻其道声,迎入宫中师事。太祖十五年(932年),在须弥山(黄海道海州郡锦山面冷井里)建广照寺,让他居住。从此,他教导了门下聚集的许多学徒,传布了佛道。太祖十九年,他67岁时入寂。谥号真澈大师。

利严门下有处光、道忍、贞能、庆崇等数百人,宗风相传,形成须弥山禅一派。

二、竞让与曦阳山

竞让(878—956年),俗姓王,公州人。早年出家,从杨孚(道宪的法嗣)问法。孝恭王四年到中国。在谷山道缘(石霜的嫡嗣)处大悟之后历访诸德,于高丽太祖元年(924年)返回新罗。他在康州伯严寺传授禅法,新罗景哀王封赠以奉宗大师称号。为了寻找适合弘道的场所,他曾在两只老虎的引导下,到达庆尚北道闻庆郡的曦阳山,这里就是杨孚之师道宪创建的凤岩寺。竞让在这里受到高丽王朝太祖、惠宗、定宗、光宗四代国王的尊崇。特别是光宗曾把竞让请到王都,安置在舍那禅院,并封他证空大师的尊号。其门下有迥超等众多弟子,大兴其家风,形成曦阳山禅门。

三、义天和天台宗的开创

大觉国师义天是高丽王朝文宗的第四个王子,俗名王煦,11岁出家,1069年13岁时即成为僧统。他上表请允准入宋求法。但因航海有风险,特别是当时辽为大陆北部强大政权,高丽怕得罪于辽,所以义天未能获准访宋。他不得已,于1085年夏初,率弟子寿介等二人微服乘宋商船离开高丽,到达中国。

义天得到宋哲宗的诏敕,开始在中国游方,向华严法师有诚、晋水法师、慈辨大师等问法。由于母后等的催促,义天于1086年回到高丽,担任兴王寺住持,培养弟子,并在兴王寺设教藏都监,刊行从宋、辽、日本购来的佛教典籍中有关佛经的章疏,以及在朝鲜搜集到的佛经古籍四千七百四十卷。编出目录《新编诸宗教藏总录》三卷,各卷的内题是海东有本现行录。除经、律、论三藏正本外,还在收集注释书章、编制目录方面是首创。教藏都监按这个目录刊行的经书,称为"高丽续藏"。

肃宗二年(1097年)二月,义天任国清寺第一任住持,讲天台教学,聚集的学者达1000余人,开创了天台宗。他于肃宗六年(1101年)入寂,谥号大觉国师。

义天的著述有《新集圆宗文类》《新编诸宗教藏总录》《释苑词林》《成唯识论单科》《八师经直释》《消灾经直释》等10余部三百卷,现存的只有《教藏总录》三卷和《大觉国师文集》《大觉国师文集外集》的残本,《圆宗文类》和《释苑词林》的残篇,以及《刊定成唯识论单科》的序文。

大觉国师的业绩,可大致分为外游求法、振兴教学、整备典籍、刊行续藏、创立天台宗等。

四、知纳和曹溪宗的中兴

知纳(1158—1210年)俗姓郑,黄海道瑞兴人,自号牧牛子。8岁出家,从曹溪云孙宗晖得度并修学。明宗十二年,25岁时僧科合格,不久南游,逗留昌平清源寺。在此,他读《六祖坛经》,特别是"真如自性起念。六根虽有见闻觉知,不染万境,而真性常自在"一段使他惊喜不已,自得感受。明宗十五年,他在下柯山普门寺读大藏经时,接触到李通玄的《华严论》,进行深入研究,从而将心置于圆顿观门。这时,正逢旧友邀请,便赴公山居祖寺,组织定慧社,广迎诸宗高士,精习定均慧,追随者很多。神宗元年,在赴吉祥寺途中,他逗留智异山上无住庵,专精内观,更断外缘,阐明心源,一天从《大慧语录》顿悟。神宗三年,他入吉祥寺,率清众,经11年说道,令其修禅。之后王公士庶数百人云集加入定慧(修禅)社。

知纳经常劝人持诵《金刚经》,立法、讲义均以《六祖坛经》为典据,以李通玄的《华严论》和《大慧语录》为辅助参考。他开惺寂等持门、圆顿信解门、径截门等三门,进行教化、修行,信者甚众。禅学之盛古今未有。

熙宗六年(1210),知纳53岁时去世。谥号佛日普照国师。

知纳的著述有《定慧结社文》《诫初心学人文》《修心诀》《直心直说》《圆顿成佛论》《看话决疑论》《念佛要门》《华严论节要》《法集别行录节要并入私记》。

知纳门下有慧谌、正宣、守愚、冲湛、湛灵等许多弟子。知纳之后,从曹溪山修禅社(松广寺)中,以慧谌为首,国师辈出,直至高丽灭亡,相承十六代,其法嗣从未断绝。

五、中朝佛学交流

高丽时代,中朝的文化交流很频繁。在佛学方面,大觉国师义天不只是把天台宗传入朝鲜,而且他给高丽带回章疏3000余卷。后来在此基础上收录编辑了"高丽续藏"。在此之前,高丽曾刊行《大藏经》,可以说,高丽王朝时期,对《大藏经》《续藏经》的刊行,不仅是世界佛教文化史上的盛事,更大大促进了高丽印刷事业的发展,终于导致金属活字的发明,对人类文化作出了重要的贡献。

义天自宋回国后,仍继续与杭州慧因教院保持联系。义天曾"以青纸金书译《华严经》三百部",并(建)经阁之赀,托商船带给寺院,因此,慧因教院又称"高丽院"。1089年,慧因教院的行者颜显到高丽,讣告晋水法师圆寂,并带去法师的真影及舍利。义天特派其弟子寿介等往杭州祭奠,并带来黄金宝塔2座,表示对宋帝及太皇太后康宁的祈愿。但由于排佛论在中国抬头,遭到当时杭州知事苏轼(东坡)的压制。两座黄金宝塔被退回高丽,替义天传送物品、书信的宋商被拘审,慧因教院的祭典被勒令停止,义天派来的弟子被驱逐出宋境。

在义天之前,曾有对天台学作出过贡献的高丽学僧。960年前后,谛观携带有关天台宗的典籍到中国,以促进中国天台学的研究。当时中国战乱频繁,许多佛经受损。中国吴越王钱俶遣使,携带50种宝物,前往高丽,求致天台学等佛典。为此,高丽王朝特派谛观携佛典来中国,为天台学的复兴作出了重要的贡献。谛观的著作《天台四教仪》,为佛学界的重要著述。再是与谛观同时的高丽人宝云尊者义通(927—988年),早年来中国宋朝,拜螺溪义寂为师,成为天台教观的集大成者,并成为中国天台宗第十六世祖,对中国天台宗的复兴作出了重大贡献。

高丽时代,各种佛事繁多,因而建筑、工艺、绘画等佛教艺术也大为兴盛。如石塔有玄化寺的七层石塔,元朝工匠建造的敬天寺13层大理石塔,以及受到中印度率塔婆影响的华藏寺指空塔等。他们均为具有代表性的杰作。

高丽王朝前期,中国北部先后存在过辽、金两个少数民族政权。在文化上,辽和高丽曾有过佛典的交流。应辽的要求,高丽也曾向辽赠送一些书。但总的说来,高丽和辽、金之间的文化交流,远远不如与宋、元、明那样密切、频繁、广泛和深入。高丽和金之间,几乎没有什么文化交流。

第四节　李朝时代的中朝佛学交流

新罗王朝末叶,中国禅宗传入朝鲜,至高丽王朝初期形成九山禅门。此后直至李朝初期,曹溪宗一直是朝鲜九山禅门的总称。李朝世宗时期,教宗和禅宗仍为朝鲜佛教的两个宗派。但在实际上,李朝中叶以后,由于佛教进一步受到严厉排斥,所以教宗更加衰弱,维系朝鲜僧团法脉的主要是禅宗。严格说来,曹溪宗是禅脉主流。因此,曹溪宗便成为禅教两宗统一的名称。李朝世宗六年(1424年),把当时朝鲜佛教的七宗,合并为禅教两宗。其中曹溪宗、天台宗、总南宗合并为禅宗。但显然这并不合理,因为天台宗和总南宗本来不是禅宗。尤其是把以真言密教为主的总持宗、以戒律学为主的南山宗合并在一起,更属荒唐。

由于抑佛政策的严厉实施,使李朝中宗、明宗之后,朝鲜佛教变得无宗无派,在深山中苟延残喘。1895年,李朝高宗废除佛教僧侣进入京城的禁令,躲避在深山中的僧侣才得以自由进出京城,弘扬佛教。1904年,朝鲜佛教僧侣以可称为朝鲜现代佛教发祥地的元兴寺为中心,开始了朝鲜佛教新的活动。1906年,李宝潭、洪月初等朝鲜僧人在元兴寺成立佛教研究会。之后,举行朝鲜全国佛教徒代表大会,成立定名为圆宗的朝鲜全国性的佛教团体。"圆宗"是圆融禅、教、净土、真言密教等各个宗派的意思。1910年,在汉城礴洞兴建觉皇寺,作为朝鲜的佛教中央会务以及中央布教所,圆宗总部亦迁至觉皇寺。但随即由于日本的朝鲜总督府发布寺刹令,圆宗之名便被取缔。

一、正心和智严

由于激烈的排佛政策,佛僧遭到淘汰,法脉几乎面临断绝。当时,碧溪正心禅师是一个使佛陀慧命得以延续的传奇式人物,可惜有关他的记载不多,多数是传说性的。

正心号碧溪,俗姓崔,金山人。据说,他早年从龟谷觉云得法,后赴明,从临济宗总统和尚得到心印回国。在斥佛极为严重的当时(年代不详),他还俗进入黄岳山,过着隐居的生活。据传,他曾将禅法传给碧松智严,把教法传给净莲法俊,使如线一般细弱的法脉艰难地得以传承。他所继承的法脉,是龟谷觉云承传的高丽太古普愚法嗣幻庵混修的法脉。

智严(1464—1534年),号老野,居室号碧松堂。俗姓宋,扶安人。他从小喜兵剑,通兵书,曾在剿灭北方野人时立战功。28岁时进鸡龙山,从上草庵祖澄大师削发入佛门。其道心坚定,修禅、持戒从不懈怠。他广求师僧,曾向衍照教师问圆顿教义,从正心禅师学习禅法。

中宗三年(1508年)秋,他入金刚山妙吉祥庵,读《大慧语录》,恍然大悟;又念《高峰语录》,顿落前解。从此,他竭力宣扬高峰和大慧的宗风。

智严于中宗二十九年(1534年)圆寂。门下有灵观、圆悟、一禅等弟子。其中灵观是西山休静的师僧,其门孙极为兴旺,现在韩国佛教界几乎都是他的法孙。

二、休静家风的确立

休静(1520—1604年),号清虚,俗姓崔。他曾长期居住妙香山,故人称西山大师。他出生于安州,9岁丧母,10岁丧父,在郡首李思曾的帮助下,上京求学。15岁时应试未举。于出游途中在智异山遇崇仁长老,从佛法奥义而醒悟,决心出家。他从灵观得法,云游名山。33岁时,恢复僧科,他应试及第,后来直至晋升为禅教两宗判事的最高僧职。38岁时,他领悟到判事职位不是出家本意,于是退职后又起程云游。

休静——走遍金刚山、头流山、太白山、五台山、妙香山等名山,专心指导门徒。宣祖二十二年因遭到与郑汝立的逆狱事件有关的诬告而被捕,后又无罪释放。国王见休静人品非凡,便将一幅御笔墨赋诗赐给他,休静也和诗还礼。

宣祖二十五年,发生倭乱,官军节节败退。义僧将灵圭夺回清州城,获得了大胜,这使宣祖为之感动,于是召见住妙香山的西山大师,恳切地托付他打开国难局面。宣祖授予休静八道都捴摄的职称。休静于是向全国发出檄文,全国各地以他门徒为中心的义僧军汹涌而起。在休静指挥下,义僧军与明军合作,粉碎倭贼进犯,并在夺回平壤的战斗中立了大功。国王还都后,休静则以年老多病为由回到妙香山。宣祖赐予他国一都大禅师禅教都捴摄扶宗树教普济登阶尊者的尊号。

休静于宣祖三十七年(1604 年)在妙香山圆寂,终年 85 岁。他有弟子一千余人,其中著名的弟子有 70 余人。而惟政、彦机、太能、一禅四弟子是最具有代表性的,他们形成了西山门下的四大派。

休静留下的著作有:《禅家龟鉴》《禅教释》《禅教诀》《云水坛》和《清虚集》(诗文集)等等。这些著述体现了休静的禅思想。但他是从继承智严的灵观得法,更加扩大和加深了禅的世界,使濒于死亡的山僧禅家得到了中兴。他指导人们舍教入禅,也同时阐明教的必要性。他讲教外消息、祖师禅指,时而劝念佛,时而讲诵咒、礼佛和日常行仪的意义,并且提示人们,什么时候都不要忘记四重恩的生活。可以说,这就是他的家风,就是西山禅的境界。实际上,在朝鲜时代,西山休静的家统又成为山僧禅家法统的核心。

三、浮休善修的兴法

善修(1543—1615 年),号浮休,俗姓金,南原蓁树人。他早年出家,进智异山,从信明长老得度,后到芙蓉堂灵观处得到心法。他读书很多,书法很出色,与四溟堂一起被人称为二难。壬辰倭乱时,他住在德裕山草庵,曾被倭兵数十人包围。倭兵挥刀猛扑善修,但他两手合十,处之泰然。倭兵骇然下磕头退走了。

光海君时,善修住在智异山,遭到狂僧诬告,与弟子觉性一起被关进京狱。后来国王知道了善修超然的言行,并得知他无罪,于是将他们叫到内廷,试问道要,并赏赐了他们。善修平生对信徒那里得到的施物一件也不留给自己,当即全部分给别人。由于他品德高尚,向他问道的人群常达 700 人之多。

善修于光海君七年(1615年)将法嘱咐给弟子觉性之后圆寂。善修门下有弟子700余人。其中以碧岩觉性、雷静应默、侍价希玉、松溪圣贤、幻寂印文、抱虚淡水、孤闲熙彦等七派最盛,大扬门风。碧岩作为嫡嗣,他的门派非常兴旺。所以,浮休的法脉连绵,与西山门下一起,形成了今天韩国的佛教僧团。

第八章

日本五山时代的禅宗与宋学

五山时代是日本文化史上一个极为特殊的时代,最基本的特点是,世俗的文化归于佛门僧侣阶级。此种态势与平安时代的表现形式相距甚远,文化的主宰者不是贵族知识分子,而是僧侣阶级或僧侣知识分子。但如果把五山时代的文化称为"宗教文化",那也是不合适的。因为这一时代中由僧侣们主宰的文化,并非全都带有宗教性质,而是包含着非宗教性质的中国文化中的宋明儒学、汉文学和外典刻刊,就其数量而言,或许可以说与宗教性质的文化等量齐观。这种文化态势,终于创造了日本文化史上一个特殊的时期。

第一节 五山文化的范畴

五山文化的特异性质,是由古代日本的政治斗争,以及这一时期中日文化新的态势所造成的。日本自公元十二世纪后期,政治权力进入了多元形态。歌舞升平的景象消失了,代之而起的是以将军为首领、以武士为主体的长达四百年的互相征伐。全国虽然名义上仍然有一个天皇,但天皇不是被将军挟持就是政令不出京城,1331—1392年间,竟然还出现过两个天皇,这便是日本史上的南北朝时代。

战争严重摧残了文化,由平安朝四百年间建立起来的文化事业,几乎被破坏殆尽。在这近四个世纪中传入日本的中国文献典籍,如《本朝见在书目录》所著录的1500余种唐代与唐代以前的写本,也大部分毁于这数百年间。当时,在日本的国土上,一线学脉仅维系于一远离战火的寺庙,于是,寺庙中存在的文化便成为这一时代日本文化的主流。

禅宗是佛教传入中国之后形成的一个具有中国特色的宗派。它不立文字,反对其他宗派繁杂的经典论说,它以坐禅内观为主,超越一切官能,摆脱一切知识,既无可以依据的经典,又无必须祈祷的对象。禅宗的本旨主张非有非无,有无俱存,有无俱空。所谓"两头俱截断,一剑倚天寒",这就是它的境界。所以,禅宗鼓吹在一棒一喝之下,顿开茅塞,在以心传心之中,见性成佛,由此便可获得万古不变的真理。禅宗在宋代逐步昌盛。这一时代中国文化史上,正是宋人以"义理之学"排斥与替代汉唐"训诂之学"的时代,宋人程朱学派,在宇宙观、方法论,以至伦理学方面,提出了许多新的观念。诚如思想史研究家们指出的,宋代儒学的理念与方法论,与禅宗十分接近。例如,禅宗以见性成佛为主,宋学以穷理尽心为宗;禅宗主张回复自己的本原,宋学主张探求自己的本性。事实上,禅宗的性相与宋学的性理,在内涵中有相似之处,而坐禅内观与静坐省察,顿悟与豁然贯通几乎同出一辙,而且,它们都主张采用禁欲主义来净化本性。这样,佛教与儒学在此之前无论怎样地对立,而禅宗和宋学却似乎是可以交互为用的。曾经一向视若水火、互为克星的儒佛两家,开始形成了一种新的形态。中国文化发展的此种新形势,对日本文化现状给以重大的冲击。

日本佛教自十三世纪起,发生了划时代的变化。从六世纪传入日本的传统佛教,以研究经典和祈祷法会为主,天台宗、真言宗等具有无可争辩的权威地位。当时,京畿的佛教,实际是一种"贵族佛教"。随着将军武士在政治斗争中的胜利,平安时代的世卿贵族政治逐步瓦解,贵族佛教的权威也随之动摇。其动摇的原因,固然是因为旧佛教的高级僧侣营私利,逐私欲,腐败堕落,达于极点。但还有两个更主要的原因:其一是原有的贵族佛教不能适应新起的武士阶级意识的需要。武士的出身虽然是多元的,但不论他们来自何处,既为武士就得为其主子驰驱效命,他们刚愎彪悍,出入于生死之间。于是,在精神世界上,便需要一种与他们的生活状态和心理状态相一致的宗教,以期得到安慰。他们没有文化,不能像贵族佛教徒那样去研读经典,也没有时间和精力,像贵族佛教徒那样去祈祷法会。他们要求一种简易明了、直接痛快的反映他们意志的宗教——这便是宗。其二是当时镰仓将军北条氏在争夺政权的过程中,也急于要掌握教权。原有的旧佛教是世家公卿的势力,镰仓将军在摆脱旧佛教势力的过程中,对于从中国引进与日本旧教没有关系的禅宗,有着极大的兴趣。镰仓大佛的建立,表示了将军幕府与京畿贵族在佛教方面的抗衡。

正是在这样的形势下,原本在宗教社会下层僧侣中流传着的对于异派的欲求,由于武士阶级在政治上的胜利和当时幕府政策上的需要,才得以强烈地表现出来。于是,由荣西等传入的禅宗作为新佛教的主流而开始风靡日本。

中国在南宋宁宗(1195—1224年在位)时,仿印度释迦牟尼在世时有鹿苑、祇园、竹林、大林和那烂陀共五等精舍,在江南禅宗中,定临安径山万寿寺、北山灵隐寺、南山净慈寺、明州阿育王山广利寺和太白山景德寺为"五山"。另外,又以释迦牟尼圆寂后的项塔、牙塔、齿塔、发塔、爪塔、衣塔、钵塔、锡塔、瓶塔、盥塔,共十塔为依据,于"五山"之外,再定"十刹"。这"五山十刹"便是南宋禅宗的基地。

十三世纪日本镰仓幕府,便以中国"五山"之名法,在其政治中心镰仓,取建长寺、圆觉寺、寿福寺、净智寺、净妙寺为"五山"。十四世纪中期,禅宗势力终于打进京畿地区,1338—1342年,京都定南禅寺、天龙寺、建仁寺、东福寺、万寿寺为"五山",其后,妙心寺、大德寺、临川寺又为"准五山"。从此,日本开始了文化史上一个新时代即五山文化时代。

第二节　五山僧侣儒佛互补的理念

五山时代的僧侣,对事涉外典的中国儒学,采取了兼容并包的态度。他们认为儒学"于道不为无助,虽读外书亦可也"。所以,当有人问及五山著名僧侣义堂周信如何看待"佛名而儒行者"时,他认为"若夫先告以儒行,令彼知有人伦纲常,然后教以佛法,悟有天真自性,不亦善乎?"在日本文化史上,宋学是由僧侣随同禅宗一起传入的。所谓"儒以知道,释以助才",是这一时期日本僧侣基本的文化观。因此,释门热衷于外典儒学文化,便成为当时的文化时尚。特别是这一时期,赴中国求法的日僧,约40人之谱,而东向赴日本布道的中国宋元僧人,也有20余人。这一态势,更推动了日本五山十刹对中国汉文化的钟情。

在日本五山寺庙中,阅读和钻研非释门的中国文献典籍,往往成为修行者的一项美德。中岩圆月在致五山杰出的名僧虎关师练的信中,是这样来描述虎关的学术的:

> 微达圣城,度越古人,强记精知,且善昔述。凡吾西方经籍五千余轴,莫不究达其奥,置之勿论。其余上从虞、夏、商、周,下达汉、魏、唐、宋,乃究其典籍、训诂、天命之书,通其风、赋、比、兴、雅、颂之诗。以一字褒贬,考百王之通典,就六爻贞卦,参三才之玄根。明堂之说,封禅之仪,移风易俗之乐,应答接问之论,以至子思、孟轲、荀卿、杨(扬)雄、王通之编,旁入老、列、庄、骚、班固、范晔、太史纪传,

入三国及南北八代之史,隋唐以降五代,赵宋之纪传,乃复曹、谢、李、杜、韩、柳、欧阳、三苏、司马光、黄、陈、晁、张、江西之宗、伊洛之学……可谓座下于斯文,不羞古矣。

中岩圆月在这封信中,竭诚赞扬虎关师练于中国经、史、子、集无所不通,其学术几乎涵盖宋代以前所有的中国名儒,其中虽难免有过实之谈,但一位僧侣对他佛门中的同行,不是修行佛法,而是学涉外书作了如此高的推崇与评价,可以明显看出五山时代日本禅宗与中国非佛学文化互相通达的态势了。

其实,这位推崇虎关师练的中岩圆月本人,也是一位儒佛兼通的大家。当时中国赴日的华僧竺仙梵仙曾经这样评价过他:

如中岩者,学通内外,乃至诸子百家,天文、地理、阴阳之说,一以贯之,发而为文,则郁郁乎其盛也。

在五山文化史上,义堂周信、虎关师练和中岩圆月诸人,都是杰出的学问僧侣,他们对于禅林具有极大的影响力。他们本人都具有禅林学术以内外典兼通为尚的理念,所以在当时五山寺庙中,僧人们"专探经史百氏之书,旁及杂说,吹藜继晷,莫不达明",研读中国文献典籍,蔚然成风。

第三节　中国宋学的东传

中国宋学初起传入日本,大约始于十三世纪的镰仓时代中期,即中国南宋理宗、度宗年间。此时上距程颢、程颐去世约 200 年,距朱熹、陆九渊去世 50 年。中国宋学在这一时期大量流入日本,是与日本武家势力的增长,特别是与五山汉文化的隆兴密切相关的。

由清和源氏的嫡系源赖朝打倒平氏而建立起来的幕府政权,造成了武士甲级的崛起。武士作为重要的阶级而自立,并且逐步掌握了政权,在日本历史上出现了以京都朝廷为代表的"公家",和以镰仓将军为首领、以武士为主体的"武家"的对立,形成了政治权力的二元性。这一特征反映在思想文化上,新兴的武家文化力图要压倒传统的公家文化,它拼命地摄取符合武家需要的各种意识形态,并把它们融化于自己的意识形态之中。这一过程具体地表现为旧儒学与旧佛教的逐步崩坏,新儒学与新佛教的逐步兴盛。中国宋学作为新儒学的主要内容,在这一时期随着作为新佛教的主要内容的禅宗的传入而进入了日本。

日本的武士阶级和庶民佛教信仰者，对南宋发达的禅宗十分向往，因而纷纷越海留学。与此同时，中国的一些禅僧为东邻日本禅学的兴起而激动，遂产生了"游行化导"之志，而镰仓幕府醉心于禅，也常欲从中国的禅林中延师赴日，讲学传道，加上十三世纪中后期在中国大陆上严酷的民族斗争中，汉族的一些禅僧，抱"生不食元粟，死不葬元土"之志，决意离国。所有这些情况综合交叉在一起，于是，从十三世纪中后期起，中日两国禅僧的往来，达到了历史性的高潮。

1235年，日僧圆尔辩圆到达中国，嗣临安径山无准师范之法，回日本后，在京都开创东福寺。1246年，中国禅僧兰溪道隆赴日本，执权北条氏迎至镰仓，创建兴寺，与圆尔辩圆互为呼应。其后，他们两人的弟子门生，有史籍可查者，在圆尔辩圆名下，有悟空敬念、心地觉心、无关普门、山叟惠云、无外尔然、白云惠晓、无传圣禅等。在兰溪道隆名下，有约翁德俭、无隐圆范、南浦绍明、藏山顺空、不退德温、宗英、直翁智侃、林叟德琼、桃溪德悟等。在此后的50年内，他们相继到中国游学问道。而继兰溪道隆之后，自中国入日本的禅僧，在宋末有羲翁绍仁、兀庵普宁、西涧土昙、大林正念、无学祖元、敬堂觉圆、梵光一镜等，在元代有一山一宁、石梁仁恭、东里弘念、东明惠日、灵山道隐、明极楚俊、竺仙梵仙等。

在当时的历史条件下，这样一支宗教队伍穿梭于中日之间，真称得上是浩浩荡荡的了，它终于成为中国以宋学为主体的新儒学传入日本的滥觞。

一、入宋僧俊芿

日本伊地智潜隐（1782—1867年）在《汉学纪源》中说：

> 僧俊芿建久十年（1199年）浮海游于宋，明年至四明，实宁宗庆元六年，朱子卒岁之年矣。居其地十二年，其归也多购儒书回我朝，此乃顺德帝建历元年（1211年），宁宗嘉定四年，刘爚刊行《四书》之年也。宋书之入本邦，首乎僧俊芿赍回之儒书。

在日本佛教史上，僧俊芿并不是纯禅宗。他初学显密诸宗，次习戒律。1199年，携其弟子安秀、长贺二僧一起赴宋。日本《泉涌寺不可弃法师传》记俊芿一行"建久十年四月十八日发自博多，五月初抵江阴军"。他们在明州（今宁波）景福寺就如庵学律部三年。当时的南宋，禅风已大盛。俊芿感于这种新形势，又登明州雪窦（禅宗十刹第五，资圣禅寺）与临安径山（禅宗五山第一，兴圣万寿禅寺）学禅。其中尤可注意的是，据《泉涌寺不可弃法师传》记，俊芿常涉足非佛教的外典之学，与当时南宋的钱相公、史丞相、楼参政、杨中郎等一般博学俊颖之士相交往来，成为集释儒于一身的人物。

1211年，俊芿回日本，携带佛教典籍一〇〇八卷，世俗外典九一九卷，碑帖九十六卷。在"外典"中，有儒道两家的著作凡四五六卷，杂书四六三卷。如果以此与平安时代的著名的"入唐八家"的《请来书目》相比较，那么，无论是儒书还是杂书，俊芿携带回国的皆比"入唐八家"要多得多。这种情况正是表现了这一时代哲学宗教界的新形势。

作为一位赴宋的日本学问僧，他既有兴趣于禅宗，又热心于宋学，在当时南宋二程著作早已流行，朱熹的著作也已刊行的条件下，俊芿带回的典籍中有一定数量的宋时新儒学的著作，完全是在情理之中。所以，伊地智潜隐说，中国的宋学著作传入日本，"首乎僧俊芿赍回之儒书"。目前虽无实物文献可证，但应该是可信的。

事实上，僧俊芿回国之后30年，日本出现了第一部中国宋版朱熹的《论语集注》复刊本。此本《序》署名"陋巷子"，世称"陋巷子本"。此为日本开印中国宋学著作之始，也为宋学传入日本的最显著的标志。目前中日史籍中，尚未发现自僧俊芿回国之后的30年中，再有儒书进入日本的记录，故此翻刻一事，当与僧俊芿赍回大批儒书有关。其后，五山著名的禅僧虎关师练（1278—1344年）是一位宋学的研究家，他有机会在三圣寺、东福寺、南禅寺等阅读僧俊芿赍回之儒书，他受这些著作的影响而愈发专致于宋学，并常与元代赴日禅僧一山一宁等质宋学之疑。他在《济北集》中记阅书事说："（东福寺）海藏院经籍所藏谓之文库，秘惜天下儒释二书皆藏焉。"由此可以看出，僧俊芿赍回的儒书中肯定有宋学著作，并且影响到日本五山禅林一代的宋学研究。

二、入宋僧圆尔辩圆

圆尔辩圆，谥号"圣一国师"。他是中日文化关系史上第一位有书目可证从中国向日本引入宋学著作的学问僧。他早年在久能山出家，19岁赴京都听"孔老之教"，向往中国的文化。1235年34岁终于赴中国求法。此时距俊芿圆寂八年。圆尔辩圆在南宋曾受教于径山的佛鉴禅师（即无准师范），禅师授予他《大明录》，并曰"宗门大事，皆备于此。"《大明录》为宋僧奎堂所撰，举程明道等说和于禅宗，是一部援儒入佛的著作。

其后,圆尔辩圆又从北磵居简、痴绝道中二禅师受教,这二人是南宋禅林中第一流的宋学家,致力于禅宗与宋学的调和融和。圆尔辩圆在华六年,在禅风宋学的熏陶之下,便也兼释儒于一身。他在 1241 年回国后,在竺前、博多创立崇福寺和承天寺,后因为获得了藤原道家的崇信而立东福寺,为日本临济宗东福寺派的开山。

圆尔辩圆不仅为日本输入了宋学著作,而且于 1257 年为当时的幕府执权北条时赖与最明殿寺讲授《大明录》。这可能是日本禅林讲授宋学的最早的经筵。1268 年,崛河国大相国源基贞请教他关于儒、道、佛三教大意,圆尔辩圆为此而特撰了《三教要略》一书。1275 年又应龟山法皇之邀,说三教旨趣,最后编定了《三教典籍目录》。从这些活动来看,圆尔辩圆作为禅林僧侣,一直致力于调和儒、道、佛三教学说,他既是一位佛门僧侣,又是一位宋学的学者,他毕生的努力,对于中国的宋学传入日本,起了极为重要的桥梁作用。

三、赴日僧兰溪道隆

十三世纪中期,当赴宋日僧致力于摄取宋学的同时,在日本称为"归化僧"的中国赴日的禅僧们也努力于把宋学介绍给日本。由于他们原本是中国禅林的学者,儒学的素养一般比较丰厚,因此,他们于宋学的传播上,更着重于义理的阐发,这要比主要是引进著作的日本僧侣又深入了一步,而其中与日本的宋学渊源关系最深者,当数兰溪道隆了。

兰溪道隆俗姓冉氏,四川涪江人。他曾经师事北磵居简、痴绝道中与无准师范三位禅师,与日僧圆尔辩圆是同门师兄弟。兰溪道隆与日本入宋僧明观智镜交往甚厚,早有东渡之志。《本朝高僧传》卷十九《兰溪道隆传》记载说:

> (日本)宽元四年(1246 年)(兰溪道隆)居明州天童山,适闻日本商舶泊于来远亭,往浮桥头观之。忽有神人高之曰"师之缘,在东方。"遂来日。

这当然是禅林的附会之说。但 1246 年兰溪道隆率其弟子义翁绍仁、龙江等人赴日传道,确为中国禅僧游化日本的开始。兰溪道隆抵日后两年备执权北条时赖迎至镰仓粟船之常乐寺,并于翌年(1249 年)建立僧堂,开创了日本佛教史上镰仓的禅宗道场。

兰溪道隆在常乐寺开堂上堂时说:"种件依唐式行事。"所以,这一道场完全沿袭中国禅林的清规。1253年,北条时赖于巨福吕地狱谷建成巨福山建长寺,以兰溪道隆为开山祖。当时,幕府政权捐募一千余人,铸造巨钟,道隆为之作铭,署其名曰:"建长禅寺住持宋沙门道隆"。日本佛教史上"禅寺"之名,由此而始起。这一禅寺的建立,终于成就了镰仓武士欲建一大伽蓝以压倒公家的夙志。

从现存的《大觉禅师语录》三卷来看,兰溪道隆的讲学处处皆似儒僧的口吻,貌似禅林而实类宋学,于阐发"四书"尤为谙熟。《语录》记载北条时赖常就教于兰溪道隆,一日问"教化之道",兰溪道隆答曰:

> 天下大事非刚大之气,不足以当之。要明佛祖一大事因缘,须是刚大之气,始可承当。今尊官兴教化、安社稷、息干戈、清海宇,莫不以此刚大之气,定此升平。世间之法能明彻,则出世间之法,无二无异矣。(《常乐寺录》)

兰溪道隆的这一观念完全是从宋儒所推崇的《孟子》中的"浩然之气"推演来的,只不过是稍稍蒙上了一点宗教的色彩。兰溪道隆在建长寺的道场上,曾经有过这样一段议论:

> 载发育,无出于天地,所以圣人以天地为本,故曰"圣希天";行三纲五常,辅国弘化,贤者以圣德为心,故曰"贤希圣";正心诚意,去佞绝奸,英士踏贤人之踪,故曰"土希贤"。乾坤之内,兴教化,济黎民,实在于人耳!(《建长寺录》)

这完全是宋儒之说。其旨意出于周敦颐的《通书·志学章》,并糅进了《大学》和《中庸》的说法。至于《语录》中常见的"政者正也""正身诚意"等,更是宋学著作中唾手可得之句。这里可以清楚地看到,兰溪道隆不仅谙熟宋学的精髓——"四书",而且是根据宋儒的哲理加以理解和阐发的。

在这个意义上可以说,兰溪道隆在日本的禅林道场,就是传播中国宋学的基地。从兰溪道隆开始,宋学在日本的传播,进入了一个由形式到探究内容的阶段。

自兰溪道隆之后,大凡来日的宋元禅僧,都是以此种儒僧的面貌出现。

1260年赴日的西蜀禅僧兀庵普宁,今存有《兀庵语录》,讲授心性之学尤为得力。1269年赴日的温州禅僧大休正念,今存有《大休录》,言

"事君尽忠,事亲尽孝,莅政以公,将兵以信,抚民而接物,一视而同仁,森罗及万家,一法之所印。"其后,来日的元代禅僧无学祖元(谥号"佛光禅师")及一山一宁(谥号"一山国师")等,也都是如此这般的宋儒口吻,他们对于镰仓时代的武家文化,均有重大的影响。

从1211年入宋僧俊芿携带456卷儒道书籍回返日本,至兰溪道隆、兀庵普宁等宋僧赴日布法讲学,其间经历了约半个世纪,至十三世纪后期,在镰仓幕府的支持下,中国宋学终于传入日本,构成了中世时代日本思想文化的新内容。

第四节　日本中世时代的新儒学

镰仓时代中期传入日本的中国宋学,大约在十四世纪至十五世纪期间,逐步地向着独立的学术思想形态发展,从而在日本的中世时代,最终确立了新儒学的地位。

宋学作为新儒学,在中世时代的日本获得独立的地位,并不是由某个人来完成的,它是由在这一时期日渐发展起来的宋学的讲学、宋学著作的"和点和训"(读法的日本化)以及宋学的研究著作的刊行作为其综合性标志的。

一、宋学讲筵的形成与发达

十四世纪初期,日本出现了按中国传来的宋学家的"新注"讲授以"四书"为主的讲席,这是宋学在日本进入了研究阶段的标志之一。

在日本宋学史上,第一个正式开设讲席的便是玄惠法印(？—1350年)。当时的学者一条兼良在《尺素往来》中这样说:

> 近代独清轩玄惠法印,宋朝濂洛之义为正,开讲席于朝廷以来,程朱二公之新释,可谓肝心侯也。

这里的"独清轩"即玄惠法印的号,日语中的"肝心"即重要之义。玄惠法印是一位僧人,但关于他的事迹,除了《天台霞标》之外,不见于其他僧传的记载,却散见于《花园天皇宸记》《尺素往来》《大日本史》等中。始称他以文学素养著称,谙熟司马光的《资治通鉴》,尊信程朱之学,因而奉召为后醍醐天皇的侍读,在京都的宫廷据朱注而讲经书。《大日本史》说"玄惠始倡程朱之说"。日本京畿地区系统地讲授宋学,实渊始于此。

《花园天皇宸记》记载了自天皇至朝臣与玄惠法印切磋宋学要义的情况:

> 元应元年(1319年)闰七月廿二日甲辰,今夜,资朝、公时等于御堂上局谈《论语》。僧等济济交之,朕窃立闻之。玄惠僧都义诚达道屿,自余又皆谈义势,悉叶理致。
>
> 元亨二年(1322年)七月廿七日癸亥,谈《尚书》。人数同先前,其意不能俱记,行亲义,其意涉佛教,其词似禅家,近日禁里之风,即是宋朝之义也。

这里说的日野资朝、菅原公时都是玄惠的学生,于宋学造诣很深,而皇宫之内,竟也充满了新儒学的气氛。花园天皇在《宸记》的"元应元年闰七月四日丙戌"记说自己研究宋学七八年,"与诸人谈,未称旨",而与玄惠及其门生日野资朝相谈,"颇得道之大体者也",有"始逢知己之感",因而,"终夜必谈之,至晓钟不倦息"。

日本《松山集·贻独醒老书》记当时日本的皇子龙泉令淬有致玄惠法印的书信,其中曰:

> 伏念叟傍为京学之保鄣,而士大夫之有文者,莫不从而受教也。而身老矣,虽欲解形村豁,又为王公将相之所邀诱而不得自便也……

从这里即可看出玄惠法印的讲筵,早已超越了佛门禅林,"士大夫之有文者,莫不从而受教",而玄惠一生的讲学,至老而不息,弟子门生遍布,成为京畿地区学术之泰斗。他的讲席,退汉唐旧注,倡程朱新说,开日本中世时代儒学讲筵的一代新风。

由此便开始了日本中世时代的宋学的讲筵。江户时代的《茅窗漫录》引述《卧云日件录》第十六的记事,讲述当年五山僧徒参加宋学讲筵的状况说:

> 宝德元年(1449年)闰十月三日。长照院竺华来过,竺华曰:"吾翁大椿竺紫人也,少年东游,就常周师,学《四书》《五经》,始闻《孟子》讲时食不足,就人求豆一升,挂之座隅,日熬一握,以疗饥耳,如是者凡五旬。"

五山时代的僧人,为参加宋学的讲筵,不惜在五十天中,忍饥挨饿,以豆充饭,其精神至为感佩。

所有这些都表明,以宋学为中心内容的中国新儒学的讲筵,此时已渐次建立。这种形势发展的结果,终于使朝廷擢用新的儒臣,并以宋学为"建武中兴"的思想要基。

二、宋学著作的"和点和训"

原来,中国的典籍传入日本之后,在很长的时间里,日本人完全是按照汉文的语法和读音来阅读的,其间虽有"吴音"与"唐音"的不同和变化,但都是汉文的直读。因此,不言而喻,只有具备了相当深厚的中国语言文字修养的日本人,才能阅读汉文的经典。这对希求在更广泛的领域内传播儒学新知识,不能不说是一个难以逾越的难关。

随着对汉文化研究的发展,出现了"汉籍和训"。这便是在汉文原著上,按照每一汉字的训诂意义,标注上日文假名,从而使不懂汉文或汉文程度不高的人,也能大致理解原著的内容。这种办法,实际上把"汉文直读"变成为"汉文译读",成为在原著日译之前克服日文与汉文在文法上的差异所造成困难的一种变通的办法。"汉籍和训"的出现,是日本汉文化普及史上的一件大事。

从目前的史料来看,"汉籍和训"在平安时代就有人试作过,然未能推广。中世时代在传播宋学的强烈刺激下,五山后期的僧人岐阳方秀开始把"四书"和训,几经推敲琢磨,完成于桂庵玄树的"桂庵标点"。其间经历了近一个世纪的时间。

当年,五山禅僧南浦绍明在《南浦文集》中说:

> 我今说《集注》和训之权奥。昔者应永年间(1394—1428年)南渡归船载《四书集注》与《诗经蔡传》来,而达之洛阳(即京都——著者注)。于是,惠山不二岐阳和尚始讲此书,为之和训,以正本国传习之误。

岐阳方秀(1363—1424年),号不二道人,早年与梦岩祖应处受儒释二教。梦岩祖应为圆尔辩圆的第二代门人。1386年,岐阳方秀移居当时硕学义堂周信的南禅寺,专攻程朱之学。三十岁时归东福寺,司掌藏钥,其后为该寺首座。他开讲宋学,大概便在这个时候。《家法和训》曾引岐阳和尚在讲述《论语》时,批评日本当时的学界说:

> 日本才足利一处学校,学徒负笈之地也。然在彼面称儒学教授为师者,至今不知有好书,徒就大唐所破弃之注释,教诲诸人,惜哉!

后来若有志本门之学者,速求新注书可读之。

岐阳方秀为了在日本推广从中国传来的"新注书",他总结了以前汉籍和点的经验,研究出为《四书集注》作"和训"的新方法,"以便于丛林说禅,宜于世俗世话为要而已",从而创造了"汉籍和训"。这一和训法,经由他的弟子桂庵玄树加以修正,于十五世纪末,开创了"桂庵标点",成为日本中世时代后期阅读汉籍的新方法,被学术界与宗教界所广泛接受。桂庵玄树于日本后土御门天皇应仁元年(1467年)赴中国明代留学,于文明五年(1473年)归返日本。在中国专治宋儒之学,并擅长汉诗。他创立的"桂庵标点"这一新方法的最基本的特点,便是对汉籍的"文本",回避其文法与文字上的困难,以"训读"的方式引导读者,从意义上加以解读。

试以日本文明七年(1475年)编撰的《假名论语》首句为例:

子　曰　　　学　而　时　　习　之　不亦　悦　乎
シノタマハク,マナンデ　トキニ　ナラウ,スマタ　ヨロコバシカラヤ
有朋　　自　远　方　来　　　　不亦　　乐乎
アリトモヨリエンホウキタルコト,スマタ　タノシカラヤ。
人不　　知而　　　不愠　不亦　　君子乎
ヒトス　シラシカルオス　イカラ　マタ　クンシヤ。①

此种"和训"的方式,不是依据"汉音"来引导阅读,而是采用"和文义释"来讲解大意。如上文中,"子"虽音读为"シ",但"学"却训为"マナブ","习"训为"ナラウ","时"训为"トキ"等等,而且变古汉语的语法为日本古语的语法。这就使不懂汉文的人,也能理解中国经典的意义。这一"和训"方式的完成,使中国宋学著作的日本化程度大大向前推进了一步。其后,更有萨南的文之玄昌编撰《四书集注训点》《周易传义训点》《素书训点》和《周易大全倭点》,成为宋学在日本成为独立学术的重要标志之一。

三、宋学研究著作的出现

五山文化的后期,在对中国宋学的研究方面,开始出现了专门性的著作。

日本首次刻刊朱熹的《论语集注》,如前所述,是在十三世纪中期。

---

① 日本文明七年《假明论语》,原为德富苏峰旧藏,今保存在天理图书馆。

其后的二百年间,在宋学著作的刊印上是一个空白。1481年(日本文明十三年)桂庵玄树在萨摩(今鹿儿岛)讲学,与萨摩国老伊地智左卫门慰重贞刻印《大学章句》,世称"伊地智本大学",也称"文明本大学"。1492年(日本延德四年)桂庵玄树在萨摩的桂树禅院再刊《大学章句》,此谓"延德本大学"。此本《大学》是目前日本保存的最早的中国宋学文本的复刊本,被法定为"日本国宝"。①

其后,1501年,《家法和点》上梓。1502年,《和刻四书新注》刊出。宋学著作的刻刊日见增多,这无论在日本的古印刷史上,或宋学流传史上,都是十分有意义的。但是,作为宋学在日本成为独立的学术所表现的特征,主要还并不在于中国原著的复刊,而在于研究著作的出现。

从宋学传入日本到专门性的研究著作的形成,其间大约经历了三个阶段。

第一阶段,作为宋学传播的最初形态,在著作方面是禅僧的《语录》。《语录》的本旨原在于表达僧人对佛学要旨的体会,达到布教诲人的目的。由于当时的禅僧几乎都是集儒佛于一身,所以,自三世纪中期以来,许多禅僧在自己的《语录》中,都夹杂着他们对于宋学的理解与阐述。因此,从宋学研究著作的角度来说,这些《语录》可以说是对于宋学的最初形态的研究著作了,像《大觉禅师语录》《大休语录》《兀庵语录》《佛光语录》等,都是这方面的代表。

第二阶段,作为向专著发展的过渡形态,其主要的形式是禅僧们的"文集"。有关收集有宋学研究论说的"文集",始于十四世纪前半期虎关师练的《济北集》二十卷。其后有义堂周信的《空华日用功夫集》五十卷,中岩圆月《中正子》十篇等。这些"文集"的特点是著者虽然是禅林中人,但他们已经摆脱了《语录》的程式,而以"专题"的形式展开论说,类似论文一般,汇编成集。"文集"的内容,当然涉及面很广,如《济北集》二十卷,前六卷为"诗稿",第七卷以下为"文稿",最末两卷为宋学的论述。这包含了宋学研究内容的"文集"的出现,是日本宋学研究深入的标志。

第三阶段,出现了宋学的专门性研究著作,这是宋学在日本获得独立研究形态的基本标志。

---

① 此刊本框廓横4寸2分,竖5寸3分。四周单边,折目上书"大学",下记页数,字大三分余,楷法端正,刻工精美。

第八章　日本五山时代的禅宗与宋学

作为日本宋学研究的专门性著作,最早大约要推十五世纪中期云章一庆(1389—1463年)的《理气性情图》和《一性五气例儒图》。云章一庆是岐阳方秀的学生,史称"喜诵程朱之说"[①]。他所著的《理气性情图》与《一性五气例儒图》是现知的最早的日本人研究宋学理气之说的单行著作,可惜已经不存。现存最早的宋学研究著作也是云章一庆的著作,是他晚年七十三岁至去世时止的,即1459—1463年讲授《百丈清规》的讲义,由他的学生桃溪瑞仙所记录,名为《百丈清规云桃钞》(1509年写本)。该书《报恩章》首论儒学的"传统",文曰:

> 曾子传孔子与其孙子思,子思传孟子,孟子殁而性之事绝而不传,汉儒遂不知性,至宋儒始兴……宋朝于濂溪先生周茂叔云。"太极"始,传至二程,由二程到朱晦庵,儒道一新矣。

由此开首,其后,《大众章》论述心性之学,《尊祖章》论述儒佛不二,《往持章》论述三纲领八条目、格物致知和诚意正心等。《百丈清规云桃钞》的撰著,清楚地显示了自宋学传入日本以来,已达独立的研究阶段。

云章一庆的弟弟一条兼良(1409—1467年)又编撰《四书童子训》。江户时代的《茅窗漫录》[②]记此事说:"朱学之书本朝始于后醍醐帝之时,禅阁兼良公之《四书童子训》,则据朱注而编成。"

此后,藤原忠业(1409—1467年)有著《易学启蒙讲义》等。到十五世纪末至十六世纪初期,专门的宋学研究著作就流行于日本的学术界,像清原宣贤(1475—1550年)一人的著作,如《易启蒙通释钞》《大学听尘》《中庸钞》《童子训》《论语听尘》等达16种之多,成为一世泰斗。

正是在上述宋学讲学的发展,宋学著作读法的日本化的完成,和宋学研究的专门性著作的出现等诸条件下,到十五世纪中后期,逐步形成了日本的以宋学为中心内容的中国新儒学的学派。其中,最有势力者,可以岐阳方秀为代表的京师朱子学派,以桂庵玄树为代表的萨南学派,以南村梅轩为代表的海南学派和以清原业忠、一条兼量为代表的博士公卿派等。他们各有立门宗旨,各开讲筵,各传弟子。宋学在日本发展至此,已蔚为大观,终于在十七世纪初期,新建立的江户幕府把它确立为官方哲学,成为国家的意识形态。

[①] 见《本朝高僧传》卷四二。
[②] 《茅窗漫录》文载《日本随笔大成》(第1期)22册,弘文馆昭和五十一年版。

第九章

日本近世的儒学

中国的宋学，于十五世纪中期在日本成为独立的学术。以宋学的独立形态为标志，日本儒学中的程朱之学作为日本文化发展中一个特殊的学术领域从而得以诞生。继而，宋学便独占了儒学的中心地位。

十七世纪之后，由于日本统治阶级把宋学作为官方哲学，成为长达250余年的江户幕府时代占统治地位的意识形态之一。当然，日本儒学作为一个从中国文化受容的特殊的学术领域，它容纳的内容则要比宋学宽泛得多。在这一领域内发展起来的诸学派，不仅包容了几乎宋明理学的全部，而且包容了几乎整个中国的儒学。

但是，作为日本的"儒学"，与中国本土的儒学，从内容到形态，都有些许不同。此时，作为日本儒学的最主要的内容是宋学——它是古典儒学在吸收和改造佛教，特别是华严宗和禅宗的精巧的世界观和认识论的基础上，又渗入了道教的宇宙化生之说，从本体论和宇宙论方面重构了儒家的人性论和伦理观，从而形成了一个细密严谨的思辨理论体系。但是，作为日本儒学内容的宋学，极少表现中国宋学中思辨性最强的本体论，也罕见有关于世界观的抽象思考。他们主要地把"理"这一逻辑范畴，将其理解为经验事物相联系的道德准则，从而变成一种纯粹的政治道德学说。

中国的儒学在本质上也许更多地表现为政治型的、道德型的和伦理型的。但作为日本的"儒学"（这里指超乎"宋学"的儒学），即使在表现它的政治道德性质时，于中国儒学在实质内容方面也不尽相同。中国儒学从孔子开始主张政治与道德的合一，这便是"为政以德"。孟子提倡"以德行者王"。此种"有德行者王"的观念又和"放伐"乃至"革命"相为表里的，所以孟子称"武王讨纣"说"闻诛一夫纣矣，未闻德君矣"。日本儒学所表现政治学说与此不同。随着日本为"神国"以及天皇为"万世一系"的国体观的盛行，日本儒学在政治学说中排斥"有德行者王"的观念，提倡天皇神圣不可侵犯说，主张极端的忠君报国主义。

这是日本儒学在形成之后所表现的自我特性。日儒学在发展过程中，由于各自不同的利益需要，也由于对中国文化理解方面的差异，造成了诸种不尽相同的观点，或互相抗拒，或互相呼应，弟子门生相传，便形成了不同的学派。

本章将记述以林罗山为代表的"朱子学派"，以中江藤树为代表的"阳明学派"，以伊藤仁斋为代表的"古义学派"和以荻生徂徕为代表的"古学派"。这些都是日本儒学作为独立的学术形成后在近三百年间发展起来的荦荦大端者。通过对这些学派的学术思想的研讨，大致可以勾画出日本近世儒学发展的基本面貌。

第一节 林罗山与朱子学派

朱子学派是日本近世儒学中最早形成的一个学术流派，它统贯于江户时代整个儒学之中，势力最为强盛。该学派创始于十六世纪末的藤原惺窝（1561—1615年），而以林罗山（1583—1657年）为其正宗。

一、藤原惺窝——朱子学的嚆矢

藤原惺窝早年是一位僧人，名宗蕣，号妙寿院。本书《日本五山时代的禅宗与宋学》一章中指出，早期的宋学是与禅宗结合在一起的，所以，实际上，宋学在释门。学问僧便常常是宋学家。藤原惺窝也是属于这一学问类型的——他本身为僧人，然而，却推崇宋代新儒学。

他说：

> 日本诸家言儒者，自古至今唯传汉儒之学，而未知宋儒之理，四百年来不能改其旧习之弊。却是汉儒，非宋儒，实可悯笑……余自幼无师，独读书。自谓汉唐儒者，不过记诵词章之间说注解、音循、标题事迹耳。决无圣学诚实之见识矣……若无宋儒，岂续圣学之绝绪哉。①

可以看出，藤原惺窝早年就是一位中国宋代新儒学的狂热鼓吹者。所谓"宋儒之高明，诚吾道之日月也"，便是他当时心态的写照。

十六世纪末和十七世纪初期，日本的政治文化形势有了很大的变化，经过以往四百年的兵乱战祸，政治趋于统一。后阳成天皇（1586—

---

① 林罗山（道春）编：《惺窝文集》卷二。

1611年在位)与后水尾天皇(1611—1629年在位)致力于振兴文教,而德川家康(1542—1616年)也因为掌握了实权,便推行他的"文治武功"政策。原先由僧侣主宰的文化事业,此时因战事的停息,于是便开始回归于世俗。此种文化态势,对藤原惺窝本人的学术和日本儒学中朱子学派的形成,都有重大的影响。

1591年前后,藤原惺窝与朝鲜的朱子学家李退溪的门人金一诚、许箴之等相识接触,促成了他从佛门回归世俗的决定。1593年,他在撰写的《四景我有文》中,明确地表现了放弃佛教思想后的新世界观的形成。

> 尝闻佳山水者,触发道机。仲尼之登泰山,在川上"有"所以哉……我有一字,不假工巧,不费修补……圆颅于上,是我栋宇也;方趾于下,是我基址也。载我佚我,到处有我,屋不可言无矣。瞻前忽后者,皆我尤物也,悉我珍臭也,不可言无矣……于是乎室有空虚,心有天游,斯游乐哉! 地其不广乎,屋其不大乎,物其不备乎! 实威武不能屈,富贵不能夺,贫贱不能移,意必固我。即绝之后,优哉游哉,我以为"我有"云。

这可以看成是藤原惺窝放弃佛门回归世俗的宣言。它推翻了佛教观念的空无世界观。文中以"仲尼之登泰山,在川上"为准,肯定了现实世界的实在性,并以"我身"为譬喻,"圆颅于上,是我栋宇也;方趾于下,是我基址也。载我佚我,到处有我",从而承认了世界的"有"而不是"无"。这正如他在五言绝句《和风堂》中所咏唱的:

> 和风吹万物,物自不曾知。
> 是故有生意,三春贯四时。

这表明藤原惺窝从佛教的空寂观中翻出身来,接受实在的世界,意致曲折,襟怀洒落。

藤原惺窝在摆脱了佛门之后,他的学术思想具有这样几个特点。

第一,以朱子学为儒学的正宗。

藤原惺窝一直主张"宋儒之高明,诚吾道之日月也,汉唐训诂之儒,仅释一二句,费百千万言,然浅近如此"。所以他说"若无宋儒,岂续圣学之绝绪哉"。藤原惺窝在推崇宋儒之中,又以朱子学为正宗。他说:

> 象山从孟子先立其大者之语发明,阳明从孟子之良知良能之语发明,朱子尊七篇作"集注"、"或问"并《学》《庸》《论语》为"四书",成

百世万年圣学之标的。呜呼大哉！①

藤原惺窝于宋代学术和明代学术中，推朱子"为百世万年圣学之标的"，这表明藤原惺窝的学术，是以朱子学为其正宗的。正因为如此，我们便把他作为日本汉学中朱子学派的肇始者。

在朱子学中，藤原惺窝早年作为佛教僧侣，比较侧重自然哲学方面，即重视关于"心"的论述。在成为禅僧的转向者后，更注意于朱子学的伦理学方面，即关于仁、义、礼、智、信的"五常"，以及关于君臣、父子、夫妇、兄弟、朋友的"五伦"。当然，藤原惺窝的"朱子学"从日本儒学的发展来看，还处在形成时期，因此，他虽然推崇朱子的学术，然而对其他学术，也仍然采取宽容的态度。他说："周子主静，程子主持教，朱子之穷理，象山之易简，白沙（陈献章）之静园，阳明之良知，其言似异，而入处不别。"② 由此，他的学术虽宗朱子，也回扩陆王，这是江户儒学形成之初，学派尚未林立的表现。

第二，佛教批判主义。

藤原惺窝原本是一位学问僧，当他放弃佛教世界观后，又站在儒学的立场上，对佛教进行了批判。《惺窝先生行状》中说：

先生以为我之从事于释氏，然有疑于心。读圣贤书，信而不疑。道果在兹，岂人伦外哉，既绝人种，又灭义理，是所以为异端也。③

1593年，藤原惺窝赴江户，德川家康接见。藤原惺窝着儒服入。当时在座的还有另外两位僧人承兑与灵三，他们看见原本同为佛道的藤原惺窝竟然不穿缁衣袈裟，于是便斥问他："吾子初奉佛，今又为儒，是弃真归俗也，吾子何昧此义乎？"藤原惺窝答道："所谓真俗二谛，浮屠所说，而俗自谓也。夫戾天理，废人伦，何以谓之真？"（《先哲丛谈》第一卷第3页）这些观点表现了藤原惺窝的学术思想所具有的佛学批判主义。我们已经说过，当佛教传入中国之后，曾与中国本土的儒学发生激烈的冲突，但自禅宗发达和宋学兴起，儒佛开始互补，这是中国文化在日本五山时代四百年间传播的总的态势。由藤原惺窝的佛教批判主义开始，儒佛之间的斗争便有了新的勃发，成为江户时代儒学的一个特点。

---

① 林罗山（道春）编：《惺窝文集》卷一。
② 林罗山（道春）编：《惺窝文集》卷四。
③ 同上。

第三,神道的理论形态。

藤原惺窝由佛门归于世俗,推崇朱子学术,并开始由儒排佛的论战。但是,如果由此把藤原惺窝的朱子学与中国本土的朱子学相同等,这便是误解了。正像我们在《日本五山时代的禅宗与宋学》一章中说的,"宋学在日本没有独立的表面形式",藤原惺窝是出于佛门而入于神道,他在宋学中寻找到了日本神道的理论形态。他说:

> 日本之神道亦以正我心,怜万民,施慈悲为奥秘,尧舜之道亦以此为奥秘也。唐土曰儒道,日本曰神道,名变而心一也。

这是把中国宋学作为日本神道的理论形态的最典型的语言,从此便开始了江户时代近世儒学发展的独特道路。

二、林罗山及其学术的基本特征

林罗山(1583—1657年)是藤原惺窝的大弟子,藤原惺窝的朱子学得以成为江户时代儒学的主流派,实在得力于林罗山的学术。

林罗山,又名林忠、林信胜,字子信,又号三郎、道春。就年龄而言,他小于藤原惺窝二十二岁。林罗山是日本儒学史上一位极其重要的学者。他在学术上的最大特点是把中国儒学文化从儒学家主要充作自我意识形态,即修身齐家的作用扩展到治国平天下的程度。从而,把日本儒学中的一个流派——朱子学派提高到德川幕府时代官方哲学的地位,林罗山本人也成为这一时代日本儒学的象征。

林罗山一生,整理中国儒学文献,充分表现了他勤奋好学、博学多能、崇尚儒学的学术特点。

(1) 经林罗山校勘的典籍,有据足利学校的《五经正义》,校勘明刊北监本《十三经注疏》中的"五经"。又补正《皇朝事事类苑》即《宋朝类苑》的脱简等共7种。

(2) 经林罗山加句读的典籍,有《周礼注疏》《仪礼注疏》《十三经注疏》《汉书》《三国志》《晋书》《宋书》《南齐书》《通鉴纲目》《续纲目》《文献通考》《七书直解》《武德全书》《二程全书》《邵子全书》《龟山文集》《朱子大全》《小学》《近思录》《性理大全》《大学衍义补》《许鲁斋集》《吴临川集》《读书录》《居业录》《蒙引》《学蔀通辨》《异论辨证》《困知记》及《枢问》《灵素》等共43种。

(3) 经林罗山施加和文训点的典籍,有《四书五经注本》《五经大全》

《春秋胡氏传》《周易传义》《蔡氏书传》《周礼》《仪礼》《公羊传》《穀梁传》《尔雅》《国语》《陶渊明集》等共 24 种。

（4）经林罗山日译并抄录的典籍，有《二礼谚解》《论语摘语》《五经要语抄》《四书集注抄》《大学要旨》《大学要略抄》《孙子谚解》《三略谚解》等共 9 种。

（5）经林罗山注释的典籍，有《古文真宝》和《老子》共 2 种。

上述 85 种文献，乃林罗山一生中整理过的中国典籍。此外，他尚有研究日本文化与历史的著作 14 种①。这些整理与著述，虽然有些已经失传，至今尚存的已编为《罗山文集》七十五卷、《罗山诗集》七十五卷，其学术涵盖面无疑非常广博。他自己说"我家藏书一万卷，或誊写，或中华朝鲜本，或日本开版本，或抄纂，或墨点朱句，共是六十余年间所蓄收也"云云②。他从这众多的典籍中，以日本当时的社会政治为背景，形成了自己的学术思想。

第一，林罗山强调朱子学中表现封建阶位的伦理学意义，他以朱子"正名论"的伦理观作为全部学术的支柱。

中国的儒学文化，十分重视对历史事件给以"正名分"的评价，即"大义名分"的道义性评价。《春秋》的辟里阳秋，正是儒学阶位制的表现。司马光著《资治通鉴》正是继承《春秋》传统，以记述历史为目的，以正名分。朱子学在"大义名分"的伦理观上集儒学文化大成。朱熹因为不满意司马光，便自己又再写了《资治通鉴纲目》，从名分论的观点更严格地确认了所谓华、夷、王、霸之别，从而可以说，朱子学完成了"道学的史学"。

林罗山从朱子学的道学性质的史学中，获得了一种符合武士本位和敬神本位的需要而严格认定当时身分制度的理论，加以吸收和改造成他自己的"名分论"。他说：

> 鸢飞鱼跃，道在其中。上下定分而君有君道，父有父道，为臣而忠，为子而孝，其尊卑贵贱之位，古今不可乱，谓之上下察也。举鱼鸟之微小，而天地万物之理具于此也。③

---

① 皆见《罗山诗集》卷三二。
② 同上。
③ 《罗山文集》卷六八。

林罗山于是仿朱子《资治通鉴纲目》之法，撰写《本朝编年》，通过对他自身理解的所谓历史的叙述，贯彻名分论，以便使当时掌握政权的社会集团的权力正当化。

林罗山的"正名论"的伦理观，在日本思想界，对尊王思想的成长起了很大的作用。有人说，德川氏幕府作为天皇的一个诸侯，他统治全国，与皇室争权。林罗山作为幕府的儒官，他的"正名论"岂不是会不利于德川幕府？这个问题是因为提问的人不明白十七世纪和十八世纪日本的政治思想形势。当时，社会肯定幕府是以王臣的名义来处理国政。社会接受此种武家政治形式。在此种背景下，林罗山强调朱子学中表现封建阶位制的"正名论"伦理观，其意义主要在于使幕府将军更好地统制各诸侯及直属自己的家臣，从而使林罗山倡导的"名分论"成为幕府的意识形态，并成为他的全部学术的支柱。

第二，在中国传统的忠孝伦理中，林罗山主张以"忠"为本，开创了宋学与武士道的结合。

中国传统儒学的忠孝观，以"孝"为本，"忠"是"孝"的扩张，林罗山推出他的以"忠"为本的"忠孝观"。他说：

> 求忠臣于孝子之门，忠孝岂二哉？……夫身者，父母之遗体也，而所以载道也。孝亦道也，忠亦道也，非他，只一信而已。若夫战阵无勇，则虽苟免而偷生，然此心之义既亡，与行尸视肉无以异也。奈何无羞恶哉。若无羞恶，则不义也，不孝也，不忠也，曰"竭其力"、曰"致其身"、曰"为臣死忠，为子死孝"，然二者不可得而兼也，舍轻而取重可也。①

这里他特别强调了"忠"的意义。林罗山认为，没有"忠"就没有"孝"，忠孝之比，是一个重轻取舍的原则问题。

他批评中国历来赞扬的孝子李密是不忠、不孝之人。中国李密曾为司马氏征召，因坚持侍奉老亲而不能赴任，他的《陈情表》写母子二人相依为命，心切意真，世代传诵。林罗山在《文集》卷六十七"随笔（三）"中有"李密"一节。他说：

> 李密《陈情表》"臣少事伪朝，历职郎署按察"。按密本蜀人，蜀亡，晋武帝征之不就，于是上此表。此先主帝室之裔，绍汉正统，信

---

① 《罗山文集》卷三二。

非曹操汉贼之比也。密已以孝称,然称旧军为伪朝,岂忠臣孝子之所忍哉,奈何!

林罗山认为,李密称蜀汉为"伪朝"是不忠,不忠就是不孝。所以他说"俗所谓二十有四孝者,嘉语怪异,实非是有道之者所述也。昔程夫子谓十哲者世俗之论也,余于二十四孝亦云"。

这种以忠为孝先、忠为孝本的伦理观,是日本儒学的重要特征,是日本文化在接受中国传统文化后的一种变异现象。它成为当时正在崛起的日本中世纪武家精神的理论支柱。林罗山以战场的"阵勇"与"偷生"作解释,正反映了这一时代武士驰驱战场的精神状态。在战场以"阵勇"为主人而死,则大忠,也大孝;在战场偷生苟免,忠孝俱灭。事实上,这一学说见解已经造就了日本的武士道。林罗山为此著有《楠正成传》《本朝武将五十人》《日本武将赞》《武家诸法度》《镰仓将军家谱》《京都将军家谱》《织田信长谱》《丰田秀吉谱》等,以他自己构建的儒学"忠孝观"推进武士道的发展。

第三,林罗山继承藤原惺窝开创的排佛论,并进而协助幕府排击耶稣教,表现了"儒学本位"的文化特点。

中世纪近四百年宋儒与禅宗互为补用的文化形势,至十六世纪末已有转变,儒学又恢复了排佛的气势。自佛教传入中日两国之后,尽管宗教形势各有不同,但无论是中国还是日本,都没有出现过真正意义上的宗教政权。佛教意识形态虽然在某些特定的时代,也曾得势于一时,但始终未能占据统治地位。每一次儒佛相争,儒学文化总是站在主动位置,表现出一种进攻性,总是由它裁定佛教为"异端",从而确认自己的正统。其实,这正表现了"儒学本位"的文化特点。

林罗山学术于这一特点,表现得极为明显。他继承了他的老师藤原惺窝的排佛论,把"儒学"称为"实学",把"佛学"称为"虚学"。他说:

夫儒也实·佛也虚,定虚实之惑,淘淘者天下皆是……程子曰:"佛书如淫声美色,能易惑人。"朱子曰:"寂灭之说,高而无实"……呜乎,彼所谓道者,非道也;吾所谓道者,道也。道也非道也无它,实与虚也,公与私也。

林罗山认为,"浮屠氏毕竟以山河大地为假,人伦为虚妄,遂灭绝义理。"

林罗山汉学,不仅不遗余力地排佛,而且,对刚传入日本不久的耶稣教,也予以抨击。他说:"耶稣变为异学,犹如妖狐之食妲己而化妲己也。可畏哉!"

有的学者认为,林罗山学术的这一特点,即他宣布佛教的反现实的罪状,是"有进步意义的"。并进而认为,"林罗山对于那时候带着殖民主义色彩的耶稣教予以迎头痛击,具有历史的意义。"

其实,学术研究不要匆忙作出价值判断,先要弄清事实。这些评价并不科学。有一个基本的事实似乎是不应该忘记的。当儒学在判定佛教为"舍人伦而求虚无寂灭"之时,宋学本身也是在主张"存天理,灭人欲"。在否定人伦的自身价值与欲望这一点上,宋学与佛教,究竟谁比谁更有意义呢?谁比谁更进步呢?耶稣教确实充当过西方殖民主义的工具,但耶稣教士本身,并不都是殖民主义者;宋学所反对的,并不是作为殖民主义的耶稣教的活动,而是耶稣教本身。所有这些,其实都揭示了一种文化现象,即林罗山的学术具有强烈的儒学本位特点。这一特点,正是传统儒学排外性的表现。它不能与外来文化平等相处,更不能兼容并包,它善于在把外来文化判定为"异端"的名义下,将其扫荡,从而保持自己的权威地位。对江户时代的林罗山来说,他所竭力推崇的宋学,其实,本身也是一种外来文化。可惜,他一旦拥有,便"忘记"了这一学术本身的原始。这一特征,使林罗山汉学成为三百年间幕府的官方哲学,并保持其统治地位。

第四,林罗山主倡"神儒调和",他把宋学作为变异对象,开创"理当心地神道观"。

林罗山学术推崇朱子伦理学说,鼓吹朱子"儒门第一集成功,道统传来垂不穷",称"朱子家风慕二程,千年道统有谁争"。但是,如果把林罗山学术看成是宋学在日本的翻版,那就误解了。林罗山学术是与日本民族宗教神道结合在一起的一种学术。有的学者说,"孔子本身有泛神主义色彩……传到日本,便形成林罗山的'神儒合一论'。"这种说法,真是离题万万里了。神道观念是日本本土的宗教观念,它与日本的创生说密切相关,构成为民族的"神国"心态。即使孔子真有"泛神主义",又到底与日本的神道观有何相干呢?

林罗山在《罗山文集》卷一《倭赋》中说:

  惟我邦之灵秀兮 神圣之所诞生
  环以大洋海兮 耀旸谷之明明

名兹曰日本兮　　　　　固自然之佳名

这里典型地表现了林罗山的神道观——这便是他一直鼓吹的"我朝神国"的观念。林罗山在《神祇宝典序》中，对何为"神道"有明确的阐述：

> 夫本朝者，神灵之所挺生而栖舍也，故推曰神国，其号神器，守其大宝则曰神皇，其征伐则曰神兵，其所由行，则曰神道。

神国的来龙去脉及一切珍宝和活动，便是神道。这种神道，与孔子当然毫不相干。此种"神国道观"，在儒学中，尤其在朱子学中，林罗山找到了他认为恰当的表现形式，这便是所谓"神道乃王道也""王道即理"的明证。

林罗山说："或问神道与儒道如何别之，曰：自我观之，理一而已矣。"林罗山有重要的神道著作《神道传授》《本朝神社考》等。他在《神道传授》中说：

> 心之外无别理。心清明，神之光也；行迹正，神之姿也；政行，神之德也；国治，神之力也。

这便是"神道即理"。这个"理"，与"心"和与"神道"是密不可分的。林罗山在同书中说："理当心地神道，此神道即王道也，心之外无别神，无别理。"这便是林罗山的"理当心地神道观""所谓唯一宗源，理心地最当尽意"①。这便是说依心地的清明而证明神的妙用，便是"理当心地神道"。这好比天主教说"上帝与你同在"。林罗山的这一观点，便是神道与理同在，理与心同在，因此，神道与心同在。这样，心的修养，便是致神之道了。所以，林罗山又推崇程朱的"持敬""慎独"之说。他说：

> 心为宅，神为主，敬亦为一心之主宰，故有敬则神来格。若无敬则亡本心，故为空宅，神何来为止乎！唯敬乎，敬所以合于神明也。②

基于这样一种观念，林罗山主倡"无内外，无公私，不二此心，能畏能敬"。林罗山学儒把宋学的修养功夫"慎独""持敬"，作为神道传授的秘诀。至此，他从中国宋学中，找到了日本民族传统神道观的表现形

---

① 《罗山文集》卷五五。
② 《罗山文集》卷六六。

式——他把朱子学变成了宗教。

由上述四个方面互相渗透，彼此默契，构成了林罗山学术的基本体系。这一体系所表现的思想特征和思辨形态，与十七世纪至十九世纪江户幕府的意识形态要求相一致。因而，它成为官方哲学，成为国家的意识形态。

林罗山之后，他的子孙自第二代林鹅峰起，世世代代为幕府儒官，朱子学便成为林氏家学。

这一时代中，在日本近世儒学的实际发展中，朱子学也逐步分裂，如有海西朱子学派、海南朱子学派、大阪朱子学派、水户学派等。这是朱子学派的派内之派，所以尽管各自立派，其脉则一。后来，朱子学派又分出派外之派来，它们便是阳明学派与古学派。这些都是从朱子学中反叛出来的学术派系，从而打破了朱子学一统天下的局面。

第二节　中江藤树与阳明学派

十七世纪三十年代，在日本京都崛起了一个新的儒学学派，形成了与朱子学派相对峙的局面。这个学派便是以中江藤树为代表的阳明学派。

日本的阳明学在创建之初是作为朱子学的"异学"出现的，一度遭幕府贬抑，这就是所谓光格天皇时代的"宽政异学之禁"。当然，这一禁风多少又受了当时中国清代康熙间陆陇其思想的影响。陆氏著《四书大全》《松阳讲义》《困勉续录》《读朱随笔》《三鱼堂文集》等，其学力辟王阳明之学为禅宗。此说传入日本，遂为幕府禁学之母胎。但日本阳明学却始终在庶民学者中流传，并在江户后期愈见其发达。

一、了庵桂悟与王阳明的会见

日本儒学中的阳明学派，顾名思义便是弘扬中国王阳明学术的派别，它是在当时日本的社会经济条件下产生的，有着自己的发展规律。日本的阳明学开创于十七世纪的上半叶，但是，溯其原始，则缘源于十六世纪初的五山禅僧了庵桂悟（？—1514年）。

五山后期后柏原天皇时代（1500—1526年在位），了庵桂悟作为遣明使，于1503年出使明朝，在明十年，潜心研究。其间，曾与中国大儒王阳明会见。1513年归国之时，王阳明曾撰有《送日本正使了庵和尚归国序》一文相赠。其文曰：

> 世之恶奔竟而厌烦拏者，多遁而释之焉，为释有道，不曰清乎！挠而不浊，不曰洁乎！狎而不染，故必息虑以浣尘，独行以离偶，斯为不诡于其道也。苟不如是，则虽皓其首，缁其衣，焚其书，亦逃租徭而已耳，乐纵诞而已耳，其于道何如耶？今有日本正使堆云桂悟字了庵者，年愈上寿，不倦于学，领彼国王之命，来贡珍于大明，舟抵鄞江之浒，寓馆于骔。予尝遇焉，见其法容洁修，律行坚巩。坐一食，左右经书，铅采自陶，皆楚楚可观爱。非清然乎！与之辩空，则出所谓预修诸殿院之文，论教异同，以并吾圣人，遂性闲情安，不哗于肆，非净然乎！且来得名山水而游，贤士大夫而从，靡曼之色，不接于目；淫哇之声，不入于耳；而奇邪之行，不作于身。故其心日益清，志日净，偶不期离而自异，尘不待浣而已绝矣。兹有归思，吾国与之文学交者，若太宰公及诸缙绅辈，皆文儒之择也，咸惜其去，各为诗章，以艳饰回躅，固非贷而滥者，吾安得不序？
>
> 皇明正德八年癸酉五月既望　余姚王守仁①

在日本儒学史上，日本学者会见中国儒学的宗派师祖，这是仅见的一次。这无疑是一段重要的插曲。

了庵桂悟由于年事已高，在归国的翌年便故世西去。因此，我们似乎还不能把他作为日本阳明学的开创者。尽管如此，了庵桂悟与王阳明本人的这种直接的接触，成为日本儒学界某些学者趋向于阳明学的篙矢，这应该是没有问题的。

二、中江藤树与阳明学的基本特征

日本儒学中的"阳明学派"创始于中江藤树（1608—1648年）。

中江藤树自幼接受中国儒学文化。18岁起，专奉朱子之学。据说他动以礼法自居，颇拘泥于形式。大约在23岁，达到了朱子学的境界。但是，十年之后，他却发生了重大的转向，从朱子学派中叛离，站到了在中国本土上作为朱子学派的最大对手即阳明学的阵营中，并由他开创了日本的"阳明学派"。

那么，在当时的日本思想界，在儒学中的朱子学几乎定于一尊的局

---

① 此文见师蛮《本朝高僧传》，伊藤威山《邻交征书》，斋藤拙堂《拙堂文话》。

面中,何以会从中叛离出一个新的学派呢?

中江藤树与他的阳明学派的崛起,既有着学者个人的原因,同时也有着日本儒学发展中的更深刻的背景。

原来,当中江藤树笃信朱子学的时候,他以个人的气质与性格,便对林罗山一家垄断学术、傲然于他人之上极为不满。中江藤树在24岁时作有《林子剃发受位辨略》。其中虽然称林道春"记性颖敏,博物洽闻",但也说他"儒者之道,徒饰其口","旷安宅而不居,舍正路而不由,朱子所谓'能言鹦鹉'也,而自称真儒也。"他说:

> 倭国圣人不作,而异端之教,日新月盛,邪诞妖妄之说竞起,涂生民之耳目,溺天下于污浊,是以知德者鲜矣,故推之以为倭国之儒宗。

中江藤树对林氏之尊,极为不满,他认为,林氏品格不好,难以荣当此任。其所作所为,实为儒学之异端。在儒学史上,大抵被称为"大儒"者,人格分裂者居多。明人把言之善而行之丑者称为"道学先生",正源于此。中江藤树于林罗山身上,也已察见"大儒"之秘,故痛心疾首,著文抨击。他又说:

> 信其言,效其行者多,彼居之不疑。施施骄其门人,出而仕于江户,以其形类沙门也。己巳之除夕,赐之以沙门之位。林氏兄弟者,受之以为荣幸也,而虑世之毁笑也,作文以饰其非而成其恶,听者懵然不察,同然从之。故举世以为儒者之道,唯如彼而已,而不知有明德亲民之实学。噫,后之人虽欲闻实学,其孰从而听之?实正路之蓁芜,圣门之蔽塞也。其害有甚于异端者!

从中江藤树的这些说法中可以看出,他虽然信奉朱子学,但却不愿推崇林氏为正宗。其理由大凡有二:一是林氏其人傲而丑;二是林氏之学疏而虚。从这两点引导出他个人对于林氏朱子学的叛离。

但是,从日本儒学的发展来看,从朱子学派中重新构建出一支阳明学派来,还有更广泛而深刻的社会文化背景。

十七世纪之初,德川家康运用军事武力为后盾,把中国儒学中的朱子学派定为官学,成为幕府时代极权阶级的意识形态。就社会的阶层而言,这是少数人的学术。江户时代由于町人的崛起,文化呈现向较为广泛的社会阶层渗透的趋势。儒学也不例外。朱子学传入日本,专讲伦理道德，专司人格锻炼，其论也深，其行也难。当时的社会需要儒学道德的通俗化。这就像中世时代，新起的武士在宗教上需要摆脱繁文缛节的贵族佛教，代之以简便易行的禅宗一样，社会更广泛的阶层要求道德的通俗化，正如中江藤树在《翁问答》中说：

> 心学由凡夫至圣人之道……
>
> 行儒道者，天子、诸侯、卿大夫、士、庶人也。此五等人能明明德，交五伦者，谓之真儒……真儒在五等中不择贵贱贫富。①

这正是表示了十七世纪时代，日本以儒学文化为中心的汉学逐步普及到庶人中去的趋势。日本阳明学作为儒学通俗化的表现正是因此而产生的。

阳明学学派是在离朱子学中心江户比较远的京都地区产生的，这一点也不是没有意义的。

作为林罗山学术的对立面，它具有这样两个特点：

第一，中江藤树的学术，是以推进中国王阳明的"明德""慎独"和"格物"为其中心，强调"明明德"之道即为"儒学"，而"明明德"的真正学问便在于"以心读心"的"心学"，这便是"格物致知"。

原来林罗山的儒学，强调朱子的"理一分殊"的观点，即社会的道德秩序是最高的天理，而这个天理是需要内心的修养（慎独）与外在的规制（名分论）来获得的。中江藤树依中国王阳明"良知"之说，强调"心之良知斯之谓圣"，只要致"良知"，便如"太阳已出，昏时自明，云行雨施，天日自若"。

这就是说，他认为道德秩序的最高范畴，存在于每个人的心中，只要畏天命、尊德性，通过"格物致知"，每个人都能达到圣贤，无分天子与庶人，从而使他的学术更能为一般民众所接受，造成日本汉学向更广泛的社会阶层渗透。

第二，中江藤树学术虽然与林氏朱子学相抗颉，但它与林氏朱子学一样，具有神道本位的世界观。

中江藤树认为，"心"的本体便是"神的实体"，因此，"正心"之"心学"，实际上就是"神道"。这么说来，"神道"便是日常道德的规范了。这样，中国本土的阳明学说，经中江藤树而日本化了。

---

① 见《藤树先生精言》。

三、大盐中斋及其领导的民众起义

日本儒学中的阳明学派,由中江藤树肇始之后,基本上分为两大派系:一派是具有强烈内省性格的"德教学派";一派是注重行动的"事功学派"。特别值得重视的是,十八世纪时期日本儒学中阳明学派的大盐中斋,曾经以这一学派的"致良知"之说,发动过民众起义,这是日本儒学发展史上一件极应重视的大事,是一种极应深入研究的文化现象。

(一)阳明学派中的"德教学派"与"事功学派"

在中江藤树的门人中,渊冈山(1617—1686年)属德教学派,熊泽蕃山(1619—1691年)为事功学派。渊冈山热心于中江藤树之学,努力于江西学派之普及,以"致良知"为学问之根本。他认为"圣""凡"之别即在于"致良知",即发挥人的本来的明德,即是圣人;拘泥于旧俗,本然之良知不明,即为凡人。此说乃本于中江藤树。所以,渊冈山致力于"自反慎独"功夫,注重个人道德。而熊泽蕃山虽也出自中江藤树之门,却趋于事功,以国家社会之经纶为主,提倡公共伦理。他主张"学不拘泥一流,不徒立异说,心欲得大道之实义,宜应'时处位,以施于国家之经纶'"是其根本[①]。熊泽蕃山的学说,第一为孝道论,此本于中江藤树,倡仁孝一致,忠孝一本[②]。第二为神道论,谓神道即惟神之道,以祈祷祛祓为主,又主张神儒道一致,谓唐土圣人与日本圣人之德一也,其道不二。用儒学经典以解释三种神器,说日本古无文字,以"玉"温润光洁象仁之德,"镜"灵明可分善恶象智,"剑"则刚断神武象勇。以三器代表"智""仁""勇"三达德[③],具有强烈的日本主义精神。

阳明学后期的巨匠可以推为佐藤一斋(1772—1859年)。他曾由林述斋的举荐而成为昌平学的教官。昌平学为幕府官学即朱子学的教养研究之地。佐藤一斋作为阳明学的代表人物,却在此教学,故有"阳朱阴王"之称。其学术的主要内容大致可以表述如下。

第一为理气说,主张理气合一。他认为天地万物皆气,气分而为天地万物,理于气外而存在,故理与气乃一而二,二而一,不可分离。自本体观之谓之"理",自变化流行观之谓之"气"。二者同物异名,乃体用关

---

① 《集义和书》卷一一。
② 《孝经外传》卷上。
③ 参见《大学或问》。

系。可以说,他是"气一元论"者。由此而演绎出"万物一体说",即宇宙万物,虽万殊不同,自本体言,只一个主宰,此即为"理"。"万物一体""古今一体"便是佐藤一斋实践伦理的基础。

第二为宿命论,谓天地间事,古往今来,阴阳昼夜,日月代明,四时错行,皆系前定。

第三为善恶之说,谓人之精神受天而来,为纯粹之善,由于身体妨碍而生恶。宇宙之事未尝恶,过犹不及处是为恶;宇宙事未尝善,未过犹不及者即是善①。此即阳明所谓无善无恶心之体演绎而来。

佐藤一斋门下多士,其中佐久间象山(1811—1864年)、吉田松阴(1830—1859年)等作为明治维新运动的先驱,影响甚大。

日本阳明学派在自身的发展中,发生了一件惊天动地的大事——这便是十九世纪三十年代由阳明学后期学者领导的大阪贫民起义。

这次起义的领导人大盐中斋(1794—1837年),名后素,字子起,通称平八郎。他所居书屋,名洗心洞,所以又号"洗心洞主人"。大盐中斋奉阳明学为圭臬。1832年6月他曾专访(中江)藤树书院,路遇大风,却由此而更认王阳明"良知"之说。他在《藤树书院参拜记》中记此事曰:

> 壬辰之夏六月,予以闲逸无事,发浪华至伏水,而至江州,泛湖以访中江藤树先生遗迹于小河村焉。归时……飓风忽南北两面吹而轧,故帆腹表里饥饱不定,是以舟进而又退,退而又进,右倾则左昂,如踊如舞,飞沫峻溅,入蓬侵床,实至危之秋也……虽予实以为死矣,故不得不起忧悔危惧之念,是时忽忆于藤树书院所作"无人致此知"之句,心口相语月,此即责其不致良知之人也,而我则起忧悔危惧之念,若不自责之,则持躬簿,而责人却厚矣,非恕也。平身所学将何在? 直呼起良知,则伊川先生存诚敬之言,亦一时并起来,因坚坐其飘动中,乃如对伊川阳明二先生,主一无适,忘我之为我,何况狂澜逆浪,不敢挂于心? 故忧悔危惧之念,如汤之赴雪,立消灭无痕,自此凝然不动,而飓风亦自止,柔风依然送舟,终著坂本西岸,此岂非天乎!

这里所描述的,与其说是一个学者的理智,莫若说是一个教徒的迷狂。大盐中斋虽然称自己的理念是"朱王合一",但事实上是更加笃信王

---

① 参见《言志晚录》。

阳明的学说。上文所引,已见其虔诚之心无可名状了。大盐中斋在阳明学方面,主要表现为"良知说""忠孝一元论说"和世界归于太虚的宇宙观——以太虚为世界的极致,它统括良知,以良知启迪孝,以孝统括万善。他设立"洗心洞",招募门生,传授学术。他在其主要的著作《古本大学刮目》中强调"心理不二,知行合一"之说,其理论具有很强的实践性,当属于事功学派。

这样一位笃信阳明学的学者,终于因为不忍心于官府对民众的欺压,以自己的"良知良能"揭竿而起,领导了一场轰轰烈烈的贫民起义。

(二)大盐中斋领导大阪贫民起义

日本天保七年(1836年)发生了"天保大饥馑"。当时大阪地区充满饥民乞丐,饿殍遍地。大盐中斋不能坐视,要求官府开仓济民。然而,城守坐视民毙,无动于衷。1837年元月,大盐中斋向大阪12家富豪发出建议,号召每户出资黄金5000两,打算集资6万两,买米放赈,求民于水火。富豪中有的响应,有的唆使官家干预。大盐中斋盛怒之下,卖尽个人藏书1200余部,得黄金650两,制成1万枚商品券,尽数施于民众。但是,这一正义的举动,却遭到官府的指责,称他"沽名钓誉,收买穷民"。

在这种情况下,大盐中斋便秘密进行反对幕府政权的武装起事。1837年2月19日晨,大盐中斋率领他的24名门生并60名工匠、40名农人以及游民200余人正式举兵。他们攻打富豪,开赈仓库,四散谷物等。一时间惊天动地。然而事机不密,洗心洞24名门生中有7人叛变,致使起义失败。2月28日,大盐中斋在官府的围击中自杀。

这是在日本近世史上极为重要的"大盐平八郎起义"。关于这次起义留下的文献并不很多,但大盐中斋起草的起义《檄文》却保存下来了。这是日本儒学领域中阳明学学派一篇难得的文献,兹录于次。

> 四海困穷,天禄永终,小人治国,灾害并至。此盖往圣之深诫于后世人君者也。东照神君亦尝谓:"怜恤鳏寡孤独,是为仁政之本。"然而,于此二百数十年太平之世,在上者日益骄逸,穷奢极侈,达官要人之间,贿赂公行,交相赠纳,甚且不顾仁义道德,以内室裙带之缘,奔走钻营,得膺重任。于是,专求一人一家之私肥,课领内百姓以重金。多年以来,百姓于年贡诸役本已极难应付,今再遭此搜括,民用日益枯竭,似此情形,自幕府以至于各藩,相习成风,终至于四海困穷,人人怨嗟。

天皇自足利家以来,如同隐居,久失赏罚之柄。下民之怨,告诉无门,遂相率成乱。民怨冲天,年年乃有地震、火灾、山崩、水决等等;五谷不登,饥馑相成,是皆天之所以深诫于吾人者也。然而在上者,仍多不察,小人奸邪之徒续掌政事,日惟以榨取金米为谋,恼恨天下。

我等草野寒士,虽有鉴于庶民之疾苦,悲愤抑郁。然自顾无汤武之势、孔孟之德,乃唯有蛰居而已。然而近者,米价一再高涨,大阪府尹暨诸官吏,罔顾万物一体之仁,恣意行事,惟将米粮运往江户,而与天皇所在之京都则不与焉,甚而于购米五升或一斗之民,亦以动用贡米而妄加逮捕。昔有诸侯名葛佰者,夺民人之食而杀民人之子。以此与今相较,伤天害理,实无稍异。今之国内,凡我人民,均在德川家统治之下,本无差别可言;而乃相待若斯悬殊者,此皆府尹等之不仁所致也。更有甚者,府尹等一再滥发告谕,对于大阪城中游手好闲之辈,反而优渥倍加;此因府尹等之晋升,乃由于奔走钻营而得;本不顾道德仁义,遂致有此等乖戾背理之事也。近年以来,大阪富商借款于三都大名,由是得以攫取巨额之利息与禄米,其生活之豪奢,是实为旷古所未有。彼辈以商人身分,竟进为大名门下之司库家臣,彼辈富有田产及新垦土地等,丰衣足食无所匮乏;而乃目睹天灾人罚不知自检,置平民乞食于不顾。至于彼辈自身,或则山珍海味,妻妾围侍;或则引诱大名家臣于青楼酒肆,饮宴无度,一掷千金。际此民生艰难时节,彼辈依然锦衣玉食,游乐于优伶娼妓之间,一如往昔,此情此景,实同纣王长夜之宴也。然而,职掌当地政务之府尹暨诸官吏,竟复与之相互勾结;朝夕猬聚堂岛,计议米价行情,而置下民于不顾。此实盗禄之贼,而有违天道圣心者也。

我等蛰居草野,虽无汤武之势、孔孟之德,然而事至于此,忍无可忍,不得已敢以天下为己任,冒灭族之祸患,今结集有志之士,起而诛戮此辈殃民官吏,并于骄奢已久之大阪富商,亦将一并加以诛戮。此辈富商所藏之金银财货以及米粮等物,当悉数散发于百姓。凡摄、河、泉、播等处无田之人,或有田而不足供养父母妻子者,均可前来领此。为此,无论何日,凡闻及大阪城中骚动一起,各村百姓即须不问路途之远近,火速驰来大阪共分金米。效古贤散发巨鹿台财米,以济下民之遗意,以救今日饥馑困顿之百姓。四乡来集诸人之中,若有才能者,当予起用,参加军伍,共同征伐。我等兴师问罪,不同于乱民之骚扰,既欲减轻各处年贡诸役,并欲中兴神武天皇之政道;待民一以宽仁为本,重建道德纪纲,一扫年来骄奢淫逸之风,俾四海共沐天恩,得养父母妻子,救当前之苦难,使来生之世界得见于今日。尧、舜、天照大神之圣世,虽或难于重现,而中兴气象,当可光复也。

此文应即传达于各村,并为使多数百姓皆能见及,应将此文张贴于热闹大村之神殿,又须从速通知各村,嘱其注意勿为往来大阪间之吏役所悉,万一已被知悉,并将报告于大阪奸人之时,应即当机立断,予以斩杀。城中骚动既起之后,村人若有疑虑不定,或有不至大阪或迟至大阪者,则富豪之金木财物,已化为灰烬不可复得,为此应即通告百姓,勿于事后为我等乃毁物弃财之人,而徒有怨言也。各村于地头村长处,本置有纪录年贡租役之账册,毁账之事虽然每多顾虑,但为拯救百姓之穷困,此项账册文件,应即全部烧毁之。今日之举既不同于本朝平将门、明智光秀、汉土刘裕、朱全忠之谋反叛逆;更非由于窃取天下国家之私欲,我等宗旨,日月星辰当能明鉴;惟有效法汤、武、汉高祖、明太祖吊民伐罪之诚心而已。若有见疑于斯举者,请观诸我等事业完成之日可也。

此文应由寺院神社之僧侣或医者,宣读之于小百姓,村长乡老中若有惧于眼前祸患而私自隐匿此文者,一经发觉,当即处罪。

致摄、河、泉、播各村村长、乡老、小百姓等。

天保八年丁酉月日

大盐中斋领导的大阪民众起义,是他对于自己超越生死,贯以节义的理论信仰的最后的检验,在儒学史的发展上产生了重大的影响。我们虽然还不能说,因为有了大盐中斋的起义,阳明学就具有了对封建体制的破坏作用。正像我们也不能说,因为王阳明本人曾经镇压过农民起义,阳明学就是封建统治的工具。但它多少透露了阳明学与朱子学的不同。

第三节　伊藤仁斋、荻生徂徕与古学派

宋学与阳明学是日本近世纪时代儒学的两种形态,它们之间的对立,导致了一些学者对儒学的疑惑。当时的学术文化条件,不可能使人

科学地解开这个疑惑之结。于是,一些学者试图直接从中国儒学的古典本意出发,寻找研究中国学术的新支点。十七世纪后期开始,日本儒学界便出现了此种回归古典的学术流派——它首先表现为对中国古典儒学信仰的世界观。

人类文化思想史的事实昭示我们,文化思想史上任何一次"古典复归",都不可能是这场文化思想运动或这个文化思想流派的真正目的。"复古"只是追求和解决现实目标的旗帜——虽然,有时候是不自觉的。日本儒学中"复古"思潮的出现,其真实的目标在于从朱子学与阳明学的斗争中挣脱出来,特别是在于反对垄断了官方哲学地位的朱子学,反对林氏朱子学派。

在"古典复归"的旗帜下,日本儒学者形成了自己的学术流派。古学派以恢复儒学古典相号召,排斥宋人新注,成为朱子学派最大的对手。日本光格天皇宽政年间(1789—1800年)主张禁绝"异学"的柴野栗山,在《答大江尹》一文中说:

> 中世伊藤源助(伊藤仁斋)者出,其性恶高远微妙之言,其所好则平实卑近,又厌时流刚愎褊滞高谈自许者之为,凡古书说天道性命者,自《易》《中庸》举而斥之以为非孔氏之书。夫己之所不知,不能反复而验之于天理人情古道,而直以非圣斥之,其骄傲不逊,其谓之何?……继而物茂卿(荻生徂徕)者出,其所悟入则乱译学之绪余矣,其所安心立命则王(世贞)李(攀龙)故辞之遗窝矣。其性倨傲好胜,既被源助先着,谓循守古说尊奉宋儒,乃似迂腐无能,不可为一家法而出源助下者,遂牵强附会,凿空撰出,其缪戾乖剌无稽之言,大祸天下。

这一段话十分深刻地描述了朱子学派的学人,作为幕府官方哲学的学者,对古学派的仇恨心态。古学派本身并不是一个统一的整体,它又派中有派——伊藤仁斋创立"古义学派"于前,荻生徂徕重建"古文辞学派"于后。一时之间,也蔚成风气。

一、山鹿素行与古学派的滥觞

正像朱子学的巨擘林罗山,其学源于藤原惺窝,而阳明学创始者中江藤树,可溯源至了庵桂悟一样,十七世纪反对朱子学派的古义学派,是以伊藤仁斋(1627—1705年)及其《论语古义》和《中庸发挥》作为旗帜的,但其源流确始自山鹿素行。

山鹿素行(1622—1685年)8岁入林罗山门学朱子学,15岁又习兵法,17岁习神道。他壮年后一度曾在儒、释、道三教中苦闷徘徊。后来他读周孔之书,于是觉悟到其所以苦闷,是因为汉唐与宋明学者所说不一,使他对宋学由信任到怀疑。《先哲丛谈·后编》记山鹿素行说:

> 素行始讲宋学,左袒程朱。年四十后,有疑于理气心信之说。以先是所著经解数种,悉烧之。宽文六著《圣教要录》三卷,刊行于世,非斥程朱,辨驳排诋,无所忌惮。其意在讽刺于崇奉宋学者。当时之人,自王侯贵族至士庶,尊信程朱者极众矣,遂以斯获罪,被幽于播州之赤穗矣。

这是一起严重的学案。山鹿素行幼学朱子,中年后由怀疑理气心信之说而转变方向。他的态度很彻底,竟把自己所著经解数种,悉数烧之。于是,他因此而获罪,被流放于播州的赤穗了。

山鹿素行对朱子学的这种背叛,来源于他中年之后形成的"儒学道统说"。本来,宋学也讲"道统",但山鹿素行的"道统"观念与宋学截然相反。他在《圣教要录》中说:

> 伏羲、神农、黄帝、尧、舜、禹、汤、文、武、周公之十圣人,其德其知施天下,而万世被其泽。及周衰,天生仲尼。自生民以来,未有盛于孔子也。孔子没而圣人之统殆尽。曾子、子思、孟子亦不可企望。汉唐之间,有欲当其任之徒,又于曾子、子思、孟子不可同日而谈之。及宋,周、程、张、邵相继而起,圣人之学至此大变,学者阳儒阴异端矣。道统之传,至宋竟泯没。

这是一个完全归复于原始的儒学道统论。这个道统论有四层意思十分重要。第一,儒学始于伏羲、神农等十圣人,盛于孔子。"孔子没而圣人之统殆尽",这一观念完全否定了宋儒高倡的"继孔孟而开绝世"的道统论。第二,孔子之后,儒学有三变,一变为曾子、子思、孟子之说,二变为汉唐之学,三变为宋代周程张邵之论,而"圣人之学至此大变"。这一观念便完全否定了宋学为圣人之学的朱子学派的基本观念。第三,宋人学者皆"阳儒阴异端",这是对宋学的最尖刻的结论——异端之学。这就是说,山鹿素行通过他自己创造的儒学道统论,指称作为幕府官学的朱子学,不仅未能继承十圣人及孔子之道,也不仅在儒学的递变中背叛圣人之学，而且直接就是表面是儒、而骨子里则是异端。第四，在他猛烈批评宋学的同时，却在道统论中找到了信仰与学术的新支点——回归孔子及孔子之前的儒学。这或许也是一种"返朴归真"吧。于是，山鹿素行对宋学的批判，便是以回归古典儒学作为导标的。在这个意义上，我们可以说，山鹿素行提出的儒学道统论，既是他背反宋学，又是他倡回归儒学古义的宣言书。

山鹿素行以曾为林罗山的信徒而举起宋学革命的旗帜，这当然惊动了官方哲学界，他终于被流放了。山鹿素行的被流放，具体原因可能有两方面：一方面是当时朱子学流行正炽，山鹿素行倡导反宋学，这当然引起那些热衷于朱子学并因此而在幕府中觅到大小官位的人们的愤懑了。另一方面是山鹿素行当时"称门人者殆四千余人，声价振于朝野"，从而引起幕府政权的大忌深恨，恐其"包藏不轨"。这正反映了日本儒学界中，当时已经有为数不少的人对宋学厌倦而对新学术的兴趣了。

山鹿素行是日本儒学界中最早在走出宋学阵营的同时，举起回归儒学古典的学者。可以说，他是日本儒学界中"古典学"的滥觞。

二、伊藤仁斋与古义学学派的特征

日本儒学领域中朱子学与阳明学的对立，以及朱子学者把学术依附于权势的行径，导致一些学者对宋明儒学深刻的疑虑，从而促使他们返璞归真，在古典儒学中寻求信仰与学术的新的支点。山鹿素行发端于前，伊藤仁斋继之于后。日本儒学界终于形成了一个新的学派——古义学。

在古义学派中举起大纛的，是伊藤仁斋。

伊藤仁斋(1627—1705年)，名维桢，字源助，仁斋为其号，书室名诚修。又号古义堂，学派因此而得名。

伊藤仁斋青年时代笃信朱子学，其见解都不脱离宋儒的范围。及年三十七，乃有疑于宋儒之学和孔孟之旨不同，考索多年，略得头绪。归纳而言，其思虑而得头绪者，大致有下列几方面：

第一，竭力表彰《论语》《孟子》二书，称它们为"千载不传之学"，指《大学》《中庸》为"非孔孟之真血脉"。

伊藤仁斋在儒学诸典中，认为"天下之理，至《语》《孟》二书而尽矣"。他在《童子问》中说：

> 孔、孟之直指,见于《语》《孟》二书者,炳如丹青,包含天下之理而无缺,荟萃百家之典而不遗,出于此而旁径也,他歧也。子欲识予之意则观《语》《孟》二书足矣,今虽为子倾囷倒廪以尽告之,亦莫能出于二书之外者,子能熟读玩味有得焉,则虽与予生相瞑违,阻地隔世,犹相聚一堂,终日议论,心心相照,若合符,自莫相违。
>
> ……
>
> 天下之理,到《语》《孟》二书而尽矣,无可复加焉。勿疑!
>
> ……
>
> 问先生学问之家法,曰吾无家法,就《论语》《孟子》正文理会,是吾家法耳。①

在儒学经典中突出《论语》《孟子》,这是古义学的最基本特点,它具有两方面的意义。一方面是表现了这一学派回归古典的主张,另一方面是为了贬抑宋学派所推崇的《大学》《中庸》。关于后者,伊藤仁斋指称"《中庸》之书即《论语》之衍义也,专为孔门心法者非也。而《大学》一书,本在《戴记》之中,不详撰人姓名,齐鲁诸儒熟《诗》《书》二经而未知孔孟血脉者所撰也"。

第二,他主张儒家古典主义的"仁学",公开亮出反对宋学的旗帜。宋学讲究心学和性学,伊藤仁斋根据《论语》《孟子》的义理,认为"圣门学问第一字是'仁',义以为配,礼以为辅,忠信以为之地"。由此,他认为宋学以理、以心、以性为主是不对的。他说:

> 曰心学之称,亦自禅学来,性学之号亦然。理学者流,以其非配诵词章之学,创建斯名以标榜于世,然实非圣人之意。圣人从天下上见道,佛者从一身上见道;从天下上见道,故见天下所同然之理,所以贵德而不贵心也;从一身上见道,所以知心而不知德也,故其学自霄壤,而卒至离人伦,可不察耶!②

伊藤仁斋认为,宋学是"知心而不知德",然而人间重要的应改是"贵德而不贵心",后者即是"仁学"之道。伊藤仁斋认为"仁义是二字,乃王道之体要"。从这一观点出发,他认为汤武的放伐是实行"王道"。伊藤仁斋说:

---

① 《童子问》第八章。
② 《童子问》第七章。

> 孟子论征伐,每必引汤武明之,及其疑于弑君也,乃曰:"闻诛一夫纣矣,未闻弑君也"。明汤武之举,仁之至,义之尽,而非弑也……何者?道也者天下之公共,人心之所同然,众心之所归,道之所存也……故汤武之放伐,天下放伐之也,非汤武放伐之也,天下之公共而人心之所向然于是可见矣。孟子之言,岂非万世不易之定论乎?宋儒以汤武放伐为权变,非也。天下之同然之谓道,一时之从宜之谓权,汤武放伐即道也,不可谓之权也。①

这在朱子学的"大义名分"重于一时的日本社会,实在是大胆的宣言。

"汤武放伐"本来古典儒家从"有德者王"的立场出发,早已首肯,但在日本皇统"万世一系"的神道主义与皇权主义的观念中,成为与"大义名分"的"忠君"思想相对立的行动。伊藤仁斋的这一回归儒学古典主义的观念,成了当时官方哲学的异端。

第三,反对宋儒以"理"为天地之本源,主张"太极"为"一元气"。

伊藤仁斋在其重要的著作《语孟字义》中说:

> 天地之间,一元气而已。或为阴或为阳,两者只管盈虚消长往来感应于两间,未尝止息,此即是天道之全体,自然之气机,万化从此而出,品汇由此而生,圣人之所以论天者,至此而极矣。可知自此以上更无道理,更无去处。
>
> ……
>
> 故知天地之间,只是此一元气而已矣。可见非有理而后生斯气,所谓理者,反只是气中条理而已。夫万物本乎五行,五行本乎阴阳,而再求夫所以为阴阳之本焉,则不能不必归之于理,此常识之所以必至于此不能不生意见,而宋儒之所以有无极太极之论也……大凡宋儒所谓有理而后有气,及未有天地之先,毕竟先有此理等说,皆臆度之见,而画蛇添足,头上安头,非实见得者也。②

这是一个重要的观点,它表明伊藤仁斋的古义学在世界观方面具唯物论倾向。这里有两方面的意义是重要的。一方面是伊藤仁斋指明了"元气"是天地的本源。对于这个本源,"圣人之所以论天者,至此而极

---

① 《孟子古义》卷一。
② 《语孟字义》卷上。

矣"——即使是圣人,也不可能超越"元气"。另一方面,正因为"元气"是天地的本源,所以宋儒所谓"未及有天地之先,毕竟先有此理",这完全是"臆度之见"。伊藤仁斋从唯物论的世界观立场上,否定宋儒的"理学",超越了朱子学与阳明学的对立,而其批判却更见深刻。

第四,主张"人皆有性,性皆善",扩充人性,通过教育建立"仁"的社会。

伊藤仁斋说:

> 人皆有性,性皆善,然学以充之,则为君子矣,不能充之则众人而已耳,性之不可恃也如此……孔子亦曰:"性相近也,习相远也";君子小人之分,不由性而由教,故夫子不责性而专责习,其意可见矣……吾夫子以生民以来未尝有之至圣,旁观古今,洞视天人,创为生民建大教法,曰学而已矣,故曰"学而时习之,不亦说乎";又曰:"吾尝终日不食,终夜以寝,以思,无益,不如学也"。言天下之至益,莫如学问,而夫悬空臆想者,实无所获,勉旃!①

这里表达了伊藤仁斋的社会哲学观念。他首先依孔孟之说,肯定"人皆有性",而且"性皆善",仍然是一个性善论者。然而他进一步认为,应该以人性——即个人自我为出发点,以"教育"为手段,扩充人性,使达于仁义礼智之德,以求达到最高的王道见解,这就是伊藤仁斋的理想社会。

在这里要注意到伊藤氏古义学派的"人性",是处于运动变化之中的活物,而不是如"宋儒见'尽性'二字,便以为'尽性'之外别无学问"的死物。②

伊藤仁斋指的人性的变化,是一种扩充存养的功夫,其途径便是"学习"。古义学派把"学习"看得万分的重要,"君子小人之分,不由性而由教"。

在这里,古义学派与宋明理学都讲究"性",事实上,它们之间是对立的,宋明理学讲究"内求诸己"来发现"性",古义学讲究在已有的"善"性基础上,经过与外部世界接触的"学习",而获得仁义礼智之德。

---

① 《童子问》第一七章。
② 《仁斋日记》(《甘雨亭丛书》本)。

三、荻生徂徕与古文辞学派的特征

古学派中最有特色的是荻生徂徕创立的古文辞学派。就学派理论来说,它是日本儒学发展中最后的阶段,这一学派内部充满矛盾的学说,既意味着日本儒学发展的鼎盛,也标志着它的衰退。

荻生徂徕(1666—1728年)又称物茂卿,名双松,小字总右卫门,号徂徕。因又号萱园,这一学派又称为"萱园学派"。荻生徂徕与伊藤仁斋一样,出身都很贫困。他的学生太宰春台描述其早期情况说:

> 初卜居于芝街,时贫居如洗,舌耕殆不给衣食,增上寺前有腐家,怜徂徕贫而有志,中馈腐渣,后至食禄,月赠米三斗以报之。春台与南郭书曰:"徂徕先生之未仕也,尝教授于芝浦,人所知也。后遇柳泽氏之勃兴封侯,召先生掌书记,先生于是乎始释褐于侯门,然其禄尚微。寻柳泽公累益封,先生亦以公之宠灵,累益其秩,至五百石。虽以命世之才,而有勤劳于侯家,自非柳泽公之知遇,先生之穷达未可知也。"①

"古文辞学派"是古学派的一支,确切地说,它是从"古义学派"中分裂出来而自成一家之言的。荻生徂徕早年读林氏朱子学著作,如林罗山之子林鹅峰所著《大学谚解》等,后来追随伊藤仁斋的"古义学"。1717年(享保二年),荻生徂徕写了《辨道》一文,意味着他脱离"古义学"而展开了独特的古学研究。其中原因,其学生太宰春台说:

> 近时我日本独有伊藤氏之学,能辟宋儒而倡古学,海内好古之士,皆为之吐气;惜也所见之小,废六经弗读,尽取《孟子》之书以解《论语》,且信孟子之甚,至以配孔子而不疑,焉知心性之谈始于孟氏,非复洙泗遗训乎!原佐尝谓宋儒为禅儒当矣,然其所见如是之小,而其学亦以心性为事,则犹未出宋儒之党也……宋儒不奉文礼之教,而以心性为学,是名为仲尼之徒而实畔之也。及我荻生氏学作,力排宋儒心性之说,而以诗书礼乐为教,则仲尼所传先王治天下之道,既隐复显,炳若日星,岂不愉快哉!②

---

① 《先哲丛谈》卷六引《春台与南郭书》。
② 《内外教辨》。

荻生徂徕脱出"古义学派"后的新学,强调古文辞的意义。他读中国明代李攀龙和王世贞的书,大受启发,决定以文章立教,以钻研中国古文辞为务,因而觉悟,认为自己旧时为文之非,曰"岂为我哉,滔滔者天下皆是也!岂为今哉,千古以来皆是也!遂不复属目于东汉以后书"。他认为宋儒因不通古文辞所以把"理"作为了"道",而与古代圣王把"礼乐"视为"道"不同,结果便以"理"杀人了。荻生徂徕竭力主张"今之学者,当以识古言为要;欲识古言,非学古文辞不能也"①。所以,由荻生徂徕建立起来的学派,便称为"古文辞学派"了。

"古文辞学派"主张"汉文直读论"。原来自汉文和训之法创立之后,中国文献在日本的传播范围有了许多扩展,但随之而来便是读者只会根据和训者的意释去理解文献的意思,常常不是原书的原意,而是和训者的意思,这就为中国学问的传达,造成了许多新问题。荻生徂徕说:

> 此方学者以方言读书,号曰和训,取诸训诂之义,其实译也,而人不知其为译矣。古人曰读书千遍,其义自见。予幼时切怪古人方其义未见时,如何能读?殊不知中华读书,从头直下,一如此方人念佛《陀罗尼》,故虽未解其义,亦能读之耳。故此方读法,顺逆回环,比移中华文字以就方言者,一读便解,不解不可读,信乎和训之名为当,而学者宜或易于为力也。但此方自有此方言语,中华自有中华言语,体质本殊,由何吻合,是以和训回环之读,虽若可通,实为牵强。而世人不省,读书作文一唯和训是靠,即其识称淹通,学极宏博,倘访其所以解古人之语者,皆似隔靴搔痒;其授毫摅思者,亦悉侏离鸟言,不可识其为何语,此无它也,向所谓易于为力者实为之崇也。②

荻生徂徕在这里提出的道理,是确实而平易的,但又是日本儒学界经几个世纪而后才认识到的——研究中国的学问,必先通中国的语言文字。先以中国音读汉文,而后用日本语文表达,这才是真正做学问之道。荻生徂徕根据自己的经验,从学古文辞着手,以后取六经而读,始觉物与名合,而训诂大明。他说:

> 今言非古言,今文非古文,吾居于其中而以是求诸古,乃能得其

---

① 《辨道》(日本文化四年补刊本)。
② 《译文荃释》(载《徂徕集》卷九)。

> 名者几希……故欲求圣人之道者,必求诸六经以识其物,求诸秦汉以前书以识其名,名与物不舛,而后圣人之道可得而言焉已。①

他指出,宋儒不懂古文辞而自逞己见,所以,他们所传的并不是七十子之徒所传的孔子之道,亦非古先圣王之道。徂徕批评宋儒说:

> 程朱诸公虽豪杰之士,而不识古文辞,是以不能读六经而知之,独喜《中庸》《孟子》易读也。遂以其道与人争言者,谓圣人之道本然。又以今文视古文,而昧乎其物;物与名离,而从义理孤行。于是乎先王孔子教法不可复见矣。②

为此,中御门天皇正德元年(1711年),荻生徂徕与志同道合者组成"译社"——这是古代日本研究中国语文与中日对译的第一个学术结社。其《译社约》说:"凡会之译,其要在以夏变夷,不许以俗乱雅也。"这表示了古文辞学派对中国文化的尊重。

但是,推崇古文辞学的根本目的,在于"辨道"。他认为从孟子、子思开始,直至宋学的理论与阳明学的理论,都是从"心""性"中引出"道"来,这是完全错误的。日本古义学派的伊藤仁斋固执"四端"之说,也是极端错误的。荻生徂徕认为:第一,所谓"道",应该是"先王之道"。孔子的"道",也只是"先王之道"。此外,并无其他的"道"。第二,所谓"先王之道"(圣人之道、君子之道),即是"安天下之道""治国家之道"。其内容除"礼乐刑政"之外,别无其他。第三,"先王之道"并不是存在于人的"心"与"性"中,它是"先王所造作,非天地自然之道"。荻生徂徕说:

> 道者统名也,以有所由言之。古先圣王所立焉,使天下后世之人,由此以行而已。譬诸人,由道路以行,故谓之道。用孝悌仁义以至于礼乐刑政,合以名之,故曰统名也。先王圣人也,故或谓之先王之道,或谓之圣人之道。凡为君子者务由也,故亦谓之君子之道。孔子之所传,儒者守焉,故谓之孔子之道,亦谓之儒者之道。其实一也。

荻生徂徕的这一"道论",致力于破除宋明理学的"心性之说"——即"先王之道",并不是人的"心"与"性"中所具有的普遍性存在,它们作为

---

① 《辨道》(日本文化四年补刊本)。
② 同上。

一种"后天能力",是外界的观念。他强调"先王之道"是"物"而不是"理",所谓"先王之教,以物不以理"之说,表明他正在脱离思辨的立场,而以经验论的视角来观察世界。这是日本儒学的一种进步。但是另一方面,荻生徂徕却在破除"心性崇拜"的同时,又树起了对"先王之道"的崇拜——强调"学问之道以信圣人为先"的古学主义。他在《辨名》中说,"圣人之智,不可得而测焉,亦不可得而学焉。"荻生徂徕以他对古代的狂热崇拜,不允许古代世界观通过历史的进步而加以丝毫的改造。这样,他便从经验论的立场上退回到把自己引向有神论的泥潭之中了。

荻生徂徕以"先王之道"为第一义。《辨名》中说:"自古圣帝明王,皆法天而治天下,奉天道以行其政教。是以圣人之道,六经所载,皆莫不归于敬天者也。"这样,荻生徂徕便从"先王之道"发展到"敬天"之说,甚至相信"鬼神乃圣人之所立"等。这是古文辞学派在哲学上的重大弱点,也是古学主义盲信古典的必然的逻辑结果。

古文辞学派在伦理学方面,在"天理"与"人欲"之辨中,表现了一种新思想的萌芽。荻生徂徕在《辨道》中说:

> 后世儒者识先王之道,乃逞其私智,以谓为善而去恶,扩天理而遏人欲也……故《通鉴》之于治国,性理之于修身,人与我皆不胜其苛刻焉,遂使世人谓儒者喜攻人。

这无疑表明荻生徂徕反对那种一味以所谓"大义名分"来裁判政治事件,反对那种一味以所谓"性理之说"来从事常人的修身。这种观念具有突破儒学的禁欲主义和克己之说的意义。它一方面作为正在发展起来的城市生活的反映,一方面作为随着封建制度的衰落而来的日本儒学崩溃的征兆,具有重要的意义。

荻生徂徕的学问,在日本毁誉参半。他的有些著作在当时已经传入中国,引起了清代学者的兴趣。据《长崎年表》记载,1809年(日本文化六年),荻生徂徕的《论语征》《大学解》《中庸解》等输入中国[①]。俞曲园有如下的叙述:

> 《论语征》甲乙至壬癸十卷,日本物茂卿撰。其书每页二十行,每行二十字。每卷首末有两页,版心皆有"滕元启谨书"五字。同治

---

① 参见藤冢邻《物徂徕〈论语征〉与清朝经师》(载《支那学研究》第四期)。

五年,戴子高于杭州书肆得之,以示众。①

当时的中国学者,在他们的著作中,或采用他的成果,或与之论辩。1810年(清嘉庆十五年)为《论语征》传入之翌年,吴英便在《竹石斋经句说》的第十五卷、二十一卷、二十四卷、二十五卷、二十六卷共凡五卷中,引证《论语征》八条,与之辩驳者五条。1821年狄子奇作《论语质疑》,引《论语征》凡十三处。其后,1865年刘宝楠作《论语正义》,被称为有清一代的代表著作,其卷八《述而》、卷十《子罕》等中,都引证了《论语征》的论述。俞曲园在《春在堂随笔》中,对荻生徂徕的《论语征》有如下的评论:

> 其大旨好与宋儒牴牾,然亦有谓宋儒是处。议论通达,多可采者。惟谓上《论》成于"琴张",下《论》成于"原宪",故二子独称名,此则近于臆说,然亦见会意之巧矣。

俞曲园又在《东瀛诗选》中称《论语征》一书"议论通达可喜者多",故而摘录其中17条入于卷中。光绪年间,李慈铭在读了俞樾的这些论断后,在其《越缦堂随笔》中记道:"如记日本物茂卿撰《论语征》云云,皆有关系实学"(光绪六年十二月四日)。后来,李慈铭又读到了荻生徂徕的《萱园随笔》,便在光绪十二年九月二十四日写道:"其言颇平实近理","皆有特识"等。翌日,又写道:"其卷二论乐之为教一着,文极醇实,得教化之本。"

除此之外,清道光十六年(1836年)钱泳又编次荻生徂徕的《辨道》《辨名》,并附《日本徂徕先生小传》,作为《海外新书》梓行。钱泳在此书的《序》中说:

> 日本在东海东中,离江南数千里而能崇尚文学,通诗礼。著作之家,亦屡见迭出,如藤原肃号惺窝,林忠号罗山,朱之瑜号舜水,山崎嘉号闇斋,伊藤维桢号仁斋,贝原笃信号益轩,高元岱号天漪,森尚谦号俨塾,源君美号白石,太宰纯号春台,服元乔号南郭,宇鼎号明霞,皆其选也。先是,彼国之享保中有儒者曰物茂卿,所著有《辨道》一卷、《辨名》四卷,凡六万余言,皆以经证经,折衷孔子,并无浮华泛说参错其间。观其大略,首尾完善。海外人有此清才,亦罕见者。泳乡居多暇,无所用心,为之抄录成编,命之曰《海外新书》。其

---

① 《春在堂随笔》卷一。

余尚有《大东世语》《资治论》《先哲丛谈》《乐府》《文话》《札记》诸作,礤当选而续之也。

谨按,钦定《四库全书提要》,有日本西条掌书记山井鼎所著之《七经孟子考文》二百六卷,已载入经部。仰见我皇朝尊经稽古,振兴文学,虽外域边徼之书,亦所收录。可谓大公无私,德同天地者矣。秀水郑君晓山,雅博士也,与余同志,先将茂卿之书写付梓人,以传好事云。

道光十六年春正月,梅华居士钱泳,时年七十有八。[①]

钱泳所编此书,在1840年(日本天保十一年),又重新传返日本。日本儒学界大喜过望,题名《荣观录》,由藤田东畋作《清版二辨记》。今一并收入《日本儒林丛书》之中。

荻生徂徕创立古文辞学派,为日本儒学界带来了一股清新之气。但徂徕的学说本身也入了矛盾之中。他一方面批评宋明之学的"心性崇拜",但另一方面它又提倡"圣王之道"而陷入了更深的"古学崇拜"之中;一方面他排斥理学思辨的"私智佞作",提倡经验的必要,另一方面又拒绝对古代世界观作历史进步的任何修正;一方面他认为"性理之于修身,人与我皆不胜其苛刻焉",表现了趋向快乐主义的要求,另一方面他又强调"先王之道,治天下之道",坚持把儒学的德治主义作为价值尺度与道德标准。

荻生徂徕学说中的这些矛盾,既显示了日本儒学的发展,又表明了发展的极限。其后,日本近世的所有儒学家,他们的学说再也没有超越于这一水平的了。

这预示着跟随着社会的发展,日本近世儒学终结的时刻快要到来了。

---

① 文见《钱氏三种》,收入《吴氏囊书囊·丙编》。

第三编

文学编

第十章

日本古代文学的形成与中国文化

日本古代书面文学的形成,起始于公元八世纪的奈良时代。这一时代是日本文化史上辉煌的时期,在从律令制向贵族制的历史转变中,创造了不仅是属于当代的杰出的文学成就,而且其中所内蕴的力量一直成为日本文化的基本精神。

在这个时代的前期,中日文化与文学有过炽热的相互交会;在这个时代的后期,日本文化与文学又以冷峻的态势,在审视中融入中国文化。这四百年间所积聚的精神文明,深刻地表现了中日文化与文学相互会合而产生的成果。

第一节 日本最早的书面文学集《怀风藻》

在日本文化史上,书面文学集的编撰,要早于日本文字的形成。在日本文字形成之前,日本民族运用汉字,创造了辉煌的文学。由于汉字介入了日本文学的创作,造成了它的文学形式的特殊性:一种是运用汉文创作的文学,称为"汉文文学";一种是运用汉字记音创作的文学,称为"和文文学"。不论是汉文文学,还是和文文学,它们都是日本民族文学的不可分割的部分。这里特别要强调日本的"汉文学"。所谓"日本汉文学",指的是日本人用汉文创作的一种表现日本民族思想感情的文学。这种文学的"样式"是汉民族的,而表现的"感情"却是日本民族的,所以称为"日本汉文学"。

汉文学系统是古代东亚和东北亚文化发展中一种特异的文化现象,在诸如朝鲜、越南等国的文学中都存在。其中,以日本汉文学最为发达,它是日本传统文学的有机组成部分,是日本民族文学消融外来文化影响别具创造力的表现。

从日本文学史的发展顺序来说,"汉文文学"的书面作品集的形式,又早于"和文文学"的书面作品集。

751年(日本孝谦天皇天平胜宝三年,唐玄宗天宝十载)日本文学史上第一部书面文学集《怀风藻》诞生[①]。这是一部汉诗集,收 64 位诗人的 120 首汉诗。从诗风内容和诗的形态上看,《怀风藻》表现了以下几个明显的特点。

一、《怀风藻》中的中国诗句式的模拟

日本汉文学形成于八世纪中期,相当于中国的盛唐时代。《怀风藻》成书的时候,日本已经向中国派遣了第十一次遣唐使。唐代与日本在文化上的联系是直接而紧密的。但是,对日本汉文学的形成起决定性作用的,并不是唐代文学,而主要是秦汉六朝文学。两个不同民族文学相互影响的此种时间差异,对和文文学的形成同样具有意义。

这说的是日本文学消融中国文学在时间差方面的总趋势。《怀风藻》的情况是典型的,该集所收集的奈良时代汉诗人的作品大都创作于七八世纪,其中大量地吸收了中国诗歌的句式、意境与典故词语。从意象统计的角度测定,它们主要来源于隋唐以前的中国文化遗产。

	秦及先秦	六朝	初唐
句式	1	31	8
意境	8	7	7
典故词语	50	72	19

《怀风藻》中的汉诗,融化中国秦汉六朝文学的主要内容,便是在诗句的形态方面,出现从"句式模拟"开始,其后逐步深化的"形态模拟诗"。这是令人瞩目的。

此种"句式模拟"具有多种形态。

1. "一字重复"句式:

A. 巫山巫峡长, 垂柳复垂柳 梁元帝:《折杨柳》	花色花枝染 莺吟莺谷新 [日本]春日藏老:《述怀》 (《怀风藻》No.59)

---

① 本文引《怀风藻》文,皆见《日本古典文学大系》本,岩波书店刊。

续表

B. 春还春节美 春日春风过 春意春已繁 春人春不见 湘东王:《春日诗》	云里望云端 日边瞻日本, 远游劳远国 长恨苦长安 [日本]释辨正:《在唐忆本乡》(《怀风藻》No.27)

2."二字联缀"句式:

A. 舞袖拂明烛, 歌声绕凤梁 王融:《秋夜》	舞袖留翔鹤, 歌声落梁尘 [日本]石川朝足:《春苑应诏》(《怀风藻》No.40)
B. 云间陆士龙 日下荀鸣鹤 《世说新语》"排调第廿九"之九	云间颂皇泽 日下沐芳尘 [日本]比良夫:《春日侍宴》(《怀风藻》No.42)

此外,还有诸如"……随……逐……"句式、"……逐……随……"句式、"……时……乍……"句式、"昔……今……"句式、"……将……共……"句式等等,在《怀风藻》中被日本的汉诗人们反复使用。

诗歌的句式,在相当程度上决定了诗歌的表现。所有这些"同句式形态诗"都说明,日本知识阶层在他们接受中国文化,移植汉诗这种文学样式的时候,他们首先注意的,也是功力最深的地方,便是模拟中国诗歌的句式。这一努力的结果,使日本韵文创造了更加完美的韵律表现形式,同时也使它成为世界文学中受中国诗影响最深的韵文文学样式。

二、《怀风藻》与对中国乐府体诗的"全形态模拟"

奈良时代以《怀风藻》为代表的日本汉诗人,十分注重中国的乐府体诗歌。

他们在理解乐府体诗歌方面,不仅仅只是吸收其诗句形式,创造"同句式形态诗",而且,以乐府体诗的整体为范本,进行"全形态模拟"创作。例如:

结宇长江侧	结宇南林侧
垂钓广川浔	垂钓北池浔
<u>竹竿横翡翠</u>	
<u>桂髓掷黄金</u>	
人来水鸟没	人来戏鸟没
楫度岸花沉	船渡绿萍沉
莲摇见鱼近	苔摇识鱼在
纶尽觉潭深	缗尽觉潭深
<u>渭水终须卜</u>	
<u>沧浪徒自吟</u>	
空嗟芳饵下	空嗟芳饵下
独见有贪心	独见有贪心
[陈]张正见：《钓竿篇》	[日本]纪末茂：《临水观鱼》

日本诗人纪末茂《临水观鱼》一诗，系以中国陈朝张正见的乐府诗《钓竿篇》为样本而进行模拟的。从诗歌形态学的角度来讲，这种全形态的模拟，也仍然是一种"同句式形态诗"，不过是把"同句式形态"扩展到了诗的"全形态"而已，我们把这种形态称之为"全形态模拟诗"。日本古代文学形成时期的这种对中国作品的"模拟形态"，在创作中具有积极的意义，它不仅在一般的意义上体现了中日之间的文化交流，而且对于积聚文学的创作经验，起着实际的引导作用。

《怀风藻》中的这类"全形态模拟诗"，也有不同的形式。又如日本释道融《无题》二首：

(1) 我所思兮在无漏，欲往从兮食瞋难，
　　路险易兮在由己，壮士去兮不复还。
(2) 我所思兮在乐土，欲往从兮痴呆难，
　　行且老兮盍黾勉，日明逝兮不再还。

这两首《无题》，其诗型本源于张衡的《四愁诗》。其原型为：

(1) 我所思兮在太山，欲往从之梁父艰，侧身东望涕沾翰。
　　美人赠我金错刀，何以报之英琼瑶？路远莫致倚逍遥，何为怀忧心烦劳。
(2) 我所思兮在桂林，欲往从之湘水深，侧身南往涕沾襟。

美人赠我琴琅玕,何以报之双玉盘？路远莫致倚惆怅,何为怀忧心烦怏。

(3) 我所思兮在汉阳,欲往从之陇阪长,侧身西望涕沾裳。

美人赠我貂襜褕,何以报之明月珠？路远莫致倚踟蹰,何为怀忧心烦纡。

(4) 我所思兮在雁门,欲往从之雪纷纷,侧身北望涕沾巾。

美人赠我锦绣段,何以报之青玉案？路远莫致倚增叹,何为怀忧心烦惋。

日本释道融的《无题》二首,虽然是七言四句式,而张衡《四愁诗》为七言七句式。但是,《无题》二首的全诗韵律全盘取自《四愁诗》,它仍然属于"同形态模拟诗"中的"全形态"模拟。

《怀风藻》中出现的此类"全形态模拟诗",可以说是其后日本古代文学各种样式中的"翻案"作品(日本传统文化中,把移用外来文学的情节或形式,习惯上称为"翻案")的滥觞。不过,这里还值得注意的是,日本汉诗对中国诗的整体形态的模拟,是从中国乐府体歌诗开始的。这种情况与日本和文学中短歌诗型的形成,有着相关的联系。

三、《怀风藻》汉诗向日本民族化发展的尝试

日本汉诗虽然不是日本民族土生土长的文学样式,但是,从它形成的时候起,经过诗人们的努力探索,便已经出现了日本化的趋势,逐步地融化于日本民族的文化之中了。《怀风藻》中有些汉诗,已经在不同程度上开始摆脱纯粹使用中国文化典故的状态,而采用了中日典故交混的形式。例如:

高岭嵯峨多奇势,长河渺漫作回流。
钟池超潭异凡类,美稻逢仙同洛州。

丹墀广成:《吉野之作》

诗人漫游吉野,那里流传一个美丽的传说:美稻与柘媛相爱的故事(这是关于日本农业起源的传说之一。美稻是稻的种植者,柘媛是桑的采摘女)。诗人陶醉在美丽的传说与嵯峨多姿的自然风貌之中。在这种美的经历中,诗人以他深厚的中国文化修养,似乎想起了《洛神赋》中的洛水女神,这是一位绰约多姿、光彩照人的女神,然而,这样的女神,不仅中国有,日本也有。于是,诗人便把中日这两个神话传说融会一起,铸造

自己诗的意境,写下了"美稻逢仙同洛州"这样的诗句。像这样把中日典故混融使用,既增添了日本吉野传说的美的感染力,同时,也使日本汉诗更能表现日本人的民族感情和审美趣味。

把日本柘媛的传说与中国典故混融而作诗,在《怀风藻》中共有五首:丹墀广成《吉野之作》《游吉野山》,藤原史《游吉野》,纪男人《游吉野川》,高向诸足《从驾吉野宫》。这是日本汉诗人为汉诗日本化而作的一种初步尝试,这种努力尽管显得还比较肤浅,但是,它却表明像"汉诗"这样一种原本属于中国汉民族的文学样式,是可以逐步地融合进日本文化的内容的。这便是文化融合的一种创造。

日本古代文学以此为起步,在多层面上模拟创造,推进发展,闪耀着中日文化交融的光芒。

第二节 《万叶集》与中国文化的关联

日本民族纯文学的诗歌,称之为"和歌"。它是日本民族引以为自豪的一种最具有民族特性的文学样式。初期的和歌,见于《古事记》与《日本书纪》中,并无一定的歌型,称为"记纪歌谣",是一种自由形态的歌。八世纪后期编纂成的《万叶集》,曾有"长歌""短歌""片歌""旋头歌"等的区别①。"长歌"是一种不受诗行约束的歌型,"短歌"则由五行三十一音组成,"片歌"为十九音三行,"旋头歌"由两组"片歌"合成。在这些歌型中,"长歌"的形态与"记纪歌谣"一脉相承,但在其后的发展中,却逐步衰退,"短歌"成了最普遍的表现形式。中世时代的"连歌",与近世时代的"俳句",也是在"短歌"的基础上派生出来的。所以,"短歌"就成了"和歌"的代称。江户时代的日本"国学家"们更把《古事记》和《万叶集》作为"纯粹"日本精神的表现。

"和歌"当时称为"やまとうた",即"倭歌"之意②。近代日人因回避"倭"字,又盛行音读,故一般称为"わか",日文当用汉字标为"和歌"。"倭歌"与"和歌"的名称,在当时是与"汉诗"相对称而言的。所谓"汉诗",即如《怀风藻》类,是日本人用汉语言文字创作的一种表达日本民族

---

① 本文引《万叶集》文,皆见《日本古典文学大系》本,岩波书店刊。
② 古代日本又有称"和歌"为"倭诗"者,如《万叶集》卷一七有大伴家持的《歌序》曰:"忽辱芳音,翰苑凌云,兼垂倭诗,以吟以咏⋯⋯"(No.3966)

情感的"诗"。"和歌"与"汉诗"是同属于日本文学的两大歌诗系统。古代的奈良文坛，作为日本文学起始的基点，和歌汉诗，色彩斑斓。它们在形成和发展中，一边互补并进，一边又与中国文化更加直接地沟通交流，从而为平安文学的辉煌时期的到来作了有力的奠基。《万叶集》便是最杰出的代表。

一、《万叶集》定名的意义

《万叶集》是八世纪中期之前的和歌的总集，但它的得名却与中国文学有着密切的关系。《昭明文选》中有颜延年《曲水诗序》，其曰：

> 其宅天衷，立民极，莫不崇尚其道。神明其位，拓世贻统，固万叶而为量者。

据《六臣注》，此"万叶"则为"万代"之意。晋人陆云在《祖考颂》中又有如下之说：

> 灵魂既茂，万叶垂林。

此处的"万叶"，当为诗文众多茂盛。《古今和歌集》的《假名序》中有"倭歌以人心为种，具备万言之叶"，即系陆云文的意思。虽然，在中国汉魏六朝诗文中，"万叶"一词可能有两种含义，然而日本的歌人们在取"万叶"而为一代和歌总集之名时，显然是兼采二义，合二而一的。

日本古代第一部和歌的总集，取"万叶"之义而予以命名，并不是一种偶然和孤立的现象。

在《万叶集》所收录的和歌中，其中有不少从事和歌创作的"歌人"，恰恰又是同时活跃于奈良汉诗诗坛上的"诗人"。《万叶集》中有20余位歌人，恰是《怀风藻》中汉诗的作者。

《万叶集》"和歌"与《怀风藻》"汉诗"共同作者表

作者名	《万叶集》作品卷号	《怀风藻》作品名
河岛皇子	卷一(34)	(五言)山斋一绝
大津皇子	卷二(107,109) 卷三(416) 卷八(1512)	(五言)春苑筵宴、游猎、临终 (七言)述志

续表

作者名	《万叶集》作品卷号	《怀风藻》作品名
文武天皇	卷一(74)	(五言)咏月、述怀、咏雪
大神高市麻吕	卷九(1770,1771)	(五言)从驾应诏
山前王	卷三(423)	(五言)侍宴
大伴旅人	卷三(299、315、316、331—335、338—350、438—440、446—453) 卷四(555、574、575、577) 卷五(793、806、807、822) 卷六(956、957、960、961、967—970) 卷八(1473、1541、1542、1639、1640)	(五言)初春侍宴
境部王	卷十六(3833)	(五言)宴长宅王、秋夜宴山池
春日藏首老	卷一(56、62) 卷三(282、284、286、298) 卷九(1717、1719)	(五言)述怀
背奈王行文	卷十六(3836)	(五言)上巳禊饮、秋日于长王宅宴新罗客、应诏
刀利宣令	卷三(313) 卷八(1470)	(五言)贺五八年、秋日于长王宅宴新罗客
长屋王	卷一(75) 卷三(268、300、301)	(五言)元日宴应诏、于室宅宴新罗客、初春于作宝楼置酒
安倍广廷	卷三(302、307) 卷六(975) 卷八(1423)	(五言)春日侍宴、秋日于长王宅宴新罗客
吉田宜	卷五(864—867)	(五言)秋日于长王宅宴新罗客、从驾吉野宫
藤原总前	卷五(812)	(五言)秋日于长王宅宴新罗客、七夕、侍宴

续表

作者名	《万叶集》作品卷号	《怀风藻》作品名
藤原宇合	卷一(72) 卷三(312) 卷八(1535) 卷九(1729、1730、1731)	(五言)悲不遇、游吉野川暮春曲宴南池并序、奉西海道节度使之作 (七言)秋日于左仆射长王宅宴、在常陆赠倭判官留在京并序
藤原万里	卷四(522—524)	(五言)暮春于弟园池置酒并序、遇神纳言墟、仲秋释奠、游吉野川
麻田阳春	卷四(569、570) 卷五(884、885)	(五言)和藤江守咏比睿山先考之旧禅处柳树之作
石上乙麻吕	卷三(287、368、374) 卷六(1019、1020、1022、1023)	(五言)飘寓南荒赠在京故友、赠橡公之迁任入京赠旧识、秋夜闺情
葛井广成	卷六(962)	(五言)奉和藤太政佳野之作、月夜坐河浜
山田史三方 (三方沙弥)	卷二(123、125) 卷四(508) 卷六(1027) 卷十(2315) 卷十九(4227、4228)	(五言)秋日于长王宅宴新罗客、三月三日曲水宴七夕

此外,尚有一些歌诗兼作的作家,其汉诗未录入《怀风藻》的,如山上忆良等。这种兼通汉诗、和歌的作家的存在,生动地表明了奈良时代及平安时代初期,和文文学与汉文文学之间相辅相成的特点。

二、《万叶集》中的"长歌""短歌"与"反歌"

《万叶集》中的和歌,虽然有"长歌""短歌""片歌""旋头歌"等的区别,但其中的"长歌"与"短歌",则为构成《万叶集》的主要内容。

在《万叶集》中,所谓的"短歌",它大部分是作为"长歌"的"反歌"而存在的。而所谓"长歌的反歌",即是指在一首诗句不限的长歌之后,再用一首或数首由三十一音组成的"短歌"来概述"长歌"的内容,凝聚"长歌"中表现的感情,深化"长歌"的主题等,这一组或几组音群,称之为"反歌"。"反歌"独立成篇,即为"短歌"。

值得注意的是,《万叶集》每卷有《目录》,每一首"长歌"皆有本题。在《目录》与《本题》中,全部都题曰"长歌并短歌",然而,在所有的"长歌"的歌文中,"短歌"全部被题为"反歌"。这种形态,便表现了它与中国文学的非常深刻的内在联系。

"长歌"与"短歌",原本是中国汉晋间古乐府歌行体的两种曲类。汉代乐府古辞中有《长歌行》的歌体。苏武诗曰:"长歌正激烈,心中摧以怆",这是指"引长声而歌"。而曹操有著名的《短歌行》。那么,什么是"短歌"呢?魏文帝《燕歌行》曰"援琴鸣玄发清商,短歌微吟不能长"。晋人傅玄又曰:"咄来长歌续短歌"。这一系列的说法,都表明中国的乐府歌体文学中,原来就存在着"长歌"与"短歌"两大类别,它们是表示"声"的长短①。古代日本文学在韵文的初起时期,借用了中国的这两大歌类,用来表示诗行的长短了。

在《万叶集》中,凡是"短歌"在"长歌"的歌尾作为尾声的,一概又被名之为"反歌"。那么,《万叶集》又为什么要在同一首作品内,把"短歌"称为"反歌"呢?原来,中国从春秋时代起,乐章歌诗在演奏吟唱之末,都是十分重视尾声的。《论语·泰伯》篇曰:"关雎之乱,洋洋乎盈耳。"这儿的"乱",便是《关雎》末章的尾声,前人已讲得清楚。其后,骚赋体诗歌在其形成与发展中,逐渐把"尾声"的安排体系化。《荀子·赋篇》是中国赋体文学的早期作品之一,该篇尾声的安排是这样的:

············
  皓天不覆,忧无疆也;千岁必反,古之常也。
  弟子勉学,天不忘也;圣人共手,时几将矣。
  与愚以疑,愿闻反辞。
  其小歌曰:
  念彼远方,何其塞矣;仁人绌约,暴人衍矣。
············

---

① 苏武诗见《文选》卷二九,余皆见《文选》卷二七。

在这篇《赋》中,其尾声的安排,既称之为"反辞",也名之曰"小歌"。它另起一章,深化主题。此处的"反辞""小歌",移名于《万叶集》中,便被称之为"反歌"。这种形式,在《楚辞》中也屡见,即在正文之后,用一小段单独的文字来加深主题,延续意义,发表议论等,名之曰"乱""少歌""倡"等。今《万叶集》中保留着和歌在形式上接受这一启示的原始痕迹。如卷十七载大伴家持答大伴池主的汉文书翰,其后面附录有汉诗二首、和歌二首,都记着"式拟乱曰:……"。此则明显表示,和歌在正文之后,再附一小段韵文,此种模式,便是"拟乱"而形成的。在《万叶集》中,把此种"式拟乱曰"的歌诗的尾声,正式以"反歌"的形式配置于"长歌"的歌尾的,当是舒明天皇(629—641年在位)时的作品。

《万叶集》中"长歌""短歌""反歌"的这一系列称谓的确立,以及与此相关的配置,都显示了与中国文学交融的生命之力。

三、《万叶集》中"长歌"的标题

原本由《古事记》和《日本书纪》所记录的"记纪歌谣",如同中国的《诗经》那样,都是"无标题诗"。在"无标题诗"的时代,作为日本古代"和歌"的定型诗式——即"短歌"规范为统一的"三十一音素律"尚未得以实现。在《万叶集》中,有许多的"短歌"也只是作为"万叶和歌"中"长歌"的尾声出现的。

在《万叶集》中,"长歌"只要是伴有此种"尾声"的,则一定具有"歌题"——即成为一种"标题诗"。例如,《万叶集》卷一的第一首"标题诗",其题为《天皇游葛内野之时中皇命使间人连老献歌 并短歌》。

东亚古代文学创作中,诗歌作品命以标题,可以说起始于中国汉代的"乐府古辞"。在《玉台新咏》和《昭明文选》中,最早出现了不以诗歌的第一句作为该诗歌的标题,而是以诗歌的要旨作为该诗歌的标题的新的文学现象,如《饮马长城窟行》,全篇并无"饮马长城窟"之句,然而拟定这一标题,在于言此诗表现的要旨在于"言天下征夫,军戎未止,妇人思夫,故作是行"(《文选》五臣注)。"长城"言其边远,"饮马"言其军旅也。诗歌从"无标题"逐步趋向有"标题",这是文学鉴赏意识发展的结果。《万叶集》中的"长歌"之所以被冠以标题,无疑是仿此而来的。

"短歌"诗型的定型,几乎是与《万叶集》和歌中的"标题诗"同时出现的。

四、《万叶集》中和歌的"歌序"

随着"万叶和歌"标题诗的出现,伴之而来的便是"歌序"的形成。原来,《古事记》与《日本书纪》中保存下来的自由音数律的和歌,是既没有"标题"也没有"歌序"的。在《万叶集》中,和歌标题中,"并序"常常同时出现。

《万叶集》中的一组和歌,歌词通常是采用"万叶假名"写成,而"歌题"及"歌序"则几乎都是汉文写成。如山上忆良《令反惑情歌一首并序》:

> 或有人知敬父母,忘于侍养;不顾妻子,轻于脱屣。自称陪(叛)俗先生,意气虽扬青云之上,身体犹在尘俗之中。未验修行得道之圣,是亡命山泽之民。所以指示三纲,更开五教,遗之以歌,令反其惑。歌曰:

诗歌而有序,最早起源于中国汉代的古诗中。脍炙人口的《孔雀东南飞》,原名《为焦仲卿妻作》,便是古诗中第一篇有"序"的乐府诗。其形式如下:

> 汉末建安中,庐江府小吏焦仲卿妻刘氏,为仲卿母所遣,自誓不嫁。其家逼之,乃投水而死。仲卿闻之,亦自缢于庭树。时人伤之,为诗云尔。
>
> 孔雀东南飞,五里一徘徊。十三能织素,十四学裁衣,
> 十五弹箜篌,十六诵诗书,十七为君妇,心中常苦悲。
> …………

《万叶集》和歌中诗题并诗序的出现,以及它们的撰写形式,应该说其本源于汉以后中国诗的形式。在《万叶集》和歌的"诗题诗序"中,我们还可以找到不少不仅在"诗题诗序"的形式上,而且在表达的内容及行文的韵腔上,都与某些中国诗的"诗题诗序"之间,存在着不少的群类性。

天平二年正月十三日，萃于帅老之宅，申宴会也。于时，初春令月，气淑风和，梅披镜前之粉，兰薰佩后之香。加以曙岭移云，松桂罗而倾；夕岫结雾，鸟封谷而迷林。庭舞新蝶，空归故雁。于是，盖天坐地，促膝飞觞，忘言一室之里，开衿烟霞之外。淡然身放，快然自足。若非翰苑，何以摅情。诗纪落梅之篇，古今夫何异矣。宜赋园梅，聊成短咏。

[日本]大伴旅人：《梅花歌　并序》

　　永和九年，岁在癸丑，暮春之初，会于会稽山阴之兰亭，修禊事也。群贤毕至，少长咸集，此地有崇山峻岭，茂林修竹，又有清流急湍，映带左右，引以为流觞曲水，列坐其次，虽无丝竹管弦之盛，一觞一咏，亦足以畅叙幽情。是日也，天朗气清，惠风和畅，仰观宇宙之大，俯察品类之盛，所以游目骋怀，足以极视乐之娱，信可乐也。

[中国]王羲之：《兰亭集序》

　　这两篇序文，在篇章布局、遣词造句、骈偶运用、气氛烘托和心态表述诸方面，都有着许多内在的群类性。《万叶集》和歌在诗题诗序上对汉诗的接受和模拟，从一个侧面透露出了在和歌诗型的形态方面，和歌与中国文化之间具有内在的密切的关联。

五、《万叶集》中"长歌"的结构

　　和歌以"长歌"为主体，它不受音数的约束，在表现上随兴之所至，有较大的灵活性。但是，尽管长歌表现的内容有别，情绪各异，然观其结构框架，仍可以类相归。例如，长歌中关于旅情、登高一类的吟咏，其结构框架，基本由三段构成。试以《万叶集》卷一《天皇登香具山望国之时御制歌》为例：

```
（译歌）                          （原歌）
大和平野兮群山叠嶂，              大和には，群山あれど
香具山兮攀巅顶，     (A)         とりよろふ，天の香具山。
登顶兮始见平野。                  登り立ち，国見むすれば。

平野兮烟云氤氲，                  国原は，烟立ろ立ろ，
海原鸥鸟飞翔。       (B)         海原は，鸥立ろ立ろ。

艳哉兮秋津岛，                    うまし国え，
美哉兮大和国。       (C)         あさづしま，大和の国は。
```

从结构布局上看,A段是歌人写自己的行动(场所),B段是歌人记视听范围内的情景,C段是歌人抒发心怀感慨。这是万叶长歌中旅情、登高一类的作品常用的三段式结构。

然而,这种结构,却是我国唐诗中写景抒情、登高述怀一类作品常用的布局手法。

以杜甫的《登兖州城楼》和崔颢的《黄鹤楼》为例:

A	东郡趋庭日 南楼纵目初	昔人已乘黄鹤去 此地空余黄鹤楼
B	浮云连海岱 平野入青徐 孤嶂秦碑在 荒城鲁殿余	黄鹤一去不复返 白云千载空悠悠 晴川历历汉阳树 芳草萋萋鹦鹉洲
C	从来多古意 临眺独踌躇	日暮乡关何处是 烟波江上使人愁

当然,在运用这种三段结构时,布局上会有多种变化,但无论怎样的变动,总可以归结为基本的三节。这种情况使我们相信,万叶长歌的作者,应该具有相当的汉文化造诣,并且他们十分注意中国诗歌的结构,着意于谋篇布局的模拟。

六、《万叶集》的分类

《万叶集》和歌在其结构中所呈现出的中国文学痕迹,也涉及《万叶集》的基本分类。《万叶集》的分类,系得力于山上忆良所撰的《类聚歌林》。山上忆良于701年曾任遣唐少录,在中国见刘孝标所撰《古今类聚诗苑》及郭瑜所撰《古今诗类聚》等,便仿此将和歌分类。今《万叶集》据此将和歌分为"杂歌""相闻""挽歌""譬喻歌""四季""四季相闻"共六类。这一分类中的"杂歌"与"挽歌"等项,取自《昭明文选》的类目。其"相闻"一类,则取自三国时魏朝曹植《送吴季重书》中语,其曰"适对嘉宾,口授不悉,往来数相闻"云云。无疑,《万叶集》的分类,留下了中国六朝初唐总集编次类目的明显痕迹。

七、《万叶集》中"短歌"的"五七音音数律"的形成

当中国的以五言为基础的五七言诗弥漫于奈良时代的日本文坛的

时候，早期的和歌在发展中正经历着重大的转折。宫廷歌人们为了追求和歌的表现效果，正逐步地求得一种统一的形式。他们面对着汉诗的重大挑战，更刻意寻求一种得以与汉诗并存和与之行抗衡的韵律。

奈良时代的末期，由于五七言汉诗的大量存在，更由于当时从事歌体创作的文人、歌人们本身大都是娴熟的汉诗人，从而为和歌的定型提示了它可能发展的许多重要的条件。《万叶集》和歌在形态领域的诸方面接受中国文学几乎全面的影响，这一事实也已经清楚地显现了和歌定型可能发展的方向。因此，当歌人们把从三音数到十一音数共存的歌型，逐步加以筛选、重新组合的时候，他们便以汉诗的形态来改造和歌。这是一种矛盾的现象，也是一个痛苦的过程。和歌要与汉诗抗衡，必须求得自己有定型的韵律，而汉诗在当时的诸文学样式中，又是表现韵律最优美的一种韵文形式，因此，和歌的定型又必须以汉诗为范本。在这种抗衡与痛苦的心态中，歌人们以顽强的努力，终于形成了以五音群为基础、五音群和七音群相互错落的"五七音音数律"。这是在外来文化的强烈迫击下，符合日本文学内在逻辑发展的结果（差不多一千年后的明治时代，在欧美文学的迫击下，和歌又突破了"五七音音数律"，其间的影响和作用，与此十分地类似）。

（一）中国歌骚体中的"五七调"与"七五调"

从东亚文学发展的历史来看，韵文以"五七"或"七五"来构成节律，最早出现在中国文学的"歌骚体"中。

　　　　浇身被服强圉兮，纵欲而不忍。……
　　　　吾令凤鸟飞腾兮，继之以日夜。……
　　　　闺中既已邃远兮，哲王又不悟。……
　　　　皇剡剡其扬灵兮，告余以吉故。……

　　　　　　　　　　　　　　　　（《楚辞·离骚》）

中国先秦骚体文学中的这种"七五调"，在汉代的乐府中，被大量地演变为"五七调"，以更适合于吟唱。

　　　　乌生八九子，端坐秦氏桂树间。……
　　　　左手持弹弓，两丸出入乌东西。……

　　　　　　　　　　　　　　　（乐府古辞《乌生》）

　　　　小弟闻姊来，磨刀霍霍向牛羊。……
　　　　同行十二年，不知木兰是女郎。……

双兔傍地走,安能辨我是雌雄。……

(乐府古辞《木兰辞》)

中国文学中的歌骚体与乐府体诗歌,是两种音乐性很强的文学形态,它们利用汉语的单音节词的特点,构成五七言错落排比的句式,具有表现一种欢快或激烈的抒情格调。这种节律经过文人诗人的提炼,进一步发展成为"五七五七"双重联缀的格调形式:

海客谈瀛洲,烟涛微茫信难求;
越人语天姥,云霞明灭或可睹。
……

(李白:《梦游天姥吟留别》)

这种双重联缀的"五七调"的运用和发展,便在自六朝以来的一些中国诗人创作的乐府体歌诗中,出现了隐含"五七五七七"的句调了。

泻水置平地,
各自东西南北流。
人生亦有命,
安能行叹复坐愁。

酌酒以自宽,
举杯断绝歌《路难》。
心非木石岂无感,

吞声踯躅不敢言。

此"五七七"十九音三诗行,恰与《万叶集》中的"片歌"诗式相一致。

(鲍照:《拟行路难》)

大儿聪明到,
能添老树巅崖里。
小儿心孔开,
貌得山僧及童子。

若耶溪,云门寺,
吾独何为在泥滓,

青鞋布袜从此始。

(杜甫:《奉先刘少府新画山水障歌》)

上述两首中国文人诗人创作的歌诗,完全采用了"五七调"的节奏,并且都能以两组联缀的"五七音群",加上尾生独立的一个七音群,组成"五七五七七"的节律和诗型。当然,此种诗型是隐寓于上述各类大诗型之中的。据此,我们可以推断,《万叶集》中的"短歌"的"三十一音音数律"的形成,在相当程度上是融合了中国秦汉隋唐骚体文学与乐府文学的表现韵律的。

这并不是牵强附会之说。从汉诗与和歌的音节和结构两个方面,都可以看到这两种诗型的内在关系。

(二) 汉诗与和歌的"音节句读"与"文意句读"

古典汉诗中的五言诗和七言诗,都是以五言为基础的。任何一句五言,又都是由一个二音群和一个三音群组成的,后一个三音群实际上又可分为一个二音群和一个单音群。把一个诗歌句子,按照其节奏韵律表达的需要,分解为若干"音群"单位,我们称为"音节句读"。如"2.3(2.1)"这一节奏,便是五言诗的"音节句读"。前述杜甫诗"国破山河在,城春草木深"便是。所谓的七言诗句式,只是在五言句的起首,或二音群与三音群之间添加了一组二音群,构成了"2.2.3(2.1)"的"音节句读"形式。这种"音节句读"是"诗"所必备的,它创造了诗的强烈的节奏感。

但是,"诗"不仅仅具有"音节句读",而且还必定有"文意句读"。所谓的"文意句读",就是在一定的声音节奏中,必须包含相对完整的意义单位,即具有"文意"。在古典汉诗中,此种"文意句读"与"音节句读"恰好是一致的,即诗句中"音节"的基本单位,也正好是"文意"的基本单位。

依照"五七音音数律"所组成的"短歌",其句式中音群的节奏单位,无论是"万叶调"或"古今调",皆以二音群为基础,缀以三音群,不允许在句式起首有单音,也不允许在句式中以四音群或四音群以上的音群构成"音节句读"。这就是说,由"五七音音数律"构成的"歌",其"音节句读"也是由"2.3"和"2.2.3"所组成的:

短歌原文	音节句读	文意句读
八云立つ	やく/もた/つ	やくも/たつ
出云八重垣	いず/もや/えが/き	いずも/やえがき
妻笼みに	つま/こみ/に	つま/こみ/に
八重垣作る	やえ/がき/つく/る	やえがき/つくる
その八重垣を	その/やえ/がき/を	その/やえがき/を

(《古事记》卷上)

这是被传统的日本文学史界推为最早的"短歌",按照韵律的要求,它被区分为"2.2.1"和"2.2.2.1"的节奏,这就是"音节句读"。但是,令人奇怪的是,与汉语诗和英语诗不同,这一"音节句读",在作为"诗"的文意上是没有意义的,文意要求另一种形式的句读。如上所示,《八重垣》这首短歌中,"音节句读"和"文意句读"是不统一的。这种"不统一性",多少表明了在以"五七音音数律"为"短歌"定型时,只满足了韵律节奏的需要,而选择的这一韵律节奏,却和日本语语意表达的完整性之间,存在着事实上的矛盾。

这种"音节"与"文意"之间的矛盾,对"五七音音数律"的内在机制的构成特点,作了具有根本意义的提示,即这一"音数律"内部包含着"强制性"——它表明"音数律"内部具有非日本语因素。

(三)《万叶集》中的训读和歌

"短歌"音数律的"强制性",从《万叶集》的训读和歌中,可以得到重大的启示。原来,《万叶集》中存在着一种很奇特的和歌。这种歌在一定的程度上说,是用汉字表意的(所谓的"万叶假名"是用汉字表音的),但它与真正的汉诗又很不一样。这种歌,历来采用"训读"的方法,把它解读为一首符合"五七音音数律"的短歌,已经成阅读《万叶集》的法律了。但是,如果再研究一下,这里还有不少的疑问。

试以《万叶集》中柿本人麻吕的《雷神歌》为例:

雷神小动,刺云雨零耶,君将留。

(No. 2513)

这首歌,与其说是用汉字表音,莫如说是用汉文表意。然而,经过研究者的"训读",原文的三句歌,变成了标准的"五七音音数律"的短歌了:

雷神の　しましとよさし
さし曇り　雨も降らぬか　君を留めむ

本来从汉文的视角不难解读的歌,经此"训读"之后,问题随之而产生。上述"训读歌"中的如"しまし""降らぬか"等,并不是原歌中本来所具有的,只是训读者自己根据自己的理解附会上的,只有这样,才能造成"五七音音数律"的歌。①

---

① 在这首歌中,把"零"训读为"降",与原意有了出入。此地的"零",是中国吴方言的别字,正字应为"淋"。《万叶集》中类似的歌还有如"雷神小动,虽不零,吾将留,妹留者"此歌中的"零",也是"淋"的别字。"万叶训读"为"降",也是不尽如其意的。

但是，问题还在于，对于汉文的这种"训读"的方法，从日本的训读史上来说，是"万叶时代"就有的吗？实际上，将汉文按照日本语法的方式加以"训读"，变成通顺的和文，一直到中世的"五山时代"才得以形成。这种"训读法"的出现，与中世宋学的传入相关①。在柿本人麻吕的时代，似乎还没有这种"汉文训读法"。因此，现在看起来好像很规则的"训读歌"，在飞鸟奈良时代，未必就是这样读法的，也并不存在这种统一的"五七音音数律"。

与此相类，大伴家持的《悲亡妾歌》：

从今者，秋风寒，将吹鸟，如何独，长夜乎将宿。

(No. 462)

这首歌的文意，从汉文字面便可通解。与其说歌人在悲伤他死去的爱妾，莫如说更在悲伤自己的孤独。研究者把这首歌"训读"为：

今より　秋风寒く
吹きなむを　いかにかひとり　長き夜を寝む

经过如此"训读"之后，这首歌也以规则的"五七音音数律"出现。问题是在训读中，"秋风寒"解为"あきかぜさむく"，按照日本语的语法，"あきかぜ"之后，应该有格助词"が"，才能与"さむく"组成句子，现在却略去了这个格助词。但是，在上一首柿本人麻吕的歌中，原文"雷神动"，却被训读为"雷神の"，这里的"の"就是一个格助词。那么，"雷神动"与"秋风寒"这两个句子，在汉语结构上是一样的，为什么在"训读"中会有不同的处理呢？（即可以称之为的"训读的随意性"）答案只有一个，那就是先已经确认了"五七音音数律"，然后，再以这一"音数律"作为韵律节奏的标准，来读解和歌。在"训读"这些歌的时候，为了符合"五七音音数律"，可以超越原歌表达的意义，添加词句，如"雷神动"，训读为"雷神のしましとよもし"。甚至可以突破日本语作为黏着语的最根本的语言特征，在构成叙述句时不用格助词，如把"秋风寒"训读为"あきかぜさむし"。实际上，这类被训读的和歌，很多并不具备"五七音音数律"，只是被研究者们解释成具备了整齐的节律的短歌了。这种看起来很整齐的

---

① 关于日本古代"汉文训读法"的形成与形态，参见严绍璗文《五山新文学と五山新儒学》，载源了圆、严绍璗主编《日中文化关系史丛书·思想卷》，日本大修馆出版社，1995年。

节律中,包含着对这些"歌"的原意训解的"随意性"在内,这是一个非常严重的现象。

法国文艺学家 B. Rüneticve 指出文学的类型也像生物的种属一样,会分解和合成。上述这一大类"歌",它们用汉字创作,但汉字并不表示"音",而是在一定的程度上表示"义",这便是汉诗的残留;然而,这种用汉字构成的歌,确又要用日本语来示"音",这便是和歌的显现。这些特殊形态的"歌",正是汉诗进入和歌的一种表现形式,它是分解汉诗,并促成新的歌的一种过渡形式,是汉诗与和歌相互联接的一种中介形式。

(四)"五七音音数律"的形成

实际上,《万叶集》的短歌有两个源头。一个源头是从"记纪歌谣"发展起来的歌,这一类歌都是用"万叶假名"(即用汉字记音);另一个源头是从汉诗逐步分解而形成的,这就是被训读的歌(即分解汉文诗)。其中,前一类歌,则以中国乐府体"五七调"和"七五调"为基准,整顿韵律,向定型化发展。从汉诗中分解出来的歌,则抛弃了中国诗的押韵、对仗等韵律特点,改造了汉诗的音节和句型,创造出新的韵律节奏。最终,两个源头的歌,都汇合在"五七音音数律"的规则之下,创造了日本民众一种新的文学样式。这种"音数律"在创造之初,对文坛的"歌"的创作具有一定的强制性,但唯有这种"强制性",才开创了在八世纪的日本文坛上,"和歌"得以与"汉诗"相鼎力的局面,而且,在以后的千余年间,成为日本民族表达自己心声的历久不衰的文学形式,它表现了中日文化与文学交融的在最深刻的层面上的价值。①

---

① 日本和歌中的"短歌"的韵律节奏的形成,它涉及文学的、文化学的、文字学的、音乐的、音韵学的、民俗学的诸多问题,有关论证的逻辑,请参见日本方面的萩原朔太郎《诗の原理》(筑摩书房,昭和六十二年版),松浦友久《中国诗歌原论——比较诗学の主题に即して》(大修馆书店,1986年版)。中国方面的严绍璗《日本古代短歌诗型中的汉文学形态》(《北京大学学报》1982年第5期)、《日本短歌诗型与中国文化》(《学人》第10辑,1996年)等。

第十一章
日本平安文坛上的中国文化

平安时代是日本文化史上辉煌时期,在从律令制向贵族制的历史转变中,创造了不仅是当代杰出的文化成就,而且其中所内蕴的力量一直成为日本文化的基本精神。在这个时代的前期,中日文化有过炽热的相互交会;在这个时代的后期,日本文化又以冷峻的态势,在审视中融入中国文化。这四百年间所积聚的精神文明,深刻地表现了中日文化相互会合而产生的成果。

第一节 白居易文学与日本平安文坛

从九世纪到十二世纪,中国的白居易文学经由日本贵族知识分子和学问僧侣传入日本,日本文坛由此而刮起了"白旋风",历四百年而不衰。它构成了中古时期中日文学交融的最主要的内容。日本中古时期的文学,正是在这种交融中,形成了它自己发展史上的第一次高潮。

十七世纪初期,日本学者那波道圆在元和四年(1618年)日本刊印的活字版《白氏文集》的《后记》中,曾经这样描写过当年白居易文学在日本传播的状况:

> 呜呼,菅右相者,国朝诗文之冠冕也,渤海客睹其诗似乐天,自书为荣。岂复右相之独然哉而已矣哉!昔者国纲之盛也,故世不乏人,学非不粹,大凡秉笔之驶,皆以此为口实。至若倭歌、俗谣、小史、杂记、暨妇人小子之书,无往而不沾溉斯集中之残膏剩馥,专其美于国朝,何其盛哉!

对日本中古时代的文人来说,白居易文学并不只是作为一种异国的文学珍品供人鉴赏,它更多的是作为一种文学创作的楷模,供作家们在自己的创作活动中仿效。这一时期的日本文学作品——日本汉诗、和歌、物语、日记等,几乎在文学的一切样式中,都在不同的程度上显露了模拟白居易文学的痕迹。

一、白居易文学传入日本的一般性考察

根据中日双方保存的文献史料,可以推断,白居易文学大约是在九世纪中期传入日本的,其时为日本平安时代的初期,中国唐代文宗、武宗、宣宗年间。

《白氏文集》是白居易生前亲自参与编定的。他在唐会昌五年(845年)所撰写的《文集自记》中说:

> 《集》有五本……其日本、新罗诸国及两京人家传写者,不在此记。

会昌五年,时白居易 74 岁,当时诗人自己已经知道,他的集子已经流传于外国,而所举为首者,即是日本,次为新罗。白居易的这个自述,如果与日本的文献相佐证,那么,便可以描绘出他的文学传入日本的大致轮廓了。

十二世纪日本的《江谈抄》记载了嵯峨天皇(809—823 年在位)与文臣小野篁之间论白居易《春江》一诗的趣闻:

> "闭阁惟闻朝暮鼓,上楼遥望往来船"。行幸河阳馆,弘仁御制。《白氏文集》一本诗,渡来在御所,尤被秘藏,人无敢见。此句在彼集,睿览之后即行幸,此观有此御制也。召小野篁令见,即奏曰:"以'遥'为'空'最美。"天皇大惊,敕曰:"此句乐天句也,试汝也。本'空'字也。今汝诗情与乐天同也者!"

日本嵯峨天皇与他的文臣小野篁在此处所讨论的白居易的诗句,原出《春江》之中。其原诗是这样的:

> 炎凉昏晓苦推迁,不觉忠州已二年。
> 闭格只闻朝暮鼓,上楼空望往来船。
> 莺声诱引来花下,草色勾留坐水边。
> 唯有春江看不厌,紫砂绕石渌潺湲。

当时,嵯峨天皇藏《白氏文集》一部于秘府,视为"枕秘",私好诵之。他认为袭用白居易的诗句是无人能知晓的。孰料小野篁却点出了他的"奥秘",指出了他对白诗的一字改动。这件事表明,白居易的诗作,当时不仅在皇宫内,而且在贵族朝臣中,已有一定的流传。至于小野篁本人,无疑是一位熟读白居易文学作品的文臣,《江谈抄》的另一则记载,便证

实了这一点。

> 嵯峨天皇尝幸西山离宫,仲春之倾,命小野篁作诗。篁赋诗得句曰:"紫尘嫩厥人拳手,碧玉寒芦锥脱囊"。帝深为激赏,进为宰相。

文臣小野篁在西山离宫所赋的这两句诗,虽然使天皇十分激动,但其实并不完全是小野篁的独创。这一联句是从白居易的诗"蕨嫩人拳手,芦寒锥脱囊"推化而成的。

日本《江谈抄》所记的嵯峨天皇与小野篁之间的这些有趣的诗会,事在日本弘仁元年(810 年),时白居易 39 岁,为京兆户曹参军。这就是说,当白居易本人与元稹正在编纂《白氏长庆集》时,白居易的诗文就已经在日本的宫廷里流传了。这些诗文,便是八世纪末与九世纪初来华的日本留学生和学问僧带回本国的。如弘法大师(空海)曾于九世纪初在中国学习密教,其间曾研读过数量众多的唐诗,著有《文镜秘府论》。早期白居易诗文的传入,当与他们有关。

日本正史上首见有与白居易相关的记载,则是 879 年编撰成的《文德实录》。其卷三"承和五年"(838 年)曰:

> 太宰少贰藤原岳守检唐船,得《元白诗笔》献,因功叙位。

日本承和五年,当白居易 67 岁,官居太子少傅。《文德实录》记载中的这部《诗笔》①,当时白居易与元稹两人诗文的合集。其中有一点很值得注意,这便是藤原岳守由于检查中国船得了这本《元白诗笔》,竟然因功叙位,得了一个"五位上"。这件事表明当时的日本朝野竟是如此高度地重视白居易文学的价值,反映了他们希望获得白居易作品的迫切心情。

据《入唐求法巡礼行记》及《头陀亲王入唐略记》的记载,九世纪中期日本遣往中国的学问僧惠萼,于日本承和八年(841 年)至贞观五年(863 年)曾先后三次到中国,其中在唐武宗会昌四年(844 年)第二次入唐时,他在苏州的南禅院,亲手抄录了《白氏文集》三十三卷。此为《白氏长庆集》的一部分,于承和十四年(847 年)携带回国。《白氏长庆集》因此而传入日本。此本在日本室町时代被收藏于著名的金泽文库。卷三十三后有"题语"曰:"会昌四年五月二日夜,奉为日本国僧惠萼上人写此本。"

---

① 十七世纪日本的国学家本居宣长在其《玉胜间》一书中,曾引用此材料,并指"诗笔"为"诗集"之误。其实,"诗笔"一词是中国六朝以来的通行语。称"诗"为"诗",称"文"为"笔"。白居易在《白氏文集》的《后记》中自曰:"前后七十五卷,诗笔大小凡三千八百四十首。"

与惠萼归国同一年,日本著名的"入唐八家"之一的慈觉大师圆仁,也从中国长安回日本。他带回的经论章疏传记共 584 部,其目编为《入唐新求圣教目录》及《慈觉大师在唐送进录外书》各一卷。其中在《入唐新求圣教目录》中,有"《白家诗集》六卷"。在《慈觉大师在唐送进录外书》中,有"《任氏怨歌行》一卷,白居易"。前者当为白居易诗的一个写本,后者当为白居易单片诗作的写本。但此诗不见今本《白氏长庆集》与《全唐诗》,其零星残句保存于十世纪日本大江维时所编撰的《千载佳句》二卷中。①

现在保存的日本最古老的完整的汉籍藏书目录,是九世纪末藤原佐世编撰的《本朝见在书目录》。此《目》登录了当时日本中央各文化机构所收藏的汉籍。它在《别家类》中著录:"《白氏文集》七十卷。《白氏长庆集》二十九卷。"这两种本子,前者当是《白氏长庆集》五十卷,与《后集》二十卷的一个合本;后者当是《后集》二十卷、《续后集》五卷及其他写本中辑录的"补遗"合并而成。也就是说,在九世纪后期,白居易去世不久,迄今流传的《白氏文集》的全部诗笔,都已经在以皇家为首的日本官僚知识阶层中流传了。

十世纪之后,日本的私家藏书中,屡见有《白氏文集》的收藏。一条天皇宽弘三年(1006 年),当时的左大臣藤原道长在其《御堂关白记》中,记载了中国宋代商人曾令文,曾赠给他《白氏文集》一部。藤原道长当时位处"关白",挟制天皇,权倾朝廷,而中国商人却以《白氏文集》见赠,可见在十一世纪,即日本已经停止向中国派遣"遣唐使"一百年后,白居易文学在日本的社会上还是那么的受人尊重。

实际上,在日本整个中古时代,白居易和他的文学,一直受到世人的敬仰。这一时代的日本几任天皇,都有较好的白居易文学的教养。嵯峨天皇与白居易文学的关系,已见前述。十世纪初声名显赫的醍醐天皇(897—930 年在位)曾经作诗描述当时的文坛,诗末自注曰:"平生所爱,《白氏文集》七十卷是也。"②日本《皇朝史略》引《盛衰记》记事,讲述高仓天皇(1167—1179 年在位)与白居易诗文的佚事。据说曾有人献枫树与天皇,天皇极爱之。一日,仕丁暖酒,剪取此枫树枝而为柴薪,官员大惊,收仕丁,将置之罪。高仓天皇闻此事,则从容曰:"唐诗有句'林间暖酒烧红叶',谁教仕丁作此风流?"遂不复问。此处高仓天皇所吟的"林间暖酒

---

① 参见严绍璗《日本〈千载佳句〉白居易诗佚句辑稿》,载中华书局《文史》第 23 辑。
② 诗收于日本《菅家文草》卷一三(日本古典文学大系本,平凡社刊)。

烧红叶,石上题诗扫绿苔",出自白居易诗《送王十八归山寄题仙游寺》。这一则记载,在日本的文坛上,一直作为白居易文学薰陶了一代君王宽厚仁德和倜傥胸怀的佳话,流传至今。

事实上,从嵯峨天皇时代开始,宫廷就设置了《白氏文集》的侍读官。学习白居易诗文与学习儒学经典一起,被认定为日本天皇必备的修身养性的课程。在宫廷侍讲《白氏文集》的讲读官,他们是世代相传的。平安时代有名的大江一族,便累世垄断着天皇的《白氏文集》侍读官的职务。日本《江吏部集·帝德部》记载这一情况曰:

> 江家之为江家,白乐天之恩也。故何者?延喜圣代,(大江)千古、维时父子共为《文集》侍读。天历圣代,维时、齐光父子共为《文集》之侍读。天禄御宇,齐光、定基父子共为《文集》之侍读。爰当今盛兴延喜、天历之故事,而匡衡独为《文集》之侍读。

在整个十世纪,大江家是日本汉文学界十分活跃的一族。自大江千故伊始,在延喜年间(901—922年)为醍瑚天皇的文学侍从,经历村上天皇(946—966年在位)、圆融天皇(968—983年在位)而至大江匡衡为一条天皇(986—1010年在位)的文学侍从,祖孙五代,相继在宫廷向天皇进讲《白氏文集》100余年,世代相袭,连绵不绝。江家以白居易文学而得以显贵;白居易文学也逐渐成为专门化的知识,对它的研究,形成了"家学"。

正是在皇室的推动与提倡之下,白居易文学成为宫廷大臣必备的文学修养,在公务活动中吟颂白诗是显示高雅的一种形式。宇多天皇与醍瑚天皇时期的三品大臣菅原道真记当时事曰:

> 予为外吏,幸为内宴,装束之间得预公宴者,虽有旧例,又殊恩也。王公依次行酒,诗臣、相国以当次,不可辞杯。予前,伫立不行,须臾吟曰:"明朝风景属何人"。一吟之后,命予高咏。

在天皇主持的内宴上,必当咏吟汉诗。菅原道真所咏"明朝风景属何人"一句,出自白居易诗《答元奉礼同宿见赠》,诗曰:

> 相逢俱叹不闲身,直日常多斋日频。
> 晚鼓一声分散去,明朝风景属何人。

菅原道真是一位谙熟白诗的汉文学家,他以深厚的汉文化修养,官至右大臣之尊。他在内宴上所吟白诗,与当时的情景相当,故天皇命其"高咏",以示首肯。王公大臣们的此种崇尚白居易的心态,蔚成风气。

今存有十世纪时代宰相高阶积善、兼明亲王和文人藤原为时三人以"梦交白居易"为题材的诗作：

高阶积善：《梦中同谒白太保元相公诗》

> 二公身化早为尘，家集相传属后人。
> 清句已看同是玉，高情不识又何神。
> 风闻在昔红颜日，鹤望如今白首辰。
> 容鬓宛然俱入梦，汉却月下水烟滨。

兼明亲王：《和高礼部再梦唐故白太保之作》

> 古今词客得名多，白氏拔群足咏歌。
> 思任天然沉极底，心从造化动同波。
> 中华相雅人相惯，季叶颓风体未讹。
> 再入君梦应决理，当时风月必谁过。

藤原为时：《再和前声》

> 两地闻名追慕多，遗文何日不讴歌。
> 系情长望迢方月，入梦终腧万里波。
> 露胆虽随天晓隔，风姿未与图影讹。
> 仲尼昔梦周公久，圣智莫言时代过。

（《本朝丽藻》）

这三首诗，可以说是淋漓尽致地描写了当时日本的知识界对白居易的仰望之情，甚至以仲尼梦周公相比喻，并喜庆自己在梦中所见的白居易，竟然与自己想象中的白居易相仿佛，真是"日有所思，夜有所梦"了。这样的思慕与崇敬，似乎已经超出了白居易在国内所享有的声誉了。

特别值得注意的是，在当时的日本知识分子中间，出现了研究白居易的专门性结社。据日本《山城名迹巡行志》[①]的记载，说"西京有白乐天社"。西京即今京都。如果这一记载可靠的话，那么，在十世纪前后，日本学术界便出现了最早的研究中国文学的社团。这件事对中日文化关系史、中国文学史和日本文学史，以及日本汉学史等，都具有十分重要的意义。

现在有可靠的文献作证的，则是当时出现了一种模拟白居易人格风骨的诗会，依旧袭用白氏旧称，曰"尚齿会"：

---

① 《山城名迹巡行志》为《京都丛书》第七册。

> 尚齿会,唐会昌五年(845年)三月二十一日,白乐天于履道坊始行之。我朝贞观十九年(877年)三月十八日,大纳言年名卿于小野山庄①始行。
>
> (《古今著闻录·文学部》)

日本《扶桑略记》在"贞观十九年三月"条下,亦记其事曰:

> 同月,大纳言南渊朝臣年名,社尚齿宴。

"尚齿"一名,始出《礼记·祭义篇》。其文曰:"有虞氏贵德而尚齿"。白居易晚年开设一种以诗会友的宴筵,世称"尚齿会"。唐会昌五年,白居易年74,创"七老会",曰"胡、吉、郑、刘、卢、张等六贤,皆多年寿,予亦次焉。偶于敝居,合成尚齿之会,七来相顾,既醉甚欢。""尚齿会"之名,于是行于世。日本平安时代的知识分子,曾多次仿其制而举行诗会,恰是一种白诗的"文艺沙龙"。阳成天皇贞观十九年,大纳言南渊年名,时年76,官品正二位,于京都小野山庄始设"尚齿宴",参加者有大江音人、藤原冬绪、兼原是善、文室有真、菅原秋绪、大中臣是直六人,也为"七老会"。后来,菅原道真在小野山庄追记此次盛会时有诗曰:

> 逮从幽庄尚齿宴,宛如洞里遇神仙。
> 风光惜得青阳月,游宴追寻白乐天。
> 占静不依无影树,避喧犹爱有声泉。
> 三分浅酌花香酒,一曲偷闻葛调弦。
> 抚杖将供扶醉出,留车且待下山旋。
> 每看吾老谁胜泪,此会当为恼少年。

这样的诗会,虽然可能会惹恼了少年才子,但它对于在日本知识界的传播,特别是将白居易文学融会于日本文学的创作,无疑是极有意义的事情。每次"尚齿会"都有诗作,可惜失散的不少。现存《粟田左府尚齿会诗》一卷,是日本圆融天皇安和二年(969年)大纳言藤原在衡在粟田山庄举行的"尚齿会"上,与会者所作的诗集。

总之,从九世纪中期白居易诗文传入日本之后,作为一种异国文化,它引起了以天皇为首的日本整个官僚知识阶层备方面人士的心灵上的震动,出现了一股历久不衰的"白诗热",从而在日本中古时代文学的各个领域,都留下了深刻的痕迹。

---

① 小野山庄,后为赤山明神社址,即今京都市左京区修学院町之北侧。

二、日本平安文坛上的"白体诗"

以汉诗为主体的日本汉文学,自九世纪中期以来,有了一个很大的发展。仅 814—827 年的 13 年间,便先后出现了《凌云集》《文华秀丽集》和《经国集》这样三部大型的敕撰汉诗文集。此外,尚有《本朝文粹》《本朝无题诗》等汉诗文集。在作者方面,也已经从早期的以汉族归化人为主,发展成以日本血统的诗人为主。在诸多的发展中,使这一时代的日本汉诗具有了生命之力的,则是汉诗诗风的大变貌——日本汉诗开始走出宫廷的殿堂,它不再仅仅只是歌舞升平的祝词,而是以诗人自身生活经历中的感受为基础,表现人世间的感情。

促使日本平安时代的汉诗发生变化的因素很多,下面几项是至关重要的:

——在"摄关政治"下,一部分贵族知识分子在现实的生活中感到了自身的危机,从而开始关注民生的一些问题;

——前代文学经验的积累,逐步改变了关于汉诗的意识,促使汉诗向言志抒情的方向发展;

——汉诗的艺术技巧逐步提高,弘法大氏在这一时期撰写的《文镜秘府论》等,论述了汉诗的声韵、对偶等理论,直接为日本的汉诗人提供了创作方面的理论修养;

——由于当时的汉诗人,几乎一致地在感情上和在艺术上倾向于白居易文学,这为他们自身的创作获得了一个良好的模拟范本。他们拈取白诗中丰富的"意象"①,融化贯通,连缀成篇,从而使日本汉诗发展中的上述诸种潜在的变革因素,有了适当的实践条件。

或许可以说,白居易文学的东传,是推动日本平安时代的汉文学发生变化的触媒剂。在这一时代的汉文学史上,日本诗人们拈取白居易诗歌中的定型化的"意象"而创作的诗丰富多彩,我们把这些作品统称之为"白体诗"。

"白体诗"是日本汉诗中一种特殊的形态——它带有对白居易诗的若干模拟痕迹,又是在模拟中创作的一种诗。

"白体诗"可以分列为三种主要的形态。

---

① 学术界关于"意象"的理解各不一致。此处说的"意象",指的是在诗歌创作中,诗人进行思考和感觉的一种方式,是诗歌形象的活跃元素。诗歌创作是以"意象"经营为基本方针的,它与语言的运用息息相关。唐代诗歌的繁荣,标志着中国诗歌语言的纯熟化。诚如王安石所说:"世间好言语,已被老杜道尽;世间俗言语,已被乐天道尽"。随着诗歌语言的纯熟化,便是诗歌"意象"的进一步丰富。白居易文学无疑是这两方面的代表,这便是它对日本文学影响最深刻之处。

第一类是以白居易诗歌的形体为范本,模拟而创作日本汉诗,称之为"仿体诗"。

"仿体诗"是对白居易文学艺术外部形态的模拟。

白居易有 3000 余首诗作,这些作品几乎是全面地展示了唐代诗歌的所有的形态。平安时代的汉诗人,有许多人刻意模拟白居易诗歌艺术的这种多姿的外部形态。

"仿体诗"中,除了常见的五七律诗外,最可注意的便是"排律"的出现。所谓"排律",简言之即为律诗长句。这种形式的诗,在提炼感情的同时,可以容纳较多的内容。在唐代的诗人中,杜甫在"排律"的创作方面,最具功力。白居易虽然并不真正工于排律,但是,他的从四十韵到一百二十韵的长诗,也确实显现了他在文学上的造诣。

在日本的汉诗中,奈良时代的作品都是十分短小的。《怀风藻》中的作品,七言律诗仅是不多的几首,大多数是五言四句,或五言八句的短诗。律诗长句是在白居易诗作传入日本之后才逐渐出现的。菅原道真是第一位模拟白诗排律的日本汉诗人。他的《新月》为二十韵,而《叙意》一诗,竟也长到了一百韵了。此后,在《本朝文粹》中,"排律"和"长韵"就很多了。

在这些仿白体的长韵诗中,有两种别致的诗体,值得注意。一种是"定格联章",一种是"长短句"。

所谓"定格联章",便是以固定的格局,若干章相联,用来记事或叙意。这是白居易创作中常见的一种诗体。

例如《劝酒十四首》,这是由《何处难忘酒(七首)》与《不如来饮酒(七首)》联合组成的,每一组都采用了"定格联章"的诗型:

何处难忘酒(七首)

何处难忘酒,长安喜气新。初登高第后,乍作好官人。
省壁明张榜,朝衣稳称身。此时无一盏,争奈帝城春。

何处难忘酒,天涯话旧情。青云俱不达,白发递相惊。
二十年前别,三千里外行。此时无一盏,何以叙平生。

何处难忘酒,朱门羡少年。……

不如来饮酒(七首)

莫隐深山去,君应到自谦。齿伤朝水冷,貌苦夜霜严。
鱼去风生浦,樵归雪满岩。不如来饮酒,相对醉厌厌。

莫作农夫去,君应见自愁。迎春犁瘦地,趁晚喂羸牛。

数被官加税，希逢岁有秋。不如来饮酒，相伴醉悠悠。

莫作商人去，栖遑君未谙。……

此种"定格联章"诗体，在声韵节奏上平滑流畅，这是在中国民歌的基础上，逐步韵律化的结果。这种诗体，叙意记事，便于咏唱。在白居易的这种诗体传入日本之后，逐渐为平安时代的汉诗热所模拟。

何处春深好，
—————
春深富贵家。
＝＝　　＝
马为中路鸟，
妓生后庭花。
　　　　＝

……

何处春深好，
—————
春深贫贱家。
＝＝　　＝
荒凉三径草，
冷落四邻花。
　　　　＝

……

何处春深好，
—————
春深执政家。
＝＝　　＝
凤树添砚水，
鸡树落衣花。
　　　　＝

……

（共二十章）
白居易：《春深》

何人寒气早，
—————
寒早还走人。
＝＝　　＝
寒户无新口，
寻名沾旧身。
　　　　＝

……

何人寒气早，
—————
寒早浪来人。
＝＝　　＝
欲避逋租客，
还为招责身。
　　　　＝

……

何人寒气早，
—————
寒早老鳏人
＝＝　　＝
转枕双开眼，
低檐独卧身。
　　　　＝

……

（共十章）
菅原道真：《寒早》

第十一章 日本平安文坛上的中国文化

"早行诗"是中国古诗常用的题材,近体诗中也不乏其例,如王观《早行》、温庭筠《商山早行》、齐己《江行晓发》等。但从诗体上来说,那么,毫无疑问,日本平安时代的菅原道真的《寒早》十首,是模拟和融化了白居易的《春深》二十首而创作的。这是典型的"白体诗"中的"仿体诗"。这种"定格联章"型的"仿体诗"的出现,使日本汉诗在描摹社会民生方面有了较大的灵活性。

此外,这一时期中,"仿体诗"中的"长短句"的出现,也是应该充分注意的。所谓"长短句",便是"词"。"词"在白居易的时代还并不发达,但白居易作过"词",则是确实无疑的。今存《忆江南》三首即是。词曰:

> 忆江南,
> 风景旧曾谙。
> 日出江花红胜火,
> 春来江水绿如蓝,
> 能不忆江南?

> 忆江南,
> 最忆是杭州。
> 山寺月中寻桂子,
> 郡亭枕上看潮头,
> 何日更重游?

> 忆江南,
> 其次忆吴宫。
> 吴酒一杯春竹叶,
> 吴娃双舞醉芙蓉,
> 早晚复相逢。

"词"在唐代是可以吟唱的流行歌曲。白居易的这三首《忆江南》画面艳丽,意象生动,形景逼真。若低回吟唱,使人沉醉其中。所以,此词一旦传入日本,汉诗人便起而仿效。在中国文学史上,白居易并不是"词"的始作俑者,但在白词的刺激下而出现的日本"仿体诗"中,却因此而创造了诗体的新形式,成为日本"汉词"的起源了。

日本平安时代的兼明亲王,有《忆龟山》二首:

> 忆龟山,

龟山久往还。
南溪夜雨花开后,
西岭秋风叶落间,
岂不忆龟山?

忆龟山,
龟山日月闲。
冲山清景栈关远,
要路红尘毁誉斑,
岂不忆龟山?

(《本朝文粹》卷一)

  兼明亲王在题前有自注曰:"效江南曲体"。在唐代歌诗中,"江南曲体"形态各别,唯白居易《忆江南》,为"三五七七五"句型,与《忆龟山》此词型一致。兼明亲王的《忆龟山》,是现在已知的最早的日本汉词。此种白诗"仿体诗"的出现,扩大了日本汉诗的表现领域,增添了新的艺术形式。
  第二类是采摘白居易诗歌的诗句,融入其诗作中,称之为"仿句诗"。
  从文学创作上说,"仿句诗"并不只是一种修辞方式,它是摘取白居易诗歌的某一意象,借用诗人所积累的美感经验,以此来精炼和纯化自己的创作。
  以白居易的诗句入诗的形态,有的比较单纯。例如菅原道真所作《不出门》诗,与白居易诗《香炉峰下新卜山居草堂初成偶题东壁之三》之间的关系,即是一例:

一从摘落在柴荆,	日高睡足犹慵记,
万死竞竞局蹐情。	小阁重衾不怕寒。
都府楼才看瓦色,	遗爱寺钟依枕听,
——————	——————
观音寺只听钟声。	香炉峰雪拨帘看。
——————	——————
中怀好逐独云去,	匡庐便是逃名地,
外物相逢满月迎。	司马乃为送老官。
此地虽身无检系,	心泰身宁是归处,
何为寸步出门行。	故乡何独在长安。
菅原道真:《不出门》	白居易:《偶题东壁》

日本《史馆茗话》曰："此诗中菅公之至情,历历可见,而'都府楼''观音寺'一联,公亦自认甚似乐天也。"其实,这一联便是摘取白居易的诗句"遗爱寺钟依枕听,香炉峰雪拨帘看"而入诗的。这种"仿句诗",采用融合白居易诗歌中一组定型化了的"意象",根据诗人在此时此地的情感和心态,化入自己的创作之中。摘取的"意象"虽然只是一组,但却是"立片言以居要,乃一篇之警策"①。白诗的这一组"意象",在日本汉诗中,常常构成为"警策",又谓之"诗眼"。

另一类"仿句诗"要复杂一些。这可以岛田忠臣的《春日雄山寺远望》和《台山绝顶》与白居易的《春日题乾元寺上方最高峰亭》相比较来加以阐明。

不是山家是释家,	危亭绝顶四无邻,	A
危峰远望眼光斜。 A	见尽三千世界春。	B
今朝无限风轮动,	但觉虚空无障碍,	
吹绽三千世界花。 B	不知高下几由旬。	
	回看官路三条线,	
《台山绝顶》	却望都城一片尘。	
====	宾客暂游无半日,	C
胫辇手杖汗难收,	王侯不到便终身。	D
惆怅贵热无到日, C	始知天造空闲境,	D
只今犹合傲王侯。 D	不为忙人富贵人。	C
岛田忠臣:	白居易:	
《春日雄山寺远望》	《春日题乾元寺上方最高峰亭》	
(《田氏家集》,见《群书类从》本)		

这是把白居易一首诗中的若干"意象",加以分解之后重新组合,从而组合常新的"意象",融化入两首或几首日本汉诗之中。这种新构成的"意象",并不一定要追求与原诗语句上的一致——因而在一定的程度上摆脱了皮相的模拟。它的特点是借用白诗已有的"意象",变化其形态,创作新汉诗。如上述白诗中的"危亭绝顶四无邻,见尽三千世界春",在岛田氏的诗中,便被变化为"危峰远望眼光斜"和"吹绽三千世界花",在遣词韵律方面都作了调整,这便是一种"醇化"的形态。这些新的"意

---

① 语出陆机《文赋》。

象",虽然是从前者移植来的,但却与后者是融混为一体的。

在白居易诗的"仿句诗"方面,还有一种"句题汉诗"。这便是以白居易诗中的某一诗句,作为日本汉诗的某一诗题。这一类"句题汉诗"的基本特点,便是以诗句入题,把由原诗句所表现的"意象",作为创作新诗时进行构思的基础。

岫合云初吐,
林开雾半收。
白居易:《重修香山寺毕题二十三韵以纪之》

停杯看柳色,
各忆故圆春。
白居易:《风雨中寻李十一因题船上》

林开物色遇清秋,
晓后方知雾半开。
红叶犹应迷隐见,
绿箩不得辨疏稠。
大江维时:《林开雾半收》

巡看细叶含烟处,
酌罢柔条过雨时。
醮甲未倾莲子绿,
染心空系麹尘丝。
无名氏:《停杯看柳色》

"仿句诗"是一种意象的模拟,但是,这种模拟仍然是属于创作的范畴,因为所有的这些"意象",经过诗人们各自的"醇化",已经组合成为新的意境了。事实上,对中国而言,这就是一种文学经验的传递;对日本而言,这便是一种创作美感的积累。此种文学摄取的态势,在不同民族文学的交融中无疑具有积极的意义。

第三类是融合白居易诗歌的主题或意境,并仿此创造出日本的汉诗,可以称之为"仿意诗"。

"仿意诗"与"仿句诗"不同,它是取白诗全诗的意境或主题,在整体上加以摄取模拟,这是模拟白居易诗而形成的"白体诗"中最深刻的形态。

"仿意诗"往往是在白居易诗歌的启迪之下,诗人从自己的人生中,获得了类似的同感,于是,把从白居易的作品中所获得的启示,融进自己的情感,表现人间世相。这一类作品中,斧凿的痕迹较少了,它是"白体诗"驱向成熟的形态。

路遇白头翁, 白头如雪面犹红。
自说行年九十八,无妻无子独身穷。
三间茅屋南山下,不商不农云雾中。
屋里资财一柏匦,匦中有物遗竹笼。

> 白头说竟我为诘,老年红面何方术。
> 已无妻子又无财,容体魂魄局陈述。
> 白头抛杖拜马前,殷勤请曰叙因缘。
> 贞观末年元庆始,政无慈爱法多偏。
> 虽有旱灾不言上,虽有疫死不哀矜。
> 四万余户生荆棘,十有一县无炊烟。
> 适为明府安为民,奔波昼夜巡乡里。
>
> 　　　　菅原道真:《路遇白头翁》(《菅家文草》卷三)

这是一首对为政者的劝善诗。作者在歌功颂德之中,也用相当的篇幅,描述了老人的困境、时政的黑暗、民生的凋敝。这是在诗人贬出京城之后,于赞州道上的所见所闻。从日本汉文学史的角度上说,这是第一首以汉诗针砭时弊的作品。这首诗的主题、意境和遣词造句,与白居易的《新丰折臂翁》《卖炭翁》等"新乐府"诗显然具有内在的联系。

这样的一类诗作,在"白体诗"中并不是个别的。再如纪长谷雄的《贫女吟》:

> 有女有女寡而贫,年齿蹉跎病日新。
> 红叶门深行迹断,四壁虚中多苦辛。
> 本是富家钟爱女,幽深窗里养成身。
> 绮罗脂粉妆无暇,不谢巫山一片云。
> 年初十五颜如玉,父母常言与贵人。
> 公子王孙竟行挑,月下花前通殷勤。
> 父母被欺媒介言,许嫁长安一少年。
> 少年无识亦无行,父母敬之如神仙。
> 肥马轻裘与鹰犬,每日群游侠客宴。
> 交谈扼腕常招饮,一日之费数千钱。
> 产业渐倾游猎里,家资徒竭醉歌前。
> ……
> 秋风暮雨断肠晨,忆古怀今泪湿巾。
> 形似死灰心未死,含怨难追昔日春。
> 单居抱影何所在,满鬓飞蓬满面尘。
> 落落户庭人不见,欲披悲绪遂无因。
> 寄语世间豪贵女,择夫看意莫见人。

寄语世间女父母,愿以此言书诸绅。

这首诗描写一位富家女子,被骗嫁给无赖少年,展现了少女由于择夫不慎而被抛弃的苦难画面。写妇女,没有脂粉气,词意哀怨悲楚。这是平安时代日本汉诗诗风上的一大进步。这首诗的主题,与白居易的"感伤诗"类,如《琵琶行》等有着相通之处。但诗人已经摆脱了"纯模拟"的状态,而把原诗的意境与主题融合于自己的真实感觉之中,进行独立构思而创作了。

平安时代的兼明亲王曾说:"我朝词人才子,以《白氏文集》为观摹,故承和以来,言诗者皆不失体裁矣。"平安时代的日本汉诗,在中国唐代文学的影响之下,以"白体诗"的形态,把白居易文学融化贯通于自己的民族文学之中,开始从宫廷殿堂走向社会民生——这可以说是日本平安时代汉诗发展中所取得的最大的成果了。

第二节 《竹取物语》与中国文化

十世纪中期,日本古代文学中出现了第一部"物语"小说《竹取物语》,它标志着日本古代小说的形成。这部小说是最早采用日本民族当时创造不久的文字——"假名"进行创作的,第一次在文学作品中使语言与文字相统一。由《竹取物语》所开创的这种文学体裁,成为以后几个世纪中日本古小说的一种基本形态,对后世文学产生了巨大的影响。

《竹取物语》作为日本古代小说形成的代表作品,是日本民族文学发展的产物。但是,在形成此种民族形式的时候,小说的作者,并不仅仅局限于继承传统,而是以恢宏的气度,吸收了外来文化的观念形态和艺术表现手法,并把它融化于自己的创作之中。正因为如此,《竹取物语》才成为日本古文学史上一颗璀璨的明珠。

一、《竹取物语》的故事

《竹取物语》的主人公,是一位漂亮的姑娘"赫映姬"。所以,这部小说也称为《赫映姬物语》。有人推测其作者为源顺(912—983年)。一般认为,小说属于"羽衣说话"系统。

小说叙述一位名叫赞岐造麻吕的伐竹老翁,"有一次在伐竹时,看见有一根竹子发出亮光。他感奇怪,走近一看……发现竹筒里住着一个三寸来长的人,非常可爱",老人便把这小人携带回家,交给老伴抚养。三个月后,变成了一位漂亮异常的大姑娘了,取名为"秀竹赫映姬"。这时,"天下所有的男子,无论高贵还是卑贱,都思慕赫映姬,想设法娶到她。"这些男子,"夜里睡不着觉,摸着黑来到老翁家,想尽办法在板墙上掏个洞,向里面窥视。"那时候,这便是"求婚"。

所有的求婚者都被赫映姬所拒绝,悻悻离去。唯独石作皇子、车持皇子、右大臣阿部御主人、大纳言大伴御行、中纳言石上麻吕五位贵公子(这都是日本历史上的真实人物)死缠住赫映姬不放。赫映姬对这些凡夫俗子的痴情极为讨厌,于是,她给五位求婚者提出了五个永远办不到的难题:要石作皇子去天竺取大佛用的石钵,要车持皇子去东海蓬莱取银根树的白玉枝,要右大臣阿部御主人去中国取火鼠裘,要大纳言大伴御行去取龙头上发光的彩珠,要中纳言石上麻吕去取燕窝中的子安贝。

小说由此往下,便分成了五个短篇,分别描述这五位贵公子如何采用种种冒险的、欺骗的手段,以各种假造的、冒牌的赝品蒙骗赫映姬,并被赫映姬一一揭穿的故事。消息传进了皇宫,天皇企图强娶赫映姬,可是,派去的使节,都被姑娘所拒绝。最后,天皇扮装打猎,见到了美貌非凡的赫映姬。然而,赫映姬誓不相从,她赋和歌一首,以示心志:"蔓草丛生处,蓬门虽贱我心安。经年长住地,不思他去我心坚,玉宇琼楼亦枉然。"

在经历了人世社会的如此这般的生活之后,赫映姬说:"只要一看到月亮,就禁不住感到这个世界很可怕,心里就悲伤起来。"她终于向她的养父母吐露,她本是月宫中的仙子,下凡来到人间。在一个八月十五的夜晚,赫映姬把残余的不死之药留在了人间,自己升天而去,奔入月亮。天皇命令把不死之药带到骏河国那座离天最近的山顶上点火烧掉,"这座山从此就被命名为富士山。据传那山顶上至今还有浓烟直冲云霄。"

这部小说容纳了较为宽阔的生活面,它以平安时代的贵族生活为背景,以天界仙女赫映姬的光洁无瑕,与现实生活中从天皇到贵族这些凡夫俗子的丑陋相比较,描写了日本社会在手工业发达之下,贵族社会的生活形态,从而奠定了日本古代都市贵族文学的基础,成为二百年后出现的《源氏物语》的源头。

二、《竹取物语》的三个情节特征

从东亚文学的渊源来考察,我们发现了一个有趣的现象。原来,《竹取物语》中安排的三大情节——月界仙女赫映姬来自秀竹之中,男子的求婚以及女主人公为拒绝他们的求爱而故意提出永远办不到的难题,赫映姬鄙视世俗社会乘云车升天。这三个情节在中国古代多民族的传说中,也同样地存在。

第一情节,赫映姬的降生——竹中变异

《竹取物语》的女主人公虽然是居住于月宫中的仙女,但是,她并不是直接下凡人间的,而是通过"竹中变异"的途径,得以与人世间沟通。

中国长江以南,气候温润,竹子茂盛,所以,这一广袤的区域中,自古以来就有不少关于英才秀女藏匿于竹中,被人拾捡,然后来到人间,演出种种悲喜剧的传说。

我们采用原型形象比较的方法,可以揭示中日两种异质文学中所存在的共同的"母题",然后可以探其渊源。所谓"母题",即是指在特定文化中创造,并以不同变化反复出现,而固定为特定文化内涵的文学形象。

公元五世纪由范晔编撰的《后汉书》,在《西南夷列传》中,记载了"夜郎"的故事。其文曰:"夜郎者,初有女子浣於遯水,有三节大竹流入足间,间其中有号声,剖竹视之,得一男儿,归而养之。及长,有才武,自立为夜郎侯,以竹为姓。"

这一则"竹中变异"的故事,也见略早于《后汉书》的《华阳国志》。晋人常璩在其《华阳国志》的《南中志》中,记载了"竹王"的故事。其文曰:"有竹王者,兴於遯水。有一女子,浣于水滨,有三节大竹流入女子足间,推之不肯去,间有儿声,取持归破之,得一男儿,长养,有才武,遂雄夷狄,氏以竹为姓。"

这两则故事,显然是出于同源,它在当时的西南地区大概广泛流传。此种"竹中变异"的故事,起始于我国南方的"竹崇拜"。而此种"竹崇拜"是与更原始的本体生殖崇拜密切相关的。

"湘妃竹"的故事,是把"竹"与女性看成一体,意"竹"为女性的化身,所以,以后便有了"斑竹姑娘"(从斑竹中生长出女孩子)等传说。既然"竹"为女性的化身,它便有了生殖的功能。公元五世纪宋人刘敬叔撰《异苑》,有"竹生殖"故事曰:"建安有竹,节中有人,长尺许,头足皆具。"

福建地区有一则名为《月姬》的古老民间故事。它叙述一位伐竹的樵夫,有一次听到竹子中有哭泣的声音,他便把竹子劈开,从中跳出了一位小女子,自称是从月界来的,樵夫遂起名为"月姬"。十数年后,月姬便

出落成为一位美人……①

上述诸种关于竹的传说,可以整理为两个彼此相连接的系统。

由"湘妃竹""篑篼竹"与"竹夫人"等传说,构成了"竹崇拜"的前系统(第一系统):

　　竹——幻化为女姓　　　　——竹孕(胎孕)

由"竹王""夜郎"与"月姬""斑竹姑娘"等传说,构成了"竹崇拜"的后系统(第二系统):

　　有声——捡拾　　　　破竹而出(人)

　　竹(受孕的母胎)——(胎动与标识)——(生养)

这两个系统前后相接,便描绘了中国南方居民"竹中变异"传说的全部轨迹。《竹取物语》中所表现的"竹中变异"属于中国南方居民"竹崇拜"的第二系统。但是,在全部"竹崇拜"的轨迹中,第二系统的确立,是以第一系统的存在为前提的,是第一系统衍化的必然结果。所以,当第二系统的"竹中变异"以独立的形态存在时,它必然是以潜化了的第一系统为观念的发生点。在这个意义上,我们可以推断,《竹取物语》中的"竹中变异",是中国南方居民原始的"竹崇拜"的一个衍化分支。

第二情节,赫映姬的爱情——求婚与难题

《竹取物语》的作者以五分之三的篇幅描写了五位贵公子向赫映姬的求婚,描写了赫映姬在这些显贵们的纠缠中显现出的纯洁和智慧。作者特地把日本古史上实有其人的名姓按在这五位公子的头上,让他们在赫映姬的智慧面前,丑态百露,从而对王公贵族进行了嘲弄。这一部分的情节,贯穿着"求婚与难题"之间的矛盾冲突,在戏谑中带着冷峻。

《竹取物语》中所表现的五位贵公子无休止的求婚,以及女主人公故意提出永远办不到的难题等的情节安排,在中国古代民间传说中也同样地存在。

《斑竹姑娘》流传于四川地区藏族同胞中,这是一则年代遥远的故事。讲的是有一位"斑竹姑娘",美丽非凡,人人都想娶她为妻,其中有五位求婚者——他们是土司的儿子、商人的儿子、衙役的儿子、神魂颠倒的

---

① 关于中国福建地区的《月姬》传说,以及它与日本《今昔物语》中"求婚三人谭"(它有可能是《竹取物语》的源头之一)的关系,请参见严绍璗《かぐや姫の研究》,载《アジアの平安文学》(日文版,日本勉诚社刊),又参见严绍璗《日中文化交流史丛书·文学卷》(日文版,日本大修馆刊)。

年轻人和高傲的青年。斑竹姑娘同赫映姬一样,讨厌这些凡夫俗子的自作多情,于是,给他们各出了一道难题。

试把《斑竹姑娘》与《竹取物语》的有关情节,比较于后:

	《斑竹姑娘》	《竹取物语》
第一位求婚者	土司的儿子 去缅甸取金子制的吊钟	石作皇子 去天竺取大佛用的石钵
第二位求婚者	商人的儿子 取白玉的树枝	车持皇子 取银根树的白玉枝
第三位求婚者	衙役的儿子 取火鼠裘	右大臣阿部御主人 取火鼠裘
第四位求婚者	神魂颠倒的年轻人 取龙额上的珍珠	大纳言大伴御行 取龙头上发光的彩珠
第五位求婚者	高傲的青年 取燕巢的金卵	中纳言石上麻吕 取燕窝中的子安贝

在这五则小故事中,除了第一位求婚者接受的难题略有不同外,显现了几乎完全相似的情节。这一传说的主题,在于通过斑竹姑娘的婚姻,来表现劳动者的纯洁与尊严,以"五个难题"的情节来揭示庸碌与虚伪的世相,这与《竹取物语》几乎完全一致。从情节的设置与作品的写实主义来考察,可以推断这两篇作品之间,存在着某种远祖性的渊源关系。

第三情节,赫映姬的回归——飞升与登月

《竹取物语》的尾声是赫映姬的回归。小说女主人公在人世间既获得了父子母女的温爱,也尝够了达官贵人的虚伪与奸诈。她本是月界的仙人,此刻便应召返回月宫。"飞升"的情节,把故事的发展推向了最后的高潮。

在中国六朝小说中,依据新神话"客体论"的观念,制造天界女郎下凡的故事,也为数不少。一般地看,这些小说在结尾处,都安排一段"飞升"的情节。在这些小说中,"飞升"的情节都带有悲剧性气氛,其演进则决断而明快。故事发展至此,便戛然而止。

《竹取物语》中赫映姬的回归,构成其情节的观念,与上述六朝小说无疑是同出一源,有着共同的母体,但是,它的因回归而"飞升"的情节,与上述这几部小说不同,有着宏大的场面。《竹取物语》中的这位女主人公不再是孤独一人"凌空而去"了。她拥有随从护驾;穿着仙女特制的服装——羽衣;吞服了去除人间污浊的灵丹——不死之药;乘坐往来于月宫与人间的交通工具——云车。在这段情节中,作者尽情地表露了他理想中的天宫的非凡气派。一切与仙女脱离人世,飞升归天时共同具有的悲戚气氛,都被这种豪华所掩。那么,《竹取物语》的作者关于天宫与人间交往的如此盛大的场面的概念是缘何而形成的呢?这不能不提到中国魏晋时期另外两部小说——《汉武内传》与《汉武故事》。

《汉武内传》和《汉武故事》是同一则故事,都托名于汉人班固撰写,但从小说的文体与观念来看,都属魏晋志人志怪类属。两部小说都记述汉孝武帝的铁事秘闻,大多为荒诞不经之说,尤以《汉武内传》为甚。这两部小说都有一段描写西王母见汉武帝沟通天庭与人间往来的情节。这个故事展现了西王母下凡的辉煌气派。她乘坐云车,玉女驾驭,随身带着不死之药。作者对天宫美景的想象,至为丰富。这样的一个场面安排,与《竹取物语》赫映姬的回归情节,其基本内容完全一致。所不同的是,一个是由天降地,一个是由地升天。

令我们注意的是,《汉武故事》等魏晋小说,最迟大约要比《竹取物语》产生早一个世纪左右就传入日本了。因此,物语的作者完全有可能借助中国魏晋小说所提供的场景,扩大与丰富自身的形象思维,得以勾画出一个辉煌艳丽的场面。

三、《竹取物语》构思的理念

《竹取物语》的基本情节,显示了它与中国文化之间可能存在的渊源关系。从比较文化"影响研究"的视角考察,揭示彼此的"相似"并不是目的,而应该进一步解明它们之间相互关系的形式与不同文化之间的流动方向。

作者把女主人公确定为"月宫"中的仙女,整个小说情节,便是在这样一种富于浪漫的幻想的结构中展开的。我们姑且不谈这些情节所表现的社会内容,单以这种情节结构的框架而言,作者在这里所透露的观念,既不是人类社会太古时期原始神话的形态,也不是日本民族传统观念的方式。这种"月亮仙女"的观念,实在是秦汉时期中国文化中关于神话演变的一种新观念的表现形式。

在世界各古老民族的神话中,"神"与人一样,都具有七情六欲,生老病死。事实上,"神"就是"人"。这些民族关于太阳和月亮的神话,与其他的神话一样,都是"人"的折光。从来也没有一种神话说到在"日神"和"月神"之外,还会有"仙人"居住在太阳或月亮之中。我们称此种神话观念为"神话本体论"。

日本民族关于太阳和月亮的最古老的传说,其基本形态也仍然没有脱离"本体论"。《古事记·神代卷》描述日本的太阳和月亮的来源时说:

> 伊耶那岐命洗左眼时化成的神,名叫天照大御神,洗右眼时化成的神,名叫月读命,洗鼻子时化成的神,名叫速须左之男命……这时候,伊耶那岐命非常高兴地说,"我生了不少孩子,最后终于得到了三个贵子。"于是,取下脖子上戴的玉串,摇动得琮琮作响,赐给天照大御神,并对他说:"去治理高天原。"……又对月读命说:"去治理夜之国。"最后对速须佐之男命说:"去治理海洋。"

这则神话中说的"天照大御神"是日本的"日神","月读命"是日本的"月神"。他们虽然不是正常分娩所生,是一种"化生",但他们仍然是日本开创的主神伊耶那岐命的孩子,彼此还是同胞手足,本身也都具备"人"的特征。但是,《竹取物语》这部小说中所表现的关于月亮的观念,与《古事记·神代卷》中日月神"本体论"的观念大相径庭。

在这里,月亮本身不再是"神",因而它也就失去了作为"人"的特征的生命之光。在古老的神话中曾经充满着生气的"月神",在这部小说中变成了只是"仙人"们聚居的一个处所——一座闪烁着熠熠幽光的宫殿,而那些"仙人"却钻进了月亮的肚中,成为扮演各种长生不老的角色的主人公。这样,原始的日月神"本体论"瓦解了,代之而起的则是日月神"客体论"。

日月神"客体论"最本质的特征,便是作为现实世界中人们欲望化身的"仙人",寄生到了原始传说中光洁朴实的"神"体之中。原始神话中的日月星辰,原来是具有"人"的性格的神,现在却变成了人间世外长命不死的乐园。古老的表现人与自然关系的观念消失了,而世俗社会中人的无法满足的私欲却披上了种种神灵的光圈。《竹取物语》正是第一次以小说的样式表现了日月神"客体论"的观念,或者说,作者所构思的各种情节,都是建立在此种日月神"客体论"观念的基础上。

以九世纪日本汉学为媒介,"嫦娥奔月"所代表的中国神话的新观念,终于在《竹取物语》中得到了充分的体现。《竹取物语》在文学构思方面所表现的中国汉民族日月神"客体论"新神话的特点,集中表现在三个方面:第一,《竹取物语》全面接受了中国汉民族自秦汉以来关于"仙人"的观念,并如同中国文化观念所表现的那样,把原来的"月神"改为"月宫",作为仙人们的生活之所。作者以这种新的文化观念作为全篇小说构思的基础。第二,《竹取物语》接受了中国汉代方士们所编造的"嫦娥"的形象,并把它改造为一个美貌无瑕的日本式女子,从而作为全书的主人公。第三,《竹取物语》采用了中国新神话中支撑"嫦娥"形象的一个重要道具——不死之药,并把它与作为日本国象征的富士山连接起来,构成全部故事的尾声。

这样,我们可以说,当《竹取物语》从其本民族的远祖形态,逐步发展而成为完整的"物语"的时候,中国汉民族自秦汉以来正在演变着的神话观念,极大地丰富了作者的想象力,为这一创作提供了天上人间广阔的舞台,从而使作者编织出一幕幕色彩绚丽的画面,成为《竹取物语》全部故事的基础。

第三节 《源氏物语》与中国文化

平安时代文坛在创造日本文化史上辉煌的业绩中,以女作家紫式部的《源氏物语》为标志,步入了它的后期。

紫式部是一条天皇时代(986—1011年在位)皇后藤原彰子的侍从女官,真名不见史传,因为她的父亲藤原为时和丈夫藤原宣孝都曾先后担任过式部丞一职,故初以"藤式部"相称。自从她在《源氏物语》中,塑造了一位贤惠理想的女性"若紫",即"紫姬"之后,文学史上都称她为"紫式部"了。紫式部24岁时丧夫寡居,怀抱着哀别离苦的情感,在孤独的生活中从事和汉文学的修养,创造了伟大的巨著,去世时还不到40岁。

紫式部以她杰出的文学造诣,加上她对于以宫廷为中心的社会生活的深刻的感受与观察,终于创造了日本文学史上无双的巨著——《源氏物语》。这部物语的诞生,不仅作为日本文学史上第一部长篇写实小说,也是作为世界文学史上第一部长篇写实小说,无疑向世界表明了日本妇女在文学修养上的最高典范。

小说以桐壶天皇身边地位最高的皇妃弘徽殿女御和她的父亲右大臣为代表的皇室外戚政治势力,与以桐壶天皇的小儿子源氏公子和他的岳丈左大臣为代表的贵族政治势力之间的矛盾为背景,以源氏公子三代人(父皇桐壶帝,源氏公子,源氏之子薰君)的生活,特别是他们的男女情场生活为主线,铺展了宫廷内外错综复杂的情节。

源氏公子是全书的主人公,所以书名为《源氏物语》。他是桐壶天皇与其宠妃更衣所生的儿子,弘徽殿女御担心他被册立为皇子而继承大位,因而迫使天皇将他降为臣籍,赐姓源氏,驱逐出宫,并逼死了他的母亲。弘徽殿女御在桐壶天皇把皇位传给她所生的儿子朱雀天皇之后,贵为太后。为了保持她的母家的国戚地位,她又把自己的妹妹(朱雀天皇之姨)胧月夜,送与朱雀天皇为妃。这样,她与她的父亲右大臣便掌握了国政。

源氏公子被逐出皇宫之后,与岳丈左大臣结为一股政治势力。他利用自己的出身与显赫的家世把许多贵胄之家的青年女性作为玩物,过着荒淫的生活。他与父皇的妃子藤壶私通,生下一子,后为冷泉天皇。当胧月夜为朱雀天皇的尚侍之后,他又诱使胧月夜坠入情网。此事为弘徽殿女御以及这姐妹俩的父亲右大臣知晓,正好成为他们在政治上打击源氏一派的把柄。于是,源氏公子就被贬谪离京,谪居神户西面的南海岸,当时还是荒凉一片的须磨。但是,由于宫廷内不断发生灾难,朝廷又把他召回京城,不久,源氏的私生子即登大位,是为冷泉天皇,源氏也就平步青云了。他受托于朱雀天皇,这时便又娶了朱雀帝的女儿(源氏的侄女)三宫为妻。然而,三宫却与源氏妻葵上娘家的侄儿柏木私通,生下薰君。柏木苦恼致死,三宫出家为尼,接踵而来的事件沉重地打击了源氏。小说中"云隐"一回,只有题目而无正文,暗示源氏之死。最后十回,以薰君为主角,他继承了前辈的荒淫,继续着醉生梦死的生活。小说的尾声,留下的是一片荒凉与空虚。

从多向视觉考察,女作家紫式部在《源氏物语》的创作中,调动了全部的文学积蓄,其中有她从小所受到的丰厚的中国文化的教养。可以这么说,如果紫式部离开了她的生活土壤,当然就不会有《源氏物语》这部杰出的作品;如果紫式部脱离她所深谙的中国文化素养,那么,《源氏物语》这部作品,也就不会像世人读到的那样杰出。

以紫式部的创作手法而言,她在运用中国文学成果,把它们布于小说情节之中时,大致有三种主要的方式。

一、局部性的浸润——小说情节发展中布设的一个层次

在《源氏物语》这部作品中,紫式部于152处情节进展点上,布设了131节选自中国文学作品中的文句和诗词,下表为作品引入中国诗文句的概略统计:

第十一章 日本平安文坛上的中国文化

被引用之中国文献	诗文句数	征引次数	被引用之中国文献	诗文句数	征引次数
白居易作品	80	97	晋书	2	2
史记	13	14	孝经	1	1
昭明文选	7	8	仪礼	1	1
游仙窟	3	3	陶渊明作品	1	1
诗经	3	3	刘梦得作品	1	1
论语	2	2	长恨歌	1	1
汉书	2	2	李娃传	1	1
列子	2	2	任氏传	1	1
元稹作品	2	2	周秦行记	1	1
古诗十九首	2	2	权德舆作品	1	1
战国策	1	1	韩非子	1	1
述异记	1	3	章台新柳	1	1

那么,这些被引进入《源氏物语》故事的中国人诗文,究竟有什么意义呢？

《须磨》一卷,历来的《源氏物语》研究家几乎都把它称为全书的"压卷之作"。这是因为这一卷典型地表现了日本平安时代王朝文学最基本的艺术特色——恋爱的惆怅、羁旅的愁苦、仕途的失意,与大自然融为一种空蒙的意境。在这一卷中,女作家把和歌的创作手法与散文的艺术特性结合在一起,把人物内心的喜怒哀乐的缕缕情丝,与自然界的气候、色彩的变换融为一体,在一种空蒙的气氛中,让读者跟随着小说中人物内心世界的发展,在自己的心灵上产生共鸣和颤动,在感情上产生余情萦绕。这便是日本文艺学上的"物哀"精神。在这一卷中,紫式部引入中国人诗文,发挥一种浸润作用,正是为了创造小说"物哀"精神的多层次的需要。

当源氏公子终于怀着离愁,乘上行舟,踏上须磨地方的时候,看到当地异常荒凉,"古殿的遗址只剩几棵松树,近处只有海的波浪,远处云雾迷漫,群山隐约难辨。"置身于这样的环境中,主人公意识到自己确实被逐出了京城,来到了放逐地。这种荒漠凄凉的景象与主人公的内心活动,紫式部是通过采用中国白居易的诗句"三千里外远行人"的意象,让读者去体味其中的缕缕苦楚。此句来自白居易诗《冬至宿杨梅馆》:"十一月中长夜至,三千里外远行人。若为独宿杨梅馆,冷枕单床一病身。"

女作家在这一情节进展点上,融入白居易诗的意象,成功地构筑了源氏公子被放逐的环境与心态。紫式部运用这一句白诗,把物态模拟和心态表述和谐地组合在一起,把一个谪居边地的贵公子的生活环境与苦楚的内心做了典型的概括。

同样的艺术手段在《须磨》这一卷中被多处运用。当"明月升空,源氏公子想起今天是十五之夜,便有无穷往事涌上心头"时,女作家又融入白居易诗"二千里外故人心"一句,把情节推向新的层次,从而让思念故土之心,跃然纸上,使"闻者感动流泪"。

二、整体性的浸润——小说情节的全面组合

所谓"整体性的浸润",是指紫式部在《源氏物语》的某一章卷中,融入中国文学某一作品的完整的意象联缀,从而推进"物语"故事某一情节进展点上融入中国人诗文的一个意象不尽相同,它的浸润性是全面的,对"物语"故事情节的影响是全面的,因此,称之为"整体性的浸润"。

《桐壶》卷是《源氏物语》的开宗明义之卷,它以描述源氏公子的父皇与母后之间的关系,铺垫了其后整个小说发展的基础,并显示了总体的美学倾向。

这是一则以情动人的完整的故事,从结构的角度来看,它的基本构造是:

A. 帝王系一代情种;
B. 佳人系绝世无双;
C. 帝王置一切于不顾而专宠佳人;
D. 佳人被妒谗而身亡;
E. 帝王朝朝暮暮思念无极;
F. 帝王希冀沟通生人与死者灵魂之联系,寄托缥缈之奇想。

这一组完整的情节框架,就像女作家本人于作品中多次透露的那样,它实际上是中国白居易创作的《长恨歌》的意象联缀对紫式部在《源氏物语》中情节构思所发生的"整体性的浸润作用"的一种表现。事实上,在紫式部创作《源氏物语》前后,日本中世纪时代文坛上,以"物语"为主的文学作品诸如《伊势物语》《枕草子》《大镜》《倭汉朗咏集》《浜松中纳言》《今昔物语》《俊赖无名抄》《平家物语》《源平盛衰记》《唐物语》《续古事谈》《十训抄》《太平记》《曾我物语》等,都曾广泛地融入过白居易《长恨歌》的某些意象。但是,所有这些作品,在融解《长恨歌》的意象方面,都

没有紫式部《源氏物语》那样全面而完整。在这个意义上可以说,非有大手笔,则不能成其事。当然这并不是说,"整体性的浸润作用"就是一种"踏袭"。女作家根据自己对生活的理解和"物语"情节的需要,以她在那种文化条件下养成的美感经验为基础,《桐壶》卷与《长恨歌》仍然有许多的不同。

(1)《长恨歌》中的杨贵妃,是一个入内之后,凭借自身的美色而使外戚强盛、人民怨嗟的形象。紫式部所描述的桐壶更衣,是她在现实生活中所见的柔弱的宫廷妇女,她没有外戚势力可以凭靠,是一个比杨贵妃更可怜的帝王"掌中物"。

(2) 杨贵妃和桐壶更衣虽然都死于妒谗,但与杨贵妃的终结方式不同,桐壶更衣不是在某种事变中,而是一种看起来貌似平常的生活中,事实上却是在压抑和妒谗的气氛中死去。女作家的作品中制造的环境,与《长恨歌》中的马嵬坡很不相同,使人感到更加悲戚和长久地窒息。

(3) 与《长恨歌》不同,日本的天皇并不似中国的唐明皇以灵魂出壳的办法来弥补心灵的空缺,他采取了更加现实的态度,找一个"面影",即与桐壶更衣相似的年轻妇女,作为他失去爱妃的替代。这便是紫式部在宫中所见到的更真实的生活。

上述三方面,可以看成是白居易的《长恨歌》在融入《源氏物语》时所发生的紫式部式的"形变"。

三、基础性的浸润——小说情节合成的观念因素

中国文学对于《源氏物语》的浸润作用,还有一种与上述皆不相同的类型。这种类型的主要特征,便是女作家并不在作品中直接显露其融入中国文学的痕迹,而是将丰厚的中国文学修养,细微地浸润在作品的若干情节组成方式中,或者表现在描写方法上,或者透露在观念表达中。这种浸润性,可以称之为"基础性的浸润",成为小说中情节合成的观念因素。

在一定的意义上说,《源氏物语》是表现"灵肉斗争的艺术"。作品中关于性爱的描述,占了相当大的篇幅,这是日本"王朝文学"在题材方面的共同特点。但是,在表现性爱方面,紫式部具有她自己的超乎"王朝文学"一般观念的关于"爱"与"死"的构想。

从中国文学的角度来看《源氏物语》中所表现的所谓情爱,其实就是"好色"。

古代中国文学中表现"好色"的作品,大概主要是两类。一类如宋玉的《高唐赋》《神女赋》,曹植的《洛神赋》等,它们擅长描写官能性的容貌姿态,善于从神韵上传达男女情爱。另一类如敦煌文献《齖䶗新妇文》那样,直露地表述一年四季春夏秋冬的性爱,进而如白行简的《大乐赋》,用华丽的骈文描写女性赤身的艳态,乃至于美的尸体,属于一种直露表达性本能的美文系统。紫式部在组织关于光源氏、薰君等男性权贵与诸多妇女的情爱故事时,对于男女人物的描述,去掉修辞性的虚饰,她在描写主人公的外形方面,采用的是中国文学作品中官能性的容貌姿态,而在其情节的进展中,从帝王、王子、后妃、宫女,乃至婢女、丑女等等,几乎都沉浸于一种性官能的"大乐"之中。可以说,这种表现的观念,与白行简等作品相似,同属于那种直露表达性本能的美文系统。但是,这只是紫式部关于情爱构想的一个方面。与此相关联的,女作家又非常冷静地在作品中表现了"死"的观念。所谓"死",不只是指形体的销蚀。紫式部的"死",是一种观念的升华。事实上,她把人超越性爱看成为"死"。因此,在《源氏物语》中,"死"是被净化了的人性本能。

源氏公子与父王的宠妃藤壶女御私通,生下了小皇子,这是一种人性的本欲。但是,藤壶女御终于以冷峻的态度,抑制了体内情欲的躁动,决定出家为尼,从而告别了世俗的人生。

(法事的)最后一天,是藤壶皇后自己发愿。她在佛前发誓,决心出家为尼。四座闻言,无不震惊……发愿既毕,宣召比睿山住持为誓愿人受戒,皇后的伯父横川僧都走来,为皇后落发。此时满殿人心激动,一齐放声大哭。

即使是毫不足道的衰老之人,面临削发之际,也不免方寸动乱,悲从中来。何况藤壶皇后青春鼎盛,预先并无一言,突然遁世,(其兄)兵部卿亲王安得不放声大哭。其他参与法会的人,也无不泪满襟袖而归去……源氏大将散会后依旧枯坐席上,一言不发,心中茫然若失。(卷十杨桐)

《源氏物语》这一场景的安排,与中国敦煌第四四五窟壁画所描写的《女性剃发图》所表现的悲痛欲绝的气氛是相通的。这是一种性本能的死亡,是人性观念的升华。当源氏公子与藤壶女御在世俗间最后一次赠答歌辞时,也便是情爱的终止。藤壶女御的观念因之而升华,她的人性进入了系于弥勒净土世界的幻想之中,浸透了密教的色彩。

由此可以明白,所谓"基础性的浸润作用",是中国文学几乎不露动情的融入方式,它渗透于情节的观念与方法之中。在这个意义上说,或许它就是中国文学融入《源氏物语》的一种最成熟的表现方式。

第四节　平安文坛上的唐人传奇《游仙窟》

八世纪中期以来,一篇描述士大夫狎妓醉酒生活的唐人传奇在日本高层知识分子中逐渐流行,它对于奈良、平安时代的文学产生了超乎想象的影响。这篇传奇,便是相传唐代开元年间(713—741年)襄乐县尉张文成所创作的《游仙窟》。

作者叙述在"青壁万寻之下,碧潭千仞之上",有一座神仙居处,一个男子在此与"仙女"相逢,极尽男女之事。作品把唐代社会生活中士大夫的狎妓冶游,描写成恍惚迷离的仙界幻影。当这个男子在兴尽离去之后,仙窟也就声沉影灭,不知所在了。这篇作品在创作后不久即传入日本,而国内传本却早已佚失。清末杨守敬在《日本访书志》中首次载录其书目。其后,1928年,海宁陈氏慎初堂校印的《古佚小说丛刊》收入了《游仙窟》。1929年,章矛尘(川岛)将全文单行刊出,鲁迅先生特意为之作序,称此篇为"治文学史者所不能废矣"。

一、《万叶集》与《游仙窟》

今本《万叶集》著录有著名歌人山上忆良临终前撰写的《沈痾自哀文》一篇,文中有"九泉之下,一钱不值"一句。考之《游仙窟》,则有如下一段:

> 十娘曰:"五嫂如许大人,专拟和合此事。"少府谓言:"儿是九泉下人,明日在外谈道儿,一钱不值。"

从这文字的比较来看,可以推测山上忆良这位乃良时代的著名歌人,大概是读过《游仙窟》这篇传奇的。山上忆良卒于733年(日本天平五年),则八世纪上半叶,《游仙窟》已在日本知识分子中流传。

在《万叶集》中,以《游仙窟》的内容充作和歌的题材,或以此来构筑意境的,并不只是山上忆良个别的例子。《万叶集》卷四有大伴家持《赠坂上大娘歌》15首,即以点化《游仙窟》而入和歌:

第一首（译文，下同）	《游仙窟》文
梦中相见,至为苦恼,	少时坐睡,则梦见十娘。惊觉拦
惊醒摸索,手无所触。	之,忽然空手,心中鞅鞅,复何可论。
第四首	
薄暮且将至,开门待客来,	积愁肠已断,悬望眼应穿,
梦中常相见,犹是意中人。	今宵莫闭户,梦里向渠边。
第十五首	
黎明握别,比益难堪,	未曾饮碳,腹热如烧,
痛切胸怀,肠穿似割。	不忆吞刃,肠穿似割。

上述《游仙窟》的情节,有些被反复融入和歌中。例如"梦见十娘,惊觉拦之,忽然空手"一节,又见《万叶集》卷十三"寄物陈思歌"中。此歌曰:"情思入梦来,会吾好妹子,起坐欲拦之,双手空无物"(No.2914)。此外,《游仙窟》的若干情节和文辞,也直接为《万叶集》中的汉文"歌序"所袭用:

No.3967:"红桃灼灼……翠柳依依……"
No.4015:"使吾勿作苦念,空费精神。"
No.4131:"夫乞水得酒,从来能口。"

所有这些都证实了在《万叶集》时代,《游仙窟》在日本知识界中有相当的流传,并且实际影响着早期和歌的创作。

二、《浦岛子传》与《游仙窟》

从日本古代小说的发展来说,在从神话传说的准备时期,到早期"物语"的形成时期,中间还存在一个过渡性的阶段。这个过渡阶段以早期古汉文传奇为代表,通过模拟而积累创作的经验。其中,《浦岛子传》是最具代表性的作品。①

《浦岛子传》叙述一位名叫"浦岛子"的渔夫,在日本的澄江之浦捕鱼,灵龟化为少女,引浦岛子到蓬莱仙宫,共享荣华。这位游客在温情蜜意之后,"志存高尚,凌云弥新",执意要"寻访田里"。龟女挽留不成,馈以玉匣,送归澄江之浦。不意人世已过七世,无有相知,遂乘紫云他去,

---

① 关于《浦岛子传》与中国文化之间的诸多的关系的考定,请参见严绍璗《浦岛子传の研究》,文载日本文部省国际日本文化研究中心《日本研究》第十二辑。

不知所终。

这篇作品在意境构思、情节运笔方面,都深受《游仙窟》的影响。作者构筑了一个人与神互会的迷离境界,借用神仙精灵的形态,描写游女与狎客的故事。此种意境构思,无疑是得力于《游仙窟》的启示。这两篇作品,都是布设了"神婚说话"的虚假外表,而实际上表现世俗社会一种被扭曲的男女两性关系,都属于艳情作品。不惟如此,《浦岛子传》在情节运笔方面,也透露出深深的模拟痕迹。

(一)记游女之美貌

玉钿映海上,花貌耀船中,回雪之袖上,迅云之鬓间。容貌美丽而失魂,芳颜熏体而克调。眉如初月出峨眉山,靥似落星流天汉……

《浦岛子传》

华容婀娜,天上无双;玉体透迤,人间少匹。辉辉面子,荏苒长弹穿;细细腰支,参差疑勒断……靥如织女流星去,眉似姮娥送月来。

《游仙窟》

(二)记共至"仙宫"门前情景

神女与岛子携手来到蓬莱仙宫,而令岛子立门外,神女先入金阙,告于父母,而后共入仙宫。

《浦岛子传》

女子曰:"儿家舍卉陋,供给单疏,只恐不堪,绝无吝惜。"遂止余于门侧草堂中,良久乃出……遂引入中堂。

《游仙窟》

(三)记游女卧房陈设之华丽

岛子与神女宫入玉房,熏风吹宝衣,而罗帐添香;红岚卷翡翠,而容帏鸣玉。金窗斜,素月射幌;珠帘动,松风调琴。

《浦岛子传》

引少府赴十娘卧处。屏风十二扇,画幛三五张,两头按采幔四角垂香囊,织文安枕席,乱采叠衣箱。相随入房里,纵横照罗衣,莲花起镜台,翡翠生金履。

《游仙窟》

(四)记男女主人公分别时场景

眠久欲觉,魂浮故乡,泪沁心房。愿吾暂归旧里,即又欲来仙室。女送玉匣,裹以五采……

《浦岛子传》

薄媚狂鸡,三更唱晓。遂则披衣对坐,泣泪相当……十娘报以双履,又赠手中扇。

《游仙窟》

如果说，《游仙窟》对《万叶集》和歌题材的影响还只是片断的话，那么，它对于《浦岛子传》的影响，从主题、结构、情节乃至语言表现诸方面来说，具有了整体性。这种全面存在的内在联系表明，像《浦岛子传》这样的日本古代最早成型的汉文小说，是以唐人传奇《游仙窟》为其"粉本"的。在中日两国文化史上，它开创了日本古代"翻案小说"①的先例，并为和文物语的形成准备了条件。

三、《唐物语》《宝物集》与《游仙窟》

《唐物语》是十二世纪日本的知识界流传的一部记载中国遗闻逸事的杂集，著者无考。全书共25节，记中国事25项，如第一节则据《晋书·王子猷传》，第二节则据《白氏文集·琵琶行》，第三节则据《左传·昭公二十八年》等等，皆有所依凭，甚至连最后一节《与犬交合之女》，也是据中国《后汉书》而编成的，并无作者凭空捏造捣鬼之谈。此书的第九节为《游仙窟记事》，文曰：

> 昔有张文成者，姿容清媚，好色多情，视举世女子，无当其意者。时适有皇后，仪态万方，华贵无匹。生见之无由通，忧郁沉思，不复有生人之趣……泪流成血，无袂可掩，而唐国旧习，事如外泄，虽大臣公卿，立丧性命。以后不复再见。后纵亦有情，唯云梯常断，问讯无由。生见织女一年一度之会，且不胜其歆羡。背人掩泣，无有已时。顾平时不现于词色，人亦无存问者，唯惆怅度岁月，终乃为文以进于后。
>
> 歌曰："年年空怅望，此恨少人知；化作泥中絮，相逢讵有期。"
>
> 其文名曰《游仙窟》，流传我国。后每读此文，辄不胜惆怅。此后即唐高宗之后，则天皇后是也。②

---

① 所谓"翻案小说"，是日本古代小说发展中形成的一种特殊的类型。它以异文学（主要是中国文学）作品为原型，取其题材、结构、情节与人物形象等，把原作品中的故事，融化在特定日本的背景之中，然后把原作品的人名、地名等，置换成日本的人名、地名等，在一定程度上进行重新编织而成篇。此种创作手法，称之为"翻案"，其作品称之为"翻案作品"。这种形式的出现，是日本民族善于把"模拟"作为获得并提高自己能力的一种切实有效的手段在文学中的表现。这种"翻案作品"，在镰仓时代（1192—1333年）已经比较多了，而考其起源，则可以七世纪末的《浦岛子传》为其代表。

② 本章引《唐物语》文与《宝物集》文，皆根据日本《续群书类从》的《物语部》文本。《宝物集》的写作年代，推考约在1177—1188年之间。

《唐物语》此节叙张文成因倾慕武则天,两相有私而撰传奇《游仙窟》,以寄思念之情。同样的记载,又见于同时代日本政治家平康赖的《宝物集》中。平康赖是高仓天皇时代(1168—1179年在位)一位活跃的贵族。1177年(日本治承元年),他在政治斗争中失脚,被流放鬼界岛。三年后,他出家归返佛法,法号性照,著《宝物集》十七卷,显扬佛法。其中第四卷记《游仙窟》事曰:

> 则天皇后者,高宗之后也。遇好色者张文成,得《游仙窟》之文。所谓"可憎病鹊,夜半惊人"即指当时之事也。

这一则记张文成与武则天之间的关系,读起来言辞凿凿,虽不知这些叙述所据为何种中国文献,但却表明了在十二世纪前后,日本知识界对《游仙窟》的强烈的关注和浓厚的兴趣,创造了中日文学交流的广阔的空间,曾经对日本文学产生过广泛的影响,在日本文化中留下了深深的痕迹。在这些痕迹中,最具文学价值的,便是《游仙窟》曾经充当了日本古代汉文小说形成的媒介。

第十二章

中国古代文学东传朝鲜与高丽时代的汉文学

第一节 《公无渡河》与汉文散文和汉文诗

一、汉乐府诗《公无渡河》

公无渡洞，
公竟渡河。
坠河而死，
当奈公何。

（《公无渡河·箜篌引》）

这是一首在中国脍炙人口、广为传唱、曲名为《公无渡河》的汉乐府诗。其故事内容，据《古今注》云"朝鲜津卒霍里子高晨起刺船，有一白首狂夫被发提壶，乱流而渡，其妻随而止之不及，遂堕河而死；于是援箜篌而歌此曲，声甚凄惨，曲终亦投河而死。子高还以语其妻丽玉，丽玉伤之，乃引箜篌而写其声，闻者莫不坠泪饮泣。丽玉以其曲传邻女丽容，名曰箜篌引。"

《公无渡河》这首汉乐府诗产生的时间，大体是在汉朝武帝在朝鲜半岛设置汉四郡之后。故事中的"朝鲜津"，大体是在今天平壤市大同江南岸乐浪区土城附近。

二、汉文散文

中朝地理相近，汉文很早便传入朝鲜。汉文对朝鲜政治、文化的影响极大。汉文在相当长时期里是朝鲜唯一的文字。它主要用于政务、外交及史书的编纂。目前保存完好的汉文史书有《三国史记》和《三国遗事》。其中具有文学性的传、纪是较好的汉文散文。

《三国史记》卷十六"高句丽本纪"关于山上王的记载是一篇生动的

汉文散文：

　　山上王,讳延优(一名位宫),故国川王之弟也。魏书云,朱蒙裔孙宫,生而开目能视,是为大祖。今王是大祖曾孙,亦生而视人,似曾祖宫。高句丽呼相似为位,故名位宫云。故国川王无子,故延优嗣立。初,故国川王之薨也,王后于氏,秘不发丧,夜往王弟发歧宅曰:"王无后,子宜嗣之。"发歧不知王薨,对曰:"天之历数,有所归,不可轻议。况妇人而夜行,岂礼云乎?"后惭,便往延优之宅,延优起衣冠,迎门入座宴饮。王后曰:"大王薨,无子,发歧作长当嗣,而谓妾有异心,暴慢无礼,是以见叔。"于是,延优加礼,亲自操刀割肉,误伤其指。后解裙带,裹其伤指。将归,谓延优曰:"夜深恐有不虞,子其送我至宫。"延优从之,王后执手入宫。至翌日质明,矫先王命,令群臣立延优为王。发歧闻之大怒,以兵围王宫,呼曰:"兄死弟及礼也,汝越次篡夺,大罪也。宜速出,不然则诛及妻孥!"延优闭门三日,国人又无从发歧者。发歧知难,以妻子奔辽东,见太守公孙度,告曰:"某高句丽王男武之母弟也,男武死,无子,某之弟延优,与嫂于氏谋,即位,以废天伦之义,是用愤恚,来投上国。伏愿假兵三万,令击之,得以平乱。"公孙度从之。延优遣弟罽须,将兵御之,汉兵大败。罽须自为先锋,追北,发歧告罽须曰:"汝今忍害老兄乎?"罽须不能无情于兄弟,不敢害之。曰"延优不以国让,虽非义也,尔一时之愤,欲灭宗国,是何意耶? 身没之后,何面目以见先人呼?"发歧闻之,不胜惭悔,奔至裴川自刎死。罽须哀哭。收其尸,草葬讫而还。王悲喜,引罽须内中,宴见以家人之礼,且曰:"发歧请兵异国,以侵国家,罪莫大焉,今子克之,纵而不杀足矣,及其自死哭甚哀,反谓寡人无道乎?"罽须愀然衔泪而对曰:"臣今请一言而死。"王曰:"何也?"罽须曰:"王后虽以先王遗命,立大王,大王不以礼让之,曾无兄弟友恭之义,臣欲成大王之美,故收尸殡之,岂图缘此逢大王之怒乎? 大王若以仁忘恶,以兄丧礼葬之,孰谓大王不义乎? 臣既以言之,虽死犹生,请出受诛有司。"王闻其言,前席而坐,温颜慰谕曰:"寡人不肖,不能无惑,今闻子之言,诚知过矣,愿子无责。"王子拜之,王亦拜之,尽欢而罢。秋九月,命有司奉迎发歧之丧,以王礼葬于裴岭。王本因于氏得位,不复更娶,立于氏为后。

　　这篇汉文散文记述了高句丽故国川王死后,王后秘不发丧,经过精心策划和安排,最后传王位于山上王延优。这篇汉文散文故事情节生动、起伏,富有戏剧性,显示了《三国史记》汉文散文所达到的水平。

三国时代新罗汉文散文具有代表性的有金后稷的《谏猎文》。金后稷对新罗王第二十六代真平王(579—632年)荒废政事,终日打猎的行为谏阻。谏文先正面阐述道:

> 古之王者,必一日万机,深思远虑,左右正士,容受直谏。孜孜矻矻,不敢逸豫,然后德政醇美,国家可保。

随之笔锋一转,列举出真平王田猎无度的事实:"今殿下日与狂夫猎士放鹰犬逐雉兔,奔驰山野,不能自止。"金后稷引用中国的经典以规劝:"老子曰:'驰骋田猎,令人心狂。'书曰:'内作色荒,外作禽荒,有一于此,未或不亡。'由是观之,内则荡心,外则亡国,不可不省也,殿下其念之。"这样言辞恳切的规劝,真平王并未听从。金后稷临终前告诉三个儿子:"吾为人臣,不能匡救君恶。恐大王游娱不已,以致于亡败,是吾所忧也。虽死,必思有以悟君,须瘗吾骨于大王游畋之路侧,子等皆从之。"金后稷的儿子听从父亲临终遗言,将父亲葬于真平王田猎的路旁,可见其忠和用心的良苦。后来,真平王终于悔悟,终生不再田猎。新罗国势日强,先后灭百济与高句丽,统一了朝鲜半岛。这篇谏文说理清楚,规劝有力,引用中国典籍十分恰当,反映出新罗时代汉文散文所达到的水平。

三、汉文诗

朝鲜现存最早的一首汉文诗是高句丽琉璃王所作的《黄鸟歌》:

> 翩翩黄鸟,雌雄相依。
> 念我之独,谁其与归?

琉璃王是高句丽第二代王,始祖东明王朱蒙的长子。《三国史记》记载了这首诗的背景:琉璃王三年,妃松氏死,王娶两女为继室,一名禾姬,鹘川人,一名雉姬,汉人。两妃常有矛盾。一次,王去箕山打猎,七天未回。两女互相争吵。禾姬骂雉姬:"你是汉人家里的婢妾,为什么如此无礼?"雉姬因愤愧而出走。国王听说后,骑马去追。但雉姬十分愤怒,再也不愿回去了。国王无可奈何。后来,国王有一次在树下休息,见黄鸟飞集在一起,触景生情,便作了这首诗。

《黄鸟歌》的语言朴实无华,风格与中国同时代的汉代诗风相近。

新罗真德女王为击败对手百济和高句丽,采取了联唐的政策。真德女王四年(650年),即中国唐高宗永徽元年,新罗开始采用中国永徽年号。真德女王把织在锦缎上的五言排律《太平颂》赠送给唐朝皇帝,表示对唐朝的敬意和联唐的愿望。诗如下:

　　大唐开洪业,巍巍皇猷昌。
　　止戈戎衣定,修文继百王。
　　统天崇雨施,理物体含章。
　　深仁谐日月,抚运迈时康。
　　幡旗何赫赫,钲鼓何锽锽。
　　外夷违命者,剪覆被无殃。
　　淳风凝幽显,遐迩竞呈祥。
　　四时和玉烛,七曜巡万方。
　　维岳降宰辅,维帝任忠良。
　　五三成一德,昭我唐家皇。

全诗气势雄伟,对仗工整,表明新罗七世纪时对汉文诗的掌握与运用已达到相当高的水平。中国诗界对此诗评价甚高,《唐诗品汇》称道它"高古雄浑,与初唐诸作颉颃"。

第二节　新罗的汉文学与崔致远

朝鲜人大量地创作汉文诗始于统一新罗时期。

新罗统一朝鲜半岛后,为巩固王朝统治,采用"读书三品科"的制度选拔人才,其标准是对汉文典籍的通晓程度和汉文写作能力。与此同时,新罗还多次派遣遣唐使,学习唐朝的文化。灿烂的唐朝诗歌对当时深受汉文熏陶的新罗学者影响很大,其中出现过不少汉文诗人。写作汉文五言、七言诗成为当时新罗文人抒情、叙事、写景、咏物的主要手段。当时的汉文诗多数现已散佚。其中有的汉文诗是因为收集在中国的《全唐诗》中才得以保存。这一时期保存下来的早期汉文诗是八世纪上半期僧人慧超《往五天竺国传》残本中的《月夜》:

　　月夜南天路,浮云飒飒归;
　　缄书参去便,风急不听回。
　　我国天涯北,他邦地角西;

日南无有雁,谁为向北飞?

　　这是慧超在艰难漫长的旅途中写下的一首怀乡诗,旅途中萧瑟的夜景和天涯孤旅的惆怅心情跃然纸上。

　　在《三国史记》和《全唐诗》中还保留了王巨仁的《愤怒诗》。据《三国史记》记载,王巨仁是新罗真圣女王时人。真圣女王时,贿赂之风盛行,赏罚不公,纪纲紊乱。有人写文章针砭时弊,贴在大路上。女王大怒,命人调查,有人诬告说是宦途不得志的文人耶州隐者王巨仁所写。于是女王下令逮捕他。王巨仁十分愤怒,在狱中墙上作了这首诗:

　　　　于公痛哭三年旱,邹衍含悲五月霜;
　　　　今我幽愁还似古,皇天无语但苍苍。

　　新罗王子金地藏于景德王十五年(756年)航海来中国,住在中国四大佛山之一的九华山。他的《送童子下山》是一首七言律诗:

　　　　空门寂寞汝思家,
　　　　礼别云房下九华。
　　　　爱向竹栏骑竹马,
　　　　懒于金地聚金沙。
　　　　添瓶涧屋休招月,
　　　　烹茗瓯中罢弄花。
　　　　好去不须频下泪,
　　　　老僧相伴有烟霞。

　　此外,还有崔承祐、朴仁范、崔匡裕等到过中国的文人留下的七言律诗若干首。崔承祐的《送曹松入罗浮》,朴仁范的《九成宫怀古》《州明九朔寺》《江行呈张秀才》,崔匡裕的《长安春日有感》《郊居呈知己》《忆江南李处士》等。

　　新罗末期的卓越诗人崔致远,是朝鲜汉文诗人中最重要的一位。

　　崔致远(857—?),生于新罗京城沙梁部(一说是湖南沃沟),号孤云,又号海云,12岁时到唐朝留学,17岁在唐朝中进士,后任中国宣州溧水县尉。后应节度使高骈之聘,又去淮南。黄巢起义,高骈被任命为诸道兴马都统,崔致远担任他的巡官,曾为高骈写过一万多件表状、书启等,后被提升为承务郎侍御史内供奉并得到"紫金鱼袋"的赏赐,在唐朝颇受重视。崔致远在唐朝颇有文名,《唐书·艺文志》有关于他的记载,在新罗人中他居首位。

崔致远在唐朝期间,经常怀念故土,关心祖国的命运。新罗宪康王十一年,他以唐朝使节的身份回到新罗,时年28岁。他以这样的两句诗概括了在唐16年的成就:

> 巫峡重峰之岁,丝入中华,
> 银汉列宿之年,锦还东国。

崔致远回到新罗后,任侍读兼翰林学士守兵部侍郎知瑞书监。29岁时(886年),他向新罗国王献出自己的诗文集共二十八卷。37岁时,他向真圣女王献《时务策》十条,力图帮助王朝改革时政。由于他所献的《时务策》,国王封他阿飡的官职,却没有实行他所提出的建议。

九世纪末,新罗佞臣当政,朝政腐败,到处发生农民起义,新罗王朝处于风雨飘摇之中。崔致远无法实现自己的政治抱负,于是他抛弃了富城郡太守之职,隐居于伽倻山,时年41岁。

传说他在晚年曾同情并支持王建的势力,相信王建能够拯救人民于水火之中,他在致王建的信中有"鸡林黄叶、鹄岭青松"之句("鸡林"指新罗,"鹄岭"指高丽),表示出他对新兴势力的赞扬。

崔致远在唐时期的诗文,按他自己在《桂苑笔耕》中所述,有:今体赋5首共一卷、五言七言今体诗共100首一卷、《中山覆篑集》1部五卷、《桂苑笔耕》1部二十卷。据传他归国后还著有《帝王年代历》,但现存只有《桂苑笔耕》及《东文选》中所保存的三十篇和《三国史记》中的诗《乡乐杂咏》。

下面我们以时间为序,分三个阶段来归纳一下崔致远的作品:

一、留学唐朝时期(869—884年)

他在唐朝期间写了很多怀念故土的诗,其中有一首《秋夜雨中》:

> 秋风唯苦吟,世路少知音。
> 窗外三更雨,灯前万里心。

这首五绝,表现出远离祖国的游子对祖国和亲人的怀念,也流露出年轻的崔致远怀才不遇的情绪。他的确因为"世路少知音"而感到孤独,所以当秋风夜雨之际,自然引起思乡之情。

877年,他被任命为溧水县尉(今江苏溧阳),这是他创作有了进一步发展的时期。因为这时他有机会接触现实和人民的生活,在这种基础上,他创作了不少优秀的诗篇,如《江南女》《双女坟》《山阳与乡友话别》《登润洲慈和寺上房》《饶州鄱阳亭》等,此外有《中山覆匮集》五卷,可惜已失传。

> 江南荡风俗,养女娇且怜。
> 性冶耻针线,妆成调管弦。
> 所学非雅音,多被春风牵。
> 自谓芳华色,长占艳阳言。
> 却笑邻舍女,终朝弄机杼。
> 机杼终劳身,罗衣不到汝。

这首《江南女》揭露了当时官家及贵族女子的懒惰、奢侈的寄生虫生活,表达了崔致远对下层劳动人民困苦生活的同情和关心。在诗中,与讽刺的手法比起来,对比的手法就显逊色了。"江南女"的形象是突出的,而"邻舍女"的形象则不够丰满,这可能和他思想的局限和对劳动人民生活缺乏了解有关。但无可非议的是,《江南女》标志着崔致远的思想和创作的发展。

在七律《陈情上太尉》中,崔致远不仅写出了他远离祖国的孤寂,还表明了来异国的目的:

> 海内谁怜海外人,问君何处是通津。
> 本求食禄非求利,只为荣亲不为身。
> 客路虽愁江上雨,故园归梦日边春。
> 济川幸遇思波广,愿濯凡缨十载尘。

二、归国后至隐居前期时(885—898 年)

对于不能实现自己政治抱负的不满,对于祖国命运的忧虑,使崔致远这一时期的创作有了巨大的发展,留传至今的作品,在数量上虽比在唐朝时少,但优秀的作品占绝大多数。

崔致远带着满腹经纶回国后,却发现处于没落阶段的新罗王朝政治腐败、危机四伏,他堕入了失望的沼泽。他的《古意》就讽刺了新罗官僚的自私、虚伪和狡猾:

> 狐能化美女,狸亦作书生。

> 谁知异物类,幻惑同人形。
> 变化尚非艰,操心良独难。
> 欲辨真与伪,愿磨心镜看。

诗人把统治者比作狐狸,讽刺他们满口仁义道德,实际上是欺骗人民的伪君子。他坚决不与这种人同流合污,所以受到排挤、打击,极感孤独、失意。《寓兴》《蜀葵花》都是这一时期的作品。

崔致远被贬后,曾任大山郡和富城郡的太守,这期间他也创作了如《乡乐杂咏》(五首)等好作品。《乡乐杂咏》一名《王技诗》,收集在《三国史记》中,是崔致远在看了民间的五种假面舞剧以后,将这些加以形象化的作品,即"金丸""月颠""大面""束毒""狻猊"。如其中的《月颠》:

> 肩高项缩发崔嵬,攘臂群儒斗酒杯。
> 听得歌声人尽笑,夜头旗帜晓头催。

这首诗既生动地写出了"月颠"这个角色的姿态和舞蹈场面上的气氛,也嘲讽了那些故作姿态、虚张声势和阿谀逢迎的儒生。崔致远描写新罗民间舞蹈的诗为后人研究朝鲜的古代民间文化留下了珍贵的资料。

三、隐居时期(899？—？)

隐居后,他的作品渐渐远离了现实与人民,大多是描写自然风景的作品。崔致远曾在金海附近的黄山岸边绝壁上垒石筑台,命名为临镜台,并写诗一首:

> 烟峦处处水溶溶,镜里人家对碧峰。
> 何处孤帆饱风去,瞥然飞鸟去无踪。

全诗并无绮丽的词藻,淡淡的画面,恰似一幅水墨山水画。

另外还有五言律诗《赠智光上人》:

> 云畔构精庐,安禅四纪余。
> 筇无出山步,笔绝入京书。
> 竹架泉声紧,松棂日影疏。
> 境高吟不尽,瞑目悟真如。

崔致远的汉文诗对朝鲜文学产生了深刻的影响,一千年来,他一直被朝鲜的历代学者尊之为朝鲜汉文学的鼻祖,这不是没有道理的。

第三节　高丽时代的汉文诗

一、高丽前期的汉文诗

高丽时代是汉文学的兴盛期。高丽实行科举制度,国家官吏任用考试的科目有诗、赋、颂、策等,汉文学成为文学的主流。文臣根据王命有所谓"文臣月课法",即中央和地方的文臣每月必须作诗;一般学生有所谓刻烛赋诗,即在规定的时间内完成诗作,用以比较才能的高低。于是汉文诗逐渐成为高丽上层社会的必修科目。日常生活自然地使用儒教经典文句。高丽朝的汉文诗,逐渐脱离崔致远时代模仿中国的方式,而拥有自己的风格。

高丽中期以后,更加崇尚唐宋汉文诗,尤其最崇苏东坡,金富轼兄弟甚至模仿苏东坡兄弟的名字,完全陶醉在中国唐宋文学的领域中。

(一)郑知常及其汉文诗

高丽前期较为著名的诗人有朴寅亮、郭舆、金黄元、金富轼、高兆基、郑袭明等人,而最有才华、作品最富于个性与独特风格的诗人,则是郑知常。

郑知常生活于高丽第十六代睿宗和第十七代仁宗时期,生年不详,卒于1135年。他生于西都平壤,初任舍人,最后官至翰林学士知制诰。诗人生性豪放豁达,一向讨厌虚伪造作,喜爱超尘脱俗的老庄思想。为此他与当权者格格不入,最终因参与"妙清之乱"而遭杀害。由于上述原因,郑知常的诗虽闻名于当时诗坛,却无人为他立传。郑知常死后十七年才出生的评论家李仁老在其《破闲集》中提到他时,还不敢写出名字,只说"睿宗时,有俊才姓郑者,忘其名。"他的名字出现在崔滋的《补闲集》中,已是诗人逝世120年左右的事了。

郑知常的诗感情真挚,洒脱不羁,清丽自然。他的名作七绝《大同江》:

　　雨歇长堤草色多,送群南浦动悲歌。
　　大同江水何时尽?别泪年年添绿波。

郑知常的五律有《送人》:

　　庭前一叶落,床下百虫悲。
　　忽忽不可止,悠悠何所之?

片心山尽处,孤梦月明时。
南浦春波绿,君休负后期。

郑知常的景物诗有《西都》：

紫阳春风细雨过,轻尘不动柳丝斜。
绿窗朱户笙歌咽,尽是梨园弟子家。

郑知常擅长写自然风景。在《醉梦江南》《题登高寺》《开圣寺》《长源亭》《边山苏来寺》《月咏台》《春日》等诗中,他的诗句描绘出自然山川的壮丽和美好。

在《题登高寺》中,作者也表达了他的政治抱负：

石径崎岖苔锦斑,锦台行尽入禅关。
地应碧落不多远,僧与白云相对闲。
日暖燕飞来别殿,月明猿啸响空山。
丈夫本有四方志,吾岂鲍瓜系此间?

在《开圣寺》中,他的诗如同一幅风景画,并带有空灵的意境：

百步九折登巉屼,家在半空惟数间。
灵泉澄清寒水落,古壁暗淡苍苔斑。
石头松老一片月,天末云低千点山。
红尘万事不可到,幽人独得长年闲。

郑知常的诗歌形象鲜明,写景物则色彩丰富,诗中见画,写闲情则行云流水。历代诗人都推崇他的诗文,如李仁老认为其诗"飘逸出尘",崔滋评价为"语韵清华,句格豪迈"等等,从中可以看出郑知常诗歌的成就和对后人的影响。

(二) 海左七贤

十二世纪的高丽,外受金的压力,内受社会矛盾的刺激,李资谦之乱、妙清之乱相继而起,最后终于爆发了武臣之乱。以文臣为中心的统治体制崩溃了,武人政权登场,开始了近一个世纪的武臣统治时期。在武臣统治时期,武人的跋扈、肆虐,对文臣的残害和朝政的紊乱状态,使得一些文人视作官为畏途,既不满朝政,又无可奈何,只得隐遁山林之中。于是一些文人模仿中国的竹林七贤,成立类似的文学组织,其中最著名并在汉文诗创作中成就较高者,是李仁老所组织的竹林高会,其成员为林椿、吴世才、皇甫抗、咸淳、李湛之、赵通,连同李仁老总共七人,时人模仿中国的"竹林七贤"之称,称呼他们为"海左七贤"。

李仁老(1152—1230年),字眉叟,明宗十年中举。曾作为高丽赴宋使节团的书记官来过中国。官至右谏议大夫。他力主文学创作中人人平等,不应有贫富贵贱之别,在海左七贤中,他以林椿为诗友,以李湛之为酒友,以赵通为山林友。著作有《银台集》《双明斋集》《破闲集》,流传至今的只有《破闲集》。

李仁老的许多诗篇反映出他对武人专横、政治形势动荡的不满,如他的三首《行路难》,对紊乱的朝政表示了深恶痛绝的感情。他既想模仿中国东汉严子陵辞官后隐居的悠闲,又为自己无力扫除人间害人虫而遗憾。

《行路难》三首集中表现了他心中的愤怒而又无能为力的情绪,这种情绪在别的诗中也有所流露,只不过比较隐晦曲折罢了。如七律《游智异山》,就以对陶渊明"桃花源"式的理想国的向往、追求,表示出他的这种不满而又无可奈何的心情:

　　头流山回暮云低,万壑千岩似会稽。
　　策杖欲寻青鹤洞,隔林空听白猿啼。
　　楼台缥缈三山远,苔藓微茫四字题。
　　试问仙源何处是?落花流水使人迷。

这首诗附于李仁老所作的散文《青鹤洞记》之中,诗和散文的基本思想是相同的,可以称为高丽时期的《桃花源记》。

李仁老到过中国,他描写中国自然风光的诗,也写得清新隽永,如七绝《潇湘夜雨》:

　　一带苍波两岸秋,风吹细雨洒归舟。
　　夜来泊近江边竹,叶叶寒声总是愁。

海左七贤的另一人物林椿,也是当时名噪诗坛的歌者。林椿字耆之,号西河,是十二世纪后半期人,生卒年不详,自幼即显露出诗才,但一生未中举作官。他曾与当时著名诗人李奎报以诗文相交。诗作多已散失,靠挚友李仁老收集,才得以有《西河先生集》流传。李仁老曾给他的诗以高度评价,"先生之文得古今,诗得雅骚之风骨,自海而东,以布衣雄世者,一人而已"。以他的七绝《闻莺》为例:

田家葚熟麦将稠,绿树初闻黄鹂留。
似识洛阳花下客,殷勤百啭未能休。

乍一看,这是一首田园诗,但在这田园明丽的画面中,却隐含着作者怀才不遇、穷困潦倒的失意心情。

林椿一生布衣,接触平民较多,对遭歧视、受虐待者,深表同情,他的七律《戏赠星州卒》就是这样的作品。七律《与李眉叟会湛之家》和《次友人韵》则是他对自己落拓一生的概括和总结。

海左七贤中另一位诗人吴世才,字德全,曾于明宗时中举登第,但因性情"疏脱不检",不容于时世,最后竟穷困而死。他的五律《病目》也是发泄宦途失意的牢骚诗。其五律《戟岩》则写得奇崛峻峭,气势逼人:

北岭山巉巉,邦人号戟岩。
迥春乘鹤晋,高刺上天咸。
搊柄电为火,洗锋霜是坛。
何当作兵器,破楚亦亡凡。

(三) 李奎报

高丽时期最能在诗中反映民生疾苦、国家命运的诗人是李奎报。

李奎报(1169—1241年),出身于封建贵族家庭。曾出仕高丽王朝,官至宰相。因受到了当时封建统治者的嫌弃和排斥,先后多次遭贬谪,最后离开政界,回到故乡从事创作。他是个多产诗人,仅保存在《东国李相国集》中的诗就有2000首左右。

在《代农夫吟》中,诗人怀着崇敬的心情,描写了农民的艰苦劳动,愤怒地谴责了那些榨取农民膏血的王孙公子,告诫他们对农民不得采取轻视和侮辱的态度,诗中写道:

带雨锄禾伏亩中,形容丑恶岂人容。
王孙公子休轻侮,富贵豪奢出自侬。
新谷青青犹在亩,县胥官吏已征租。
力耕富国关吾辈,何苦相侵剥及肤。

李奎报的诗中,也有不少是咏物的,鸟兽虫鱼、花草树木,甚至于通常使用的物品和家常菜蔬及自然景物,都是他描写的对象。这些诗表现了诗人对各种生命和无生命物体的细腻观察,其中有些颇似静物画或写生画。这一幅幅静物写生画,也是诗人表达自己的情趣和情操的途径之一。

　　李奎报对中国文学是很熟悉的,他热爱中国的诗人和文学家。他的诗中不止一次地提到了屈原、李白和杜甫。在《晚望》中,他对李白、杜甫作了高度的评价,表达了极大的敬慕之情。他也很欣赏陶渊明的诗,"读诗想见人,千载仰高义"。作为一名朝鲜诗人对中国诗人、文学家所怀有的感情,表现出中朝两国人民之间的传统的深厚友谊,也说明两国文化交流有着悠久的历史。

　　李奎报是一位具有民族自尊心、热爱祖国、同情人民的爱国诗人,他的诗为朝鲜的现实主义诗歌奠定了坚实的基础。

二、卓越的诗家与词人李齐贤

　　在朝鲜文学史上,李齐贤(1288—1367年)占有比较特殊的位置,他不仅是与崔致远、李奎报齐名的大诗人,也是大量创作长短句——词的人。他也是朝鲜民歌的热爱者和整理者、翻译家。

　　李齐贤字仲思,号益斋,生于高丽的京都开城,是当时著名诗人、"后耆老会"的组织者李瑱元之子。自幼受到良好的文化熏陶,为他后来的创作奠定了基础。

　　李齐贤17岁进入仕途,任录事。28岁时应居留元朝首都燕京的高丽逊位的忠宣王王璋之召,到燕京。他在中国结识了元朝的一些知名文人学士,如姚燧、阎复、赵孟頫、元明善、张养浩等。

　　1341年,李齐贤回归祖国,之后因群小猜忌,他深居简出,埋头书斋,写成《栎翁稗说》。后来恭愍王即位,他被拜为右政丞,71岁辞官隐居。1367年7月病逝,谥文忠公。其著作除上文提到的《栎翁稗说》以外,还有《益斋乱稿》。

　　(一)李齐贤的五言七言诗

　　李齐贤的汉文五言七言诗中,最有意义的是表现他热爱祖国和关心人民的作品。但是和李奎报不同,他的爱国诗一般都是委婉和含蓄、忧郁的,是他内心深处的忧愁幽思的流露。这类诗的具体内容往往是旅思离愁、即兴咏景、送别故人等,但都渗透着他思念故土、关心祖国命运的心情,如《定兴路上》《眉州》《燕都送朴少卿东归》《北上》《至治癸亥四月二十日发京师》《王祥碑》《多景楼陪权一斋用古人韵同赋》《感怀》等都是这类作品。

扬子津南古润州,几番欢乐几番愁。
佞臣谋国鱼食饵,黠吏忧民鸟养羞。
风铎夜喧潮八浦,烟簑暝立雨侵楼。
中流出楫非吾事,闲望天涯范蠡舟。

《多景楼陪权一斋用古人韵同赋》

诗中对那些贪权误国的人进行了辛辣的讽刺与抨击。尽管诗人看出了国内的一些消极现象,却自感无能为力,流露出无可奈何的心情。

五言《王祥碑》中借用中国晋代有名孝子王祥卧冰求鱼孝母的故事,抒发他对远在祖国故乡的慈母的怀念,和前首诗一样,这也是抒发国忧的作品。在五律《泾州道中》之中,这种思想情绪表现得更加明显:

出谷天无险,登坡路始平。
塞云拖雨黑,野日隔林明。
万里思亲泪,三年恋主情。
哦诗聊自遣,渐觉锦囊盈。

李齐坚是关心和爱护人民的,他所创作的一些描写人民生活、同情人民疾苦的诗,以及他对民间歌谣的重视和翻译等,都足以说明这点。

他的《促织》一诗借咏蟋蟀表达了他对织布的贫困妇女和寡妇、征夫的同情:

促织复促织,哀鸣何恻恻。
终夕弄机杼,平明无寸缕。
嫠妇才闻泪似泉,
征夫一听凋朱颜。

《古风七首》《送金海府使郑尚书得时字》《送田孟耕赴任全罗道》等都是这样的诗。但是作为一位封建士大夫,他只能把解决这些社会问题的希望寄托在好官和国君的圣明上,这些想法和要求是不大切合实际的。

李齐贤擅长写景,其景物诗在当时诗界颇享盛名。由于他青年时期长居中国,他的写景诗大都是描绘中国的自然胜景的,最有名的是《山中雨夜》:

纸被生寒佛灯暗,沙弥一夜不鸣钟。
应嗔宿客开门早,要看庵前雪压松。

李齐贤译成的汉文诗歌既能充分表达原意,又很符合汉文诗的格律,得到了评论家的好评。

(二)李齐贤的词

李齐贤是朝鲜文学史上词的引进者,又是文学史上唯一的优秀词人,在朝鲜汉文诗歌史上占有一个独特的位置。

李齐贤的词收集在他的《益斋乱稿》卷十中,共有50余首,其中有小令、中调和慢词。内容以写景抒情较多。《江城子·七夕冒雨到九店作》《菩萨蛮·舟中夜泊》流露出他身居异域的乡愁和思念祖国的心情:

> 银河秋畔鹊桥仙,
> 每年年,好因缘。
> 倦客胡为,此日却离筵?
> 千里故乡今更远。
> 肠正断,眼空穿,
> 夜寒茅店不成眠。
> 一灯前,雨声边,
> 寄语天孙,新巧欲谁传?
> 懒拙只宜闲处著,
> 寻旧路,卧林泉。
>
> (《江城子·七夕冒雨到九店作》)

九店在山东省蓬莱县西九里。李齐贤七夕雨中到达这里,由七月初七牛郎织女一年一度鹊桥相会的神话而想到故乡、家园。词的意境苍凉,耐人寻味。

《巫山一段云词·松都八景》描写了祖国高丽都城——开京的秀丽景色,总共八首,描写了八处地方:《紫洞寻僧》《青郊送客》《北山烟雨》《西江风雪》《白岳晴云》《黄桥晚照》《长湍石壁》《朴渊瀑布》。

他的小令如《大常引·暮行》《浣溪沙·早行》《菩萨蛮·舟次青神》等,都是一些精彩的抒情小品。

(三)与中国有关的诗词

李齐贤居留中国时间之长可以说是历代朝鲜文人之冠。与中国古代著名文人的交往既广,所到之处又多,所以他写了不少内容上与中国有关的作品,其中有反映他和中国文人友谊的,也有对中国历代古人的歌颂和对中国各地风景名胜或古迹的描绘与赞美。

他的七律《奉和元复初学士赠别》,是他在向元复初告别时所作的:

> 昔从倾盖眼能者,载酒同游遍洛城。
> 直欲执鞭如鲁叟,岂惟结袜比王生。
> 感公灯火三更话,慰我关山万里行。
> 更得新诗八囊褚,剑南人识汝南评。

诗中头两句简短地回顾了他与元复初相逢、相识和交往的过程;接着叙述了他对元复初的感激之情,称赞对方的亲切关怀,并在临行前与他深夜谈心;结语感谢元复初给他写的赠别诗,为在异域能得到挚友而感欣慰。

七律《二陵早发》与七绝两首《和呈赵学士子昂》是李齐贤与元朝著名书画家赵子昂(孟頫)交往期间所作。他的《庚辰四月将东归齐化门酒楼》,是他离开中国前的惜别之作,表现了他希望再度来中国的心情。

他的汉文诗词涉及的中国历史人物很多,有因观览古迹或历史胜地而联想到,如《比干墓》、《则天陵》,有的因读史书而提及,如《咏汉史》。他的这类诗词涉及的人物有:黄帝、龙逢、比干、范蠡、陈胜、项羽、田横、韩信、萧何、张良、诸葛亮、武则天、杜甫等人。

李齐贤到过中国不少地方,目睹中国的一些名山大川、风景胜地、名胜古迹,引起了他对中国锦绣河山的热爱和对中国历史的回顾。他的诗词中描写的有:虎丘寺、焦山、金山寺、峨眉山、华山、蜀道、黄河、汾河、洞庭湖、武则天陵、汉武帝茂陵、函关、扬州平山堂、北苏台、井陉、华阴、长安豫让桥等。

李齐贤之所以在诗词的创作、民歌的翻译中有如此高的成就,这与他长期生活在中国,受中国悠久丰富的汉文化熏陶有关。李齐贤的文学成就在后世也得到了极高的评价。李朝中期的名臣柳成龙曾在《重刊益斋集跋文》指出:"高丽五百年间,名世者多矣。求其本末兼备,始终一致,巍然高出无可议焉者,惟先生有焉。"可见他在朝鲜历代文学家中的地位。

三、高丽晚期的汉文诗

(一)三隐的文学成就和中国文化的影响

高丽晚期的汉文诗达到了相当繁荣的程度,不论在思想内容的深度和广度上,还是在写景抒情的艺术水平上,不论在数量上还是在质量上,都有所提高。

高丽晚期汉字诗歌的发展有着社会和文学的原因。这一时期,社会矛盾进一步激化,引起一些文人学士对人民水深火热处境的同情和对国事的忧虑。另一方面,高丽中期的李奎报以他充满爱国主义的人道主义思想的诗篇树起了一面旗帜,使高丽晚期的汉文诗正视现实和反映现实。此时作为民族主体的平民的思想感情也在汉诗中得到较多表现,以爱情为主题的诗歌逐渐增多。

高丽晚期,最负盛名同时也是高丽汉文学最后一个成就较大的诗人是李穑(1328—1396年),他是名儒李穀之子,字颖水,号牧隐,和郑梦周(圃隐)(1337—1392年)、吉再(冶隐)(1353—1419年)都是高丽末期的名儒重臣,被称为"三隐"。李穑14岁时中成均试,恭愍王二年在元科举中得第二甲第二名,被任命为翰林文学承仕郎、同知制诰兼国史院编修官。由元归国后,在高丽政府任要职,尤致力于奖掖后进。他晚年曾遭流配,李朝建立后受封爵。他的诗文得到很高的评价,在高丽文学史上的地位稍次于前二人。

此期最能反映当时社会状况的,是那些对贫苦的劳动人民表示同情,对统治阶级进行某种程度揭露的诗歌。

李穑的《蚕妇》即是一篇歌颂劳动妇女的诗:

> 城中蚕妇女,桑叶何其肥。
> 虽云桑叶少,不见蚕苦饥。
> 蚕生桑叶是,蚕大桑叶稀。
> 流汗走朝夕,非缘身上衣。

这首五言诗以其朴素的语言、民间歌谣的风格描写了蚕妇的辛勤劳动,最后两句寓意深刻,指出劳动者享受不到,而剥削者不劳而获,为勤劳的蚕妇鸣不平。

在此期间也产生了不少表现爱国思想的诗歌,如李穑的《高歌》,郑梦周的《奉使日本》《九城吟》以及一些其他诗人的诗作。郑梦周的《奉使日本》(五律)和七律《奉使日本》《旅寓》是他在日本怀念祖国而作。当时倭寇经常扰袭高丽沿海,郑梦周被遣与日本交涉。如下面这短短一首五律《奉使日本》,既有对景物的生动描写,又有委婉的抒情气息,表达了作者的抱负和志气,是高丽爱国诗篇中思想性和艺术性都较高的佳作:

> 水国春色动,天涯客未归。

草连千里绿,月共两乡明。
游源黄金尽,思归白发生。
男儿四方志,不独为功名。

高丽晚期产生了一批爱情诗歌,如郑梦周七绝《江南曲》与《征妇怨》、郑浦的七言古诗乐府《怨别离》、李达衷的五古《闺情》等等。郑梦周的《江南曲》是写少女嬉戏和怀春情绪的:

江南女儿花插头,笑呼伴侣游芳洲。
荡桨归来日欲暮,鸳鸯双飞无限愁。

第一句写少女们活泼、快乐嬉戏的场面,第二句一个"愁"字,道出了她们的心思。全诗总体看来是一支富有民间气息和生活情趣的青春之歌。

和高句丽、百济及统一后的新罗不同,高丽王朝始终对中国大陆的汉人政权宋朝保持友好关系。高丽时期的文人士大夫更加重视中国的古籍,于是出现了不少表现朝中友谊,涉及中国历史人物和名胜古迹、文化的诗篇。李穑表现这方面内容的诗有七绝《寄圭斋欧阳玄》、七绝《黄花诗》、五律《读汉史》、七律《读杜诗》等。如他的《寄圭斋欧阳玄》:

衣钵当从海外传,圭斋一语尚琅然。
迩来物价皆翔贵,独我文章不值钱。

欧阳玄(1274—1358年),是北宋文学家欧阳修之后,"圭斋"是其号。欧阳玄是当时有名的学者、诗人,他很早就发现了李穑的才能,称赞其为天下之异人。这首《寄圭斋欧阳玄》中,李穑表示他还铭记着欧阳的评价,同时也披肝沥胆地向友人谈自己的心思,可见这一对年龄相差五旬有余的朋友之间的深厚情谊。

(二)翰林别曲体、时调的产生和汉文诗词的影响

由于当时还没有本民族语的文字,朝鲜古代文人只能利用汉字进行文学创作,所写诗歌主要是五、七言诗。但是朝鲜自古以来民间歌谣就较为发达,这些歌谣是以朝鲜民族语言创作的,它们靠口头流行于当时和传唱至后世。一直到十三世纪才开始出现较多的文人国语诗歌。起初产生的是一种长歌体裁,即翰林别曲体,到了十四世纪,文人以朝鲜国语创作诗歌的风气更为盛行,产生了短歌的体裁,即时调,从而为李朝时期文人国语诗歌的发展打下了基础。

高丽高宗(1214—1259年)时,朝鲜国语诗歌的创作进入了尝试阶段。一次翰林院内的一些儒学者聚集在一起饮酒赋诗,他们吟的是夹杂着汉字的朝鲜国语歌谣体诗歌。因为没有朝鲜文字可以将它写出,就由每人口头各赋一段,合成为一首长达八段的长诗。由于作者多为翰林学士,这首长诗也就叫《翰林别曲》,后来又由于每一段最后附有朝鲜语语气词"景几如何",所以又称"景几如何体"诗歌。

《翰林别曲》在文人士大夫中产生了较大影响。忠肃王十七年(1330年)时出现了安轴(1248—1348年)所写的《关东别曲》和《竹溪别曲》,主要写景。

由《翰林别曲》到《关东》《竹溪》两别曲经历了大约一百年的时间,说明"翰林别曲体"是有一定生命力的。这一段标志着高丽文人在尝试中探索出了一种文人国语歌谣体裁,直到高丽末和李朝初,都有人以翰林别曲体创作诗歌。如权近(1352—1409年)的《霜台别曲》、卞季良(1369—1430年)的《华山别曲》等等。

尽管翰林别曲体这种体裁仍有很重的汉文诗痕迹,但由于它是民间口头国语文学和文人书面汉文文学结合的产物,它为不久以后的"时调"体裁的产生作了准备。

在《翰林别曲》之后,在大约十四世纪末,文人国语诗歌中出现了一种短诗体裁——时调。

一般认为,时调作为文人国语诗歌的一种固定的短歌体裁,出现于十四世纪。由于当时的时调只能靠口传或用汉文记录下来,所以失传的不少,原国语形态也难以完整地再现出来。目前所看到的高丽末期的时调,保存于李朝金天泽在1727年编写的《青丘永言》及金寿长于1763年所编的《海东歌谣》等书中。

明调形式一出现,就具有相当强的生命力。虽然文人士大夫仍然以汉文诗的写作为正流,但还是有人创作时调,用本民族的语言表达思想、抒发感情。

时调和《翰林别曲》大不一样,它是短歌,汉字也较少。它和民歌也有不同,不分节,无副歌,音节数比起不分节的民歌来也整齐严格些,当然也有一定灵活性。

时调分为三个诗行,分别叫"初章""中章""终章"。"初章"的音节数为三、四、三(四)、四,"中章"的音节数为三、四、四(三)、四,"终章"的音节数为三、五、四、三。三"章"的内容大体上依次起到"起""承""结"的作用。

　　高丽末期的时调属于第一批时调,其内容多与时政有关,也有一些是即兴创作,是向对方表示某种意愿的。

　　高丽末期的时调没有标题,这里为了方便起见,以该作品第一个词为题目,先看李穑的《白雪》:

　　　　白雪皑皑的山谷,笼罩着乌云。
　　　　可爱的片片梅花,你在哪儿开放?
　　　　暮色苍茫,我独自徘徊,该去向何方?

李穑是高丽末期的名儒,忠于高丽王朝,后因大势所趋不得不屈从李朝统治者,但他仍一心不忘旧王朝。在旧王朝大势已去的情况下,李穑自己也感到他的希望难以实现。

　　总的看来,高丽末期出现的时调作品,思想内容具有积极意义的不多。但它的出现反映了在高丽封建社会的上层人物中,开始在汉文诗之外谋求建立本民族语言诗歌文学的积极倾向,这无疑是具有很大意义的。这种现象的产生既有外因又有内因。外族的侵扰,以及中国宋朝因辽、金的多次进犯而日渐衰弱,促使高丽重视本国的力量,珍视本民族的文化,他们意识到朝鲜文学有存在和使用的必要了。从朝鲜诗歌文学发展的自身要求来看,汉文诗难以满足高丽人民的需要,它基本上只是一种书面文学,难以流传。高丽民歌则有可唱、易理解和便于普及的特色。时调就是诗歌发展中这种必要性和可能性的产物。

　　高丽时调开始产生,正是在中国宋词极盛以后。由于朝鲜文学与中国文学的血缘关系,极富音乐性可唱易懂的宋词不能不对高丽文人产生某种影响,这也是时调产生的原因之一。另外元曲的盛行,也是时调产生的另一个外部诱导因素。时调在朝鲜文学史中是源远流长的,它的产生有十分重要的意义。

第十三章

李白、杜甫对朝鲜古典诗歌的影响

李白与杜甫同是唐代的伟大诗人,他们对中国古典诗歌的日臻完善作出了卓越的贡献。他们留下的文学遗产不仅是中国的文学瑰宝,也是全世界的宝贵文化财富。

中国的文化对日本、朝鲜的文化都有过很大的影响。在历史上很长的一段时间内,朝鲜诗歌不仅在诗的形式上仿效汉诗,在内容上也受到很大的影响。

在唐代,新罗与唐朝的文化交流已十分发达。可以推测,李白的诗作是通过新罗的外交使节和留学唐朝的士子们传到朝鲜的。我们可以从晚唐的朝鲜留学士子崔致远的作品里窥见端倪。崔致远的作品《双女冢》写到了李谪仙。金相勋在其所著的《我国汉诗的故事》里就此事评论道:"新罗末期的唐朝留学生,学得中国盛唐和晚唐的纯熟诗风而归,根据我国的实际情况加以运用,辟成了灿烂的诗苑。朴仁范、崔光裕、崔承祐、崔致远等,就是这样的诗人。"盛唐时代有代表性的诗人是李白和杜甫。当时的朝鲜留学士子们归国后,把李白和杜甫介绍到了朝鲜文坛。此外,高丽时代的李奎报、李齐贤等作家也都是研究李白诗作的专家。李朝时代,从郑澈到李朝末期的金炳渊(即金笠),都对李白的诗歌有精深的研究。

在高丽中叶,杜甫的诗在朝鲜已广为传诵。李朝时代,杜甫的诗因为和"崇儒斥佛"的国是相符,得到更为广泛的流传。李朝世宗大王二十八年(1444年)一月正式颁布了《训民正音》,颁布后接连翻译了各个学科的汉文书籍。1481年,杜甫的诗集《杜工部诗谚解》分十九卷由曹伟与僧人义砧翻译出版,这具有重大的意义。通过这部翻译的诗集,具有爱国主义和人民性的杜甫的诗,以它真实的、感人的形象,更广泛地深入到朝鲜人民的心中。曹伟这样评价杜甫的诗道:"离乱奔窜之时,忧时思君之言实出于赤诚,其忠愤激烈之情将流芳百世……后世吟风弄月以自娱之辈岂能与之比拟!""因此,不难推测,杜甫的诗歌对我国诗歌的发展产生了肯定的影响。"

第一节　李白对朝鲜古典诗歌的影响

朝鲜的浪漫主义思潮、倾向和创作方法鲜明地表现在"海左七贤"这些诗人身上。李仁老作为"海左七贤"的中心人物,在高丽朝廷里当过右谏议大夫。武官政变后,他幸免于难,匿迹深山。他从这样的坎坷经历和痛苦的生活体验出发,在《续行路难》这首诗里批判了武官政变后的腐朽现实,表明了意欲拯民于水火的热心衷肠。下面是他的《续行路难》(其二):

> 我欲飚轮叩阊阖,请挽天河洗六合。
> 狂谋谬算一未试,蹄涔几岁藏鳞甲。
> 峨洋未入子期听,黑虎难逢周后猎。
> 行路难,歌正悲,匣中双剑蛟龙泣。

这是三首诗中的第二首。在第一首里,诗人抑制不住对武官政变后混乱不堪的现实的郁愤而振臂疾呼。在这首诗里,他对武人统治大加鞭挞。叩着天门,"请挽天河洗六合",毫不掩饰地表明了自己的抱负。

我们读着这首诗,很自然地会联想起李白的《梁甫吟》。《梁甫吟》的后半部分是这样写的:

> 我欲攀龙见明主,雷公砰訇震天鼓。
> 帝旁投壶多玉女,三时大笑开电光。
> 倏烁晦冥起风雨,阊阖九门不可通。
> 以额叩关阍者怒,白日不照吾精诚。
> 杞国无事忧天倾,猰貐磨牙竞人肉。
> 侧足焦原未言苦,智者可卷愚者豪。
> 世人见我轻鸿毛,力排南山三壮士。
> 齐相杀之费二桃,吴楚弄兵无剧孟。
> 亚夫治兵尔为徒劳,梁甫吟,声正悲。
> 张公两龙剑,神物合有时。
> 风云感会起屠钓,大人峴屼当安之。

把这两首诗作一对比,我们可以看到,两位诗人都尖锐地批判现实,都想用自己的才智去改革腐朽的现实。他们火热的斗志和牺牲精神溢于言表。在表现手法上,他们都使用了浪漫主义的创作方法。李仁老为了匡时扶政,惊呼"我欲飚轮叩阊阖,请挽天河洗六合。"李白则认为"阊阖九门不可通","以额叩关阍者怒"。李仁老苦于壮志难申,叹道:"匣中双剑蛟龙泣",李白则吟道:"张公两龙剑,神物合有时。风云感会起屠钓,大人岘屼当安之。"他们在不得志郁愤难泄时都写到了宝剑,所不同的是,李仁老吐露了"匣中双剑蛟龙泣"的心境,对未来缺乏信心,李白则对未来信心十足,为了未来磨砺宝剑。此外,他们所处的具体历史环境也不同。李仁老面临的是:武官政变后,武官独裁,文臣受压抬不起头。李白看到的是黑暗的政治和奸臣作乱酿成了"安史之乱"。他们都认为社会之所以腐败是由于没有进行革新,苦苦等待革新吏治。

陈浑的诗作《桃源歌》,也是朝鲜这一时期具有浪漫主义倾向的诗篇:

溪流尽处山作口,土膏水软多良田。
红魇吠雪白日晚,落花满地春风颠。

对"武陵桃源"的这种刻画,与诗人对现实的态度和对理想社会的憧憬是分不开的。这样的憧憬,并非逃避现实。

君不见江南村,竹作户花作藩。
清流涓涓寒月漫,碧树寂寂幽禽喧。
所恨居民产业日零落,县吏索米长敲门。
但无外事来相遇,山村处处皆桃源。

吟诵这首诗,我们很自然会想到李白的《赠清漳聿府侄事》。李白在这首诗里吟哦道:"心和得天真,风欲犹太古。牛羊散阡陌,夜寝不扃户。问此何以然?贤人宰吾土。举邑树桃李,垂荫亦流芬。河堤绕绿水,桑柘连青云……"很明显,两位诗人对于"武陵桃源"的描写,都与他们的理想分不开。他们都渴望有个不受封建官僚残酷掠夺的社会。

在高丽时期,李奎报是伟大的诗人,雄踞高丽诗坛的顶峰。他生于1169年,死于1241年,从十九代明宗到二十三代高宗,共历五朝。他自号白云居士,22岁科举及第。1170年武官政变后,怀才不遇,他专攻经史、诸子百家和佛经等。他到处漂泊,后经崔献忠引荐,才又入仕途。崔献忠常请他写诗。他后来作过左右司谏,还曾三度出任宰相。但是他也曾多次被降职,甚至被流放,生活经历很曲折。

李奎报喜好写诗、饮酒和弹玄鹤琴,自称"三酷爱先生"。他这些嗜好很像李白。他写诗挥毫而就,走路步履如飞,说话口若悬河,因而又被称为"三捷先生"。

他的《忆二儿二首》的第二首写道:

> 我有一爱子,其名曰三百(予和吴郎中三百韵诗是日儿生以为名)。
> 将与指李宗,来入警姜夕。
> 尔生骨角奇,眼烂面复晰。

从这首诗可看出李奎报对李白的钦佩和追念之情。

李奎报的性格像李白一样豁达。由于他善豪饮,时人称他李太白。陈澕对李奎报的评价是"谪仙逸气万象之外"。李奎报的诗才和气质也像李白。他崇尚道德,喜欢讽喻,又可与白乐天媲美。陈澕的评价是很有见地的。

李奎报与"海左七贤"几乎是在同一时期开始各自的创作活动的。他与"海左七贤"有着深厚的交谊。徐居正在《东人诗话》里写道:"文顺公李奎报,年轻时以文章自负。"其时,李仁老、吴世才、林椿、赵通、皇甫抗、咸淳、李湛之等称七贤,常聚首吟诗旁若无人。吴世才死后,李湛之曾问李奎报愿否成为吴世才的替代?李奎报表示七贤不是祖传的官职,无所谓补缺。中国晋代有所谓竹林七贤,嵇康和阮籍死后,似未曾听说有过补缺。可见"海左七贤"与李奎报不仅交往甚密,在文学活动中也有一定的联系。

李白的思想是比较复杂的。他既有雄心壮志,想成为帝王的辅弼,使国泰民安,又喜欢过神仙般的隐居生活。这是一种矛盾。他的这种矛盾却在"功成退隐"这一点上统一了起来。也就是说,立功成名是前提,其后才是退隐。一言以蔽之,其核心仍是儒家的仁政思想。他的兼济思想也出自这里。他看到玄宗已由贤君变成昏君,深感国家需要贤臣治理,人民企盼安居乐业。所以,尽管感到人生犹如一场春梦,但也时时想着为国立功。这一立功思想,这一为国抱负,始终主宰着他。李白的这种思想影响了朝鲜的古代诗歌。

郑蕴写道:

> 载书泛舟倚窗吟,往来白鸥知我心,
> 随鸥行车视功名如浮云。

李白呢？在《翰林读书怀吴集贤诸学士》中有"成功人间,从此一投钓"之句,在《水军宴赠幕府诸侍御》中则吟道:"所冀旄头灭,功臣追鲁连"。

显然,李白和郑蕴都以功成隐退来统一和解决自己的理想和现实之间的矛盾。这样的思想,在李齐贤的诗里也有所反映,他的《明夷行》这样写道:

> 功成不退古所诫,坐今西伯玩明夷……
> 古闻骖乘致芒背,今悟曲突贤焦头……
> 沧浪水清耳不洗,羞向尘编对许由。

他的《范蠡五湖》写道:

> 功成亦欲试良图,月棹烟蓑向五湖。
> 卷却吴宫春色去,独留秋草满姑苏。

还有这样的时调:

> 男儿第一赏心快事,
> 挟泰山超北海,
> 乘长风破万里浪。
> 酒一斗诗百篇,草芥功名不足道,
> 何必为此去颠连。
> 结庐异山大河边,
> 与友作乐忘睡眠。
> 屋前小河流为白酒清溪,
> 年逾八十松涛白云作消遣。
> 去到天庭帝傍投壶多玉女。
> 吾独作座上宾乐似神仙。

这首时调,引用了李白的"酒一斗诗百篇"和"帝傍投壶多玉女"等诗句,使用了幻想手法。其中心思想是厌恶富贵荣华,喜好自然。这与李白在《江山吟》中的感触:"功名富贵若长在,江水亦应西北流"的感触是一致的。

另一朝鲜诗人郑斗卿有首时调写道:

> 人君既弃世,世亦弃人君。
> 一醉上之上,诗思新又新。

清风与明月,伴我长年吟。

李白的《送蔡山人》有句云:"我本不弃世,世人自弃我"。郑斗卿和李白的思想感情在此是一样的。李白在流芳千古的诗歌创作中倾注全部心血,与清风明月为友,在大自然中一洗不得志的郁悒心情。他这种思想感情影响了不少朝鲜古代诗人。

比较一下李白的山水诗和朝鲜诗人的山水诗。

李白继承谢灵运等山水诗派的艺术传统,用一幅幅山水诗画描绘了祖国美丽的江山。在朝鲜崔致远、朴燕岩、郑澈、黄真伊、金笠等也对美丽的三千里锦绣江山作了生动的描绘。

郑澈(1537—1594年)是十六世纪朝鲜有才华的诗人。在李朝时期,他在歌辞方面所取得的成就是首屈一指的。他的代表作《关东别曲》,堪与李白歌吟山川的名作《望庐山瀑布》和《蜀道难》等媲美。

1568年,赋闲两年之久的郑澈被任命为江原道观察使。他到任后,抽空游览了金刚山和关东八景。《关东别曲》就是以歌辞形式记录此行的山水诗。在这首歌辞里,他多处提到李白,也提到苏东坡和陶渊明。

江湖多病竹林卧,八百关东方面援。
如何圣恩日罔极,欲报涓埃任奔走。

这是《关东别曲》的开头两行。像李白醉卧大自然而为大自然所倾倒一样,郑澈躺在竹林里吟哦大自然。

李白望庐山瀑布,"疑是银河落九天",郑澈也把瀑布喻为银河水。

"鸣沙飞驷驭醉仙,问傍烟波入海棠。"郑澈把自己喻为醉仙,与李白自况为饮中八仙多么相像!

"诗仙何适余咳唾,天地奇谈何壮哉。"郑澈把李白誉为诗仙,咳唾是指李白的诗句。他在游览中记起了李白的大作《登金陵凤凰台》。

金兰争似丛石异,十二楼余三四柱。
谁将六面强象物,四仙去后是禹斧。

这样的诗句,使人们很自然地联想到李白在《经离乱后天恩流夜郎忆旧游书怀赠江夏韦太守良宰》中有关白玉楼的吟唱。

梦有一个前致语,知君真是山界仙。
一字黄经何误读,朝辞玉皇香案前。
暮谪人间随我属,殷勤留劝一杯醉。

>北斗星，沧海水，相携对酌数三杯。
>起来都忘尘世界，春风习习挟两掖。
>九万长空飞庶几，愿得一杯分四海。
>酌波亿万苍生归，然后重逢复一杯。
>不知吾意其如何，须臾言讫鹤飞去。
>九霄灵驭飘云裙，空中玉箫如昨日。
>睡觉沧溟惟在目，沧溟浅深已难测。
>浩茫津涯焉得识，欲汲欲汲不尽汲。
>假使画舫输何地，呼儿洗盏更酌一杯酒。
>回逢九重令重醉。

阅读这些诗句，我们会想起李白，想起他写的《西山莲花山》，想起他的诗句，"恍恍与之去，驾鸿凌紫冥"。

郑澈的歌辞与李白的诗作有许多共同点。李白的创作方法是浪漫主义。他的诗作大部分带有很浓的浪漫色彩，小部分则是浪漫主义与现实主义的结合。他往往把这两种创作方法结合得很好。郑澈的作品也是如此。他不仅在《关东别曲》里巧妙地使用了幻想手法，在《思美人曲》和《续思美人曲》里也大量加以使用。在《续思美人曲》里，他写道："宁此身合滥死，化落月兮云际，美人兮窗外，愿流照兮无掩翳，乱目彼妹子者尔不能化为月兮，将作行云兮为暮云。"在《思美人曲》里，他写道："宁滥死而变化兮，多花间之蝴蝶。飞花丛之处处兮，止不起而不息。掠得粉之轻翅兮，上美人之衣袖。美人兮虽不知吾之变化兮，吾将从美人之左右。"这种写法是深得李白的真传的。此外，郑澈像李白一样，也写过《将进酒》这样的劝酒歌，而且也流露着消极情绪。

李白用乐府的形式塑造了不少唐朝妇女的形象。

>黄云城边乌欲栖，归飞哑哑枝上啼。
>机中织锦秦川女，碧沙如烟隔窗语。
>停梭怅然忆远人，独宿孤房泪如雨。

这首《乌夜啼》脍炙人口，也为朝鲜诗人所喜爱。

在朝鲜古代诗人中，活跃于十四世纪前半期的李齐贤，仿效李白也写了不少乐府。他把高丽歌谣译成汉诗的乐府《居士恋》与李白的乐府相比有异曲同工之妙：

鹊心篱际噪花枝,蛛子床头引网丝。
余美归来应来远,精神早已报人知。

两首乐府都描写了少妇等待远戍或去服徭役的丈夫归来的心境,都写得很有个性。李齐贤的这首译成汉诗的乐府很有民族特色。早晨听见喜鹊叫,或是见蜘蛛引网于床头,对于朝鲜民族来说是喜事的兆头。他表达了这种民族心理,使乐府更为生色。

李齐贤28岁时曾第一次去北京,与当时著名的诗文大家赵孟𫖯、阎复、元明善、张养浩等结为诗友。他到54岁时才归国。他酷爱李白、杜甫、白居易、苏东坡等的诗作。归国后注释过李白的《清平调》,对李白诗作的研究造诣颇深。如在《峨眉山记游》一文里写道:"……从成都登舟,再走上七天才则达峨眉山,我边游贤边想起了李谪仙《蜀道难》中的诗句:'西当太白有鸟道,可以横绝峨眉巅。'"他很喜爱李白的名篇《蜀道难》,自己也写过《蜀道》和《登峨眉山》等诗篇。

李齐贤不仅在乐府写作上与李白有许多共同之点,在思想艺术手法上也师承了李白。他一生写了许多诗,诗的题材很多也与李白相同,如《蜀道难》《古朗月行》《黄河》《小乐府》《感怀》以及有关妇女的诗篇和古风等。

他的描写手法,在很多地方与李白有共同之点。他在诗中把大鹏与精卫两相对照,李白则把大鹏与朱鹭相比,但都用以比喻君子和小人。他在《促织》里所显示的写景与心理描写相结合的手法,是精心钻研李白诗艺的一大收获。他像李白一样,有时以历史人物自况,如《范蠡》等,当然,他也有其独创性。他的《蜀道难》并没有模仿李白,而是根据自己的生活体验描写了蜀道。他很强调作家的独特特性,他自己的诗作就很有个性。他不愧是与崔致远和高丽的李奎报齐名的卓越的诗人。

时调是朝鲜古代的一大诗歌艺术形式。耐人寻味的是:很多朝鲜时调直接写到了李白,对他抑制不住钦羡之情。

太白有豪言,
天子呼来不上舟。
脱靴有高力士,磨砚有杨国舅,
采石矶捉骑鲸天上游。
说什么位高金多,
他视这些不如马勃牛溲。

这首时调浪漫地历述了李白的轶事,歌颂了他不畏权势的性格。

>   多么豪放啊,青莲居士李谪仙。
>   玉皇吾案前以亵渎罪被谪于人间。
>   一生藏名酒肆,
>   采石矶挥月骑长鲸飞上天。
>   至今江南风月,
>   只得久久地赋闲。

这首诗调解释了谪仙名字的由来,并且慨叹:李白死后,江南风月空自娇好。

>   一生天仙羡慕,只爱写诗饮酒。
>   李白刘伶之后,有谁可算诗酒风流?
>   叹只叹我未与之同代,徒自不胜慨然和忧愁。

这首时调,对李白诗酒风流的性格不胜仰羡。

>   斟满大酒盅,痛饮直玉醉。
>   万古英雄还有谁?
>   刘伶李白乃是我的朋辈。
>   月亮皎洁悬碧空。
>   万古风霜行色何匆匆?
>   只愿长存金樽时时在醉中。

朝鲜著名诗人李德馨的这两首时调,甚至称颂李白为"万古英雄",并引用李白"长存金樽"的诗句,羡其斗酒诗百篇。

>   脱却衣裳赊酒饮,
>   举头望天把明月问询;
>   我可有千古李白的气韵?

这首时调管李白叫千古李白,钦佩之情跃然句中。
还有一首时调,几乎全部引用了李白的诗句:

>   楚山泰山皆白云,白云处处长随君。
>   长随君,君入楚山里,云亦随君渡湘水,
>   湘水上,女萝衣,白云堪卧早早归。

这首时调只不过是以朝鲜时调的口气吟哦李白的《白云歌送到十六归山》而已。它只把"秦山"改成了"泰山",把"君早归"改成"早早归"。

朝鲜诗人朱义植有这样一首时调：

> 人生如梦，
> 吉凶都似发生在梦中。
> 何不及时作东装懵懂。

另一位朝鲜诗人金天泽则写过这样的时调：

> 功名如云浮生如梦，
> 贤愚贵贱有何不同？
> 一醉万事空。

李白的《将进酒》等诗作流露的对人生的消极态度，对这两位诗人的影响是多么大！

> 生前如在梦中行，死后上得白玉京。
> 玉皇把我迎，群仙把我敬，
> 五湖烟月，离我是远还是近？
>
> 白日作一梦，登上天宇十二楼。
> 玉皇对我笑微微，群仙同我手牵手。
> 啊！百万亿苍生，我在天上向你们问候。

读着这样的时调，我们立即会想起李白的《登莲花山古风十九》和《梁甫吟》。

> 醉卧空山，天地即衾枕，
> 谁把我唤醒？光风细雨，
> 正好安眠，谁把我唤醒？

这首时调引用了李白的诗句"天地即衾枕"。

在朝鲜古代诗歌里，引用李白的诗句有如引用《诗经》一般，而李白的性格特征则在朝鲜古代的诗歌里形成了一个人物形象。由此可见，李白对朝鲜古代诗歌的影响确实是很深的。

第二节 杜甫对朝鲜古典诗歌的影响

我们将崔致远和杜甫加以比较，可以发现不少共同点。

杜甫和崔致远都是现实主义的诗人，思想有不少相似之处。杜甫受到了儒家忠君思想的影响,认为人民要过上和平、幸福的日子,首先当代的君主要成为像尧舜那样的圣明天子,"终年忧民"。如果说杜甫就是这样站在维护封建社会的立场上的话,那么崔致远也基本是站在维护封建社会的立场上的。

杜甫是一位忧国忧民的诗人。崔致远归国时正处于新罗末期,当时社会阶级矛盾也十分尖锐,因此,他对于独占国权的封建统治者的弊政和腐朽无能十分不满,写了不少揭露批判封建统治阶级的诗篇。杜甫辞官后结草堂而耕,崔致远也在42岁之后隐入伽倻山远离俗世。

杜甫在《春望》等诗篇中表达了爱国主义思想,崔致远在16年的异国生涯中写下了怀念祖国的《秋夜雨中》等爱国诗篇。

杜甫在《观公孙大娘弟子舞"剑器行"》中歌颂了从西域传来的具有魅力的"剑器"舞;崔致远在《乡乐杂咏》中,根据朝鲜古代的假面剧、杂技等艺术形式,写出了当时人民中间广泛流行的人民戏剧和揭露、批判当时社会现实的阴暗面的观剧诗,具有强烈的讽刺意味和戏剧性。

杜甫的诗《最能行》《负薪行》等描写了当时贫富悬殊的社会现象,称赞了劳动人民的聪明才智和勇敢精神;崔致远在诗《江南女》中,用对比的手法描写了骄奢淫逸的富豪妇女的生活和为日夜苦役所折磨、受虐待的贫家女子的生活。

富豪妇女过着寄生生活还嘲笑贫家女子:

> 终朝弄机杼。
> 机杼终劳身,
> 罗衣不到汝。

这些诗句借富家妇女之口,表达了创造物质财富的是劳动人民这种思想,使人不仅联想起杜甫的《自京赴奉先县咏怀五百字》中以下的诗句:"彤庭所分帛,本自寒女出。鞭挞其夫家,聚敛贡城阙"。

可见杜甫和崔致远的作品用现实主义的手法,真实地反映不同国家不同时代的现实。

诗人李奎报出生、成长于封建国家武人当政、社会阶级矛盾尖锐化的时期。

李奎报高度评价李白和杜甫。他在《土灵问》一文中,借后土管辖下的五方土灵之口,对李、杜二人评价道:"诗之豪者李杜,其鸿识巨量,英精逸状,与天角壮,汝忍埋之乎"。

李奎报还在《晚望》一诗中这样赞咏李白和杜甫:"李杜啁啾后,乾坤寂寞中。江山自闲暇,片月挂长空。"赞颂诗仙李白和诗圣杜甫的诗如北斗七星光辉夺目。由此可见李奎报对李、杜的景仰之情。

我们将李奎报同情农民的诗和杜甫的诗作一些比较:

因论花溪采荣花,官督家丁夭老稚。
瘴岭千重眩手收,玉京万里赪肩致。
此是苍生膏与肉,啇割万人方得至。

(李奎报:《孙翰长复和次韵寄之》)

岁俭民几死,唯残骨与皮。
身巾条几肉,屠割欲无遗。
君看饮河鼹,不过满其腹。
问汝将几口,食吃苍生肉。

(李奎报:《闻郡守数人以赃被罪》)

长安豪侠家,珠贝堆如阜。
春粒莹如珠,或饲马与狗。
碧醪湛若油,沾洽童什味。
是皆出于农,非乃本所受。
假他手上劳,妄谓能自富。

(李奎报:《闻国令禁农饷清酒白饭》)

朱门酒肉臭,路有冻死骨!
荣枯咫尺异,惆怅难再述。

(杜甫:《自京赴奉先县咏怀五百字》)

北里富薰天,高楼夜吹笛。
焉知南邻客,九月犹绨纷。
……
人有甚于斯,足以劝元恶。

(杜甫:《遣兴五首》)

况闻处处鬻男女,
割慈忍爱还租庸。

(杜甫:《岁晏行》)

"朱门酒肉臭,路有冻死骨"是杜甫诗中的名句。诗中所揭露的社会现象从以上所举李奎报的诗中也能清楚看到,虽然国家、时代各异,但是封建社会中的贫富差别和阶级对立是相同的。两位诗人的眼光一齐怒视着锦衣玉食的贵族官家。这种愤怒的眼光是来自"穷年忧黎元"(杜甫)。因此,诗人李奎报为农民向封建统治阶级发出了抗议的声音:"为报劝农使,国会容或谬!"

两位诗人还写了不少的政论诗:杜甫写了《闻官军收河南河北》《留花门》《遣军士守老子馆》等,表示了对国家命运的深深忧虑,评论了时事和军事策略,斥责了政令失宜。李奎报也在《闻胡种入江东城》等诗中,吐露了他的爱国主义思想和感情。

高丽时期和李奎报齐名的李齐贤,与李奎报是高丽时期文学的两个高峰。

李齐贤(1288—1367年),是高丽末期的代表诗人、杰出的散文家。生于开城东庵著名诗人李瑱元家,家庭环境给他以文学方面的影响。才华早露,15岁时以优异成绩通过成均馆考试和兵科科举考试。17岁时被任为录事而踏入仕途。22岁时进入艺文春秋馆,26岁时被派往西海道(今黄海南北道地方)任按廉使。这其间他对社会和劳动人民的生活有了深入的了解。28岁时应居留元朝首都的高丽逊位的忠宣王王璋之召到燕京(今北京),54岁时回国,在中国居留26年。

归国后,辞官致力于创作。著有《益斋乱稿》《金镜录》《西征录》,还编纂了《太祖纪年》等书。

26年的中国生活,使他对中国颇为了解。下面是他关于杜甫的一首诗:

> 百龙潭上但荒烟,
> 秋草犹想君家。
> 屋乌好记当年远道。
> 华发归来妻子冷。
> 短褐天吴颠倒,
> 卜居少尘事。
> 留得囊钱买酒,
> 寻花被春恼。
> 造物亦何心,
> 枉了贤才长羁旅,
> 浪生虚老却不解消。

磨尽诗名百代下,
令人暗伤怀抱。

(《杜子美草堂作,洞仙歌词》)

李齐贤在这首诗中生动地回忆了杜甫的一生,生动地描写了杜甫的离乱经历:从敌人巢穴逃脱,投奔了驻凤翔的肃宗,被任命为左拾遗,由于力谏而触怒了肃宗,被放还奉先县探亲,饱受忧患。我们读这首诗时可以感受到李齐贤对杜甫的敬慕之情。李齐贤在诗的最后部分阐明了杜甫诗歌的认识价值,也就是说杜诗将传诸千秋万世,激发人们的爱国心。

李齐贤对杜诗的评论:

> 杜少陵,有"地偏江动蜀,天远树浮秦"之句。予曾游秦蜀,蜀地西高东卑。江水出岷山,经成都南东走三峡。波光山影,荡摇上下。秦中千里地,平如掌。由长安城南,而望三面,绿树童童,其下野色接天。若浮在巨浸,然方知此句,少陵为秦蜀传神,而妙处已在阿堵中也……如夔府怀诗,"峡束沧江边,岩排古树圆。拂云埋楚气,朝海蹴吴天。拂云言古树,朝海言沧江",亦诗家一格也。

李齐贤在评论中所举的两首杜诗,诗意幽深,是一个典型的例子。李齐贤曾强调,诗有其余韵,才有其魅力。他在《题长安逆旅》中,曾以这样的诗句回忆杜甫的流浪生活:"愁听杜叟三年笛,怅望张候万里槎。"诗里对杜甫晚年的漂泊生活表示了无限的同情。

> 南方近者频年荒,捐瘠往往僵路旁。
> ……
> 豪奴联骑攘公田,官征逋租不计年。
> 呜呼民生至此极,谁与吾君宽旰食。

(《送田孟耕、禄生司谏按全罗道》)

通过这首诗,我们可以联想到杜甫著名的《自京赴奉先县咏怀五百字》。杜甫在诗中控诉到的"朱门酒肉臭,路有冻死骨"那种由于阶级矛盾所造成的社会现象,李齐贤在诗中是以"捐瘠往往僵路旁"来表现的,并且诗人期望贤臣来拯救人民于苦难。这种贤人政治的见解,同杜甫的政治见解也是一致的。

杜甫善于写山水诗,他在《宿江边阁》《秋兴八首》《江汉》等诗中显示

了这种才华。李齐贤的山水诗中也显示了卓越的才能:

> 万壑烟光动,干林雨气通。
> 五冠西畔九龙东,水墨右屏风。
> 岩树浓凝翠,溪花乱泛红。
> 断红残照有天中,一鸟没长空。
>
> (《北山烟雨》)

诗人对雾雨濛濛的北山风景的描写,犹如展现在眼前的一幅美丽图画。当我们读到这首诗时,自然联想到杜甫的《即事》。

进入李朝时期,评论和学习杜甫的风气更加浓厚。徐居正(1420—1488年)在《东人诗话》中,不仅对新罗、高丽以来的诗进行了比较,而且还对中国唐朝以后有名的诗作进行了比较,阐明了每首诗的思想内容,具体地分析了韵律、文体以及语言特色。《东人诗话》是诗学评论的代表作,对李朝文学的发展有很大影响。

徐居正把杜甫视为"诗圣",并说杜甫虽是"诗圣"却还勤于推敲。他写道:"古人诗不厌改,少陵诗圣也。其曰:桃花细逐杨花落,黄鸟时兼白鸟飞,屡经删改"。

徐居正还评论说:"洞庭湖和巴陵,为天下之壮观,诗人文人所谈诗中,杜甫之诗,首屈一指。又不若少陵:吴楚东南诉,乾坤日夜浮。"

李晬光(1563—1628年)是精通百科的学者,爱国思想家和实学的先驱者。他在著作《芝峰类说》中的唐诗一章里,对唐朝诗人的诗进行了较全面的评论。

> 古人谓李白为仙才,李贺为鬼才,又谓李白为诗仙,杜子美为诗史。胡宗愈言:"杜子美,凡出处去就,悲欢忧乐,一见于诗,诗之可口以知其世也,故谓之诗史。余谓诗而为史,亦诗之变也。"

这里他指出了杜甫诗的独特的个性特点,同时指出杜甫的诗真实地反映了当时的时代面貌。

> 杜甫北征诗,李白天上白玉京诗,韩愈南山诗,古今长篇中,最为杰作。而反复评味,则李诗气力不及北征,雄浑不及南山,乃知尺有所短耳。杜子美岳阳楼诗,古今绝唱,而"亲朋无一字,老病有孤舟",与上句不属,且于岳阳楼不相称。

李晬光不仅对杜甫的诗有高度的评价,而且还分析了杜甫诗的思想艺术特点,并指出了诗中的优缺点。李荇(1478—1534年)是十五世纪后半叶至十六世纪前期从事创作的诗人,是当时诗坛重要人物。李荇字择之,号容斋。他自小好学,写过许多反映贫苦百姓生活的诗。

1495年,李荇17岁时中科举,曾历任谏官、右议政等官职。他官途艰难,燕山君和中安时曾十多次被流放到忠州、巨济岛等地,多次险遭极刑。他性格刚直,与腐朽的朝廷格格不入。有《客斋集》和《新增东国舆地胜览》。

李荇的《记事》诗如下：

> 朝闻老翁啼,暮听老妪哭。
> 啼哭一何苦,恻悯额为蹙。
> 生男不如女,生女不如独。
> 丁男尽徭役,结束卖牛犊。
> 室中有少女,朝夕具饘粥。
> 梨园弟子多,选纂至白尾。
> 四壁杼轴空,何以备新服。
> 督促勿稽留,恶使恣鞭扑。
> 去者当日远,存者谁抚育。
> 拊膺呼苍天,死亡今在目。

这首诗反映了在燕山君的暴政下,人民在苦难中挣扎的一个侧面。

李朝历代的君主中,燕山君是有名的暴君。他的生母尹氏,曾为成宗王后,燕山君对尹氏废妃事件深感悲痛,他即位十年后,在某年的四月份,将尹氏追崇为真显王后配祀于成宗陵。权达手、李荇等朝廷大臣对这件事表示反对。对此燕山君大发雷霆,将这些人处死或流放。当时被处死的大臣达48名。

此外,燕山君还让朝廷官僚佩带慎言牌,取消言论自由。甚至,由于揭露他的墙头文章是用谚文导,他就下令将懂谚文的人们逮捕囚禁,烧毁谚文书籍,禁止学习谚文等,实行了种种的暴行。

李荇的《记事》诗就反映了这段史实。读到这首诗,就使人们联想到杜甫的诗《兵车行》。

> 车辚辚,马萧萧,行人弓箭各在腰。
> 耶娘妻子走相送,尘埃不见咸阳桥。
> 牵衣顿足拦道哭,哭声直上干云霄。

......
且如今年冬,未休关西卒。
县官急索租,租税从何出?
信知生男恶,反是生女好。
生女犹得嫁比邻,生男埋没随百草。
......

虽然李荇的《记事》和杜甫的《兵车行》出自不同的国家,但它们具有许多相同之处。

首先,两位诗人都反映了人民在苦难中挣扎的悲惨情景。人民由于被抓去当兵和服劳役,生活动荡,怨声载道。其次是"生女不如独"。诗人杜甫曾下结论说:宁可生女也不可生男,"信知生男恶,反是生女好。生女犹得嫁比邻,生男埋没随百草"。李荇则曾写道:"生男不如女,生女不如独",因为即使是生女,也是要被抓进梨园的。

其次,这两首诗都是通过对话的形式,倾诉了人民的疾苦。李荇的诗是通过老翁、老妪的哭诉,反映了人民的苦难,杜甫的诗是通过行人的诉说反映人民的痛苦。

李荇还有同情人民生活的诗《累累吟》。1510年对马岛的倭寇从釜山、熊川、东莱等地登陆,大肆烧杀抢掠,史称三浦倭乱。这首诗描写了因三浦倭乱,人民逃难的情景。诗人在诗的后半部分,描写了人民充满胜利信心,坚信即将返回思念的故乡的情景。

第十四章
朝鲜古代小说的形成和中国文化的关系

第一节　朝鲜三大古典小说

朝鲜自古以来民间传说数量较多,但由于长期没有本民族的文字,大多已失传,少数以汉文形式保存下来,如保存于《三国遗事》及《新罗殊异传》等书中的故事、传说、传奇,皆属此类。李朝时期,由于有了自己的文字,及由此带来的国语诗歌和说唱文学的兴起,不少民间传说就以说唱的形式被民间艺人保存下来,并整理成书面文字。

一、《春香传》

《春香传》是朝鲜最有名的古典小说,它自从十八世纪末问世以来,深得朝鲜人民的喜爱。

(一)《春香传》产生的社会条件

十八世纪末,李朝社会处在风雨飘摇之中。资本主义已经开始萌芽,手工业以空前的规模发展,各国各地工匠竟达十多万人。各地开始出现了大型矿山,商业也异常活跃,与我国清朝和日本的贸易频繁。商品经济的发展促使封建的自然经济解体,出现阶级分化,以商人和手工业者为代表的市民阶层登上了历史舞台。地主和高利贷者对农民的剥削使大量的农民破产,他们背井离乡,流入城市,沦为雇佣劳动者和流浪者。农民和封建贵族之间的矛盾空前尖锐,农民起义风起云涌,市民阶层的反封建斗争也日益高涨。

当时的社会状况反映在社会思想领域里,是以朴趾源、丁若铺为代表的实学派人物反对李朝统治者的所谓"文体纯正",与复古主义与形式主义坚决割裂。他们通过自己的文学创作,揭露李朝社会的矛盾和现实,对近代文学的出现起了促进作用。

在这种社会历史和思想的基础上,出现了十八世纪的平民文学。口传的时调成为定型的书面文学,特别是这时期在民间传说的基础上形成了国语小说。《春香传》就是在这种情况下产生的。

《春香传》的产生有一个较长的过程,在十六世纪前后,春香的故事就已经在朝鲜民间广为流传。现存关于春香的民间传说达几十种之多,可说是丰富多彩。其中和小说《春香传》的原本即全州土版本《烈女春香守节歌》的情节类似的有:全罗道南原地方的《春香传说》《春阳传说》等烈女传说、申冤传说和有关卢缜、朴文秀和金宇杭等的御史传说。由此可见,《春香传》应该不是个人的创作,而是人民群众集体智慧的结果。

(二)《春香传》主要故事情节

《春香传》分上下两卷。上卷写朝鲜全罗道南原府已改籍的艺妓月梅之女春香在荡秋千时,被游览广寒楼的南原府史李翰林之子李梦龙见到。李梦龙对春香一见钟情,热情地向她求婚。春香同意与他订下百年之约,瞒过李的父母,结成夫妻。不久,李翰林升迁,离开南原,李梦龙迫于门第关系,无法带走她,二人只得洒泪而别。

下卷写南原府使的继任者卞学道点传艺妓,强令春香当他的侍妾。春香则誓死不从,被严刑拷打,下狱。李梦龙在京城中了文科状元,被钦点为全罗御史。他化妆为乞丐,暗行察访民情,进入南原境内,惩办了卞学道,救出春香,二人团圆,一同进京,共享荣华富贵。

《春香传》自始至终贯穿着爱情这一主线,春香与李梦龙之间的爱情是纯洁、深沉和坚贞的。小说的冲突主要发生在春香和卞学道之间。站在春香这一边的有李梦龙及同情春香的人民群众,属于卞学道一边的,是少数地方官吏。小说通过对春香的坚贞不渝爱情的热情歌颂,揭露了封建官僚的黑暗统治,抨击了他们的暴虐无道及对无辜人民的残酷蹂躏,并在一定程度上否定了封建等级制度。

(三)《春香传》的艺术特色

女主人公春香是《春香传》中的中心人物,她被塑造成一个思想纯洁、感情真挚、忠于爱情、勇于反抗恶势力的妇女形象。作品通过许多人物之口称赞她的美貌。李梦龙说"西施、虞姬、王昭君、班婕妤虽然算得上美貌,恐怕还有些不如她",觉得她"真乃九天仙女下尘凡,月宫嫦娥降南原"。又通过通引(地言官衙的杂役)的介绍说"她不但国色天香,而且针黹超群,文才出众"。春香被描写成了美的化身。春香的这种外貌美是和精神美统一起来的。春香对李梦龙的爱情是坚贞的。从最初结识李梦龙起,虽然她也担心身份的差别会带来不幸的后果,但当她意识到李梦龙对她的真挚感情时,还是不仅以身相许,而且以心相许。后来在卞学道面前,她一次又一次地表达了对李梦龙的一片真情。即使在李梦龙化妆成乞丐探监时,她虽然见李"衣衫褴褛",已成十足乞丐,不觉有些失望,但还请母亲不要冷眼看待他,将自己的衣物变卖,给李梦龙做衣买鞋,春香在对李梦龙的爱情方面,表现了坚贞、纯朴的品质。

小说中的李梦龙是一个反对封建礼教,要求个性解放和婚姻自由的人。他冲破封建等级制度的束缚和社会舆论的压力,怀着真挚的感情去热爱艺妓之女春香,并在他做了大官之后,仍不改初衷,对春香矢志不移。更有意义的是,他中了状元之后,作为暗行御史察访民情,倾听人民的呼声,惩办那些贪官污吏。在卞学道的生日宴会上,他用一首短诗集中概括了贪官污吏和劳动人民之间的矛盾:"金樽美酒千人血,玉盘佳肴万姓膏;烛泪落时民泪落,歌声高处怨声高。"但他的阶级属性决定他不可能成为解决人民苦难的救星。

卞学道是个李朝封建社会行将灭亡时出现的荒淫无耻、专横残暴的官僚典型。作品中这样描写"为人文采有余,道德不足,刁钻乖僻,刻薄尖酸。通晓风月之事,爱作狭邪之游,原是个失德的小人,常断些无情的冤案。他那顽固不化的名声,早已四方通晓。"他到任后的第一件"事",就是点传艺妓,而春香就因此遭了不幸。他对春香的迫害是十分残忍的,但他在上司面前,却胆小如鼠。他趾高气扬地坐在寿宴前,一听说御史来到,顿时吓得魂不附体,丑态百出。这些描写,表达出作者对这个酷吏及其狐朋狗友丑态的鄙夷。

除主要人物外,《春香传》还刻画了房子、月梅、香丹;执杖使令、农民、巷间妇女、妓女等众多属于不同阶级和阶层的人物形象,真实地再现了他们不同的生活面貌。

《春香传》根据不同人物的性格特征,在错综复杂的矛盾冲突的展开过程中,塑造了春香、李梦龙、卞学道、房子等个性鲜明的形象,尤其是塑造出春香这样一个在封建官僚的暴行面前宁死不屈的反抗者的典型,使得它具有强烈的反封建倾向。

(四)浓郁的民族特色

首先,《春香传》取材于朝鲜的民间传说,主要是朝鲜全罗南道南原地方的"烈女传说"和"申冤传说"为基本素材,再加上几种"御史传说"而形成的。李朝时期的小说,历来多是以中国或作者幻想中的神秘世界为背景,而《春香传》则以具有浓郁乡土气息的民间传说为基础,取材于那个时代朝鲜民间的生活。

《春香传》的另一民族特色,是刻画了鲜明的民族性格,表现在春香、李梦龙、月梅、房子等众多人物的身上,其中表现尤为集中、突出的是春香这个人物。春香的形象体现了封建时代朝鲜劳动妇女传统的民族性格,她对爱情的纯洁、坚贞的情操,以及在逆境中从不屈服的坚强的气质和外柔内刚的性格,都是民族气质和性格在春香身上个性体现。

《春香传》真实生动地展现了民族生活的广阔画面,如实反映了当时广大被压迫阶层的社会处境和动向。

《春香传》的民族特色还表现在民族艺术形式上。在结构的安排方面,小说采用了说唱台本的戏剧性结构,以全州土版本《烈女春香守节歌》为原本的《春香传》是由民间的说唱台本发展成的小说。另外,它还大量引用了民间歌辞、杂歌及歌谣。

《春香传》在思想内容上虽然有明显的进步倾向,但受时代的局限,作者虽然反对封建官僚的暴虐,却不反对封建制度本身。作品在艺术上的缺点是不顾人物性格塑造需要与否,使用了离开情节发展的、过分的夸张手法,等等。

但不能否认,《春香传》是朝鲜最早出现的具有代表性的说唱脚本体小说,它对朝鲜国语文学的发展作出了特殊的贡献。

二、《沈清传》

(一)《沈清传》成书的社会背景和渊源

李朝后期的小说开始注意家庭伦理问题。儒家思想所重视并早已有既定的人伦道德,是统治者维护其统治不可缺少的思想工具。在下层的劳动人民中间当然也有自己对伦理关系的理解。这一时期以传说为基础形成的文学作品有《沈清传》《兴夫传》《蔷花红莲传》等。这些作品,既有对美好品德的赞颂,也有对道德败类的谴责与批判。

关于沈清的传说,早就流传于民间,《沈清传》的成书是在十八世纪。十九世纪时被改编成唱剧上演,是经申在孝整理、改编的作品之一。由于传说的长期流传和说唱、唱剧的公开演出,沈清在朝鲜已成为"孝女"的代名词,并且这一形象也得到了广大人民的普遍尊敬和喜爱。《沈清传》的情节和古代文学中的《知恩传》(《孝女知恩传》)很相似,有很多人认为后者可能为前者的源头,但《沈清传》比《知恩传》显然多了一层幻想的、传奇的色彩。

(二)《沈清传》的主要情节

《沈清传》的基本故事情节是：黄洲桃花村有一盲人名叫沈鹤圭，年近40岁才得一女，但就在女儿出世后的七天，他的妻子便离开了人世。沈鹤圭只得抱着女儿向邻里的妇女讨奶抚养沈清。沈清六七岁的时候，就得拉着父亲的手在前面领路，二人沿路乞讨。就在这种极度艰难的条件下，沈清长大成人了。一次，沈鹤圭出门迎接讨饭归来的女儿时，不慎落入水中，被梦云寺化缘僧救起。僧人告诉他说："我们寺院的佛爷很灵验，如果你敬施供米三百石，赤诚祈祷，将会成为完人。"沈鹤圭听信了化缘僧的话，就在他的簿上写下了自己的名字，事后他想到自己的家贫，又悔又叹。沈清得知此事后，为了满足父亲的愿望，毅然卖身给船主，来换取供养米。米虽然送入了僧人手中，老父的瞎眼却依然未愈。沈清被船主当作祭海的供品，抛入大海。沈清的一片至孝感动了神明，入海后，化为莲花，亭亭玉立在水面。神明玉皇大帝命四海龙王将莲花摘下献给国王，那时正值王后新丧，沈清从莲花中复出后，得到了国王宠爱，成为王后。为了寻找盲父，沈清在宫中设宴，邀请所有的盲人参加，终于和盲父相逢。老父在大喜之下睁开双眼，重见光明。

(三)《沈清传》的思想内容及艺术特色

作品对沈清这一"孝女"形象的描写是成功的。沈清在很小的时候，就知道替父亲分忧。出外乞讨，天寒地冻，人们给她一点热饭，她一口也舍不得吃，首先想到的是"老父在冰冷的家里等着我，我怎能一人先吃？"尤其可贵的是，在她窘迫得走投无路，意外得到张丞相夫人的赏识和怜惜时，竟谢绝了做她义女的要求，不愿独享锦衣美食，甘愿和盲父一起过贫困的生活。这充分表现了劳动人民人穷志不短、甘愿为亲人自我牺牲的精神。

作品也歌颂了邻里劳动人民对沈清及其父的同情、关心和帮助。在面临崩溃的李朝统治者的残酷压榨下，在贫困与饥饿中挣扎的何止沈清一家，沈清一家的处境反映了当时广大农民的悲惨处境。也正因为这种共同的生活处境，桃花村的人们对沈清一家总是寄予多方的关怀和深切的同情。沈清母亲郭氏去世之后，善良的邻居无不悲哀，主动提出大伙凑钱安葬郭氏。附近所有的有奶水的妇女，都轮流给沈清喂奶。在沈清卖身离开家乡之后，桃花村人又各尽所能照顾沈鹤圭，使他衣食周全，温饱度日。种种描写，既写了沈清的孝心之感人，也表现了劳动人民之间的那种互相关心、救人危难的高尚品德。

作者对一些反面人物进行谴责。梦云寺的僧人,骗取了贫女沈清卖身所得的三百石米;商人为了赚钱获利,竟不惜把沈清当祭品投入大海;沈鹤圭的后妻,心狠手辣,得知沈手头有些钱,就主动嫁给他,后来挥霍到沈身无分文时,又和他人私通逃走。作品通过对这些腐败丑恶现象的揭露,一方面反映了当时社会的一些阴暗面,另一方面也反衬出主人公的善良与忠孝,更加唤起人们的同情。

《沈清传》的一些思想看起来是矛盾的:它既揭露了僧人的欺骗行径,又表现了神、佛的灵验;既明确而热情地歌颂了穷人的高尚道德品质,又对封建统治者表示出称赞乃至美化的态度。这些矛盾该如何解释呢?作品产生于李朝,李朝时期虽然统治者因政治上的需要采取"崇儒排佛"的态度,但佛教在民间还是流行的。所以作品中虽然揭露了僧人的欺骗行为,但只是把它看作是个别现象,其矛头并未指向佛教本身。沈清理想的实现,最后还是不得不靠神佛的力量。作品虽然也写了丞相夫人的善行,国王对沈清的同情种种,但重点并不在表现他们的品德,他们的行为只是沈清的高尚德行的后果。

当然,《沈清传》的作者在一定程度上混淆了劳动人民纯真的亲子之爱和统治者提倡的孝道,二者是有本质区别的,在此我们也不必苛求于古人。

在艺术水平方面,《沈清传》首先在人物形象的塑造上是成功的,它塑造了一个美丽、纯朴、善良、勤勉的劳动妇女的典型形象。其次,沈鹤圭、郭氏、化缘僧、南京商人等一系列人物形象也是个性鲜明的,但比起沈清的形象则略显逊色。

从整部作品来看,《沈清传》是一部现实主义与浪漫主义相结合的作品。基本上前半部分到沈清被祭海为止,都是现实主义的写法;而从沈清复生至最后,主要倾向于浪漫主义。在结构上,全书从悲剧开始,以喜剧结束,其中又有悲喜剧的交替出现。这种步步深入的写法不仅使读者深深被沈清父女的命运所吸引,而且能引起读者共鸣,颇有艺术感染力。

当然,《沈清传》在艺术上也有不足之处,如小说中很多的铺排和典故,游离于故事情节和人物性格之外,给人以不协调的感觉,等等。虽然《沈清传》并不是部完美的著作,但以它所达到的思想和艺术的高度,不愧为朝鲜古典小说中的成功之作。

三、《兴夫传》

《兴夫传》同样是来自民间传说,之后形成为说唱脚本的作品。与其内容类似的民间传说在日本也曾产生过。这是一部以家庭中兄弟之间的伦理道德为主题的作品。通过兄弟之间的善恶、矛盾来扬善抑恶,希望兄弟间要友睦。

《兴夫传》的传说,在朝鲜民间经过长期的流传过程,在十八、十九世纪之间成书。书名除《兴夫传》外,还有《兴夫与乐夫》《燕之脚》等。

(一)《兴夫传》的主要情节

有兄弟二人,哥哥名叫乐夫,弟弟叫兴夫。乐夫性格残忍,又吝啬、贪婪,专门损人利己,对邻里为富不仁。弟弟兴夫夫妇生活贫苦,但勤劳善良,经常助人为乐。乐夫夫妇后来嫌弃兴夫夫妇,把他们赶出了家门。兴夫被逐后生活越发困难。一天,兴夫偶然看到一只乳燕腿部被蛇咬伤,落在地上挣扎。善良的兴夫可怜这只燕子,就为它治疗伤口。燕子伤愈后飞走了。第二年,这只燕子衔来了一粒葫芦种子,兴夫把它种在地里,结出了一个大葫芦。葫芦里竟装着金银财宝、粮食、布匹和牲畜,甚至还出现了一所精美的房屋,兴夫从此过上了幸福的生活。后来乐夫知道了这件事,特别嫉妒弟弟,就向兴夫询问原因,于是他也抓来了一只燕子,折断了它的脚,然后在伤口上敷上药放掉。第二年,这只燕子也衔来了葫芦种子。乐夫种下了种子,也结出葫芦,但从中出现的却是贪官、巫婆等作恶多端的歹徒。这些人将乐夫痛打了一顿,并将他的财产洗劫一空,乐夫倾家荡产,无奈只得投奔兴夫。兴夫却不念前嫌收留了他,以后共同过着幸福生活。

(二)《兴夫传》作品分析

《兴夫传》中的兴夫,是一个勤劳善良、助人为乐的人,他按季节耕种,从不误农时。不能下田劳动时,他就编席子贴补生活。他还经常去帮助邻里编织草帘,翻修屋顶,挑水,打扫院子。他的妻子受雇于人,舂米、酿酒、做祭服、洗锅刷碗,每天都是忙个不闲。兴夫夫妇如此勤劳,日子却过得非常清苦。他们住的是由高粱秆和蒿子搭的窝棚,穿不起衣服,就用席子遮体。这正是当时贫苦农民悲惨生活的写照。

作品中的乐夫,则完全是另一种类型。作品这样描写"人人皆有五脏,唯独乐夫有五脏七腑",说他"多一个心术腑,附在肝边上。这个心术腑一翻动,就闹出种种伤天害理的事来。"他"酗酒打架……好寻衅闹事打架斗殴"。别人家死了人,他幸灾乐祸,高兴得手舞足蹈;人家失火,他就用扇子去煽;邻居生孩子,他就宰狗。他无恶不作,甚至借讨债抢走人家的老婆。"人家的夫妇关系和睦,他偏去挑拨离间;人家的船要远行江海,他却在船底钻窟窿。人家在洗澡,他却扔去土疙瘩;人家害眼病,他却在人眼里洒辣椒面。"

作品通过对兄弟二人两种完全不同的形象描写,写出劳动者与剥削者、穷人与富人、勤劳人与懒汉流氓两种形象,这实际上是两个阶级的两种思想的表现。小说揭露并否定了懒惰、残暴、无情无义的恶人,赞美了勤劳、善良、仁厚的好人。作者以燕子这种可爱的飞鸟为兴夫带来了幸福,为乐夫带来了惩罚,令读者感到大快人心。这样是非分明的幽默与诙谐,充满了对丑恶事物的讽刺和对美好心灵的赞美。

小说不仅讽刺和惩罚了乐夫,还巧妙地讥讽了两班和巫婆。这两种人都是社会的寄生虫,作者在书中把他们作为不幸和灾祸的制造者,厄运和坏事的化身,这正是寄生虫们在人民心目中的形象。

《兴夫传》是在民间传说的基础上形成的,但也受到了儒家思想的影响,这不仅表现在故事的结局上,也表现在对兴夫这个人物形象的刻画上。兴夫在小说中是一个逆来顺受,对无理的哥哥一味忍让的人。在作恶多端的哥哥到了惩罚后,兴夫不仅毫不责备,而且无条件接受他。这不是受尽压迫和欺凌的劳动人民的性格。儒家思想中的"忍为高""和为贵"思想,在劳动人民那里是更为具体的。从这些特点中,我们也看出,《兴夫传》中的作者虽对现实不满,但他所采取的也只是妥协和调和的态度。

《兴夫传》的艺术特点是应用讽刺、夸张手法,鲜明的对比及现象的罗列。就艺术效果而言,这些都是适合说唱者需要的手法。

第二节　朝鲜古典小说和中国文化的关系

朝鲜文学史上出现具有现代意义的长篇小说,是从十七世纪金万重(1637—1692年)的《谢氏南征记》和《九云梦》开始的。这两部著作在朝鲜文学史上具有里程碑的意义,还在于它所使用的是朝鲜国语。由于在很长时间内历代朝鲜统治者都以汉语为官方语言,所以一般文人用来创作的主要工具也是汉文。

十五世纪时,创制出了朝鲜文"训文正音",但直到以后的二百多年时间,用朝鲜国语从事文学创作的文人士大夫仍然只占很小的比例,而且仅局限于诗歌领域。壬辰战争以后,民族意识逐渐兴起,以国语创作文学作品已成为人民群众日益迫切的要求。金万重以士大夫的身份,用朝鲜国语写成了艺术上相当成熟的长篇小说,堪称国语小说的卓越先驱者。他为国语小说进入朝鲜文坛开了先河。

一、《谢氏南征记》

(一) 小说的写作背景

这是一部以贵族家庭内部嫡庶矛盾引起的纠纷为主要内容的小说。故事的写作背景是当时李朝宫廷。当时,李朝肃宗王将仁显王后废除,想立张禧嫔为后。这一行动在朝中引起争议,金万重所属的西人派都极力反对。为此,金万重被罢官流配。在颠沛流离的发配生活中,他以这件事为内容写成小说,想用姬妾勾结坏人迫害正妻的故事来讽谏肃宗。

据说,肃宗看了这本书后,幡然悔悟,废了张禧嫔,恢复了闵氏的王后地位。

(二) 小说的主要情节

小说是以中国京城北京为舞台展开情节的。名门大家刘熙之子刘延寿娶妻谢玉,婚后十年无子。在谢氏的极力劝说下,刘娶妾乔氏。乔氏生性邪恶,她用各种各样的手段离间刘谢二人的夫妻关系。并和刘的书士董清私通,共同陷害谢氏。谢氏因此受到刘的怀疑,被逐出家门。乔氏为了斩草除根,进一步谋害谢氏。谢氏得刘家祖宗灵魂的启示,逃往南方(长沙)。几经周折,九死一生,最后栖身于尼姑庵中凄凉度日。

刘延寿自己也因写诗嘲讽皇上西苑祈祷的铺张迷信行为,被乔氏和董清二人陷害,遭到流配,几乎死在瘴疠之地。最终因董清的靠山丞相严崇(严嵩)势衰,董清也因贪污渎职、残害百姓等行为被处死。刘延寿因此才官复原职。谢氏的冤情也得到昭雪,与刘延寿破镜重圆。刘延寿派人抓获乔氏并将她处死。

(三) 作品思想内容及艺术特色

小说在读者面前生动地展示了封建王朝及贵族家庭内部的种种丑恶现象:皇帝的昏庸无能,丞相严崇的奸佞贪婪,董清一类依附权势的政治走狗的贪赃枉法、剥削人民,以及他们家庭内部的肮脏、丑陋现象等等。所以小说的成功之处之一是在于它塑造了一系列反面人物,尤其是乔氏和董清两个形象,使读者如闻其声,如见其人,写得细致、深刻。

乔氏名叫彩鸾,小说中写她"自谓与其为寒士之妻,宁为名宦家姬妾",表明了她贪图荣华富贵的性格。她嫁给刘延寿做妾以后,常心怀不轨。一次因独自唱情词艳曲,谢氏善意婉言劝告。她表面上对谢氏感恩不尽,但过后不久却利用刘延寿要求她唱曲的机会,诬蔑谢氏责骂她,威胁她,说谢氏对她讲"相公置汝只为嗣续,非是家内美色之不足也。今汝巧言令色,迷眩丈夫之心,又敢作淫乱之声,沉惑丈夫之意,酿乱于先小师清德之家,此固死罪而余姑警责矣!"她还不惜编造谎言,称谢氏要用刀割掉她的舌头,要用毒药把她变成哑巴。她的种种谎言离间了谢氏与刘延寿的关系。

乔彩鸾的阴毒行为并没有到此为止,为了害死谢氏,她进行了一系列极为诡秘细致的策划。先是与董清私通,让董清模仿谢氏笔迹制造陷害谢氏的口实,然后乘刘延寿因公外出的机会,制造谢氏偷汉子的假象。另一个更狠毒的步骤是将亲子被害嫁祸于谢氏。在种种"证据"下,刘延寿终于下决心把谢氏抛弃。

小说就是通过这一系列的具体事件来塑造乔氏这个人物形象的。作品对乔氏的心理活动描写较少,但她的狡诈、阴险、狠毒的性格却跃然纸上,这是《谢氏南征记》中塑造得最为成功的一个形象。

在正面人物的描写中,作者对谢氏的善良、宽厚、谦逊、忍让的性格也花费了不少笔墨,但是由于作者力图按儒家思想塑造出一个最合乎规范的标准妇女形象,就把她写得过于理想化了,所以难免缺乏真实感。《谢氏南征记》中感人至深的当推春芳。作为丫环,在乔氏、腊梅、雪梅等人勾结起来陷害谢氏时,面临死亡的威胁,她痛斥雪梅:"上卖夫人,下诬同伴,狗彘不如!"她坚贞不屈,直至被严刑拷打致死。但因春芳在全书中只出现一次,所以还不能说这个形象是丰满的。

与《春香传》《兴夫传》等小说相比,《谢氏南征记》对恶人灵魂与行为的揭露更为深刻,更有说服力。它不但以丰满而又生动的形象、曲折而又合乎逻辑的情节把乔氏、董清一类剥削阶级中灵魂肮脏的人物摆到读者面前,而且还通过对董清、严嵩等人相勾结的描写,把当时的奸臣如何狼狈为奸,结党营私,蛊惑君王,搜刮民脂民膏都点了出来。

总体说来,《谢氏南征记》是以劝善惩恶为主题,它的基本思想是"善有善报、恶有恶报"。作者的主观意图是揭露邪恶奸佞,给以严惩,从而维护社会和王朝的正统秩序。

当然,这部小说也不可避免地存在着一些思想及艺术上的缺点。作者以儒家思想来作为他写作的出发点,但在贯彻到小说中去的时候,却在故事情节和人物形象塑造上带有浓厚的宿命论色彩,同时也宣扬了因果报应的宗教观念。作品本着现实主义精神提出了一系列问题,但在关键时刻,问题的解决往往是靠神力,人力似乎毫无作用。这些都削弱了作品的思想和艺术力量。

《谢氏南征记》的写作场景是中国,其中涉及中国大量地方,如北京、广西、山东、武昌、长沙、洞庭湖、岳阳、汨罗江、湘江等等,并对洞庭湖等地的风景作了动人的描写。书中涉及的人物有明朝嘉靖年间的一些著名人物,如大奸臣严嵩(严崇)(1480—1567年),刚直不阿的海瑞(1514—1581年),此外还有历史上和传说中的人物等。这些中国地名、人物及历史典故都出现得非常自然,毫无生搬硬套之感。这也证明朝鲜文人如金万重、金春泽等一些优秀的文学家,对中国十分熟悉,并且颇有感情。它是中朝之间悠久的友谊和文化交流的一个明显例证。

二、《九云梦》

(一)小说主要故事情节

金万重的另一部小说《九云梦》是以中国唐朝为时代背景,写一个才华出众的年少书生杨少游宦途得志,以及他先后与八个女子恋爱结合的经过。

杨少游前世是来中国传道的西域天竺国高僧六观大师的弟子性真。八个女子的前身则是神仙南岳卫真君娘娘的侍女。八仙女与性真因奉命办事而途中邂逅,彼此倾慕,所以动了所谓"邪念",被视为对佛门神界清规戒律的背离。于是受罚,被谪降于人间的不同家庭。性真投生为唐朝淮南道秀州县杨处士之子杨少游。投生后的八个女子各以不同的奇妙经历与杨少游相遇、相识、定情。杨少游也在与她们先后相逢、交往的过程中为国建立了功勋,"武定祸乱,交致太平","上得君心,下协人望",位极人臣。八个女子先后都成为了他的妻妾,结成了一夫八妻的九人家庭。在享尽了人间最美满幸福的贵族生活后,感于世事的变化无常,富贵荣华不过是一场春梦,九人顿悟本性,看破红尘,皈依佛门,大得"寂灭之道",皆归于"极乐世界"。

(二)小说的思想内容及艺术特色

综观全书,这部作品中尽管有大量的爱情描写,最后在富贵荣华不过是"一场春梦"的结论中收场,但实际上它的思想,既不是对纯洁爱情的向往，也不是"悟道"和"四大皆空"的境界，而是为封建贵族绘制了一幅最理想的封建君主制政治秩序的蓝图。

尽管杨少游与八个女子的相逢、结识、定情的具体过程各有差异，但却有一个共同点，那就是她们都认定杨少游是当大官、享厚禄、前途无量的人物。以杨少游结识的第一个女子——秦御史的女儿秦彩凤而言，她对杨初而"闻其诗而慕其才华"，继而又想到，"女子从人，终身大事。一生荣辱，百年苦乐，皆系于丈夫"。这代表了上至公主，下至婢女的一群绝色佳人爱杨少游的共同想法。可见，杨少游的情场得意，正是他官场上得意的结果，这也是他以文才武功竭力效忠于君王的报酬。

既然杨少游壮年时登上封建统治阶级的高位，为何又突然放弃荣华富贵，遁入空门呢？考察作者所处的政治环境，这个问题就不难理解了。李朝时期，朝官之间党争十分激烈，作者面对朝廷与官场风云变幻的现实，是不能不深思和警惕的，所以他为主人公设计了一条及早隐退的后路。作者对此虽未明言，字里行间隐约可见。

《九云梦》末回杨少游悟道时说："天下有三道：曰儒道、曰仙道、曰佛道。三道之中，唯佛最高"。话虽如此，作品的主要倾向并非佛教，而是儒道。所以在神秘、深奥的外衣下，包藏着对实际利害的考虑。佛教在此只是提供一种避祸趋福、免灾得安的手段。

《九云梦》在它的整个结构、情节的铺陈及人物形象塑造上，有大量男女爱情的描写。这是市民放荡不羁的爱情及其文学思潮的间接的反映，曲折的表现，是封建贵族的与市民的两种爱情趣味相结合的产物。由于作者金万重属于封建士大夫行列，所以封建贵族的爱情生活成了其中的主要内容，市民阶层的爱情趣味处于很次要的地位。

在人物形象的塑造上，主人公杨少游多情而不轻佻，风流偶傥而不乏真情实意。他的喜怒哀乐的交替以及聪明又数次受愚弄的情形，也描写得合情合理。其他人物如秦彩凤悲惨的身世和内心的哀愁，贾春云的机智俏皮和郑琼贝的庄重自尊，也都写得很有分寸。对人物内心世界的细腻刻画和音容笑貌的致密描绘，都是金万重以前的任何朝鲜古典传奇故事作品所难以企及的。

但不可否认，《九云梦》中对封建贵族的一夫多妻制进行了美化乃至歌颂。书中所流露的不少封建贵族式的爱情趣味是作者阶级立场与婚姻观的反映。

《九云梦》以后出现的传奇色彩较浓的小说，也大多是以中国为背景的。除政治、历史和密切的文化关系等原因之外,中国的幅员广阔,朝代更替频繁,奇闻异事众多等背景,也使朝鲜小说作者更有驰骋想象的余地。这部以中国为背景的小说,使中国读者有"似曾相识"之感,分外觉得亲切。

第十五章

日本五山时代的汉文学

五山时代的日本禅宗僧侣，广泛地从事儒佛兼营的文化事业，由崇尚汉文化的心态，发展起了"五山汉文学"。"五山汉文学"有广义和狭义两个范畴。广义泛指这一时期内以五山十刹僧侣为主体的一切汉文化活动，包括汉文学的创作，中国程朱理学的研讨，汉籍的校注与印刷等；狭义则界定为禅宗僧侣的汉文学的欣赏与创作，其中又以汉诗创作为主。①

五山时代的僧侣，把对汉诗文的研习和创作，作为自身修炼的必备的基本功。这一时期，日本武士崛起，兵马相争，战争摧残着平安时代创造的辉煌的文化，使它们面临深深的劫难。当时，只有以五山十刹为代表的寺庙，尚远离战火，保留着日本文化的一线生机。于是"五山汉文学"便成为日本文学史上，上承平安时代文学，下启江户时代文学的一个极重要的衔接阶段。必须指出，"五山汉文学"不是纯粹形态上的宗教文学，而是由宗教保存和发展着的世俗文学。

"五山汉文学"的风貌，大体崇尚中晚唐宋代诗歌。与平安时代汉文学相比，《昭明文选》与《白氏文集》的影响有所衰退，而以《三体诗》为必修之教本，又以《古文真室》为作文之本。由于禅僧个人的文化素养与生活经历不尽一致，因而各人侧重与发挥也不相同，大致可以分为三个时期：虎关师炼（1277—1346年）、雪村友梅（1289—1346年）和中岩圆明（1299—1375年）等，他们作为五山汉文学的先驱而存在；由此而继起者，义堂周信（1324—1388年）和绝海中津（1335—1405年）则是五山文学的丰碑；其后，遂由一休宗纯（1391—1481年）、景徐周麟（1439—1518年）、春泽永恩（1510—1574年）逐渐终其尾声，前后诗人百余家。

---

① 关于"五山文化"的总体背景，本《志》在第二编与第四编中从不同的角度皆有论述，并请参阅严绍璗《中日禅僧的交往与日本宋学的渊源》，《中国哲学》第三辑，三联书店刊）、《五山汉文学论纲》《周一良先生八十生日纪念文集》，中国社会科学出版社刊）、《五山汉文学て五山新儒学》《日中文化交流史丛书·思想卷》，日文版，源了圆、严绍璗主编，日本大修馆出版社刊）等。

第一节　五山汉文学的创始

　　一般说来，五山汉文学的形成，当时以虎关师练的创作为标识。当然，在此之前，已有寿福寺的铁庵道生（1261—1331年）、净庙寺的天岸慧广（1272—1355年）等的汉诗创作。前者集为《钝铁集》；后者于49岁入元朝，陪伴明极楚俊、竺仙梵仙二僧抵日本，故诗作名《东归集》。然而以虎关师练为标识，是因为他在五山时代的前期，是一位集汉文化之大成者。其诗作立于博学的基础上，以洗练著称。如《秋日野游》一首曰：

　　　　浅水柔沙一径斜，机鸣林响有人家。
　　　　黄云堆里白波起，香稻熟边荞麦花。①

此诗如行农野，如闻稻香。前二句用宋僧道潜诗"隔林信佛闻机杼，知有人家在翠微"之意，后二句则取王荆公"缲成白雪桑重绿，割尽黄云稻正青"之法。前后二联，皆师宋诗之神而不袭用其句，后而开创五山汉文学的创作特点。其诗文辑集为《济北集》二十卷。此外，尚有提供作诗的便览《聚分韵略》以及为童蒙之学而辑录的四六文《禅仪外文集》等，成为当时研学汉诗文向导的入门书。他的《元亨释书》三十卷，是日本文化史上最初的僧史。

　　与虎关师练同为五山汉文学开山的中岩圆月，曾入元求法，云游长江南北，直接与汉文化接触，其文风学韩柳，其诗风则宗黄山谷、陆放翁。今有《东海一沤集》三卷，并《别集》《余滴》各一卷。作为五山汉文学形成之始的另一位诗人雪村友梅，曾师事中国赴日名僧一山一宁，又极喜《庄子》。他18岁入元，被元廷逮捕下狱，放逐于函谷关之西，历20年之坎坷，于37岁时平反此案，元文宗特赐"宝觉真空禅师"之号，40岁时返回，隐居山城（京都府）的拇尾，后奉朝命而入主建仁寺。雪村友梅的汉诗，大部分作于中国，并取岷山与峨眉山之巍峨渺远以命集名，称之为《岷峨集》。其诗在清瘦中富于动人的力量，如《九日游翠微》曰：

　　　　一径盘回上翠微，千林红叶正纷飞。
　　　　废宫秋草廷前菊，犹看寒花媚晚晖。

---

① 本章所引五山汉诗，皆据《五山文学集》。(《日本古典文学大系》，岩波书店刊)

"翠微",指陕西临潼骊山,用李白"却顾所来径,苍苍横翠微"之典,诗人思古怀旧,诗风如杜牧,清瘦含情,余意萦绕。上列各家的诗歌创作,开启了其后三百年五山汉文学的昌盛,他们所表露的文化素养与诗风特征,为以后的禅林诗家所继承和发展。

第二节 五山汉文学的繁荣

十四世纪中期至十五世纪的百余年间,是五山汉文学的隆盛时期。其间禅林诗家蜂起,斐然可采者,如南禅寺的惟忠通恕(存《云壑猿吟》一卷)、愚中周及(存《廿余集》三卷、《禀明集》一卷)、性海灵见(存《石屏集》十卷、《拾遗》二卷)、龙湫周详(存《随得集》三卷)、天龙寺的愕阴慧岁(存《南洲游稿》一卷)、东福寺的岐阳方秀(存《不二遗稿》三卷等)、翱之慧凤(存《竹居清事》二卷)、建仁寺的江西龙派(存《豕庵集》一卷、《续翠集》一卷)、心田清播(存《春耕集》一卷、《听雨集》一卷等),其中成绩卓然而可以为代表者,当推义堂周信和绝海中津。五山汉文学就其诗派而言,实际上存在着"本土派"与"游学派"的不同倾向。前者由铁庵道生、虎关师练等为其首,他们在日本本土通读中国典籍文献,研习汉诗汉文,在理念上与汉文化相通;后者由天岸慧广、雪春友梅和中岩圆月等引导,他们求法于中国,云游山川大刹,结识高僧名士,在感情上体验汉文化。一般说来,"本土派"诗作立于文献博学上,"游学派"诗作融于直观感受之中。十八世纪江户时代著名诗家江村北海编撰《日本诗史》说:

> 五山作者,具名今可微者不下百人,而仅以绝海(中津)与义堂(周信)入其选。

事实上,这一时代以他们为代表,迎来了"游学派"(绝海中津)和"本土派"(义堂周信)汉诗创作的繁荣气象。义堂周信是镰仓幕府重要的禅僧,曾为管领足利基氏的顾问。其诗歌创作承袭虎关师练,又稍出其右,在博学的基础上,显现出洗练与巧致。如《石桥山吊古》一首,是以1180年(日本治承四年)赖朝与平家之战为背景的七绝。诗曰:

> 石桥夜战事茫茫,余一丰三墓木荒;
> 卧涧古杉苔半合,谁知霸主此中藏。

该诗起承处直写怀古之意,转结处生发出对赖朝的追忆与感怀。在表面的幽寂荒静之中,映出当年金戈铁马、血战方酣的景象。诗人受唐诗中凭吊古战场作品的影响,以静寂写激烈,以残景叙幽思。与此种诗怀相映成趣的是他的写景诗,纤巧玲珑。《小景》一首曰:

> 酒旗翩翩弄晚风,招人避暑绿荫中;
> 谁家的艇来投宿,典却蓑衣醉一篷。

这是一幅夏日黄昏醉人图。此绝起承首句用陆放翁诗典《平水小憩》中"雾收山弹碧,雪漏日微红,酒旗近村场,暑船浦憩通";其转结末句又用皮日休诗典《寄怀南阳润卿》中"何事对君有惭愧,一篷冲雪返华阳"的意象。这些都表明诗人不仅对中国诗文造诣深厚,而且还善于提纯和融化。

绝海中津本系梦窗国师的法嗣,33 岁(1368 年)时入明,在华求学问法 8 年。1376 年归国之年,明太祖朱元璋在英武楼接见这位僧人。这是中国历代皇帝除唐玄宗会见阿倍仲麻吕之后,第二次会见在华的日本留学生、学问僧。此次会见,宾主互有唱和,为中日文学关系史上的佳话。

绝海中津《应制赋三山》一首:

> 熊野峰前徐福祀,满山药草雨余肥;
> 只今海上波涛稳,万里好风须早归。

朱元璋《御制赐和》:

> 熊野峰高血食祀,松根虎珀亦应肥;
> 昔年徐福求仙药,直到如今竟不归。

这两首诗,是咏吟徐福传说的富有生气的佳作。一位日本的僧侣和一位中国的帝王,唱和中国文化关系中一个充满传奇色彩的主题,各有各的风格和心情,这实在是中日文化关系史上难得的事。

绝海中津的诗文辑集为《蕉坚稿》,明僧道衍为此集作序。他的汉诗,题材广泛,形式多样,古诗近体皆备。如《读杜牧集》一首曰:

> 赤壁英雄遗折戟,阿房宫殿后人悲;
> 风流独爱樊川子,禅榻茶烟炊发丝。

诗人叙述读杜牧诗的感慨,表达对杜牧为人的追忆与崇敬,每一句皆以杜牧为典,切扣主题,生动活泼。

第三节　五山汉文学的终结

　　自十五世纪后期开始，五山文学逐渐进入了终结时代。这一方面是由于"连歌"作为一种新兴的文学形式在此时逐渐兴起，它作为一种连锁式的富有机敏性的"沙龙文艺"，受到包括五山僧侣在内的知识人的青睐；另一方面也由于五山禅林受到室町幕府的庇护，高级僧侣趋炎附势，五山寺庙的文化逐渐脱却了生命之光，与室町幕府一起停滞、堕落和消衰。在这一时期中，原本新鲜活泼的"游学派"汉诗创作已经消失，"本土派"汉诗创作仍继续了近百年时间。

　　作为从鼎盛时代向终结的时代过渡性的汉诗人，可以一休宗纯为代表。一休宗纯愤然于当时各大寺庙主持人之无行，遂放浪漫游，巡行都市村落，赋诗偈、咏和歌、吹尺八、带木剑，行如疯狂之人，自号"狂云"。其诗文颂偈集为《狂云集》一卷，《续狂云集》一卷。其作品力图戒谕僧俗，风格自由奔放。如《偶作》一首：

　　　　睡里海棠梦春秋，明皇离思独悠悠；
　　　　三千宫女情难慰，更遂马嵬泉下游。

　　此诗虽为咏史之作，实为警世之言。

　　五山汉文学以景徐周麟和春泽永恩为代表，迎来了最后的余霞。景徐周麟的诗，多写景寓情，如《梅野吟步》《山寺看花》《溪桥残雪》等。其中《山寺看花》曰：

　　　　路入青山欲暮鸦，白樱树下梵王家。
　　　　居僧不识惜春意，数杵钟声惊落花。

　　其诗集为《翰林葫芦集》十七卷。其中，卷三题为《宜竹集》，又题《宜竹残稿》，以单本行世。景徐周麟尚有《汤山联句》一卷，也称《汤山千句》。这是五山汉文学后期室町文学的一个新象，即集二位或数位诗人而作诗，它与"连歌"的兴起，互相呼应。景徐周麟积极推行，由此而下，便有了《城西联句》，此即《九千句》。进入庆长年间（1596—1615年）更有《凤城联句》《四卿联句》等，并与和歌联句相配合。中日两种文学样式，再次形成交会之点。

　　春泽永恩是五山汉文学的最后的一位诗人，其诗文辑为《枯木稿》一卷。其作品如《雨后杜鹃花》：

  春风吹霁鸟声闲，踯躅露滋红映山；
  应是千年啼血泪，杜鹃枝上雨斑斑。

  此诗堪称纤细清新之作。其他的大多数作品与此不同，踏袭前人之处较多，意境的开拓也为欠缺。五山汉文学随同整个五山文化的衰落而日趋走向了尾声。

第十六章

江户时代的文坛与中国文化

十七世纪初期,进入了江户时代,新兴的商业城市相继出现,形成了日渐壮大的町人势力。他们在追求金钱财富和官能享受的同时,也力求在精神上得到满足。这些拥有丰厚的财富,同时又控制着物资流通的町人们,逐渐成为文化上的重要力量。在这种背景下,中国明清俗语文学作品,引起了町人们的极大的热情与兴趣。他们中的一部分文化人,始而翻译,继而模拟,由此发展,他们把中国明清俗语文学的特色与日本文化与文学中的传统因素相结合,终于创造了日本前近代型小说,形成了江户时代庶民文化与文学的繁荣。

第一节 "唐通事"的兴起与黄檗宗的东传

中国的明清俗语文学与日本的町人读者之间,并不是以直线的形式互相联接的,它们之间存在着许多充当媒体的中介环节,其中起着最重要的作用的,则是汉语白话(俗语)翻译的发达。

在十六世纪之前的很长的日子里,掌握中国文化(包括文学)的日本贵族、僧侣和学者,主要是采用文言来解读经传和诗文的。十四世纪以来,五山僧侣创造了"训读法"。这对于不能直接用汉语语法来阅读汉籍的日本人,提供了"目读"的机会。

江户时代中日贸易在特殊的条件下展开,获得了独特的发展。适应这一情势而日渐扩大的汉语白话翻译队伍,成为突破汉文文言,打破"目读主义",实施白话会话的先驱。他们在中日文化关系史上,第一次把中国白话小说作为语言养成的教科书。

当时,中国佛教的黄檗宗传入日本,带来了明代口语颂经的仪礼,世代相传,遍于日本,从而使汉语白话会话的范围进一步扩大。这种趋势最终影响到了日本的学术界,以荻生徂徕为首的古文辞学派(萱园学派),强调对中国文献典籍的"直读法",以及日汉翻译的重要性。正是在汉语白话会话的这一浪潮的推动下,中国明清小说大量地进入日本的文化生活之中。由町人社会中成长起来的一批作家，开始翻译中国的文学作品，并进行模拟创作，积蓄文学经验。

一、江户时代的"唐通事"与"唐话学"

所谓"唐通事"，这是江户时代对专门从事中国汉语口译成日本语的专职人员的一种职业性称谓。它是在十七世纪前后，首先在长崎地方形成的，以后在西日本的其他地区以及京都、关东地区等，也相继出现了这一日汉通译的专门职业。这一职业的形成与发展，对这一时代汉籍在日本的流传，具有特殊的意义。

十七世纪初期起，江户府为确保自己的统治，实行了全面锁国的政策。1616年，命令所有的外国船只，只能停靠长崎、平户两港。1633年，德川幕府终于全面封锁了日本，即禁止一切日本人出境，也禁止一切外国人入境，并严禁天主教书籍流通。在此严酷的法令中，中国商人得天独厚，1636年幕府允许中国商船与荷兰商船，在长崎一港靠岸贸易。于是，往来于中日之间的中国商人，集中于长崎的来自日本各地的商人之间，便在此种特殊的条件下从事贸易。由中国输入的书籍文献，便由此登岸，长崎港也因此而成为中国文化的主要集散地。

中日贸易在这种特殊的条件下，在长崎港发展起来。长崎港几乎汇集了所有的对日贸易的中国商人。在这一时代中，中国大陆由于民族的、政治的诸矛盾冲突，一些迁徙移居日本的中国汉族知识分子，也由长崎上岸，常常滞留于此。在这种忙乱的局面中，沟通中国人与日本人之间的交流，语言便具有头等重要的意义。专门的翻译人员已经是必不可少的了，"唐通事"便应运而生。

日本的"通事"，在江户时代之前，称为"曰佐""吉师"等，人数很少，且并不是专门性的职业。自后水尾天皇与明正天皇的宽永年间（1624—1643年），幕府开始设置经过专门的汉语白话养成教育的口译人员。据《长崎通航一览》的记载，1666年，曾任命"通事"160余人（其中包括荷兰语翻译），已具相当的规模了。

"唐通事"有一定的组织形式和严格的等级。其结构大致如下：

唐方诸立合（海关官员）2人，同助1人

唐通事目付（汉语总译官）2人

唐大通事5人

唐小通事14人，内助1人

唐小通事并（翻译助理）11人，同末席10人

唐稽古通事（实习翻译）30人，内通事3人

（唐通事使用的语言，有许多方言，故各级通事内，又分为"南京口""广东口""福州口"等）

早期的"唐通事"，据《群书类丛》中的《七十一番歌合》所画的姿态与歌意，知道主要是由迁居日本的中国侨民担任。据当时日人小宫山昌秀《西州投化记》的记载，1672年，当时避居长崎一地的中国人有38家。中国人冯六，便是长崎"唐通事"的始祖。稍后的一些著名的"唐通事"，如刘一水、陈严正、郑干辅等都是中国人，也有中国人的后裔，如深见玄岱，便是中国彰郡人高寿觉的孙子，庄左卫门与元右卫门二人，则是中国范阳人卢君玉的儿子和曾孙。然而，随着岁月的推进，由日本人担任的"唐通事"则愈来愈多。到十七世纪中期，据说已达170余人。

据日本《先哲丛谈》与《诸家人物志》等的记录，在长崎的中国人为唐通事有姓名可考者，列名如下：

冯六	长崎唐通事之始祖，平野善次右卫门之祖
高寿觉	福建彰郡人
高元泰	日名深见玄岱，高寿觉之孙，其母系岛津光久之女。曾随中国在日学者戴曼公学医及书法，后为幕府儒官，以草书称善，颇有文名
欧阳云台	阳惣卫门之祖
刘一水	彭城仁左卫门之祖。18岁任唐通事。明代高僧隐元和尚赴日时，充任其通译，为朱舜水所敬重
刘善聪	刘一水之子。一水殁后，承父业为唐通事
庄左卫门	其父系范阳人卢君玉。卢氏于明代万历年间航海至日本。庄左卫门生于长崎，为唐通事
元右卫门	庄左卫门之子。初为长崎圣堂学头，兼补唐通事，后为幕府儒官
魏元琰	巨鹿民部之祖
徐敬云	东海德右卫门之祖
陈严正	字雅昶。涉猎经史，藏书数万卷。结交名公大臣，40岁补唐通事，通闽语
郑干辅	通汉语、满语、荷兰语。以唐通事译满语，后为大通事

当时担任"唐通事"，一般从幼年时候开始就要进行汉语会话的语音

教育。江户时代的汉学家雨森芳洲,在论述"唐通事"的养成时说:

> 通词家咸曰:"堂音难习,教之当以七八岁始。"殊不知七八岁则晚矣,非襁褓中则莫之能也。我东有单音而无合音。单音者曰何?曰ア、イ、ウ、エ、オ是也,碎音也。合音者何?曰アン、イン、ウン、エン、オン……是也,全音也。我东孩儿之于单音也,听惯聆熟于襁褓不言之中。二岁以上,智慧全开,结而成语,其势然也。今不便之合音,遽教堂音于七八岁时,唯见其难耳。然则为之如何?曰二岁以上戏耍逗引之际,渐次教以合音,使之吻软舌滑,有如天成,以为五六岁上学话之地,则庶几易易耳!
>
> (《桔窗茶话》卷上)

这是江户时代的汉学家以自身学习汉语的经验,谈论关于"唐通事"的养成教育问题。由于从小开始接受汉语教育,到十六七岁时,便可补任"稽古通事"。每当中国商船入港,他们跟随大小通事迎接,协助向"奉行所"起草呈文,向中国商人宣布日本法令等。经过几年的现场训练,一般在20来岁,便可升任为"小通事"了。

在"唐通事"的养成教育中,起始是《三字经》《千字文》等,稍长一些,则学《论语》《孟子》等书。而作为培训会话能力的重要手段,则主要是大量阅读并朗诵中国明清的白话小说。雨森芳洲说:"我东人欲学唐话,除小说无下手处。"所以,柳里恭在《独寝》卷上中,便举《水浒传》《西游记》《三国演义》为"唐通事"养成的必读之教科书。

当时,大量地把中国古代白话小说的词句和故事,作为"唐通事"训练的主要教学内容。著名的冈岛冠三编撰的《俗文音释》七卷,是当时用于汉语口语教育的一部重要教材。该书卷一至卷三,以一般常言为内容,称为"长短杂话",试摘例句如下:

卷一　把官路当人情,好不便宜。
　　　好事不出门,恶事传千里。
　　　三十六计,走为上计。
　　　常言道:"花无百日红,人无千日好,岂能常相和?"
卷二　有个妇人在那里哽哽咽咽的哭。
　　　脱得赤条条地坐在凳子上纳凉。
　　　你还不知道"剪拂"这两个字的意思么?
　　　原来强人下拜,不说这两字,为军中不利,所以只说"剪拂",

此乃吉利的字样,必须记着"剪拂"就是下拜的一般。
卷三　小弟的房下颇会针工,长兄若有旧衣服,只管拿来教他缝补,我也晓得在客店中时般般不如意。
这王八家的婊子,梳弄来不知偷了多少汉,至今还想通私情,真正是个淫妇。

所有这些内容,全部都是从中国明清通俗小说中摘出来的,每一条都有日本语对照,是一种口语对译的手册。该书的卷四和卷五为"长短话",摘录一些话本上的故事片段,卷六为"与人说故事",其内容皆以中国的"三言"与"二拍"为底本的改写,其作用犹如现在外语教材中的"讲读材料"。

日本江户时代以这样的方法来培养"唐通事",由此便成为中国通俗文化的文献传入日本的一个缘由。

1716年(清康熙五十五年、日本享保元年)长崎的"唐通事"们,创造了"唐韵勤学会"。这是江户时代日本第一个研究与学习汉语白话的学术结社。日本的这些汉语言学者,在这个"勤学会"上,用汉语进行对话。至今保留有一些会话的记录,从中可以看出他们的勤勉的学习态度。筱崎东海《朝野杂记》中,有"长崎通事唐话会"的记录。这里摘录1716年11月23日十五位"唐通事"用福州话、漳州话、南京话共三种汉语方言进行练习会话的记录,生动有趣,其勤学可见一斑:

福州话(河间幸太郎问,彭城八右卫门答)

问:先生,红毛船里上去了没有?
答:从来未曾上去看。
问:我也未曾下去看。
答:想必是未曾唐船样。头尾乌乌的交造夹板船,料也各样,不得发漏。造的坚固,使船自由自在,真正能干。

漳州话(吴藤次郎问,阳市郎兵卫答)

问:只二日大下寒冷,令堂都纳福否?有年纪个人问候饮食起居,尔着孝顺兮。
答:多谢只是金言,母恩大如天,岂可不孝顺。"父母在,不远游,游必有方",我也记得。此二句因为罕得出门,然数共家母说。

南京话(共11人参加,节录)

彭城贞太郎问：

　　今日你的佳作里有"清味远怀王子会"，请教这个什么故事呢？

神代十四郎答：

　　这个当初有个王休，每冬天时候，取了溪水敲碎冰莹的所在，与宾客烹建茗的故事。

中村平太夫问：

　　我听昔年李白在京师时，贺知章见之，即解金貂款待李白，你知道此故事否？

中村伊右卫门答：

　　我又听得李白在京师时，贺知章见之，请看所为之文，李白示之以《蜀道难》。知章看之说："公非人间之人。"即解金貂换酒醉。后又示之以《乌夜啼》，知章看说："此诗可哭鬼神也。"

高尾藤市平问：

　　礼乐圣道之大要，你晓得要趣么？讲讲看。

彭城政五郎答：

　　不敢，实非愚见所及，但闻得一二。礼是天理之节文，若论礼乐二字，礼以制外，乐以和内。

二木鼎之助问：

　　曾闻当初有个王戎，不知某朝代的人呢，闻说他是官到三公，这话是真么？

彭城源四郎答：

　　不敢。小弟听见说，王戎是晋朝的人，从年幼的时节，聪明颖悟，及年长，官到三公的极品。然生性轩昂，久嫌宦情杂繁，遂隐居竹林，竟与当时名贤六人为友。此乃竹林七贤中的一人了。

从这些记录来看，当时日本的"唐通事"们具有关于中国文化与文学的相当广泛的知识。1751年，又创建了"唐通事会所"，成为"唐通事"的专门的办事机构，改变了江户前期一百年间"唐通事"们主要是在"大通事"的宅第进行活动的局面，从而使长崎地方的汉语通译趋向于正规化了。

在江户时代的全国的锁关政令中，长崎一地对中国的开放，使它成为日本唯一的一个吸收新文化的窗口，因此，它吸引着日本全国许多憧憬新知识的文化人，这一时代的汉学巨擘林罗山、文学家俳人大淀干三风、天文学家向井元升、医学家北山道长,以及安藤省庵、南部草寿、西三博等,都纷至沓来,游学于此,从而使长崎发达起来的"唐话学",在学者文人之中也得以流布。

"唐通事"的发达与"唐话学"的兴起,原本于长崎一地。但是,自十七世纪后期始,逐渐扩至西日本沿海各地,以后又推进到了内地。起初,中国商船航行在日本海路上,遇到海流、风向等诸种航行条件的变化,不能在长崎靠岸而漂流至西日本的其他一些海区。为了交涉方面的需要,这些封地上的藩主,也渐次设立了"唐通事"。自十八世纪以后,这一带的走私贸易也日渐发展起来,许多地方的藩主参与和中国商人的秘密生意。当时,无论是缉拿走私的日本德川幕府,还是参与走私的地方藩主与日本商人,在沿着九州岛的各处海区中,都需要与中国商人打交道,于是,"唐通事"的职业,在西日本,乃至本州与四国地区,都发达起来了。如荻地长门守松平吉,早在1688年就已聘请当时著名的中国俗语小说翻译家冈岛冠山担任"唐通事"。十八世纪中期的萨摩藩主岛津重豪,更是本人率先言谈都讲汉语,并设置"唐通事"数十名,君臣之间通行汉语。岛津重豪并亲自撰写了《南山俗语考》六卷,是一部汉语辞书。

二、黄檗宗的传入

黄檗宗原本是中国禅宗的一个宗派,属临济宗系统。唐代贞元年间,正干禅师传六祖之法,开创此宗。其后,曾隆兴于宋代,废衰于元代,而至明代复兴。明万历年间,明神宗敕赐黄檗宗本山匾额为"万福寺"。崇祯年间,隐元隆琦主持黄檗道场,中兴古道。

1651年(清顺治十一年,日本庆安四年)隐元隆琦应日本长崎"唐三寺"[①]之一的兴福寺的邀请,率领弟子数十名,共赴日本传教。他们先是在长崎,后来拜见了幕府将军德川家纲,在江户讲道。最终,敕赐京都南

---

① 所谓"唐三寺",即是在日本长崎由中国人兴建的三座寺庙。1623年,当时在长崎港的中国南京船的船主们商议建一寺庙,以祈海上往来平安。此议获幕府准许,在长崎的东明山建"兴福寺",以明人僧人真圆为开山,世称"南京寺"。其后,漳州船主们于紫山建"福济寺",世称"漳州寺"。福州船的船主们于圣寿山建"崇福寺",世称"福州寺"。这三座寺庙的建立,在十七世纪日本文化史与中日文化关系史上,都是很有意义的事情。它吸收了许多中国的僧侣相继渡海赴日,如1653年,杭州僧人独立性易慕三寺之名而赴日。独立性易俗名戴笠,在诗文、翰墨、篆刻、医学等方面对日本文化贡献甚大。此次隐元隆琦的赴日,更影响了日本宗教与文化的发展。

郊山城宇治，建"万福寺"，开创了日本的黄檗宗。

隐元隆琦在传教中主张用汉语颂经，并在法会与修行方式上保留明代的风格。黄檗宗传山对这一制度，世代相传而不变。因此，黄檗宗的传入日本，强有力地促进了"唐话学"的发展，并且影响着江户时代的学术界在稍后的年代里创导"汉音直读论"——他们主要是属于"萱园学派"的学者，与黄檗宗有着各种的关系。

隐元隆琦在中国国内主持黄檗宗巨刹前后共17年。门下之盛，当时无二。他早年在福建刻刊的《语录》，在他到日本之前，已在日本的禅林中流布。即使是异宗教徒，也争相购颂。隐元隆琦的赴日与黄檗宗在日本的传布，打破了自镰仓后期以来日本宗教界沉滞寂寞的状态，给与了许多新的刺激。黄檗道场很快在日本的关东、中部、山阴、九州各地蔓延开来。1670年，由黄檗宗第二世福建泉州府僧人木庵性瑫在江户的芝白金台开创瑞圣寺，成为关东黄檗山的本山。关东道场，门生众多。当时便有"木门三杰""木门十哲"等的称谓。如"十哲"之中的铁眼和尚，主持慈云山瑞龙寺，重新雕印明代佛经巨集《北藏》六七七一卷，并《秘密仪轨》三四一卷①。这就是名闻天下的《黄檗山大藏经》。

此外，1691年，关东地区水户藩主德川光国邀心越兴俦开创祇园寺。在中部地区，黄檗宗第四世福建莆田僧人独湛性莹，开创瑞国寺。在山阴鸟取地方，黄檗宗第六世福建僧人千呆性侒，开创龙峰山兴善寺。在九州地方，小仓有福聚寺，肥前有龙津寺，而长崎的圣福寺，作为黄檗山的末寺，也极为隆盛。黄檗道场，一时布满了日本的许多枢要都会，诸如日本灵光上皇，也皈依黄檗宗第五世福州僧人高泉性潡，屡在宫中说法，达于极盛。由于黄檗僧徒都用汉语颂经，并以明代禅事方式主持道场，因此，当时的日本，"唐音所闻，几遍于全国"。黄檗势力的如此发展，对日本知识分子的精神生活与文化研究，产生了相当的影响，对十七世纪至十九世纪中国文化与文学的东传，具有不可低估的意义。其中，江户时代日本儒学中的"萱园学派"的先师柳泽吉保，在晚年开创永庆寺，由参禅而至于主持黄檗道场，显示了这一时代中，黄檗宗对日本知识分子影响的实际力量。

1708年，幕府将军德川家纲召请黄檗宗第八世浙江杭州府高僧悦

---

① 严绍璗于1990年在日本调查，铁眼和尚《大藏经》刻板，现在全部移藏京都府宇治市，并正在采用传统板印工艺，每天由两位工人板印数页留世。

峰道章，求问法要。当年3月，柳泽吉保在驹笼的别墅六义园中，与悦峰道章对谈。这次会见的会话记录（由田中省吾笔录），现今保存在宇治市的万福寺内。

柳泽吉保：大和尚这次东下之后，喜不自胜。昨日辱御法驾于别墅之后，其喜大倍于前。何以如是？不佞以为古佛示现也。

悦峰道章：章叨阁下厚德，每思无可酬报，今又留寓贵馆，如登仙境，铭佩不一。又衲深渐陋靡称道器，喻以古佛示现，何敢当也。

柳泽吉保：当以寓居，直为檗山寝室，是不佞之愿也。

这一笔录生动地显示了江户时代知识分子对中国文化的心态。同年4月，悦峰道章回到万福寺，柳泽吉保有《送悦老和尚》诗一首。诗曰：

泉石五旬兴，红化作绿荫。
回眸将告别，谁识此时心？

1709年，柳泽吉保果然于驹笼的别墅中退隐，在他的六义园开设法筵，完全皈依黄檗宗。

柳泽吉保是"萱园学派"的先师，他与黄檗宗的关系如此密切，事实便架起了江户时代的儒学家与这一新兴宗教之间的桥梁。在此前后，当时的学者像荻生徂徕、田中省吾等，与黄檗宗的关系也日趋密切，有许多学问上的探讨。黄檗山僧人由此而扩大传布了中国的文化与文学的知识。

今存《荻生徂徕与黄檗章悦峰笔语》，记录了1707年9月荻生徂徕在紫云山瑞圣寺甘露堂，与悦峰道章和尚的谈话内容。

荻生徂徕：老和尚为人之心，实与佛菩萨大慈悲心同一无二，岂不起敬。曾闻贵姓是顾氏，古时晋朝手里有个顾荣名公，其后簪缨不绝，正是江南第一冠族。不但道德可敬也，是门地（第）不凡，而今奉拜慈容，自有清贵气象，实是敬服。

悦峰道章：寒族虽久，后裔不才，不敢不敢。

荻生徂徕：承闻贵乡是杭州，这地方南宋旧京，想是人物风俗，不同它方，实是可想。

悦峰道章：敝处风景，高宗之都，忠义旧迹，至今尚存。

荻生徂徕：西湖名高寰中，想是老和尚游赏熟的。孤山、苏堤皆是名

第十六章 江户时代的文坛与中国文化

贤遗芳所在,如岳王坟第一忠义旧迹,愿闻其详。

悦峰道章:来言皆实,累朝重修,至今大庙国人所慕也。西湖之景,要非一笔能尽耳。

荻生徂徕:该是该是。孤山还是有梅花么?

悦峰道章:梅花更盛。古来孤山言有王气,去年康熙帝来,将孤山改成上官了也。

荻生徂徕:可惜了!真是始黄帝一般伎俩,煞风景,煞风景!若此唐山书柬写来的。

……

荻生徂徕:小的前年学唐话几话,却像鸟言一般。写是写,待开口时节,实是讲不得。那纸唐山叫做什么?前年一个人说道,唐山叫做"掀鼻纸",是不是?

悦峰道章:是,是。

荻生徂徕:(提起腰带下的东西):这东西叫"荷包"么?

悦峰道章:是,是。

荻生徂徕:(提起印笼):这东西唐山叫做什么?

悦峰道章:这是药袋。

荻生徂徕:唐山的礼法有个"唱喏",小说中说道:"深深唱个大喏",这是什么意思?

悦峰道章:即答曰"是"。

荻生徂徕:诗法有哑韵,云如五支二十四咸是哑韵,不知何意。日本人实不晓得。

悦峰道章:韵有互通之用,理从南北之分,所以轻清重浊而不等也。

荻生徂徕:五支二十四咸为什么叫哑韵?这道理不分明了,请教。

悦峰道章:但请观韵书考之,自然洞如指掌。

荻生徂徕:日本人虽观韵书,实不晓得。它日携韵书来请教。这事是不提。小说中有个"出"字,曾考字书,总没有的。这字何音,请教。

悦峰道章:即戏中所为(谓)音声尺字,又为"一曲"之意。

荻生徂徕:多蒙教诲,且承盛享,千幸万幸。只恐道体有劳。可谓忙了终日,总是不知所谢。

这样的谈话,生动地反映了江户时代的日本知识分子追求中国文化

的迫切心态。其谦恭至诚,溢于言表。他们自己不能去中国,然而通过来日的黄檗僧人,获悉了多方面的生动的知识。荻生徂徕谈他当时会见后的感想说:

> 归后恍然,几乎心醉。
> 但觉甘露寺中醍醐味,犹且着齿颊间,漱口不去也。
>
> (《徂徕集》卷二九)

当时参加会见的"萱园学派"的另一位学者安藤东野,甚至在一年之后回忆当时的谈话,心情仍是激动不已,他说:

> 去岁获染甘露一滴,痦痳不忘其味,神驰檗峤,倏已一年矣。
>
> (《东野遗稿》卷下)

这些记录正是表现了日本知识分子学习中国文化的虔诚之心。在上述的对话中,荻生徂徕提出的如"唱个大喏"和"出"等词句,可以看出他们对中国白话小说与戏曲所表现出的超越士大夫的矜持而具有的广泛又浓厚的兴趣。

第二节　明代的传奇与日本的"假名草子"

江户时代初期的80年间,曾经出现过一种用"假名"写作的通俗性文艺读物,称之为"假名草子",也称"假名草纸"。代表性作品如《假名烈女传》《可笑记》《二人比丘尼》《棠阴比事物语》和《御伽婢子》等。这一类作品的文体近于散文,然而却都有故事情节。其内容大都是怪异、恋爱、游览、战记、妓女品评等,其主题是以训戒和因果报应为宗旨。这类读物深受町人社会的欢迎。它们构成了日本江户时代小说的雏形。

"假名草子"题材的来源并不是单一的。其中一部分渊源于日本本国古代的文学作品和历史文献,大部分则都是从国外传入的文化中摘取有趣的材料,加以敷衍,描述成篇。像印度文学中的《自喻经》《贤愚经》《生经》,欧洲文学中的《伊索寓言》等,都曾为"假名草子"提供过生动有趣的材料。但是,在所有的题材中,对"假名草子"的发达,真正产生过广泛而深刻的影响的,则是中国的作品。例如,1651年刊行的"假名草子"的名作《棠阴比事物语》,其题材全部来源于中国宋朝桂万荣的《棠阴比事》。1663年刊行的《杨贵妃物语》,则是以《开元天宝遗事》及《长恨歌传》为粉本而创作的。至如《可笑记》,则取材唐代李翰的《蒙求》;《百物语评判》,则取材于宋代李昉等的《太平广记》等。诸如此类,不一而足。其中,又以明代瞿佑《剪灯新话》和李昌祺《剪灯余话》,对"假名草子"的影响,尤为深刻。

一、明代传奇在江户文坛的流布

《剪灯新话》与《剪灯余话》是十四世纪后期与十五世纪前期明代的两部传奇作品。《剪灯新话》书成于1378年(明洪武十一年,日本天授四年)。著者瞿佑在《序》中说:"余既编辑古今怪奇之事,以为《剪灯录》,凡四十卷。"其内容几乎全属烟粉灵怪之类。《剪灯余话》书成于1420年(明永乐十八年,日本应永二十七年)。著者李昌祺当时官广西布政使,自叙读《剪灯新话》"复爱之,意欲效颦"。故《余话》二十篇,可以看成是《新话》的续篇。这两部传奇,文采词华,托事兴词,"率皆新奇稀异之事",所以,"人多喜传而乐道之"。①

据现存史料推考,《剪灯新话》传入日本,约在十五世纪中期。当时,五山禅僧周麟有《读〈鉴湖夜泛记〉》诗一首。

银河刺上鉴湖舟,月落天孙窃夜游。
只恐虚名满人口,牛郎今有辟阳侯。

(《翰林葫芦集》卷三)

《鉴湖夜泛记》是《剪灯新话》中的一篇,写织女神请处士成令言代为澄清民间所传牵牛、织女相配的故事。周麟的读后诗大约作于1482年(明成化十八年,日本文明十四年)②。这是《剪灯新话》在日本读书界流传的最古老的记录。

1604年,林罗山时年22岁,他记当年所读的书目,在"说话类"中有

---

① 据明人笔记《都穆谈纂》记载,"(此)二书盛行市井","不惟市井轻浮之徒争相颂习,至于经生儒士,多舍正学不讲,日夜记忆以资谈说。"因此,明正统七年(1442年)李时勉奏疏,请禁毁《剪灯新话》等曰:"近有俗儒假托怪异之事,饰以无根之言,如《剪灯新话》之类……若不严禁,恐邪说异端,日新月盛,惑乱人心。乞敕礼部行文,内外衙门及提调学政金事御史并按察习官巡历去处,凡遇此等书籍,即令焚毁,有印卖及藏习者,问罪如律。"在清代,此二书又与《水浒传》《西厢记》等同列为"禁书"。因此之故,国内无足本流传。今国内《剪灯新话》四卷本与《剪灯余话》四卷本,皆系二十世纪初由董康据日本刻本翻印。

② 关于此诗创作年代,则据日人内田道夫《中国小说的世界》一书引泽填瑞穗的考证。

《蒙求》《酉阳杂俎》《太平广记》《剪灯新话》《游仙窟》等。差不多在同一时间里,即日本的庆长年间(1596—1614年),用活字排印的《剪灯新话》也开始流传,而到了元和年间(1615—1631年)《剪灯余话》也有了活字印本。

从东亚文学的视角来考察,《剪灯新话》与《剪灯余话》最先是传入了朝鲜半岛。十六世纪朝鲜作家金时习创作了《金鳌新话》,其中有5篇作品的题材来自于《剪灯新话》。

《金鳌新话》本题	材料源:《剪灯新话》原题
万福寺樗蒲记	滕穆醉游聚景园记 富贵发迹司志
李生窥墙记	渭塘奇遇记　爱卿传
醉游琵琶亭记	鉴湖夜泛记
南炎浮洲志	令狐生冥梦录　太虚司法传
龙宫赴宴录	水宫庆会录　龙堂灵会录

从上表中可以看出,朝鲜作家金时习,在其所著的《金鳌新话》中,把明代传奇《剪灯新话》中45%的内容,翻入了自己的创作之中。

为了使朝鲜的读者便于读懂《剪灯新话》,当时,令一名朝鲜学者尹春年(沧州)编撰了《剪灯新话句解》一书。此书于1648年被日本的书贾所翻刊。1653年,《金鳌新话》也有了日本的刊本。

这一势态足见当时东亚地区的读者对《剪灯新话》及《剪灯余话》所表现的浓厚兴趣了。当时,尽管《剪灯》二话在日本已有了刊本,但是,长崎港仍然大量进口在中国秘密刻刊的汉刊本。据日本宽政六年(1794年)《寅贰番南京船书籍名目》记载,当年日本商人从抵港的中国南京船中,一次购进《剪灯新话》与《剪灯余话》达30余部。这在当时的中日书籍贸易中,也可以算是大宗了。

二、日本《奇异怪谈集》——明人传奇与日本"假名草子"相互联系的桥梁

日本天文年间(1532—1555年)流行一部《奇异怪谈集》。此书又名《奇异杂谈》,见于1692年日本《广益书籍目录》的著录。现在的书名初见于京都书肆柳枝轩刊本,为六卷三十六篇(今缺五篇)。此书著者不

第十六章 江户时代的文坛与中国文化

详,从文章来看,早年大约是一名僧人,曾遍游日本各地,广搜异闻,编纂成书。《奇异怪谈集》是日本"假名草子"的嚆矢。其后,1685 年井原西鹤的《诸国咄》,1686 年村上武右卫门的《妇人养草》等,几乎都是根据《奇异怪谈集》的内容重新编写的。

《奇异怪谈集》是日本最早融入明人传奇的文学作品。今本三十一篇中,有《姐姐之魂魄借妹妹躯体以成婚之事》《女人死后诱男子于棺椁内而杀之事》《以弓马之德赴申阳洞娶三女为妻而享荣华之事》,分别是以《剪灯新话》中卷一《金凤钗记》、卷二《牡丹灯记》、卷三《申阳洞记》为范本而加以编写的。

《奇异怪谈集》的著者在篇首自注曰:"近有新传入《剪灯新话》一书",其意即在言明书中奇异趣闻之来源,当与《剪灯新话》有关。如《剪灯新话》卷一的《金凤钗记》,写崔君子兴哥与吴氏兴娘,自幼指配为婚,双方以金凤钗为约。兴哥随父他乡宦游,兴娘相思致疾而亡。兴娘之妹庆娘与回归之兴哥相爱,俩人私奔在外,一年后回到乡里,方知是兴娘之魂附于庆娘之体,二人完成一段姻缘。日本《奇异怪谈集》的作者,把这一传奇故事全部翻案而入篇,自拟题为《姐姐之魂魄借妹妹躯体以成婚之事》,将传奇的曲折异趣透露在标题之中。

一般说来,《奇异怪谈集》在翻案明人传奇时,其基本的特点是取原本的故事,保留其原貌,又依照日本读者的欣赏习惯,略作增删,用假名译叙汉文。这二者之间的关系,可以《剪灯新话》卷二《牡丹灯记》,与《奇异怪谈集》中的《女人死后诱男子于棺椁内而杀之事》为例说明。

方氏之据浙东也,每岁元夕,于明州张灯五夜,倾城士女,皆得纵观。至正庚子之岁有乔生者,居镇明岭下,初丧其偶,鳏居无聊,不复出游,但倚门伫立而已。十五夜三更尽,游人渐稀,见一丫环,挑双头牡丹灯笼前导,一美人随后,约年十七八,红裙翠袖,婷婷袅袅,逦迤投西而去。	元朝至正年间,明州镇明岭下,有一乔生者,丧妻闲居。正月十五夜诸人外出,提灯而游。惟乔生一人,依门伫立,不复外游。时至夜半,路人渐稀,唯明月映辉,一丫环女童,挑双头牡丹灯为先,后随一窈窕美女西行而去。
《牡丹灯记》	《女人死后诱男子于棺椁内而杀之事》

《奇异怪谈集》的作者,在故事中省略了"方氏之据浙东"的背景,此

事对日本读者来说,不甚明了,故必删去。原作中的"每岁元夕,于明州张灯五夜"也被删去,却于文中加了一条注文,曰:"在中国,正月十五夜晚,家家户户都在门口挂上灯笼,尽情玩过通宵,如同日本的盂兰会。这一天是三元下降的日子(即一年三次的天帝降临,记录人间的善恶),这一夜叫'元宵',也称元夕。"这样的通俗性的注解,对于日本的读者了解这样的奇异怪事,是有帮助的。其中,把中国的"元宵节"比附为日本七月十五的宗教节日"盂兰会"。这就为以后浅井了意把《牡丹灯记》全部翻案入篇,提供了思考的心路。《杂谈集》的这一故事,还添加了对正月十五日夜半的月光的描写,这一不被人注意的细微之处,却正体味了日本吸收中国文化时所表现的民族的欣赏心理。

原作《牡丹灯记》的结局,是由铁观道人率金甲神将,施以法术,擒拿乔生、符丽卿及丫环金莲,其后有三者供词183字,又有道人判词316字。这种"冥间判决",很不合日本的民族心态,故编著时已被全数删去。

《奇异怪谈集》是把明人传奇引入日本和文学创作中的第一次尝试,其后发展起来的江户时代初期的文学,特别是"假名草子",便循此而大量地以中国文学作品的题材为创作的内容。正是在这个意义上,便把这部《奇异怪谈集》作为日本吸收明人传奇,并通向江户时代文学创作的桥梁。

三、明人传奇与"假名草子"《御伽婢子》

在江户时代前期的"假名草子"接收中国明人传奇之前,在将近一千余年的漫长的文化关系中,日本文学曾经在各个不同的层次上,与中国的传奇文学有所接触。

(1) 八世纪时代,日本读书界广泛流传的唐人传奇《游仙窟》,丰富了当时和歌的题材,并为日本的"汉文传奇"提供了艺术表现的手法。

(2) 十二世纪日本有《唐物语》一卷。这部《物语》从中国《长恨歌传》《汉武内传》《博物志》《说苑》等中获得题材27组,以流畅的中古日文意译,属于平安时代后期的"歌物语"系统。

(3) 十六世纪的《奇异怪谈集》,事见前述。

(4) 十六世纪末有《李娃物语》,这一作品系根据唐人传奇白行简《李娃传》翻案而成。

(5) 1651年有《棠阴比事》,此系据宋人传奇桂万荣《棠阴比事》翻案。1689年井原西鹤撰《樱阴比事》,1708年月寻堂撰《镰仓比事》,1709年无名氏撰《日本桃阴比事》,所有这些作品,都是以《棠阴比事》为粉本而创作的。

(6) 1663 年,有《杨贵妃物语》,这是根据《开元天宝遗事》与《长恨歌传》等而编译创作的。

十七世纪中期,江户时代"假名草子"的大师浅井了意,创作了《御伽婢子》13 卷,于 1666 年刊行传世。《御伽婢子》是"假名草子"中最具有代表性的作品。在此之前的"假名草子",如《可笑记》《杨贵妃物语》《棠阴比事物语》等,皆以中国文学作品的重新编译为主,所以,尽管是用"假名"创作,但是,作品所留存的原据文献的形态特点还相当的明显,尚缺乏强有力的手段,将原典作品"醇化"于新作之中。

《御伽婢子》从此类作品中脱颖而出,它一方面从中国文学中获取题材,一方面已获得了全整的日本文学的形式,具备了日本民族的美意识特点。

《御伽婢子》卷三《牡丹灯笼》,故事如次:

> 天文十七年,荻原新之丞居京城五条京极。妻亡不久,恰逢七月盂兰节。十五夜半,明月当空。一女童持灯笼,灯笼以牡丹为饰。后随美人,年在二十上下,过其家门。荻原新之丞尾随其后,诱此女宿于其家。二人饮酒交契,且作短歌萨十一音,互相酬唱。
>
> 男唱曰:"从今后,订山盟海誓。眠新枕,就在今朝。欢情无限好。"
>
> 女答曰:"待天色暮沉,夜到来。看月上梢头,容欢颜。信誓旦旦永不改。"
>
> 女自言为二阶堂政行之苗裔,父政宣阵亡于京都之役,一人独居万寿寺。此后,女每夜来会新之丞。邻有老翁,闻荻原氏家夜夜有女郎声,且歌且笑,深以为怪。一日,于壁中窥视,见一白骨骷髅,与新之丞坐于灯下,手舞足蹈,摇头晃脑,口中所吐,即为女声。
>
> 翁惊不敢言,天明诘新之丞。新之丞隐而不语,翁告以所见,且陈其利害。新之丞寻女,不得其处。日暮入万寿寺,见停一棺柩,其书:"二阶堂左卫门尉政宣息女弥子吟松院冷月禅定尼",棺前悬牡丹花饰灯笼一盏,傍有人偶一具。新之丞见此而惧,归宿老翁处。翁托东寺之卿公,除此妖魅,遂贴符于大门,此女不再来。
>
> 经五十日,新之丞外出酒醉,极思此女。遂伫立万寿寺前,以窥其内。女急现,且言其恨恨,携新之丞手而入寺。遂即诱其入女棺而亡。其后,凡雨降阴霾之夜,常见二人携手同游,一女童持牡丹灯笼前导,人逢之则病。后新之丞家供奉《法华经》,幽灵遂不再现。

在这篇"假名草子"中，作家编织了一个日本的奇异的故事。其人物、场所全是日本的。在作品中，作家还对男女主人公的谈话作了具体而微的描写，并且插入日本文学特有的三十一音对歌——这是日本文学表现男女情事的传统手法。正因为如此，《御伽婢子》成为继承日本王朝物语传统的一种新的文学样式。

但是，这种具备了日本形态的新文学的样式，在题材与构思方面则大量依托于中国文学的。《御伽婢子》中的这篇《牡丹灯笼》，便是以明人传奇《剪灯新话》中的《牡丹灯记》为粉本，通过前述《奇异怪谈集》中的《女人死后诱男子于棺椁内而杀之事》为中介媒体，翻案而再创作的。

	牡丹灯记（剪灯新话）	牡丹灯笼（御伽婢子）
背景	正月十五元宵会	七月十五盂兰节
人物	乔生 女骷髅（符丽卿） 丫环（明器婢子） 邻翁 铁观道人	荻原新之丞 女骷髅（二阶堂之女） 女童（人偶一具） 邻翁 东寺之卿公
情节	1. 起始：明月夜相逢 2. 发展： A. 女每夜至，邻翁作壁隙观，见一粉骷髅…… B. 于湖西寻女无着，湖心寺稍息，见一棺题曰"故奉化符州判女丽卿之柩"，前有双头牡丹灯笼，灯下立一明器婢女，生大骇。 C. 一月余，生会友路经湖心寺，女忽现。 D. 女握生手，言其恨恨，至柩前，女拥生而入，生死于柩中，二幽灵常现。 3. 结尾： 铁观道人捉拿归案，判入九幽之狱。	1. 起始：明月夜相逢 2. 发展： A. 女每夜至，邻翁作壁隙观，见一白骨骷髅…… B. 往万寿寺侧寻女无着，信步寺中，见一棺题曰"二阶堂左卫门慰政宣息女弥子吟松院冷月禅定尼"，棺前悬牡丹灯笼，傍有人偶一具。 C. 五十余日，生心念之，往万寿寺，女现。 D. 女握生手，言其恨恨，至柩前，女拥生而入。生死于柩中，而幽灵现现。 3. 结尾： 荻原氏家供《法华经》，幽灵遂不再现。

从上表中可以看出，《御伽婢子》中的《牡丹灯笼》，虽然是一篇完全

第十六章 江户时代的文坛与中国文化

日本式的传奇,但若把它的结构解体,则就明显地显现出了明代传奇《剪灯新话》中《牡丹灯记》的影响痕迹。它是在中国作品的发想、构思、情节、人物的基础上,按照自己民族的美学观念,重新构思,再行创作,翻案而成为新作品。这是日本"假名草子"在创作中融入中国文化与文学成果的最具有典型意义的样式。

就《御伽婢子》而言,这部十三卷的日本传奇类的作品,把《剪灯新话》全部二十篇作品中的十八篇,翻案而成为其新作。

《御伽婢子》		《剪灯新话》
卷一	龙宫的上栋	水宫庆会录(卷一)
	黄金百两	三山福地志(卷一)
卷二	通红的丝带	金凤钗记(卷一)
	时津川的仙境	天台访隐录(卷二)
卷三	牡丹灯笼	牡丹等记(卷二)
	鬼谷行	太虚司法传(卷四)
卷四	入地狱再生记	令狐生冥梦录(卷二)
	梦中姻缘	渭塘奇遇记(卷二)
卷五	幽灵评诸将	龙堂灵会录(卷四)
卷六	游女官木野	爱卿传(卷三)
卷七	菅谷九右卫门	华亭逢故人记(卷一)
	廉真头人死司官职	修文舍人传(卷四)
卷八	歌为媒	联芳楼记(卷一)
	责杀邪神	永川野庙记(卷三)
卷九	金阁寺幽灵成婚	滕穆醉游聚景园记(卷二)
卷十	了仙贫穷	修文舍人传(卷四)
卷十一	易生契	绿衣人传(卷四)
	隐里	申阳洞记(卷三)
卷十二	冥中书信	翠翠传(卷三)

江户时代町人社会中文学欣赏心理的发展,推动了这一时期的日本虚构文学在其形成与发达的过程中,在广阔的范围内接收了中国文学,并在这一时代"假名草子"的作品中,得到了深刻而又细微的表现。中日

文学之间这种相融的浸润性的关系,不仅成为"假名草子"发达的重要条件,而且,为日本近代小说的先驱——"读本"的创作,奠定了很好的基础。

第三节　明清俗语文学的创作经验与江户时代前近代型小说的产生

日本江户时代小说的形成与发展,大体上经历了三个阶段。笔记形的传奇小说"假名草子",为江户小说的雏形。十七世纪中期,以井原西鹤创作《好色一代男》为代表,建立起了"浮世草子"的样式。"浮世"意即"现世"。这类作品的题材,从"假名草子"中大量的奇异怪谈,回复到了人间,然而,却一下子又堕入了江户时代町人社会人欲横流的世界之中。"浮世草子"主要表现沉醉在金钱与男女情事中所造成的种种悲喜剧,它奠定了江户时代人情小说的基础,其创作的中心,便是在商业繁华町人集中的江户地区。但是,由于"浮世草子"更多地充满着由物欲和性欲所构成的低迷气氛,不久便丧失了表现人世的真实力量。

十八世纪中期,一种被称为"Yomihon"即"读本"的新的文学样式,开始在古老的文化中心京都地区产生。它的出现,便很快地替代了"浮世草子"的地位。这种小说样式之所以被称为"读本",当是与"浮世草子"时代大量的"绘草子"(绘画本小说)而言的。此类"读本",是江户时代文学诸形态发展中最完备的小说形态——它已经开始具备了前近代型小说的基本的特征。

一、冈岛冠山和他的中国文学翻译事业

冈岛冠山(1675—1728年)是十八世纪日本江户文坛上从事中国白话文学的翻译与介绍的第一位先觉者[①]。他一生翻译中国白话小说及著述日本人学习汉语用教科书、辞书等共约20种。他是把中国明清白话小说,从一般作为"唐通事"的会话教材,引渡到学术界和文学界的"渡

[①] 关于冈岛冠山其名及其通称,日本文献记载不一。《人物志》曰"名明敬,后更为璞,字援之,后改玉成,通称弥大夫"。《先哲丛谈》曰:"名璞,字玉成,号冠山,通称援之,后改弥大夫"。获生徂徕在《与香国禅师书》中称他为"焉之",而柳泽吉园在《独寝》中称他为"冈岛援之,长崎长右卫门者也"。室鸠巢在《骏台随笔》中称他为"冈岛喜兵卫,名援之"。筱崎雄章在《和学辨》中称他为"冈岛援之玉成"等等。他本人在所著《唐话纂要》中署"冈岛援之"。

船"和"桥梁"。由于冈岛冠山和他的同事,及其学生的共同努力,终于在十八世纪中后叶,创造了日本江户小说最繁荣的时期。

关于冈岛冠山其人,当时曾有人这样评述:

> 冈岛玉成子者,精通华之音与语也。一开口,则铮铮然成于金玉之声;一下笔,则绵绵乎联于锦绣之句。乃以是鸣于当世,赫赫惊人耳目,郁郁流芳远近者,有年于兹也。
>
> (享保二年(1717年)林崇节:《唐话纂要序》)

江户时代的大儒荻生徂徕有诗描写这位杰出的汉语言文学家曰:

> 短衣长铗动诸侯,被发悲歌燕市头。
> 骂座春风惊绮席,挥毫醉色烂银杆。
> 兴来时发中原语,恍若身凌大海游。
> 总是斐然吾与点,看君狂简擅东州。
>
> (《徂徕集》卷三)

冈岛冠山,祖籍长崎,从小生活在江户时代吸收中国文化的"窗口"地区,自然获得了不少关于中国的知识,便因此而学得了汉语。《唐话纂要》的《跋文》如是说:

> 少交华客,习艺其语。凡四书六经以及诸子百家、稗官小说之类,其声之正与词之繁,颇究其间奥,且质之于大清秀才王庶常,而后华和之人无不伸舌以称叹……尝在崎阳(长崎)与唐人相聚谈论,其调戏谩骂,与彼丝发不差,旁观者唯辨衣服,知其玉成。

从冈岛冠山留世的著作看,他在汉语言文学的修养方面,具有相当的功力。他的汉语,大概是一种南京官话。日本从室町时代(1393—1573年)以来,与中国的交往,以今江苏、浙江、福建为主。今冈岛冠山的著作中,尚保留许多的"入声字",并且把北方方言中的"Ch",几乎全部念成为"K"等。

正如本章第一节中所阐述的,当时长崎的"唐通事"们学汉语,几乎都是拿明清白话小说作为教本的。据说,冈岛冠山对于中国的白话小说,特别是《肉蒲团》一书,已经到了烂熟的地步。他的同时代人雨森芳洲在《桔窗茶话》中说他"只有《肉蒲团》一本,朝夕念颂,不顷刻息。一生唐话,从一本《肉蒲团》中来。"这话可能有些言过其实。江户时代幕府将军的儒官室鸠巢说他"读小说过六百部",恐怕更全面些。

冈岛冠山一生从事中国语学和文学的研究，著作宏富。目前传世的有下列著作：

（1）《通俗元明军谈》二十三卷，1705年（日本宝永二年）刊。此书系日译明人徐文长《皇明英烈传》（又名《云合奇纵》）。此书题签"元明军谈"，而书中题"通俗皇明英烈传"。

（2）《唐话纂要》六卷，1717年（日本享保二年）刊。

（3）《康熙帝遗话》一卷，1723年（日本享保八年）刊，此书附雍正帝《登极诏》，并题"冠山冈岛璞玉成句读"。

（4）《字海便览》七卷，1725年（日本享保十年）刊。

（5）《通俗明清军谈》一卷，1725年（日本享保十年）刊。此书在流传中，亦题"明清军谈国姓爷忠义演义"。

（6）《唐音雅俗语类》一卷，1726年（日本享保十一年）刊。

（7）《唐译便览》五卷，1726年（日本享保十一年）刊。

（8）《唐音学庸》（乾坤）二卷，1727年（日本享保十二年）刊。书中"乾"卷为《唐音大学》，"坤"卷为《唐音中庸》。

（9）《忠义水浒传》（和训）四卷，1728年（日本享保十三年）刊。此本系据明人李卓吾批点"百回本"训点。《先哲丛谈》曰："冠山始校定罗贯中《水浒传》，施国译将刊布于世，未至见其刻成而殁。享保十三年其初版者成，自第一回至第十回。"日人陶山冕《忠义水浒传解》曰："第一回至第十回，曩者冈岛援之既已句读傍译，以行于世。"

（10）《唐语便用》六卷，1735年（日本享保二十年）刊。

（11）《通俗忠义水浒传》（和译）七卷（七十回），1757年（日本宝历七年）刊。

（12）《续俗文音释》七卷，刊年不详。

（13）《太平记演义》五卷，刊年不详。

（14）《太阁记》一卷，刊年不详。

（15）《小说读法》一卷，刊年不详。

（16）《华音唐诗选》一卷，刊年不详。

（17）《三体诗唐音》一卷，刊年不详。

（18）《四书唐音辨》二卷，刊年不详。

（19）《尺牍辨解》五卷，刊年不详。

从中日文化与文学关系的视角来考察，冈岛冠山一生的事业大致分为三个方面。第一，他把当时为一般的"通事"所使用的"汉语"，与当时代的学问家所研讨的"汉学",相互联系在一起;第二,他首次对中国的明清白话小说施加"训点",并且予以刊刻发行;第三,他试图以小说的形式,用中国式的俗文来联缀日本的故事。这三大业迹,无论从哪一方面来说,都可以称冈岛冠山是在江户时代的文坛上,接收中国明清小说的一位开拓者。

十八世纪初期,在日本儒学的众多的学派中,以荻生徂徕为核心的"萱园学派"具有极其重要的意义(详见本书《思想哲学编》)。1711 年,荻生徂徕招请冈岛冠山为讲师,发起成立"译社"——一种中国语言文学的研究会。由此便开始了冈岛冠山与江户时代学术界的联系。

在此之前,冈岛冠山曾到日本户田大隅处任"唐通事",且受业于林凤冈门下,钻研儒学。正因为如此,在操练汉语之外,他还懂得中国的思想文化,从而奠定了他与"萱园学派"合作的基础。冈岛冠山以"讲说为业",与这一学派共事十年,构架起了江户时代的"译士"与"学者"之间的桥梁。

"萱园学派"在研读中国文献典籍方面,得到了冈岛冠山的有力的支持。荻生徂徕对中国"大明律"作出假名训解的得意著作《明律国字解》,便是在冈岛冠山的协助下完成的。室鸠巢在《骏台随笔》中有如下记载:

> 长崎译师冈岛喜兵卫,名援之,别号冠山,近寓于东都,时时访余。其人放达好学,而最善唐话,读小说过六百部,其勤学如此。其最难解之书《水浒传》《金瓶梅》二著亦然。又读《律令》之书,近时荻生惣右卫门著《明律考》,传授诸冠山。本邦人通"什么""怎生了得"等俗语,实赖此人之力。

其后,荻生徂徕受幕府之命,为《六谕衍义》的俗语施加和文训点,也得力于冈岛冠山。荻生徂徕在冈岛冠山的协力之下,逐渐意识到对汉文进行"和训"的弊端,因而便提倡"汉文直读论",呼叫读书界革命。荻生徂徕批评"和训"说:

> 予尝为蒙生定学问之法,先为崎阳之学,教以俗语,诵以华音,译以此方俚语,绝不作和训回环之读。

(《译文筌蹄·序》)

"萱园学派"这一关于"汉音直读论"的观点,表明原先初起于"唐通事"等的职业性汉语白话会话,由于冈岛冠山、荻生徂徕等的努力,已经成为江户时代学术界研究中国文化的一种指导性方法。

1725年,冈岛冠山由江户西行京都。他的这一迁徙,是与当时正在京都兴起的"伊藤学派"有关。"伊藤学派"是江户时代儒学四大流派之一,其创始人伊藤仁斋,独树"古义学"的旗帜,反对宋儒的"存天理、灭人欲"之说,特别看重人情与人性,因而也重视中国的俗语文学。在伊藤的旗帜下,当时除了冈岛冠山之外,还有如冈田白驹、陶山南涛等具有翻译中国白话小说能力的学者,也纷纷归于京都,极大地推动了近畿地区对中国俗语和俗文学的接受。

冈岛冠山在京都生活了三年,于1728年去世。这三年是他在文学和语学方面收获最丰盛的时期。他的重要的汉语语学著作《唐译便览》于1726年在京都刊出。此书有"伊藤学派"的第二代盟主伊藤东涯的《序》。特别重要的是,冈岛冠山在京都完成了《通俗忠义水浒传》七十回的日文译本,并有《忠义水浒传》和训四卷十回,成为江户时代文学史上不朽的名著。日本《先哲丛谈》曰:

> 冠山始校定罗贯中《水浒传》,施国译将刊布世……是为吾邦刻稗史始。

冈岛冠山早在青年时代,就立志翻译《水浒传》。他30岁时便与书林相约而开始执笔,历二十余年而成功。然而,译本于1757年刊出时,冈岛冠山已去世30年了。在译书的同时,他以明人李卓吾的百回本为底本,施加和训。然而,直到去世,这一工作只完成了十回。尽管如此,冈岛冠山对《水浒传》的日译与和训,开始把原来只是作为"唐通事"专有物的明清白话小说,移植到了庶民之中,使江户时代无论是否认识汉字的日本人,包括自学者至妇女童蒙,都能体味中国这部长篇杰作的生动曲折的故事,领受中华广袤大地上的风土人情,从而深化对中国文字与文学的理解。这一显著的实效,为其后江户文坛上蜂拥而至的《水浒传》的模拟作品所证明。

冈岛冠山以他成熟的中国文学素养,试图以小说的形式,用中国俗文来编写联缀日本的故事。在这方面,他创作了《太平记演义》五卷。据同时代的《玄同放言》说:"《太平记演义》拟唐山俗语而作,初版止五卷,全本未完。"冈岛冠山以中国演义小说的形式又写了一部日本小说《太阁记》。当时,日本的评论界是这样来评论冈岛冠山的创作的:

> 所著南本(即指《太平记演义》《太阁》等书),与《水浒》《西游》

相并。

(《唐话纂要·序言》)

在冈岛冠山之后,江户文坛上中国小说的翻译,则闻风而起。例如,有《通俗西游记》《通俗醉菩提》《通俗平妖传》《通俗女仙外史》《通俗孝肃传》等等。至于冈岛冠山的学生们,更致力于中国白话小说的传播。《日本诗史》卷三在谈到冈岛冠山晚年的学生冈田白驹时说:

> 冈千里名白驹……初以医为业。一旦投刀圭而来于京师,专以儒行,是时京师已有悦传奇小说者,千里兼唱其说,都下群然传之,其名噪于一时。

这里所谓的"京师已有悦传奇小说者",当是指冈岛冠山;说冈田千里"兼唱其说",即指随冈岛冠山从事中国俗语小说的编译。正是在冈田白驹等的努力下,十八世纪中期,追随中国的明清白话小说如"三言"之后,日本的中国俗语小说的研究者,又编纂成了更适合市井庶民阅读的中国明代话本的新选本,即有日本人依中国"三言"而重编的"新三言"。

第一言:1743 年,冈田白驹选编刊行《小说精言》四卷。
卷一,十五贯戏言成巧祸(《醒世恒言》卷三三)
卷二,乔太守乱点鸳鸯谱(同上,卷八)
卷三,张淑儿巧智脱杨生(同上,卷二一)
卷四,陈多寿生死夫妻(同上,卷九)
第二言:1753 年,冈田白驹选编刊行《小说奇言》五卷。
卷一,唐解元玩世出奇(《警世通言》卷二六)
卷二,刘小官雌雄兄弟(《醒世恒言》卷一〇)
卷三,藤大尹鬼断家私(《喻世明言》卷一〇)
卷四,钱秀才错占凤凰俦(《醒世恒言》卷七)
卷五,梅岭恨迹(《西湖佳话》卷一四)
第三言:1755 年,一斋选编刊行《小说粹言》五回。
一回,王安石三难苏学士(《警世通言》卷三)
二回,转运汉巧遇洞庭红(《拍案惊奇》卷一)
三回,吕大郎还金完骨肉(《警世通言》卷五)
四回,包龙图智赚合同文(《拍案惊奇》卷三二)
五回,怀私怨狼仆告主翁(《拍案惊奇》卷一一)
日本江户时代的这一组"新三言"的编辑公刊,表明中国话本小说在日本的流传,进入了一个全盛的时代。当时,大阪的书林曾"为初读舶来小说者"编辑了一本中国俗语辞书——《小说字汇》①。这部工具书征引流传于市巷的以白话为主的中国各类文学作品达 160 种,仅此也可见这一潮流的气势和规模了。

大阪书林刊《小说字汇》征引中国文献目录

妍国夫人传	金瓶梅	西游记	后西游记	痴婆子传
三国志演义	珍珠舶	列国志	绣榻野史	欢喜冤家
五代史演义	凤箫媒	照世杯	封神演义	杜骗新书
包孝肃公传	水浒传	醉菩提	拍案惊奇	百家公案
一片情	五色石	云仙笑	有夏志传	古今言
点玉音	归梦莲	寒肠冷	云合奇纵	开劈演义
艳史	水晶灯	炎冷岸	禅真逸史	苏秦演义
梧桐影	玉楼春	白猿传	两汉演义	禅真后史
锦带文	英列传	笑谈	五金鱼传	南北宋则
清律	定人情	灯月缘	龙图公案	后水浒传
春灯闹	笑府	琵琶记	俗呼小录	今古奇观
隋史遗文	韩湘子	杏花天	孙庞演义	委巷丛谈
万锦情林	八洞天	西洋记	警世通言	醒世恒言
燕居笔记	肉蒲团	麟儿报	小说选言	虞初新志
金陵百媚	好逑传	石点头	古今小说	平山冷燕
西洋历术	玉杵记	浪史	两交婚传	详清公案
幻缘奇遇	狯园	情史	女仙外史	传奇十种
春渚纪闻	引凤箫	耳禅	隋唐演义	三教开迷
俗语难字	巧联珠	艳异编	阃外春秋	玉镜新谈
两山墨谈	连城璧	一百笑	花陈诗言	怀春怀集
荔枝奇逢	赛花玲	侠士传	西湖佳话	混唐后传
僧尼孽海	西厢记	生绢剪	昭阳趣史	滑跃编

---

① 《小说字汇》,江户时代大阪书林刊印。

续表

阳谷漫录	平妖传	五凤吟	鼓掌绝尘	玉支机
西湖二集	金翘传	幻情缘	笑林广记	惊梦啼
定鼎奇闻	南游记	鸳鸯针	聊斋志异	蝴蝶媒
飞花艳想	二胥记	醒醒花	会真本纪	女开科传
韩魏小史	阴阳梦	遍地金	合浦珠	东渡记
混唐平西录	利奇缘	情梦柝	画图缘	笑的好
绣屏缘	雅笑篇	玉娇梨	一夕语	五色奇文
桃花影	凤凰记	梦月楼	风流语	双剑雪
注水浒传	美人镜	锦香亭	恋情人	觉世名言
雅叹篇	赛红丝	东度记	玉楼春	孤树哀谈

二、"水浒学"的发达与《水浒传》的模拟作品

明代的话本小说比传奇更具有文学性,在内容上早已突破了奇异怪谈的较为狭小的圈子,而把人世间的命运、姻缘、公案、欺诈、仗义、武功等等,作为描写与表现的对象。当然最多的是才子佳人的种种恋爱的悲欢离合,和忠义肝胆的剑侠行为,使日本江户时代的町人们激动不已。当时的学者皆川淇园曾经这样描述了中国明清通俗小说在十八世纪的日本流传的热烈的状况:

> 余与弟章,幼时尝闻家大人说《水浒传》第一回"魔君出幽将生死之事",而心愿续闻其后事,而家大人无暇及之。余兄弟请其书,枕藉以读之,经一年后粗得通晓其大略。及十八九岁,得一百回《水浒》读之。友人清君锦亦酷好之,每会,互举其文奇者以为谈资。后由遂与君锦共读他演奇小说,如《西游》《西洋》《封神》《女仙》《禅真》等诸书,无不编读……最后得《平妖》读之,与君锦、弟章玩读不已。此距今四十余年前事也。
>
> (《(和译)平妖传·序文》)

此文是1797年为本城维芳日译《通俗平妖传》所作的《序》,文中说"距今四十余年",即1757年之际,这一年正好是冈岛冠山日译《通俗忠义水浒传》刊行之年。这篇《序》的作者,回忆了青年时代对《水浒传》以及傍及《西游记》《封神演义》等中国白话小说的炽热的憧憬。以至老年

谈起往事,余情仍然溢于言表。

实际上,十八世纪的中期,以《水浒传》的传布为中心,逐渐形成了一大批"水浒传的模拟作品",它成为江户时代后期"前近代"小说形成的先驱。

中国的《水浒传》,大该是在十七世纪的后期,经由商人之手而传入日本的。现今日本京都大学铃木文库藏明本《二刻英雄谱》,可以认定是目前保存的最早传入日本的一个本子[①]。这是一个将《三国志演义》和《水浒传》合刻在一起的一种民间坊本,上段刻《水浒传》,下段刻《三国志演义》。此本每卷首尾都有原所有者读书日期注文,其中一些精彩的章回,还重读过几次。其日期注文,或以年号,或以甲子,随手写来,并无定规。若将它们排列起来,则在1673年(清康熙癸丑年)到1676年(康熙丙辰年)之间。其中有一段手识文最应注目:

> 己未夏六月十九日,日本人山形八右卫门,乞望余《水浒传》及《三国志》,《志》部中文理不审之处,以明详之由。虽萍水之交,芝兰一般意也。故不辞,以所知示,语语部文理,实可愧愧。

此段识文,虽不十分通顺,但却有很高的价值。由此可以知道,此本《二刻英雄谱》由一个中国商人带往日本,时间不晚于1676年。而到1677年(丁巳年)之时,此人应日人山形八右卫门之请而讲述《水浒传》和《三国志》。估计这位中国人是个对日贸易的客商,而这位日本人,则是长崎港的"唐通事"。这应是中国《水浒传》传入日本之始。

在日本的《水浒传》的传播史上,第一位先觉者,当是前述的冈岛冠山。他把当初只是"译士"们作为教科书使用的这部中国的伟大的杰作,引向了江户的文坛和庶民之中,由此而造成的条件,便促使这部杰作在其后日本的文学史上大放异彩。

当冈岛冠山晚年来到京都的时候,京都的"伊藤学派"中有两位通晓汉语白话而能读懂小说的学者。一位名朝枝善次郎,汉名晁世美。一位名陶山尚善,汉名陶冕。他们受冈岛的影响而研究《水浒传》。当时,冈岛的另一位学生田文瑟,正主持《水浒传》百二十回本的讲座,晁世美与

[①] 日人铃木虎雄考定此本《二刻英雄谱》为清初刊本,青木正儿认为,此本之版式与明万历年间刊本《燕居笔记》全同,故定为明刊本。笔者考察此本,应是据李卓吾的百回本,并参考百二十回本改编而成,当为考证《水浒传》源头的一个不能忽视的材料。

陶冕参与其事。1757年（日本宝历七年），陶冕撰著的《忠义水浒传解》刊印流世，这是日本"水浒学"上第一部研究《水浒传》的专门著作，著者依据田文甦讲座的内容，并结合自己的见解，将《水浒传》的语句进行解析。但此书只解句到第十六回。又过了27年，大阪的鸟山石丈继承了这一研究，将其增补至第三十六回，于1784年（日本天明四年）刊布流世。

差不多在同一时期，有一部题名为《水浒传译解》的抄本流传于世。此书把《水浒传》百二十回本中的难解的语句摘出，加以释义，很得要领，可以看出著者在汉语俗语的读破能力上是很有功夫的。然而，此书不署作者，也不记撰写年代，推考其时，当为十八世纪中后期。这部著作的出现，意味着这一时代日本人对《水浒传》的研究，向前推进了一大步。

江户时代的"水浒学"，历半个世纪而不衰。1806年（日本文化三年），著名的作家泷泽马琴刊出《新编水浒画传》。此书是集《水浒》的翻译、和训以及插绘、绣像于一炉的大著。此书只有前十回，虽然如此，它在日本的"水浒学"上，仍然具有总结性的意义。此书在翻译方面，吸收了冈岛冠山原译本与和训本的许多长处。冈岛的译本，其始发之功是不可抹的，但正因为是初次译出，译文难免失之生硬，泷泽马琴《新编水浒画传》的译文，特意保留了俗语，并采用假名标注，此书把冈岛冠山两方面的尝试，合二为一，并且采用了1788年丢甲道人所著的《水浒拾遗》的成果。在语句的训释方面，泷泽马琴又吸收了陶冕、鸟山石丈两家的成果。特别是此书为"画"与"传"并重的，这既是明代后期发展起来的中国的"绣像小说"的反映，又是日本平安时代以来"绘物语"传统的继承。在此之前，日本已经流传有如陈老莲的《水浒牌》这样的故事组画，并有像日人鸟山石燕《水浒画潜览》这样的作品问世。但是，泷泽马琴的《新编水浒画传》是由江户画坛上极著名的画家葛饰北斋执笔的，人物造型生动，写实中隐含夸张之气。由葛饰北斋这样的画家画绘《水浒传》，它说明了十九世纪初期日本"水浒学"的发达，已经越出了文坛的范围而影响到整个的艺术领域。葛饰北斋的插绘，后来又集为别册，以单行本流世，深受欢迎。北斋的门人柳川重信，其后也有《水浒传画谱》问世。这种对中国新文学的热情，最终对江户时代的文学创作造成了重大的影响。

1773年（日本安永二年），建部绫足率先创作了《本朝水浒传》。这部作品以八世纪孝谦天皇时代的朝廷为背景，写了轰动日本史的朝臣惠美押胜的叛乱的故事。作家依《水浒传》的结构而拟定情节，把当时的太政大臣道镜,写成高俅似的人物;把惠美押胜拟比为宋江;又以日本近江附近的吹伊山,比为《水浒》中的"梁山泊"。故事写惠美押胜的兄长白猪老人,早就匿迹隐居于吹伊山,义军起于近江,惠美押胜被道镜所破,上吹伊山与白猪老人会合。后来,各方义士纷纷聚合于吹伊山上。

建部绫足创作的这部《本朝水浒传》,以中国的小说《水浒传》为自身创作的基本框架,在本国的历史中融入丰富的想象,虚构成新的故事,开江户时代《水浒传》模拟作品之先声。十八世纪中期,日本的文学创作还沉溺于以"浮世草子"为主的低迷的气氛之中。当时的主流作品,主要是表现被町人社会激发起来的无止境的物欲与性欲——特别是在表现性欲方面,已经远远超越传统的王朝物语中的男女情爱,而成为公开展露人世间性行为的舞台。《本朝水浒传》的创作,为江户文坛在文学题材与表现内容方面,拓展了视野。作品在情节的构思与艺术的表现上,由于刻意模拟《水浒传》,也使故事有致,人物初具性格。从这些意义上说,建部绫足的《本朝水浒传》成为当时正在寻求发展的新的文学样式——"读本小说"的重要的作品。由于这部小说是在江户这个地方创作的,因此,它被尊为"江户读本"的鼻祖。

其后,江户的文学创作界陆续出现了一批《水浒传》的模拟作品,亘一个世纪而不绝。

1777年(日本安永六年),仇鼎山人创作《日本水浒传》十卷。

1783年(日本天明三年),伊丹椿园创作《女水浒传》四卷。

1792年(日本宽政四年),山东京传创作《梁山一步笑》,同年创作《天刚垂杨柳》。

1793年(日本宽政五年),振鹭亭创作《伊吕波水浒传》。

1798年(日本宽政十年),山东京传创作《忠臣水浒传》十卷。

1804年(日本文化元年),好花堂野亭创作《新编女水浒传》。

1825—1840年(日本文政八年——天保十一年),泷泽马琴创作《倾城水浒传》二十五卷。

1830年(日本天保元年),岳亭丘山创作《水浒太平记》。

1837年(日本天保八年),瓢瓢舍千人创作《天魔水浒传》。

1814—1879年(日本文化十一年——明治十二年),岳亭定冈、知足馆松旭、友鸣吉兵卫三人先后创作完成《俊杰神道水浒传》一百四十卷。

这些众多的以"水浒"命名的作品,在题材、内容以及表述的主题思想,都并不一致。例如,拥有很多读者的《倾城水浒传》,是以十二世纪初期鸟羽天皇执政前后的历史为背景,虚构了由天皇的宠妃美福门院代为摄政,男人们感到惧怕,因而退出廷政,于是,一批妇女集合在朝廷为臣,并操纵政治。因为是写女性的事,所以题名冠以"倾城"二字。与这样的题材大相异趣的,则是《天魔水浒传》描写十九世纪三十年代大阪大平盐八郎起义的故事。写的是"义贼"震惊官府,所以作品题为"天魔"。尽管这些模拟作品在题材、内容、主题上各不相同,但是它们都以《水浒传》的艺术方式来构筑自己的作品的。这种刻意的模拟,从具体的作品来说,有时有许多斧凿的痕迹。但是,就这一时代日本小说发展的一个阶段来说,以中国白话小说中堪称模范的作品为粉本,竞相学习而创作,这对于吸收中国的小说创作的经验,获得比较有力的表现手段,都有着极为重要的意义。无论是从日本文化与文学史的角度考察,抑或是从中日文化与文学关系史的角度来考察,像《水浒传》这样的"章回体"小说的传入,无疑是日本"读本小说"发达的原因之一。从这一意义上说,中国《水浒传》的传入,及其随之产生的"水浒模拟作品",它们在日本的文化发达中,实在是具有特殊的功勋的。

三、明清白话小说的创作经验与"读本"小说的形成

十八世纪中期,力图从低迷的"浮世草子"中挣脱出来,希冀寻找一种新的文学样式以表现现实人世的作家们,从中国明清白话小说中获得了启示。中国明清白话小说无论是在情节的构思,还是主题的表现,以及语言的运用等方面,都已经具备了"前近代"小说的较为完整的形态。明清作家的这样一些创作经验,与经过了近二百年发展的江户时代的小说艺术相融会,于是,便得以在日本古代(这里指近代之前的整个历史阶段)文学史上形成了最完备的小说样式——读本。

1749年(日本宽延二年),大阪的儒医都贺庭钟创作了《古今奇谈(英草纸)》,这是由九个短篇故事所组成的小说集。从这九个短篇来看,它们在艺术表现上具有以下几个特点:

(1) 文体比较高雅。这些作品虽然仍然是以町人社会为主要对象,然而却开始摆脱"浮世草子"那种对物欲与性欲的露骨的描写。

(2) 作品结构比较完整,情节发展前后呼应。

(3) 人物造型有比较明确的特征,某些人物的性格随情节的展开尚有一定程度的发展。

(4) 作品具有变化的情节,并且刻意在情节的展开中表现主题。

（5）作品采用当时的口语体写作，所以也被称为"诨词小说"。

《古今奇谈（英草纸）》所具备的这些特点，使它成功地开创了一种新的文学样式，从而成为江户文坛上"读本"作品的始祖。这种文学样式的出现，无论是在小说的创作方面，抑或是在读者的欣赏方面，都给予了强烈的刺激。1766年（日本明和三年）都贺庭钟又创作了《古今奇谈（繁野话）》，同年，云步天府创作了《栈道物语》。1768年，都贺庭钟的学生上田秋成创作了《古今怪谈（雨月物语）》五卷。这篇作品轰动一时，成为初期"读本"的范本。十八世纪末，"读本"小说的创作舞台由近畿地区移向关东，以曲亭马琴为代表，致力于这一文学新样式的创作。1773年，建部绫足创作了《本朝水浒传》，以此为起始，此后便有了众多的"水浒模拟作品"的出现，它们进一步推动了"读本"小说的发展，使这种文学样式以较快的速度和较大的规模在江户时代后期的文坛上展开。其中：1805年（日本文化二年），山东京传创作了《樱姬全传（曙草纸）》；1814—1841年（日本文化十一年至天保十二年），泷泽马琴以28年的功夫，创作了《南总里见八犬传》9辑106册的长篇小说，成为日本未来近代小说的先声。

从中国白话小说中获取作品题材和表现方法，是"读本"小说创作中极为普遍的一种艺术融合现象。当"读本"作品创作与流传不久，大阪文荣堂主人前川来太便这样说：

> 《英草纸》中《纪任重断滞狱之话》，是《古今小说》中那《闹阴司司马貌断狱》的翻版；也《英草纸》中《黑川源太主得道之话》，是《今古奇观》中那《蒙叟鼓盆成大道》的翻版；也《繁野话》中《江口游女恨薄情之话》，也是《今古奇观》中那《杜十娘怒沉百宝箱》的翻版；也《桓根草》中《山村氏用个忍字之话》，是《今古奇观》中《泄私怨狼仆告主》的翻版；也《雨月物语》中《应梦鲤鱼之话》，是向《醒世恒言》中译得来的。

（前川来太：《诸越之吉野》）

都贺庭钟的《今古奇谈（英草纸）》，是由九个短篇组成的，其中除《楠木弹正左卫门不战而制敌之话》不是直接从中国白话小说中翻出之外，其余八篇皆与中国白话小说的关系甚密。

《英草纸》文题	中国白话小说原典	翻案程度
后醍醐帝三斥藤房上谏之话	王安石三难苏学士（《警世通言》）	使用基本的结构
马场求马沉妻而桶口成婿之话	金玉奴棒打薄情郎（《古今小说》）	忠实于原典
丰原兼秋听音而知国家盛衰之话	俞伯牙摔琴谢知音（《警世通言》）	忠实情节，音乐观相异
黑川源太主入山而得道之话	庄子休鼓盆成大道（《警世通言》）	忠实于原典
纪任重至阴司而断滞狱之话	闹阴司死马貌断狱（《古今小说》）	结构上依托原典，情节独创
三妓女异趣各成名之话	第一话原本《王幼玉记》（青琐高议）	忠实于原典
白水翁卖卜示奇言之话	三现身包龙图断怨（《警世通言》）	忠实于原典
高武藏守出婢成媒之话	裴晋公义还原配（《古今小说》）	借用基本的结构

此表清楚地显示了这一时代中作为文学的新样式的"读本"，在创作方面与中国明清白话作品之间的关系。但是，这些"读本"作品，如果与"假名草子"相比较，那么，在创作手法上已有很多的提高。一篇作品，由单纯地以中国原作为范本，逐步地演化为以中国原作和日本传统的故事相融合而再进行创作。在格调与观念上，也更趋日本民族化。上田秋成在《雨月物语》中，就把日本作品《源氏物语》中有关"夕颜"的故事，与中国作品《警世通言》中的"雷峰塔"的故事，互相穿插，构思成著名的《蛇性之淫》。作为"读本"作品的长篇巨著《南总里见八犬传》，作家把中国的《水浒传》《三国志演义》《战国策》等，与日本的《北条五代记》《本朝三国志》《甲阳军鉴》《房总治乱记》等，综合而成为他的构思背景，又加入儒教思想、因果报应与武士道精神，表现八位武士劝善惩恶的故事。这种"翻案"方法，便以更加广阔的视野，加强了中日汉和文学联系的纽带，使作品在融合中国文学的成果时，更能贴近日本人的心态。

"读本"小说在继承与推进日本传统的对中国文学作品的"翻案"的

同时，它还广泛地吸收了明清白话作品的创作方法——这一特点，使"读本"作品，成为了日本古代文学的最辉煌的总结，并把日本文学中的小说创作，推到了"前近代型"的前卫地位。

明清白话作品，包括短篇的话本和长篇的章回小说，一般而言，都已具有较为完整的情节结构，有较明确的主题，塑造了有性格的人物形象。它在艺术表现上的基本特点，则是在小说故事演进中，情节的起首与结尾相顾及，主要线索与傍衬伏线相交错，人物性格与事件的展开相照应。这种构思作品的创作方法，是中国白话小说在积千余年的经验中趋于成熟的标志。此种创作方法，逐渐地融合进了"读本"的创作之中。

日本自平安时代以来的"物语体"小说，各有其独特的艺术特色。但是，所有这些作品，在构思方面，一般说来，都过于凝滞。十一世纪紫式部创作的《源氏物语》，是世纪文学史上第一部写实性长篇小说，自有其不朽的地位。但是，《源氏物语》作为叙述一个贯穿数十年的背景广阔的长篇故事，小说情节的发展过于滞缓，而且情节的编排群类性较为显著。这是因为当时的日本文坛，小说的创作尚处在幼年时期，不能苛求于作家。江户时代初期的"假名草子"，作家常常只顾及表现奇趣异闻，未能思索全篇的有机的构思。日本小说创作发展到了"读本"的时代，作家们终于从中国明清白话作品中获得了成功的创作经验，因而有了长足的进步，终于使"读本"这一文学样式，具备了"前近代型"小说的特点，从而成为日本古代小说发展的最后形态。它的进一步发展，在获得了近代的文学观念之后，逐步进入到了近代文学的行列中。明治时代的日本近代文学的先驱者，如森鸥外、幸田露伴及其名著《舞姬》《露团团》等，正是沿着由"读本"小说所开创的艺术道路，并在用近代文学观念改造后，所取得的最杰出的成果。

第四编

典籍编

第十七章

汉籍东传日本的轨迹与形式

中国文献典籍东传日本列岛,就其历史的悠久以及传播的规模而言,不仅构成了中日两大民族文化交流的极其重要的内容,创造了辉煌的东亚古代文明,而且对世界各民族文化的发展,作出了不朽的贡献。

在古代漫长的岁月中,中国文献典籍的东传,在不同的历史时期,因为两国政治、经济和文化的诸种条件的变异,它的传播具有不同的渠道和不同的方式。①

第一节 以人种交流为自然通道的传播形式(公元五世纪——八世纪末)

汉籍最早传入日本,据日本第一部书面文献《古事记》的记载,是在日本"应神天皇"年间。《古事记》文曰:当时"天皇命令百济国说,'如有贤人,则贡上。'按照命令贡上来的人,名叫和迩吉师。随同这个人一起贡上的有《论语》十卷、《千字文》一卷,共十一卷。"这位从朝鲜半岛进入日本的知识人,便是史载把中国典籍传入日本的第一人。日本史上排列有序的天皇纪年,开始于公元507年(继体天皇元年)。"应神天皇"在日本传说中早于继体天皇十二世,学者们推断约在公元五世纪初。参以《日本书纪》《怀风藻》的记载,此事发生于"应神天皇十六年",即公元405年。此位"和迩吉师"汉名称为王仁。从他的姓氏与文化教养上可以推考,王仁极有可能是一位生活于朝鲜的汉族移民,或是移民的后裔。它在汉籍东传史上,具有首导之功。

一般说来,以王仁为始起,以朝鲜半岛为中介,汉籍开始经由百济等地的东渡者而传入日本。

---

① 有关本章中涉及的诸多考证,请参见严绍璗的《中国古代文献典籍东传日本考略》(《古籍整理与研究》第六辑,中华书局1991年版)和《趼步斋日本访书杂记》(《书品》1986年—1991年,中华书局刊)。

日本上古时代对汉籍的接受，主要是通过人种的交流来实现的。据《日本书记》卷十记载，应神天皇时期，"弓月君自百济来归，因以奏之曰，臣领己国之人夫百二十县而归化。"又记载曰"倭汉直祖阿知使主，其子都加使主并率己之党类十七县而来归焉。"《新撰姓氏录》说，"弓月君"是秦始皇第五世孙；《三代实录》说是秦始皇的第十三世孙。《续日本纪》又说"阿知使主"是汉灵帝的曾孙。总之，他们主要都是经由朝鲜半岛到达日本的中国移民。数量之多，令人叹为观止。《新撰姓氏录》说："仁德天皇（应神天皇之子）时，秦氏流徙各处，天皇使人搜索鸠集，得九十二部一万八千七百六十人。"这里的"秦氏"，是泛指从事纺织的汉人。在日本语中，"纺织的机械"读若"HATA"。当时的汉人主要从事"HATA"业，所以赐姓"HATA"，用汉字则表为"秦"。直至今日，京都右京区有一地仍称"太秦"，名神高速道上也有一地称"秦庄"等。这样大批的"秦民"的到达，便向日本列岛传递了当时已经相当发达的中国大陆文化，文献典籍便是主要的载体。

汉籍东传日本，造成了日本飞鸟——奈良时代文化发展的生动局面。604年，日本圣德太子为规范官僚群臣的行为，制定《十七条宪法》作为政治准则。这《十七条宪法》深受中国政治思想的影响，而且文中不少遣词造句，更直接来自汉籍文典。如第一条"和为贵，上和下睦"，则来自《礼记·儒行篇》"礼之用，和为贵"，而"上和下睦"则取自《左传·成公十六年》中"上和下睦"与《孝经》中"民用和睦，上下无怨"。第三条"承诏必谨，上行下靡"取自《说苑》，第四条"以礼为本，上不礼而下不齐"取自《韩诗外传》，而第十四条"无有嫉妒，千载以难待一圣"则取自《文选·三国名臣传序》等，总计十三条二十一款的文字，取自汉籍《周易》《尚书》《左传》《论语》《诗经》《孝经》《韩诗外传》《礼记》《庄子》《韩非子》《史记》《说苑》及《昭明文选》等。所有这些都表明，在七世纪初期，中国文献中的主要典籍已经传入日本，其主要内容已为日本当朝的政治家所掌握。

718年（日本元正天皇养老二年），制定了《养老律》和《养老令》。这是把经历了近一个世纪的封建新政法典化的著作。其中依据《养老令》，国家设立大学，以养成官僚群臣。大学课程分为"大经""中经""小经"。所谓"大经"，即《礼记》及《春秋左氏传》；所谓"中经"，即《毛诗》《周礼》及《仪礼》；所谓"小经"，即《周易》与《尚书》。此外尚需兼学《孝经》和《论语》。这是仿中国唐代国子监、太学与四门学的课业而列的章法。它表明在八世纪初期，中国儒学的主要著作已经传达于知识分子群体之中。

第十七章　汉籍东传日本的轨迹与形式

八世纪中期(751年),日本编纂了第一部书面文学集《怀风藻》。此集收录日本汉诗人的120首作品。其中有241处引用中国诗作的典故与词句,有40余处模拟中国诗的句式。八世纪后半期,日本又完成了第一部和歌集《万叶集》的编撰。是集二十卷,汇集和歌4000余首,它不仅在日本文化史上,而且在世界文化史上都是一颗光彩夺目的明珠。在这一几乎是"完全日本民族的文学"中,却显露出以汉籍为载体的大量的中国文化因素。例如,不少歌人采用中国典籍的题材进行创作,著名的歌人大伴家持有《坂上大娘歌》15首。其第一首曰:"梦中相见兮,伸臂回搂;惊醒空手兮,心中鞅鞅。"其第十五首曰:"黎明别离兮,比益难堪;胸怀如炙兮,痛切似割。"这组歌究其题材来源,则完全取自唐初文人张文成的《游仙窟》。又有歌人山上忆良,《万叶集》收录他的著名的《沈疴自哀文》,其中明举汉籍有《抱朴子》《志怪记》《寿延经》《帛公略说》《鬼谷先生相人书》《游仙窟》等。此外,《万叶集》中关于和歌中"长歌"的标题与序文,"短歌"与"反歌"的定名,皆与中国文献典籍传入日本有关。八世纪时代日本文学丰富的创作,从一个方面展现了这一时代汉籍东传日本的生动面貌。

中国文献典籍的传入,为日本带入了新文化。当时正在企求建立封建新政的日本朝廷与贵族知识分子,努力地学习汉文化,于是在日本的文化事业中出现了抄写汉籍的新专业。当时,由政府专门抄写汉籍的机构,称为"写经所",从事抄录的专门人员称为"写经生"。写经所的宗旨与写经生的任务,以抄写汉籍佛典为主,同时兼写汉籍外典。日本至今保存的八世纪写经生的写本,主要有:

(1) 滋贺县石山寺藏《史记集解》卷九十六、卷九十七。(日本国宝)

(2) 滋贺县石山寺藏《汉书》卷一《高帝纪下》、卷三十四《列传第四》。(日本国宝)

(3) 名古屋大须观音宝生院藏《琱玉集》卷十二、卷十四。(日本国宝)

(4) 名古屋大须观音宝生院藏《汉书》卷二十四《食货志第四》。(日本国宝)

(5) 高野山大明王院藏《汉书·周勃列传》残本。(日本重要文化财)

所有这些都是八世纪日本写经生们传留至今的无比珍贵的文化财产,从中无疑可以考量这一时代中国文献典籍在日本列岛传播的趋势了。

第二节 以贵族知识分子为主体的
传播形式（公元九世纪——十二世纪）

794年（日本桓武天皇延历十三年），天皇移居新京，定名为平安京。这便开始了日本史上的"平安时代"。平安时代是日本文化史上一个辉煌的时代。这一时代中，日本权力阶级与知识阶层自觉地渴望获得中国的文化，竟历三百余年而不衰。他们第一次自觉地对中国文化实行全方位的开放，终于在朝野造成了一片讴歌汉风的风气。814年，嵯峨天皇即位，在不到四年的时间内，便敕令编撰了《凌云集》与《文华秀丽集》两部汉诗集，启其后三百年间日本汉文化之先河。此后十五代天皇，相继以自身深厚的汉文化教养，着力于本国的文化建设。827年，淳和天皇敕命编撰《经国集》，它与前述二集在日本文化史上合称为"敕撰三集"；838年仁明天皇首开中国《群书治要》的讲筵；855年，文德天皇敕命编撰汉文体《续日本后纪》；860年，清和天皇命全国采用唐玄宗注《孝经》；879年，阳成天皇敕命编撰仿中国实录体的第一部宫廷记事《文德实录》；892年，宇多天皇敕命编撰《三代实录》等等。

在汉文化如此发达的形势下，823—833年日本淳和天皇时期，朝臣参议兹野贞主持编纂了一部大型汉籍类书《秘府略》一千卷。当时我国梁朝编纂的《华林遍略》，北齐编纂的《修文殿御览》，以及唐朝编纂的《艺文类聚》《初学记》《北堂书钞》和《白氏六帖》等，都已传入日本。正是在这些类书的启示下，日本知识分子利用当时已经传入的汉籍文献，编撰成了这样一部大型汉籍类书。可惜《秘府略》大部分已失逸，目前尚存第六八四卷"百谷部"与第六八六卷"布帛部"。从这二卷残本来看，"百谷部"引汉籍如刘向《别录》、蔡英《本草经》、氾胜之《氾胜之书》、无名氏《吴民本草》、邓桢《鲁都赋》、嵇含《孤黍赋》等共124种。"布帛部"引汉籍如郭颂《世语十作》、扬雄《蜀都赋》、陆翔《石虎邺中记》等98种。由此推考，《秘府略》一千卷，征引中典籍文献不会少于1000种。

事实上，876—884年间，当时主持教育的长官大学头藤原佐世根据国家公务机构，如大学寮、国书寮、弘文院、校书殿、太政官文殿，以及天皇藏书处的收藏，编成了日本第一部公家所藏汉籍目录，题为《本朝见在书目录》。该《目录》仿《隋书经籍志》体例，分文籍为40类，共著录汉籍1568种，凡一六七二五卷。这是一组令人震惊的数字！《隋书经籍志》著录典籍 3127 种,《旧唐书经籍志》著录典籍 3060 种。若与《本朝见在书目录》相比较,那么,在九世纪后期,《隋志》著录的 50%,《旧唐志》著录的 51.2%,此即当时中国国内所存在的文献典籍的一半,已经传入日本了。

那么,卷帙如此浩大的中国文献典籍,主要是通过什么渠道得以进入日本呢?从考察文化史的事实可以得知,它主要是依靠这一时代贵族知识分子醉心于中国文化而得以实现的。

日本贵族是最早掌握汉字和汉文化的一个阶层。平安时代是贵族文化占主流的时代。当时,他们以中国文明为榜样,力图建立起新的生活模式。当时著名的学者庆兹保胤在《池亭记》(982 年)中叙述自己的生活乐趣时说:"饭餐之后,入东阁,开书卷,逢古贤。夫汉文帝为异代之主,以好俭约、安人民也;白乐天为异代之师,以长诗句、归佛法也;晋朝七贤为异代之友,以身在朝、志在隐也。余遇贤主、贤师、贤友,一日有三遇,一生有三乐。"这是一个很典型的描述。它表现了平安贵族知识分子对中国文化的理念,而这些理念又全都是依靠汉籍作为载体而得以实现的。

日本《文德实录》"承和五年"(838 年)记载着古代海关的这样一个故事:"太宰少贰藤原岳守于唐船得《元白诗笔》献,因功叙位。"海关官员藤原岳守因为在中国船上发现了一部《元白诗笔》而升官晋爵,这表明当时权力阶级对获得中国文献典籍的重视程度与急迫心情。

正因为如此,他们采用多种方式,通过各种渠道,从中国取得文献典籍。

这一时代传入日本的汉籍,当以写本为大宗,后期有少量的宋刊本入境。它们历经社会沧桑,兵火洗劫,留存于今日者,已为稀世珍宝。经笔者在日本多年查考,共得 32 种可以确认为平安时代传入日本之唐人写本,其中被列为皇宫御物 1 种,列为日本国宝 19 种,列为日本重要文化财 12 种,另有《赵志集》1 种,不明真相,难以辨定。今录叙于次:

(1) 皇家宫内厅藏《古文尚书》卷三、卷四、卷八、卷十三。
(2) 东洋文库藏《古文尚书》卷三、卷五、卷十二。(日本国宝)
(3) 京都神田氏家藏《古文尚书》卷六。(日本国宝)
(4) 东洋文库藏《毛诗》卷六。(日本国宝)
(5) 京都市藏《毛诗正义》卷六。(重要文化财)
(6) 东京国立博物馆藏《毛诗正义》卷十八。(重要文化财)
(7) 东洋文库藏《礼记正义》卷五。(重要文化财)

(8) 早稻田大学附属图书馆藏《礼记丧服小记子本义疏》卷五十九。（日本国宝）

(9) 藤井齐成会藏《春秋经传集解》卷二。（日本国宝）

(10) 奈良县兴福寺藏《经典释文》卷十四。（重要文化财）

(11) 早稻田大学附属图书馆藏《玉篇》卷九。（日本国宝）

(12) 大东急记念文库藏《玉篇》卷八。（重要文化财）

(13) 京都府福光寺藏《玉篇》卷二十四。（重要文化财）

(14) 京都府高山寺藏《玉篇》卷二十七。（日本国宝）

(15) 滋贺县石山寺藏《玉篇》二十七。（日本国宝）

(16) 京都市神田氏家藏《史记集解》卷二十九。（重要文化财）

(17) 兵库县芦屋市上野氏家藏《汉书》卷八十七。（日本国宝）

(18) 高松市藏《周书》卷十九。（重要文化财）

(19) 奈良县大神神社藏《周书》卷十九。（重要文化财）

(20) 金泽文库藏《卜筮书》卷三十二。（重要文化财）

(21) 东京国立博物馆藏《碣石调幽兰》第五。（日本国宝）

(22) 京都市小川氏家藏《世说新语》卷六。（日本国宝）

(23) 京都国立博物馆藏《世说新语》卷六。（日本国宝）

(24) 京都市小西氏家藏《世说新语》卷六。（日本国宝）

(25) 东京国立博物馆藏《世说新语》卷六。（日本国宝）

(26) 滋贺县延历寺藏《六祖慧能传》一卷。（日本国宝）

(27) 兵库县芦屋市上野氏家藏《王勃集》卷二十八。（日本国宝）

(28) 东京国立博物馆藏《王勃集》卷二十九、卷三十。（日本国宝）

(29) 京都市神田氏家藏《王勃集》卷二十九。（重要文化财）

(30) 名古屋大须观音宝生院藏《翰林学士集》一卷（暂定名）。（日本国宝）

(31) 日本文化厅藏《新撰类林抄》卷四。（日本国宝）

(32) 天理图书馆藏《五臣注文选》卷二十。（重要文化财）

第三节 以禅宗僧侣为主体的传播形式（公元十三世纪——十六世纪）

日本自十二世纪后期起，国家政治权力进入了多元的形态。平安时代那种歌舞升平的景象结束了，代之而起的是以将军为首领，以武士为主体的,长达400年互相争伐。全国名义上虽然有一个天皇,但是天皇不是被将军挟持,就是政令不出京城。自1331年到1392年间,竟然还出现过两个天皇,这就是日本史上的南北朝时代。

战争严重摧残了文化。由平安朝400年间建立起来的文化事业,几乎被破坏殆尽——在这四个世纪中传入日本的中国典籍,如《本朝见在书目录》中所著录的1500余种唐代以前与唐代的写本,也大部分毁于这数百年间。当时在日本的国土上,唯一远离战火的是寺庙,一线学脉,便维系于此。于是,寺庙文化便成为这一时代文化的主流了。

本来,儒学与佛学曾经长期对峙,互相排斥。然而,这一时代中国大陆佛教中的禅宗日趋发达,而儒学中又兴起了程朱理学。禅宗以见性成佛为主旨,宋学以穷理尽心为本分。儒佛要旨的兼容,使文化形势为之一变。

早期传入日本的佛教,为朝臣公卿所把持,又因为注重经典和强调法会,实为有闲知识者所有,故称为"贵族佛教"。将军武士(武家)起而争夺天下,需要一种与朝廷公卿(公家)不同的意识形态作为其精神心理的支柱,禅宗作为首选而获得武家强有力的支持。

中国在南宋宁宗时,江南禅宗仿印度释迦牟尼在世时有鹿苑、祇园、竹林、大林和那烂陀共五等精舍,定临安万寿寺、灵隐寺、净慈寺、明州广利寺、景德寺为"五山",此为禅宗之大本山。十三世纪日本镰仓将军幕府,依中国"五山"之名法,在其政治中心镰仓,定建长寺、圆觉寺、寿福寺、净智寺、净妙寺为日本"镰仓五山",确认了禅宗在日本的地位。十四世纪中期,禅宗在与"贵族佛教"几经较量之后,终于突入京都,又定南禅寺、天龙寺、建仁寺、东福寺、万寿寺为"京都五山"。从而我们把日本文化史的这一时代称为"五山文化时代"。

五山时代的僧侣,对事涉外典的中国儒学,采取了兼容并包的态度。他们认为非佛学的汉籍"于道不为无助,虽读外书亦可也。"所以当有人向五山著名的僧人义堂周信问及如何看待"佛名而儒行者"时,他认为"若夫先告以儒行,令彼知有人伦纲常,然后教以佛法,悟有天真自性,不亦善乎!"在日本五山寺庙中,阅读和钻研非释门的中国文献典籍,往往成为修行者的一项美德。义堂周信、虎关师练、中岩圆月等著名僧人,都是杰出的学问僧。他们对于禅林具有极大的影响力。他们本人既然具有禅林学术以内外兼通为尚的理念,所以当时五山寺庙中,禅人们"专谈经史百氏之书,傍及杂说,吹藜继晷,莫不达明。"研读中国文献典籍,便蔚成风气。

在这样一种学术风气下，五山僧侣便十分留意于汉籍的收集、引进和保存。

一、入宋日僧俊芿与汉籍的东传

1211年，日本僧侣俊芿从中国归国。江户时代的学者伊地智潜隐（1782—1867年）在《汉学纪源》中说：

> 僧俊芿（日本）建久十年（1199年）浮海游于宋。明年到四明，实宁宗庆元六年，朱子卒岁之年矣。居其地十二年，其归也多构儒书回我朝。此乃顺德帝建历元年（1211年），宁宗嘉定四年，刘爚刊行《四书》之年也。宋书之入本邦，首乎僧俊芿赍回之儒书。

这里记的是日本国内的宋代新儒学的著作，大约是由僧俊芿首次从中国带回的，从而开启了日本中世时代学术思想的新局面。

据日本《泉涌寺不可弃法师传》记载，僧俊芿初学显密诸宗，后来在杭州径山学禅参定，常涉儒书外典。与南宋的儒学之士相往来，是一位集儒释于一身的学者。在俊芿带回国的典籍中，有佛典一千二百卷，此自不待言。令人惊奇的是，另有外典汉籍七一九卷，其中有朱熹《四书集注》的初刊本。由佛教僧侣自觉地从中国独自载回卷帙如此浩繁的外典中国文献，这是日本文化史上的新现象。它意味着禅宗与宋学融通互补的理念，正在逐步变成日本僧侣们的具体的实践。

二、入宋日僧圆尔辩圆与汉籍的东传

目前保存完好的京都东福寺普院，是日本禅宗史上著名的僧人圆尔辩圆（圣一国师）的坐寺。1241年他从中国归国，带有典籍数千卷，收藏于此。1353年，东福寺第二十八世大道一以点检藏书，为之编成《普门院经论章疏语录儒书等目录》。根据此藏书目的记载，除去大量的佛典之外，外典汉籍为102种。去其重复者，可得94种，兹录于后：

（调）《周易》2卷　　　　　　　《周易音义》1卷
《易总说》2册　　　　　　　　《易集解》8册
（阳）《纂图互注周易》1册　　　《尚书》1册
《毛诗》3册　　《礼记》3册　《春秋》5册
《周礼》2册　　《孟子》2册　《吕氏诗记》5册

第十七章 汉籍东传日本的轨迹与形式

《论语精义》3 册　　　　　　　《孟子精义》3 册
（云）《无垢先生中庸说》2 册　　《晦庵集注孟子》3 册
　　《论语直解》1 册　　　　　　《直解道德经》3 册
　　《毛诗句解》2 册　　　　　　《尚书正义》1 册
　　《毛诗》3 册　　　　　　　　《胡文定春秋解》4 册
　　《五先生语》2 册　　　　　　《晦庵大学》1 册
　　《文公家礼》1 册　　　　　　《黄石公素书》1 册
　　《小字孝经》1 卷　　　　　　《百家姓》1 卷
　　《九经直音》1 册　　　　　　《晦庵中庸或问》7 册
　　《晦庵大学或问》3 册　　　　《三注》3 册
　　《连相注千字文》1 册
（腾）《庄子疏》10 卷
（致）《六臣注文选》21 册　　　《杨（扬）子》3 册
　　《文中子》3 册　　　　　　　《韩子》1 册
（雨）《事物丛林》10 册　　　　《方舆胜览》9 册
　　《汉隽》2 册《帝王年运》3 册　《绍运图》1 册
（露）《东坡词》2 册　　　　　　《东坡长短句》1 册
　　《诗律捷径》2 册　　　　　　《笔书诀》1 册
　　《诚斋先生四六》4 册　　　　《启札矜式》8 册
　　《万金启宝》2 册　　　　　　《圣贤事实》2 册
　　《帝王事实》2 册　　　　　　《三历会同》3 册
　　《(京本)三历会同》1 册　　　《连珠集》1 册
　　《搜神秘览》3 册　　　　　　《宾客接诀》1 册
　　《合璧诗学》2 册　　　　　　《四言杂事》2 册
　　《小文字》4 册
（结）《说文》12 册　　　　　　（又）　《说文》12 册
　　《尔雅兼义》3 册
（为）《(大字)玉篇》5 册　　　　《(大字)广韵》5 册
　　《玉篇》3 册　《广韵》5 册　　《校正韵略》2 册
　　《韵关》2 册　《韵略》2 册
（霜）《白氏六帖》8 册　　　　　《历代职源》10 册
（金）《白氏文集》11 册
（生）《韩文》11 册(不全)　　　《柳文》9 册(不全)

（丽）《老子经》2册　　　　　　《庄子》1部（缺卷一至卷五）
（剑）《太平御览》1部
（果）《毛诗注疏》7册　《合璧诗》8册　《周礼》3册
　　　《积玉》3册　　　《礼记》5册　　《孟子》2册
　　　《周易》2册　　　《注论语并孝经》1卷
　　　《礼书》3册　　　《扬子》2册　　《注蒙求》1册
　　　《文中子》1册　　《荀子》1册　　《鲁论》2册
　　　《轩书》3册　　　《大学》1册　　《注千字文》1册
　　　《大明录》3册　　《玉篇》4册　　《广韵》4卷
　　　《悟真寺诗》1卷　《镡津文集》1部
（吕）《乐善录》1部
（阙）《历代地理指掌图》1部

从这一组规模巨大的输入书单，可以明显地看出圣一国师对于中国文献典籍的兴趣，以及这种兴趣的侧重面。其中尤可注意的是，如有《晦庵集注孟子》《晦庵大学或问》《晦庵中庸或问》《吕氏家族读书记》、胡文定《春秋解》等，都显示了宋学新著及宋元学风的传入。圆尔辩圆传入的这些汉籍，其中《吕氏家族读书记》现今藏于日本宫内厅书陵部；《乐善录》及《历代地理指掌图》藏于东洋文库；《搜神秘览》藏于天理图书馆；《中庸说》与《太平御览》藏于东福寺，其余大部分已经逸失。

三、五山僧人搜集汉籍的方式

那么，五山时代的日本僧侣们，究竟是通过什么方式，从中获得数量如此之多的汉籍的呢？

今存十六世纪日本僧人策彦周良在华的日记《出渡集》与《再渡集》，详细地记载了他本人在中国收集文献典籍的实况。兹摘录如下：

　　　嘉靖十八年七月四日　《听雨纪谈》一册，谢国经赠。
　　　　　　　七月八日　　《读杜愚得》八册，以粗扇两把、小刀
　　　　　　　　　　　　　三把交换。
　　　　　　　七月九日　　《鹤林玉露》四册，银二匀（Monme，日
　　　　　　　　　　　　　本的钱量单位，银1/60两）
　　　　　　　七月十八日　《白沙先生诗序》三册，钧云所赠。
　　　　　　　七月廿五日　《九华山志》二册，钱龙泉所赠。

第十七章　汉籍东传日本的轨迹与形式

嘉靖十九年四月八日　　《注道德经》一册,邓通事所赠。
　　　　　　　　　八月十六日　《文献通考》一部,银九匁(Monme)。
嘉靖廿七年八月五日《本草》十册,银十两十分。

....

从这一组日记来看,策彦周良在中国收集汉集,用的是三种方法:一是相知馈赠,二是物物交换,三是用钱购买。这大概是五山时代的僧侣在中国获得文献典籍的主要形式与方法。

关于"相知馈赠",当时还有更宽阔的领域与内容。自十四世纪后期起,特别是在十五世纪,中国明代官方要向来华的代表日本官方的僧侣赠送儒书外典,以示友好,这似乎已经成为外事礼宾中的一种惯例。而奉命访华的僧侣,也总是预先拟定所需书目,提请中方照单赠送。1464年,日本建仁寺住持天与清启受将军足利义政之委派访华,在启程之前,他曾先行约请东福寺僧人应昙西堂、等持寺僧人周继西堂等,共同录列未曾东传而又希冀得到的中国图书目录,并由五山汉诗僧瑞溪周凤书写表文。其文曰:

书籍铜钱,仰之上国,由来久矣。今求二物,伏希上达,以满所欲。书目见于左方:

《教乘法数》全部,《三宝感应录》全部,《宾退录》全部,《北堂书钞》全部,《兔园策》全部,《史韵》全部,《歌诗押韵》全部,《退斋集》全部,《张垿休画墁集》全部,《遯斋闲览》全部,《石湖集》全部,《挥麈录》全部附《后录》十一卷并三卷并《余录》一卷,《百川学海》全部,《老学庵笔记》全部。

这张书单所请求的典籍,其数量之多,真有点骇世惊俗,但明朝当局,仍然依单照送。不料天与清启回国途中遇到劫匪,被打劫一空。明朝政府获此讯息,又照单把所损失的物品全部补上,包括上述所有的典籍,充分体现了中日之间文化交流的友好气氛。此单在开首时说,"书籍铜钱,仰之上国,由来久矣",它为我们昭示了这一历史时代中汉籍东传日本的一个主要渠道,而作为这二者之间的桥梁,无疑便是往来于中日之间的禅宗僧侣们了。

第四节　以商业为主要通道的
传播形式(公元十七世纪——十九世纪中期)

日本在中世时代漫长的争权夺利的战争中，最后壮大起了一位将军德川家康。他于1602年受封"征夷大将军"，驻营江户(今东京)，开始了日本历史上的江户时代。德川家康注重"武功文治"，还在他受封之前，便在江户的富士见亭特设一座文库，这便是有名的"枫山文库"，也名"红叶山文库"。这一文库着力于搜集中世时代流传于僧侣手中的一部分汉籍，同时又通过书商，从中国采购典籍。这一文库的汉籍，明治之后便成为"内阁文库"的主要收藏。

一、江户文化向庶民阶层的推移

日本的江户时代，商业经济有了很大的发展，文化出现了向庶民方向移动的趋势。原先，日本的文化，在平安时代为贵族所垄断，在中世时代为僧侣所掌握，此时，则由于町人的崛起，文化开始走向城市的民众之中。民众对于中国书籍的要求有所增加，且于儒学经典之外，更希求通俗读物与常用之书。

1797年，日本本城维芳把《通俗平妖传》译成日文，他的朋友皆川淇园为之作序。皆川氏在此序中曾经描述了中国明清通俗小说在十八世纪的日本流传的状况(事见本志第二编)。

十八世纪中期的日本城市青少年，对中国的《水浒传》《西游记》《平妖传》《三国志演义》等章回体白话小说表现出了空前炽烈的憧憬。像《水浒传》这样的明清小说，大概是在十七世纪的后期，经由商人之手而传入日本的。现今日本京都大学铃木文库藏明本《二刻英雄谱》，可以认定是目前保存的最早传入日本的一个本子。此本每卷首尾都有原所有者读书日期注文，其中一些精彩的章回，还重读过几次。其日期注文，或以年号，或以甲子，随手写来，并无定规。若将它们排列起来，则在1673年(清康熙癸丑年)到1676年(康熙丙辰年)之间。

十八世纪中期，中国的明清白话小说在日本的市井庶民中，有广泛的流传。当时出现了由日本人依中国"三言"而重编的日本"新三言"。

为了使读者能够比较方便阅读这些作品，大阪书林还专门为"读读舶来小说者"编撰了一部中国语的俗语辞书，名曰《小说字汇》。这部工具书征引了当时流传于日本的常见的各种小说160种。

如果以上述日本"新三言"与这部《小说字汇》所征引的中国文献,与日本平安时代的《本朝见在书目录》或五山时代的《普门院经论章疏语录儒书等目录》相比较,那么,江户时代的日本,无论是在引入中国文献方面,抑或是在接触中国文献方面,都具有明显的庶民文化的特征。

二、江户时代汉籍东传的基本特点

一般说,这一时代中汉籍的东传,具有三个主要的特点。

第一,汉籍东传的规模,远远超过了以前的任何时代。

1804年,当时在长崎地方政府中担任"书物改役"(即书籍检查官)职务的向井富氏,根据他所掌握的长崎海关的档案,编撰成《商舶载来书目》(此文稿现藏于日本国会图书馆)。此《书目》为1693年至1803年的110年间的记录,先后共有43艘中国商船在长崎港进行过书籍贸易,总计输入日本的汉籍为4871种。今列表如次:

中国商船名称	往返日本年份	输入汉籍种数
以字号	1693—1789	109
甫字号	1693—1798	80
波字号	1693—1799	160
世字号	1693—1803	366
多字号	1693—1803	176
加字号	1693—1803	263
不字号	1693—1803	137
几字号	1693—1803	247
忠字号	1693—1803	849
毛字号	1694—1783	9
吕字号	1694—1786	21
须字号	1694—1795	36
比字号	1694—1797	34
江字号	1694—1798	101
女字号	1694—1798	27

续表

中国商船名称	往返日本年份	输入汉籍种数
美字号	1694—1798	49
远字号	1694—1798	18
与字号	1694—1798	38
礼字号	1694—1798	83
安字号	1694—1799	18
奈字号	1694—1799	35
也字号	1694—1800	38
留字号	1694—1800	13
边字号	1694—1801	52
天字号	1694—1802	145
佐字号	1694—1803	65
登字号	1694—1803	152
智字号	1694—1803	150
古字号	1694—1803	315
良字号	1694—1803	14
久字号	1694—1803	210
计字号	1694—1803	151
利字号	1694—1803	192
和字号	1694—1803	100
曾字号	1694—1803	192
浓字号	1695—	7
津字号	1695—1798	22
满字号	1695—1801	15
仁字号	1695—1803	14
福字号	1701—1793	10
武字号	1701—1793	3
由字号	1706—1799	10
字字号	1707—1803	25

第十七章 汉籍东传日本的轨迹与形式

此表所列日本进口的汉籍数,其规模远远超过了以往任何的时代。此外作为江户幕府锁国政策的一种补充形式,当时在日本的西海岸,存在着广泛的走私活动,不少当地的衙门参与其间,汉籍贸易是其中的重要买卖之一。据 1826 年(日本文政九年)中国商船"得泰"号的船主朱柳桥对日人野田笛浦的谈话,得知中国典籍"迩年以来装至长崎者已十之八九",其数量令人惊羡:

> 野田笛浦:"贵邦载籍之多,使人有望洋之叹。是以余可者读之,不可读者不敢读,故不免夏虫之见者多矣。"
>
> 朱柳桥:"我邦典籍虽富,迩年以来装至长崎者已十之八九。贵邦人以国字译之,不患不尽通也。"
>
> (《得泰船笔语》卷三上)

第二,汉籍东传日本的速度,前所未有。

在上古时代与中世时代,汉籍从中国本土传至日本列岛,少则数十年,多至二三百年,其间常有要经朝鲜半岛作为中介。此时,汉籍的传递由于有了商业渠道,传播的速度便大大地加快了。

例如,据著者近十年在日本的调查,1633 年(明崇祯六年)新安吕氏为"小学"著作《音韵日月灯》作《序》,而载有此《序》的刊本,在 1639 年(日本宽永十六年)已经收藏于日本德川氏家族尾阳藩主家的"尾阳内库"中了,其时间差为六年。明人曹学佺编撰《大明一统名胜志》二百八卷,这是一部大书,系 1630 年(明崇祯三年)曹氏刊本。此书于 1635 年(日本宽永十二年)为"尾张内库"所收藏,其时间差为 5 年。明人张鼐撰《新刻张侗初先生永思斋四书演》二十卷,系 1632 年(明崇祯五年)曾楚卿刊本,此书于 1635 年(日本宽永十二年)运抵日本,其时间差仅为 3 年。

在此之前的时代里,因为日本接获中国典籍文献的时间速度很慢,因此,日本文化在与中国文化的会合中,始终存在着一百几十年至二百年左右的时间差距——六世纪到八世纪的飞鸟—奈良文化,主要是与六朝文化会合;九世纪到十二世纪的平安文化,主要是与唐代文化会合;十三世纪到十六世纪的五山文化,主要是与宋代文化会合。由于江户时代汉籍东向传递的速度加快,从而使日本列岛接受中国文化的新的信息量大为增加,由此便造成了十七世纪至十九世纪江户文化与中国明末和清代文化会合的可能性。江户时代哲学中的"阳明学派"与"古学派"的形成,文学中的"读本"样式的出现,都与汉籍东传的这一特点密切相关。

第三，江户时代东传的汉籍，进入了商业流通领域，它主要是作为商品，在两国商人之间进行贸易。

现在保存的十九世纪上半期的海关档案，大都载有当时运抵日本上岸时的价格。

如1841年（日本天保十二年）中国商船"子字一号"（船主刘念国）进长崎港，据日本《书籍原帐》的记录，每一种汉籍都明码标价：

《三魏子全集》(3部,各8帙),50Monme

《陆象山全集》(3部,各2帙),15Monme

《剑南诗钞》(5部,各1帙),14Monme

《伤寒三注》(10部,各1帙),16Monme

....

中国文献在日本被这样明码标价，在江户时代之前并不多见。汉籍在此时以商品形式进入市场，还形成若干竞争。保存至今的一些"投标"记录表明，一部汉籍上岸之后，有时有多家争购，出价不一。

如1843年（日本天保十四年）10月6日至8日，127种汉籍各家出价不一：

《朱批左传杜注》(1部10册)

安田屋价83Monme；藤屋价98Monme3分；

永井屋价112Monme。

《姓氏族谱笺注》(1部6册)

永井屋价9Monme；永见屋价12Monme；

今村屋价25Monme。

汉籍作为商品而流动的这种新的势态，便造成了交易规模的扩大，传递速度的增快，创造了汉籍东传日本的新局面。①

---

① 关于江户时代汉籍传入日本诸事，笔者得益于日本大庭修教授《江户时代中国商舶载书的研究》（关西大学东西学术研究所刊）多处，并曾数次向大庭修教授请教。

第十八章

日本古代的汉籍刻刊

古代日本对汉籍的复刊,是中国古代文献在日本流传的一种特殊形式。东亚古代"汉字文化圈"内的一些国家,为适应它们自身政治文化发展的需要,曾经在不同的范围内模仿中国国内刻印典籍的习惯和方式,翻刻中国的文献典籍。因此,在中国的古籍版本系统中,便出现了诸如古代朝鲜半岛刻刊的"高丽本",古代越南刻刊的"安南本",古代日本刻刊的"和刊本"。这些刻刊本的出现,给各国各民族的文化增添了新的内容,加深了汉文化与东亚各民族文化的相互理解。这是古代东亚与东北亚各民族一项伟大的超越国界的文化工程。

日本复刊中国的文献典籍,是"汉字文化圈"内除中国本土之外,最活跃和最发达的一个系统。它起始于八世纪,至今已有 1200 年的历史了。①

第一节 《百万塔陀罗尼经》与日本古代版刻的起始

目前,我们可以断定的古代日本最早的版刻印刷实物,则要算是《百万塔陀罗尼经》了。

《续日本纪》卷三十曰:

> 神护景云四年(770 年)四月戊午。初,天皇八年乱平,乃发弘愿,令造三重小塔,基高各四寸五分,基经三寸五分,盘露之下,各置《根本》《慈心》《相轮》《六度》等"陀罗尼",至是功毕,分置诸寺。

这里讲的是 764 年(日本天平宝字八年,中国唐代宗广德二年)日本孝谦天皇在平定朝臣惠美押胜的叛乱之后,曾发出弘愿,用六年的时间,

---

① 有关本章所涉及的考证诸问题,请参见严绍璗《日本古代和刻汉籍版本脞论》(《古籍整理与研究》第三辑,上海古籍出版社,1988 年)。

制造 100 万个高 13 厘米的三重小木塔,塔基中钻凿有手指般粗细的小洞穴,印制了《无垢净光经根本陀罗尼》凡四种《陀罗尼经》,置于小洞之中,共 100 万份。文化史上称为《百万塔陀罗尼经》,它们被分置于京畿地区的法隆寺、东大寺、药师寺、大安寺、元兴寺、福兴寺、西大寺、弘福寺、崇福寺、四天王寺凡十寺之中,每寺十万塔十万经。

以当时八世纪日本的生产技术的能力而言,六年的时间内雕版印刷 100 万份佛经,同时制成 100 万座佛塔,实在是一项伟大的工程。《百万塔陀罗尼经》分置十寺之后,千余年间竟无人道及。十九世纪中期日人穗井田中著《观古杂帖》,方始提到日本这份最古老的印刷品,于是,学界为之注目。笔者于 1985 年夏季再访奈良法隆寺,见此实物,保管甚为精当。该寺副主持枡田秀山法师告称,法隆寺现今收藏之"百万塔"尚有 300 余座。塔内有藏经——其中《无垢净光经根本陀罗尼》为 40 行,字面卷长为一尺六寸四分。《相轮陀罗尼》为 23 行,《自(慈)心印陀罗尼》为 31 行,《六度陀罗尼》为 15 行。上述三经字面卷长俱为五寸三分。1982 年,在韩国又曾发现了"百万塔"一座。

《百万塔陀罗尼经》的刻版和印刷,是日本古代版刻印刷史的起点。由于印刷的四种《陀罗尼》都是采用的汉文译本,这便也是古代日本刻刊汉籍的起始。

第二节　和刻外典汉籍的发生

一、"宝治本"《论语集注》的刻印

自《百万塔陀罗尼经》刊印之后,四百年间全部是汉译佛典的刊印,总共刻印了 20 余种佛经,其中以《妙法莲华经》(8 种)居多。

1247 年(日本宝治元年,中国宋理宗淳祐七年)有日本人称为"陋巷子"者,出而刻刊宋本《论语集注》十卷。世称为"宝治本论语",或称为"陋巷子本论语"。这是古代日本版刻印刷史上复刻汉籍外典的起始,从而为日本汉学的发展开通了极为重要的渠道。

"宝治本论语"现今已逸失,但是,此本的《跋文》却仍然保留至今。其文曰:

倾得婺刻大儒紫阳先生《论语集注》十卷,惊动刻以饷好古

君子。

宝治元年丁丑五月　陋巷子

这是一种很有趣味的文化现象。按照中国学术史发展的顺序，何晏的《论语集解》当然要远远早于朱熹的《论语集注》。但是，古代日本却是以刻刊朱熹的《论语集注》作为和刻汉籍外典的起始。作为这一本《论语集注》的复刻的底本，很可能便是 30 年前由入宋的学问僧俊芿从中国携带回国的。日僧俊芿于 1211 年回国，此年恰好是《四书集注》初刊之年，俊芿带回儒书四五六卷，此后 30 年间，即到"宝治本论语"刊印之时，尚不见有宋学著作再入日本的记录。基本可以断定，1247 年由日人陋巷子复刻的《论语集注》，便是中国《四书集注》初印本的最早的一个复刊本。

宝治刻书之后，外典汉籍的复刊在日本还尚未被充分地重视。当时，最享盛誉的版刻是"春日版"与"高野版"。所谓"春日版"，即是京都春日社僧侣的刻书；所谓"高野版"，则是在高野山上的金刚寺梓行。这两种版刻，都是佛经与僧传，尤以密教方面的典籍居多。当然，所有这些版刻，在当时全部是用汉文梓行的。

二、"元亨本"《古文尚书》的刻印

1332 年（日本元亨二年、中国元英宗至治二年），由佛门僧侣素庆重新主持汉籍外典的复刻。此年刻印的是为《古文尚书孔氏传》十三卷，我们称之为"元亨本《古文尚书》"。

儒佛一向视为水火。日本的汉籍刻刊事业其起始在八世纪，但是，外典汉籍的刊印在其后的五六百年间一直不甚发达，其重要的原因，便是当时的版刻是与佛教密切结合在一起的。十三世纪时代起，日本的思想学术形势发生了重大的变化，儒佛交融成为当时的新时尚，形成新趋势。所以，此时由一位佛门僧人出面主持又一次的外典汉籍的复刻，正是显示了日本中世文化发展中的这一新的特点。

素庆在此本《古文尚书孔氏传》的《跋文》中，很清楚地阐述了"儒佛调和"的主张：

> 广举宏纲，密撮机要，实是启道渊府，设教之门枢。立为国经，垂为民纪，六籍之冠，万古不刊者也。今将弘其传，命工镂梓，莫谓尸祝治樽俎，岂非见义而为耶。普劝学徒，庶察吾志。儒以知道，释

以助才,岂曰小补哉!

元亨壬戌南至日学三仓宗业
沙门素庆谨志

素庆在这里公开主张"儒以知道,释以助才",构成了日本五山文化事业的思想基础,从而使这一时期的和刻外典汉籍出现了繁荣的局面。

在素庆的这一篇《跋文》的起首下方,有"学古神德笔法日下逸人贯书"一行 12 字。这是一行很有意思的落款。此行落款,无疑是版刻者的题署。由此可知,此人名"贯"。题"逸人"者,此人乃自称"隐逸之人"也。"日下"者,则"日本"之谓,述其古雅之意,其义见本书第一编。至于"学古神德笔法",历来学者莫衷一是,不知其解。考日本上古诸写经,则此"古神德"之"德",即为日本圣武天皇天平年间(729—756 年)佛卷写经生的署名。其名散见于"正仓院宝物"中者多处:

天平十一年十月十五日	高僧传及菩萨经以下六卷写了"德"
十一月十八日	大集经初帙十卷中六卷写了"德"
十二年二月廿九日	大般若经五十九帙写了"德"
三月廿八日	注楞伽经一部七卷写了"德"

据此可知,所谓"德",实是天平年间日本写经所中的一位写经高手。此处题署"神德"者,乃后世封"德"之美称也。所谓"学古神德笔法",便是元亨本《古文尚书》的摹写者或刻工,言其书法乃学古人"德",雄劲奇古,自美之词也。

解开这一段文字是有意义的。其后 1364 年(日本南朝正平十九年,元顺帝至正二十四年)有《论语集解》十卷本刊印,这便是著名的"正平版"《论语》。在此"正平版"的原刊本上,也有同样的 12 字落款,唯把"笔法"二字改成了"楷法",其义一也。由此可以明白,这部"正平版"《论语》其实是根据一个与"元亨本"《古文尚书》几乎是同一时代中的刊印本再复刊的。这就是说,在日本元亨年间,刻刊的外典汉籍,并不是只有《古文尚书孔氏传》一种,至少还有一部《论语集解》十卷本。或许,当时正是日本南北朝时代的战争期间,为数不多的印本,都被战争所淹没了。

在"元亨本"的《古文尚书》刻刊之后,外典汉籍的和刻开始昌盛起来了。元亨之后的正中年间(1324—1326 年)便出现了三部由佛门僧侣刻印的外典汉籍。

(1) 1324 年由僧人玄惠跋文的《诗人玉屑》。玄惠是日本宋学史上第一个开设讲筵的学问僧。此《跋文》曰：

> 兹书一部，批点句读毕。胸臆之决，错谬多矣。后学之君子，望正之耳。
>
> 正中改元　洗心子玄惠志

（2）1325年由僧人圆澄跋文的《春秋经传集解》三十卷。圆澄《跋文》曰：

> 右一部三十卷，普勒学徒，拮据经营，重命工刊行，以弘其传焉。
>
> 正中二年己丑仲春　释圆澄谨志

（3）1325年由僧人宗泽跋文的《寒山诗集》2册。宗泽《跋文》曰：

> 正中岁次旃蒙赤奋若冬十月下浣，禅尼宗泽舍心聊以刊之。

第三节　五山汉籍刻版印刷事业与汉籍"五山版"

为了适应五山学僧钻研禅学与汉文化的需要，复刻中国文献典籍的事业，便在"五山十刹"中盛行起来，出现了一批模仿宋元版的中国典籍的复刻本。由于禅宗得到武家的支持，获得经济上的好处，因而就逐步造成了这一时期中复刻汉籍的隆盛局面。

一、"五山版"的界定

所谓"五山版"，指的是从十三世纪中后期镰仓时代起，至十六世纪室町时代后期，以镰仓五山和以京都五山为中心的刻版印本，它包括日本典籍，也包括中国典籍。在中国典籍中，既有内典，也有外典。外典中绝大部分是宋元刻本的复刻。事实上，"五山版"又是一个模糊的称谓。这一时代中京都和镰仓的寺庙刻本，习惯上都可以称之为"五山版"。因此，"五山版"的外延是不清晰的。"五山版"的出现，是五山文化事业中一个突出的伟绩。

"五山十刹"寺庙自内典及于外典刻刊汉籍，则始于1358年（日本北朝延文三年、南朝正平十三年、元至正十八年）京都天龙寺刻刊元代杨载的《诗法源流》一书，这是由学春屋妙葩主持的元刊复刻本。1359年，春屋妙葩又主持刻刊《蒲室集》。1361年，又有《范德机诗集》的刊行。1363年妙葩又刻刊了《翰林珠玉》。所有这些刻本，都是以元刊本作为摹写底本的。当时刻外典汉籍,最多的是各代的诗文集和诗文评,其次是宋元时代流行的一些中国历史文化入门书,诸如《历代帝王绍运图》《十八史略》《蒙求》《千字文》等;第二类便是文字音韵书,如《大广益会玉篇》《礼部韵略》《古今韵会举要》《韵镜》等。

据日本川濑一马博士的调查,"五山版"除佛典外,复刻汉籍经部书11种、史部书6种、子部书30种、集部书36种,共计66种。其中主持刻刊汉籍外典种类最多的,要算是天龙寺的春屋妙葩了。

二、"五山版"的价值

一般说来,"五山版"具有两方面的重要特点。

第一,"五山版"复刻的汉籍四部书中,绝大多数是以中国的宋元刊本为底本的,只有极少数是以明初刊本为底本的。例如,京都大德寺于1376年(日本北朝永和二年、南朝天授二年、明洪武九年)刻刊的宋人马仲虎编撰的《历代帝王编年图》,书中"殷""匡""敬"等字缺笔,首有熙宁九年会稽乡贡进士虞之的《序》。此系中国嘉熙年间南宋本的复刻本。末记有"永和第二季丙辰冬弦重刻于洛之大用庵"。"洛"即京都,"大用庵"便是大德寺的塔头。又如"五山版"郭璞注《尔雅》三卷,书中也讳"敬、弘、玄、郎、贞"等字,当为宋本之复刻。至于元刊本的复刻本,则常常将原本的刊印木记一起翻刻。例如,"五山版"《群府韵玉》二十卷,末有"元统甲戌春梅溪书院刊"木记一行,又"五山版"《联新事备诗学大成》三十卷,卷之一末有"至正乙未孟春翠岩精舍新刊"木记两行。

正因为如此,"五山版"外典汉籍,基本上保存了中国宋元刊本的面貌。

第二,"五山版"的雕版,主要是由先后到达日本的中国刻工操刀的,其中以元人居多。十四世纪中叶,元朝统治日渐衰微,浙江、福建一带的刻工,常常为避灾祸而应日本僧人的邀请,赴东瀛开版。

日本《师守记》"贞治六年(1367)七月二十一日"条曰:

> 今日唐人八人付(赴)嵯峨,是为菩萨去年渡唐,渡日本唐人也,形木开之辈也。

此处所谓"形木开",即是开版的意思。这八位中国工匠是应公元1366年入元的日僧的约请,于翌年东渡日本的。据五山学问僧义堂周信在《空华日用功夫略集》中说,这一年另有两位中国刻工赴日本。该书

"应安三年(1370年)九月二十二日"有如下记载：

> 唐人括字工陈孟千(应为陈孟才——本书著者注)、陈伯寿二人来，福州南台桥人也。丁未年(1367年)七月到岸。大元失国，今皇帝改国为大明。孟千有诗，起句曰："云毫玉兔月中毛"云。

这两位刻工想来一定与义堂周信大和尚相熟，前来参加"五山"的刻刊事业的。

在上述记录的这样一些刻工到达日本的第四年，春屋妙芭主持的《宗镜录》一百卷复刻完工。该书的第一百卷的"刊记"中说：

> 应安辛丑结制日
> 天龙东堂比丘春屋妙芭命工雕之
> 　　　　　　　　　　　　江南　陈孟荣刊刀

此书版心镌刻有刻工姓名30余人，全部为中国人姓氏。计有陈尧、立旬、才从、王荣、付、资、李、成、林、大、用、朱、邵文、郑才、丁、盛、曹安、祥、寿、明、陈仲、孟荣、福、良甫等。其中陈孟荣似为刻工领班，而良甫则为日本汉籍刻书史上成绩昭昭的大家。正因为如此，"五山版"在刻书技术上，与中国宋元版，特别是与元刊本几乎无区别。

在这样的意义上说，大多数刻本和"五山版"在内容、版式以及刻刊工力上，都可以与中国宋元刊本相并列。实际上，它就是中国"元刊本"在日本的一个特殊的流派。

三、元人工匠俞良甫

在诸多的五山刻版刊本中，有九种刊本为一位中国元代工匠俞良甫所刻刊：

(1)《新刊五百家注音辨唐柳先生文集》四十五卷；

(2)《李善注文选》六十集；

(3)《白云集》四卷；

(4)《碧山堂集》五卷；

(5)《月江和尚语录》二卷；

(6)《传法正宗记》一卷；

(7)《般若波罗蜜心经疏》一卷；

(8)《春秋经传集解》三十卷；

(9)《新刊五百家注唐昌黎先生文集》四十卷。

上述刊本中第一至第七种,其版心或版尾,皆署有"中华大唐俞良甫学士谨置"。第八、第九两种不署雕版工匠姓名。然森立之、涩江道纯等《经籍访古志》"昌黎先生文集"条说:"无序及跋文,编注名氏俱未详。每半版十行,行十六七字,注三十三字,不记刊行时月。然版式雅古绝,与俞本柳文相类,前辈定为二集合刻者似是。"这么说来,至少有九种刻本出自俞良甫之手。俞氏刻刊的这九种汉籍,构成了自己的版刻系统。

俞良甫世无其传,生平不详。这一时期,从和刻汉籍中所见之中国工匠,能道出其姓名者,如俞良甫(良、甫、良甫)、陈孟荣(荣、孟荣)、陈伯寿(伯、寿、伯寿、白寿)、陈孟才(才、孟才)、王荣、李褒、曹安、陈仲、陈东、陈尧、陶秀、赵肖、郑才、彦明等在三四十人之谱,其中以俞良甫为最著名。

《新刊五百家注音辨唐柳先生文集》卷末,有俞良甫自己雕印的履历跋文:

> 祖在唐山福州境界/福建行省兴化路莆田/县仁德里台谏坊住人/俞良甫久注(住)/日本京城阜(附)近,几年劳鹿(碌),至今喜成矣/

> 岁次丁卯仲秋印题

《李善注文选》卷末跋款曰:

> 文选之板,世鲜流布,童蒙不便之。福建道兴化路莆田县仁德里人俞良甫顷得大宗(宋)尤袤先生,于日本嵯峨自辛亥起刀,至今苦难始成矣。

> 甲寅十月谨题

这两篇短跋,充满着辛酸与喜悦交织的情感,读来心动。它们是唯一留在世上的关于这位漂泊异乡而为日本文化出力的中国工匠的生平资料,至为宝贵。

日本学者藤井贞干《好古日录》曾援引俞良甫跋文,谓跋尾"岁次丁卯"的"丁卯",为日本后水尾天皇宽永四年(1627年、明熹宗天启七年),实属不确。这里的"丁卯"年,应该是日本北朝后小松天皇嘉庆元年(1387年、明太祖洪武二十年)。

令人感佩的是,俞良甫虽为一民间刻工,但拳拳之心充溢着民族的热忱。从版刻跋文来看,他赴日本的时间在明代开国前夕。《碧山堂集》刻成时,明太祖虽已登基,但恐怕尚未获知讯息,故卷末自注"中华大唐",待到刻刊《般波罗蜜多心经疏》时,他已知中国政局转换,故于卷末自注"大明国"云云,而1387年刻成的《柳文》中,更自记身世,曰"祖在唐山",其良苦之心情,于此可见。

有一个事实是应该引起充分的注意。俞良甫在刻《唐柳先生文集》的《跋文》中说:

> 良甫久注(住)日本京城阜(附)近,几年劳鹿(碌),至今喜成矣。

这说明俞氏雕版的地点在京城附近,此处的"京城",考之俞氏刻本《李善注文选》的"跋文"曰"于日本嵯峨自辛亥起刀"云云;又据俞刻本《传法正宗记》十二卷"跋文"曰:"俞良甫于日本嵯峨寓居,凭自己财物,置版流行。岁子(次)甲子孟夏四月日谨题"(此"甲子"为1384年)。则可以判断,俞良甫无疑寓居于嵯峨,以刻版为生。此"嵯峨"即日本京都西郊,大堰河流经此地,岚山为其屏障,今属京都市右京区,其地有临川寺等名刹。

俞良甫的刻本虽为汉籍的复刊本,但因为它所据的原版均为中国宋元版,而且,其复刻的年代,最晚也不过明初洪武年间,故其版本价值,与宋元刊本相去无几。事实上,它本身就是元刊本的一个分支。例如俞氏所刻《春秋经传集解》三十卷,是据宋兴国军学刊本的复刊本,此本原刊国内已逸。又《碧山堂集》五卷,系元代释门宗衍所著,而国内未见其刊本,今赖"俞氏本"传世。

俞良甫一介工匠,漂流异国,卖物置版,苦心惨淡,传播祖国文化,裨益日本社会,其功绩自不可没。俞氏刻本无疑应该单独命名,可以称为"俞氏版",或称"良甫版",以记念这位工匠的伟绩。

第四节 "正平版"《论语集解》与西日本刻书事业的发展

日本自镰仓时代的后期开始,九州博多(今福冈)在海外交通中成为重要的港口。中国元朝一代,移居日本的汉族人都在博多登岸,或居留于此,或转赴内地。博多逐渐成为文化发达之区。十四世纪后期,后小松天皇统一了南北朝,五山僧人的刻版事业逐渐衰微,西日本以博多为中心的文化事业,因海上贸易之利与华人登岸而日渐发达。当时,从中国传来的典籍增多,版刻印刷的中心逐步由京洛而转向西日本。先有"正平版"《论语集解》为其嚆矢,继而有以阿佐井野家族的刻书为代表的"博多版",一时蔚为大观。

一、"正平版"《论语集解》

日本南北朝时代,和刊本汉籍除了"五山版"之外,还有一些非"五山版"传世,其中最有价值的当是"正平版"《论语集解》了。

"正平本"指的是日本南朝后村上天皇正平十九年(1364年、即中国元顺帝至正二十四年)由堺地人氏道祐居士刊行的《论语集解》十卷。这是自《宝治本》《论语》刊印之后,日本又一次刊刻《论语》。"宝治本"《论语》已经不再传世,而此本《论语》保存至今,这是和刊汉籍中留存的最古老的《论语》刊本了。

关于此本刊印者道祐居士,日本《泉州志》卷一"西本愿寺别院"条曰:

> 当院者原道祐之所开基真言寺也。道祐,足利义男之第四子,俗名祐氏也。幼而丧父,共其母来居于当津。薙发号道祐。初学天台,后谒大谷本愿寺觉如上人,为一向专修念佛者。足利尊氏至任将军,依同姓旧缘,除寺地租税,纳封田若干户。

据这一则记载,则道祐为足利将军本家。足利尊就任将军位在1338年。一直到1573年织田信长在二条城兵围足利义昭,足利氏雄居一方长达200余年,对外以"日本"为号,不以天皇朝廷为意。道祐刻刊《论语集解》时,正是足利幕府的势力炙手可热的时候。

当今传世的"正平本"《论语集解》十卷,实际上有三种本子,并有一种复刻本。

第一种本,卷末有"堺浦道祐居士重新命工镂梓"跋款一行,此行款旁有"正平甲辰五月吉日谨志"题记一行。我们称为"单跋本"。

第二种本,卷末有"堺浦道祐居士重新命工镂梓"跋款一行,此行款旁有"正平甲辰五月吉日谨志"题记一行,次有"论语卷第十经一千二百二十三字,注一千一百一十五字"一行,次有"谕学古神德揩(楷)法日下逸人贯书"一行。我们称之为"双跋本"。

第三种本,卷末没有任何跋款文字。我们称之为"无跋本"。

第四种本，此系 1499 年（日本明应八年、中国明弘治十二年）以"单跋本"为底本的复刊本。此本删去了卷末"堺浦道祐居士重新命工镂梓"的跋款，而改为了"西周平武道教重刊"一行。我们称之为"复刻本"。

在上述的各种本子中，"双跋本"最为先出，文本中有"学古神德楷法日下逸人贯书"十二字，已见于元亨二年刻刊的《古文尚书孔氏传》了，所论已见前述。道祐与的"跋款"可注意的还有"重新命工镂梓"六字，它明确提示在此次刊印之前，存在着另一个早于此本《论语》的刊本，"正平本"是据此"重新镂梓"的。这个早于"正平本"的《论语》和刊本，大概是与"元亨本"《古文尚书》同时刊印的了，所以与《古文尚书》有同样的刊语。

以后此版重印时，删去了"学古神德楷法日下逸人贯书"十二字，仅留了"堺浦道祐居士重新命工镂梓"一行，便成了"单跋本"。至于"无跋本"，其界栏、字形均与"单跋本"同。今日本国立东京博物馆收藏此"无跋本"古版木 32 枚。从书版上可以清楚地看出印版削去道祐居士原版跋文的历历痕迹，所以，"无跋本"与"单跋本"是同一刊本，只不过是在削去跋款后又一次印刷的。

"正平本"《论语》在中国国内引出了反响。

国内学人注意于"正平本"《论语》者，首推清代学者钱曾（遵王）。钱氏在其《读书敏求记》中有如下的记载：

何晏《论语集解》十卷

童年读《史记·孔子世家》引子贡曰："夫子之文可得闻也，夫子之言天道与性命可得闻也已。"又读《汉书·列传赞》引子贡曰："夫子之言性与天道，不可得而闻已矣。"窃疑古文《论语》与今本少异，然亦无从辨究也。后得高丽钞本何晏《论语集解》，检阅此句，与《汉书·列传赞》适何。因思子贡当日寓嗟叹意于不可得闻中，同颜子之如有所立卓尔，故以"已矣"传言外之微旨。若脱此二字，便作了语，殊无低回未忍己之情矣。他如"与朋友交，言而不信乎"等句，俱应从高丽本为是。

此书乃辽海道萧公讳应公，监军朝鲜时所得。甲午初夜，予以重价购之于公之仍孙。不啻获一珍船也。笔画奇古，似六朝初唐人隶书碑版，居然东国旧钞。行间所注字，中华罕有识之者，洵为书库中奇本。末二行云"堺浦道祐居士重新命工镂梓，正平甲辰五月吉日谨志"。未知"正平"是朝鲜何时年号,俟续考之。

钱遵王在这里记录的并极为赞誉的此本所谓"高丽本论语",便是日本道祐居士刻刊的"正平本"《论语集解》。其学术价值已为当时中国学者所认定,只是由于云海相隔,外事茫然,所以误断了国籍。但是,中国学者不久就澄清其迷雾而了然了。

先日本东京静嘉堂文藏有中国清代学者黄丕烈手跋文的"正平本"《论语集解》十卷。此书原系清代著名藏书家陆心源所有。黄丕烈手跋文如下:

> 何晏《论语集解》十卷,有高丽本,此见诸《读书敏求记》者也。记云"此书乃辽海道萧公讳应公,监军朝鲜时所得。甲午初夜,予以重价购之于公之仍孙。"似遵王之言甚的矣。其实不然。余向于京师遇朝鲜使臣,询以此书并述行间所注字。答以此乃日本书,余尚未之信。倾获交翁海村,海村著有《吾妻镜补》。举正平年年号问之,海村云:"此年号正平实系日本年号,并非日本国王之号,是其吉野偕窃其国号曰南朝,见《日本年号笺》。"据此,则此书出日本,转入朝鲜。遵王但就其书所得之所,故误认为高丽钞本耳。此书向藏碧凤坊顾氏,余曾见之,后归城西小读书堆,今复散出,亦以重价购得。展读一过,信如遵王所言"似六朝初唐人隶书碑版,"不啻获一珍船矣!原有查二瞻诗一纸,仅粘附卷端,兹命工重装入册,记其颠末如此。己卯仲秋五日丕烈识。

黄丕烈为考定此书而详于调查访察,在国内首次判明为日本刊本。黄氏"手跋"中提到的"交翁海村",即为翁广平氏,他是清代为数不多的研究日本的学者之一。就在黄丕烈写有手跋文的这本"正平本"《论语》上,也另有翁广平氏手跋文一篇。其文曰:

> 己卯出夏,郡城黄荛圃先生出示旧钞本何晏《论语集解》,笔画奇古,纸色亦古香可爱。此书(广)平曾于钱遵王《读书敏求记》中见其目云:"此书乃辽海道萧公讳应公,监军朝鲜时所得。甲午初夜,予以重价购之。行间所注字,中华罕有识之者,末云'正平甲辰五月吉日谨志'。未知'正平'是朝鲜何时年号。"(此识文原文如此)平以高丽史《海东诸国记》考之,俱无此号。后见《日本年号笺》,知正平乃日本割据之年号也。案,日本九十六世光严天皇丙子延元元年,

有割据称南朝者于吉野建都改元,时中国元顺帝至元二年,历世五十五年而终。正平是第二世,自称后村上天皇。甲辰是正平十九年,当日本九十六世光严天皇贞治三年,中国元顺帝至正二十四年。

夫海外之书,刊本写本所见亦有数种,虽格式不同,若行间有注字,则日本所独也。朱竹垞《跋吾妻镜》,所谓"倭训于傍,释之不易"是也。是则此书断为日本所写无疑,不仅纪年之符合也。(广)平曾有日本著书目,然所见不得十一。近日宋刊及宋元旧写本日少一日,此书实系旧写,况又来自海外,正遵王所云"书库中奇本",而平亦得共赏其奇。幸甚幸甚!

这一本为黄丕烈所得,经翁广平考定"国籍"的"正平本"《论语》,其卷首和卷末,皆有"虞山钱遵王藏书"印记,则此本就是当年钱曾最早所见并重价购之书。它经由朝鲜而入我国,后又为江南藏书名家陆心源所得。1907年,日本三菱财团以十万两银子将陆氏藏书全部东载以去,此书又归日本之手。

二、阿佐井野家族与汉籍"博多版"

以"正平版"《论语》的刊行为端绪,西日本发展起了汉籍的刻书事业。在十五世纪至十六世纪时代,雕版刊印逐渐发展,其中阿佐井野家族的刻书,可为其代表。

当时,阿佐井野家的宗端、宗祯、宗仲诸人,曾分别主持刻刊了如《论语》(即《东京鲁论》)、《增注唐贤绝句三体诗法》(即《诸家集注唐诗三体诗法》)、《新编名方类证医书大全》等中国的典籍。

关于阿佐井野家族的资料,目前所存无多。

无名氏撰《东京鲁论》的"识文"曰:"阿佐井野者,名宗端,当时府人之巨擘……如其贯裔则邈邈,年纪不可后知也。"

黑川道祐在《本朝医考》中曰:"宗端,泉南人也。氏阿佐井,曾志医术,其志在济人。"

无名氏《增注唐贤绝句三体诗法》的"识文"曰:"此版流传自京至泉南,于是,阿佐井野宗祯购以置于家塾也。"

由这些片断的资料来推考,阿佐井野家族为十五世纪、十六世纪时代博多的富户,宗族诸人不流于游逸而有救济世人之志,设私塾,购汉籍,刻书典,裨益于社会。

1528年,阿佐井野宗端刻刊《医书大全》,阿佐井野宗仲刻刊《韵镜》。

《医书大全》是以明朝成化三年(1467年)熊氏种德堂刊本《新编名方类证医书大全》为底本的。此书复刻时,有日人幻云寿桂的"跋文",其文曰:

> 吾邦以儒释书镂版者往往有焉,未曾及医方。惠民之泽,人皆鲜为。近世《医书大全》自大明来,固医家之宝也。所憾其本甚少,欲见而未见者多矣。泉南阿佐井野宗端,舍财刻行。彼明本有三写之谬,今就诸家考本方以正近(斤)两。虽一毫发,私不增损。宗端之志,不为利而在洒济天下人,伟哉!阴德之报,永及子孙矣。

这篇跋文中有两点是非常有意思的。第一,此本是在明刊本传入日本之后即被复刻的,反映了当时日本社会对中国文化求之若渴的心情。复刻本几乎完全保持了明刊本的原貌——版式、行款完全相同,仅仅把原明刊本中的"○虫痛仙气"的"○",从空白圈改为墨团。仅此也见其对中国文化的敬重。第二,此"跋文"中说,"彼明本有三写之谬",而重新复刊时"就诸家考本方以正斤两"。这是在和刊汉籍中第一次提出了"校勘的概念"与"校勘的原则"。这不仅对于和刊汉籍,而且对于整个日本文化的建设,具有重要的意义。

重视版本的校勘,是"博多版"的一个重要的也是基本的特色。与《医书大全》同年复刊的《韵镜》,是《韵镜》的首次和刻传世,此书的刊印是由阿佐井野宗仲主持的。此本有十六世纪日本著名学者清原宣贤(正三位侍从)的"跋文",文曰:

> 《韵镜》之书行于本邦,久而未有刊者。故转写之讹,"乌"而"焉","焉"而"马"。览者多困,彼此不一。泉南宗仲论师偶订诸本善与不善者,且从且改,因命工镂梓,期其归一,以便于览者,且曰非敢扩之天下,聊备家训而已。于戏,今日家书乃天下书也,学者思欤。

这篇"跋文"所强调的也是读书过程与书籍刻刊中的校勘问题,为此要在"善"与"不善"中作好选择。这说明中国文献典籍整理中的校勘的意义,已经开始为此时的日本学者所接受,并付之于自身的文化实践之中了。阿佐井野宗端刻的《东京鲁论》的"跋文"中也说:"遂撰累叶的本以付与,庶几博雅君子纠焉"。这里的"的本"就是全本的意思。

"博多本"中最著名的刊本,应该说是《东京鲁论》了。这里的"东京",指的是当时天皇所居地京都,称其为东,是与博多所在的西日本相对而言的。所谓《东京鲁论》,即是南宗禅寺所藏的《论语集解》10 卷,"相传为唐人欧阳询折本之文",为日人所临摹,阿佐井野宗端据以刻刊成书。此书刻成于 1533 年,日本后奈良天皇天文二年,故又称为"天文本论语"。

《东京鲁论》也有清原宣贤的"跋文",叙其刻刊的渊源。文曰:

> 南泉有佳士,厥名曰阿佐井野。一日谓予曰:"东京鲁论之版者,天下之宝也,虽然丙丁厄而灰烬矣,是可忍乎!今要得家本重镂梓若何?"予曰"善。"

> 按应神天皇御守,典经始来。继体天皇御宇,五经重来。自尔以降,吾朝儒家讲习之本,藏诸秘府,传于世也。唐本有古今之异乎,家本有损益之失乎,年代远浸,不可获而测。遂撰累叶的本以付与,庶几博雅君子纠焉。天文癸巳八月乙亥

此本《鲁论》,虽题名为《论语集解》,但传本仅有《论语》而无《集解》。

"博多版"汉籍此外尚有《增注唐贤集句三体诗法》,又名《诸家集注唐诗三体诗法》。此书宋代周弼编纂,元代圆至注,裴庾增注。它由释门中严传入日本。自日本南北朝至江户时代,作为写作汉诗的入门书而备受欢迎。最早大概京都的五山曾经刻刊过的,但阙焉不详。1494 年(日本明应三年)相国寺光源和尚,号叶巢子,重新刻版。但是,叶巢子刻版的这一部"明应本"的《三体诗法》并没有开印,所以,仅存其版,而世无传本。十六世纪阿佐井野宗祯购得这些刻版,倾资印拓,初为家塾的读本,于是,是书便流行于世。

第五节 汉籍"官版"的刊行与活字刊印的起始

日本自阳成天皇庆长年间(1596—1615 年)以来,特别是 1603 年德川家康在江户开设行辕幕府之后,和刊汉籍的形势有所变化。此时,由官方主持的刊印日渐增多,先是有后阳成天皇与后水尾天皇的"敕版",后有德川将军家的刊本,以后,便有幕府的官学——昌平学继续这一刻刊汉籍的事业,世称之为"官版"。

后阳成天皇与后水尾天皇的"敕版",和德川家康将军家的刊本——

在伏见地方刊印的称为"伏见版",在骏河地方刊印的称为"骏河版",上述三版合称为"近世三大官版"。

三大官版的基本特色,在于采用了活字排版。这是一个了不起的飞跃,在日本文化史和日本汉学史上,自有其不可估量的意义。

活字印刷,是人类文明史上的伟大创造,它是构成现代文明的支柱之一。其发明者,当为十一世纪中国宋仁宗时代的布衣毕昇。元末明初之际,由东渡的中国工匠们传入日本。最早在 1396 年(日本应永丙子三年)博多有活字刊本《五百家注韩柳文集》,此本是据京都俞良甫刻刊的《新刊五百家注音辨唐柳先生文集》与《五百家注音辨昌黎先生文集》而再行复刊的。然而,这一技法在当时未能得以推行,直至二百年后,战争逐渐消弭,文化再次振兴的时候,活字印刷得到了长足的发展。①

一、"敕版汉籍"与《新雕皇朝类苑》

日本"敕版"刊印汉籍,始于庆长年间(1596—1615 年)的"庆长敕版",盛于元和年间(1615—1624 年)的"元和敕版",其间有 30 余年的时间。

"庆长敕版"始于 1593 年天皇敕令刊印的《古文孝经》,曾先后排印过《锦秀缎》《劝学文》《四书》《五妃曲》等。其中的《五妃曲》是后阳成天皇钦定的白居易诗歌的选本,日本《庆长日件录》"庆长八年"有记事曰:

> 正月廿一日戊寅,朝微雪,晴。己刻参内,《白氏文集》之中《上阳人》《陵园妾》《李夫人》《王昭君》诗四五首,与《长恨歌》等拔选,名《五妃曲》。以一字版被百部。

这是白居易文学在日本流传的佳话,由一位天皇作白居易诗作的选本,于中日文化关系史上,当是一件很有意义的事情。此处的所谓"一字版",即是活字版。

"庆长敕版"到庆长九年便停止了。后水尾天皇登位之后,便于 1621 年(日本元和七年)以铜活字刊印《新雕皇朝类苑》七十八卷,并《序目》一卷。此为"元和敕版"之始。

此次用铜活字刊印《新雕皇朝类苑》的祖本,为南宋绍兴二十三年

---

① 日本和朝鲜半岛有学者以为,活字印刷源于朝鲜,日本文禄年间(1592—1595 年)经丰臣秀吉的侵朝战争而传入日本。此说纯属臆断。

（1153年）的麻沙刊本。今原本已逸，现通行本为六十三卷，目前世上除此"元和敕版"之外，似无全本了。

《新雕皇朝类苑》的刊印，是由后水尾天皇直接敕令的一项伟大的文化工程，其始末记于此本卷末原南禅寺僧瑞保的《跋文》中：

> 《皇宋事宝类苑》，吉州太守江水虞所撰也。此书之趣，恐遗文逸说可事美一时，语流千载者之灭绝也。其颠末详于序文，今不复赘矣。
>
> 伏惟皇帝陛下，睿智凤成之天性，柔仁博爱之至道，悉丛于圣躬。纪纲整肃于朝中，车书混一于海内，加之万机余暇，孳孳学术。惜白驹忙于昼窗，跋红烛转于夜机。不啻校定本朝国史，特设经史子集之库，其经营也，涂以黝垩，推以金碧，甍栋雄丽而结霞，阗楯衡直而焕日，意匠出巧，轮焉奂焉，其前有池水，涟漪凝碧，浮岛鸟戏乎其上，游鳞跃乎其中，佳木秀而布繁荫，奇石叠而幻小峰……如此太观，岂可以口舌赞扬而尽哉！
>
> 于是，下敕命曰："令《皇朝类苑》镂梓。"其睿旨要前人言，往古之行，取之左右逢其源。且又欲令天下国家之人通斯文者，视其美以为观，视其恶以为戒。呜呼大哉，体手业已了毕，则先贤之言之美也，以为宝而玩之，则昆山粹精之至，不足以拟也；高文之才之俊也，以为苑而游之，则邓林之材，梗楠杞梓不足譬喻焉。况又乐花开而礼叶茂，气焰生而丽藻光，以尽美善矣。
>
> 间辱宣麻，命臣僧某甲曰："跋此书尾。"如臣某浅术末智，醯瓮之鸡，坎井之蛙，如不瓮外之天，井外之海。今又老懒，眼生昏花，凭乌皮着睡功夫之外，别无一所为，何以与毛刺史、褚先生从事哉！虽然，固辞固请，普天率土，无处回避。故缀荒芜，词尘读宸，眷深渐缩。臣某不胜蒙恩遇，故奉谢其万一。跋非臣敢所书。
>
> 元和七年重光作噩六年晦日 前南禅寺臣僧瑞保谨书

此篇《跋文》在日本汉学史上是极有价值的文献，它不仅叙述了《新雕皇朝类苑》敕令排印的过程，而且具体而微地描述了庆长——元和年间汉文化于朝廷复苏的盛况。正是在这种文化背景下，才有了汉籍敕版的刊印。

二、"伏见版"与闲室和尚

与朝廷敕命用活字版刊印汉籍的同时,德川家康崛起于日本的政界,他在注重"武功"的同时,先于伏见开办学校,以闲室和尚为其主事,刻木活字十余万个,下赐该处。于1599年起首刊《孔子家语》《三略》《六韬》。翌年,又刊印《贞观政要》,1601年刊印《七书》,同时刊印日人著作《吾妻镜》等。我们称之为"伏见版"。

"伏见版"首次刊印的是《孔子家语》,此书有署名"三要野纳"者的《题跋》一篇,叙德川家康刊书之由,并涉刊书校勘诸事。文曰:

> 是际季运而学校教将废也,维时内府家康公于文于武得其名,故兴废继绝,为后学刻梓文字数十万而赐予,推为谢公之恩惠,初开《家语》。此书是圣人奥义、治世之要文,是非小补也。刊字列盘中,则明本《家语》以数本考正焉。或版行有讹误,或文字有颠倒,以亡加之,以余删之,虽如此,有"菅""席""鹊"之误者必矣,只愿待博雅君子改制焉也。谨跋。
>
> 庆长第四龙集己亥仲夏吉辰
前学校三要野纳于城南伏见里书焉

1601年刊印《七书》二十四卷,其末尾有署名"闲室元佶"者的《题跋》一篇。此"三要野纳"与"闲室元佶",考之文籍,则知即为闲室和尚。今存日本《圆光寺由绪书》记其人曰:

> 当寺开山闲室佶长老,别号三要,元来足利学校之住职,相勒候处东照宫样被召出于京都伏见御侧,被仰付御用。庆长年中,于伏见圆光寺被取立新规,彼游上方之学杖,被仰付寺领贰百石。

原来,闲室和尚,名元佶,一名三要,世称"佶长老"。初于圆光寺祝发,学兼海内外,颇为奇才,命以为足利学校第九世庠主。足利学校是日本中世时代著名的文教设施,所藏汉籍曾名噪一时。大约在室町时期的永享年间(1429—1441年),当时的关东管领上杉宪实,于足利拨田赐书,以镰仓僧人快元为第一世庠主,开创足利学校,讲授汉唐易学,并广搜唐钞宋刻,汉学传流甚为丰厚。闲室和尚为其第九世庠主,亦见其学识的渊博。文中所为的"东照宫",即是德川家康。决定德川氏执掌国权的关原之战,佶长老在德川行辕中告占卜事,故而以功劳赐地京师,以为养老之用,并委以刊印书籍之大任,成为德川幕府"文治"的有力的支柱。

今"伏见版"所刊印的《周易》,包括《略例》共十卷。此本全书用朱墨两色书写。墨笔用于训点,朱笔书写足利学校本及其他本对校的校记。据卷头所记,此本用足利学校藏本四种,以及明代正德、嘉靖、万历、崇祯年间所印《十三经注疏》之本,并永怀堂《十三经注》本,进行校勘,并有"注记"。此"注记"以后为山井鼎《七经孟子考文》全部抄录。根据著者对足利学校遗迹图书馆的调查,可以判明,所谓足利学校藏本四种,即系宋刊本《周易注疏》本——此本原系宋代大诗人陆游家藏本,并古写本三种。

"伏见版"所用的木活字数十万个,其后都由圆光寺保存。文化年间(1804—1818年),圆光寺还用这一批活字,刊印过江户时代著名的汉学家皆川淇园的著作《淇园文集》《世说启微》等。

三、"骏河版"与《群书治要》

1602年(日本庆长十二年),德川家康移居骏府城。他以林道春为监督,铸造铜活字,继续准备刊印汉籍。

林道春,即林罗山,此人为江户时代前期汉学之巨擘,由他而奠定了把中国的宋学作为幕府官方哲学的基础。在林道春的鼎力主持下,1615年开印《大藏一览》,1616年开印《群书治要》。骏河地区刊印的典籍,都是采用铜活字。我们称之为"骏河版"。

"骏河版"的汉籍中,在中日文化史上最具有价值的要推《群书治要》了。

《群书治要》五十卷,唐代魏徵编撰。此书是日本皇室历来十分器重的一部著作。早在838年(日本仁明天皇承和五年、唐文宗开成三年),当时朝廷曾邀请直道广公于清凉殿开设《群书治要》的讲筵。其后,898年(日本醍醐天皇昌寿元年)汉学家纪长谷雄亦曾讲授《群书治要》。此书在中国国内已经逸失。这一次"骏河版"刊印的《群书治要》,是以镰仓僧人誊写的金泽文库本为其原本,于日本元和二年正月十九日开排,《本光国师日记》"元和二年之纪"记载排印之时,"二人切手,三人雕手,十人植手,五人折手,三人校合",共用23人,费时半年而后书成。

但是,当《群书治要》印成之时,德川家康也在同年去世,故此书并未得以受命而流行于世。据日本《有德院殿御实记附录》的记载,德川家康逝世之后,《群书治要》的"字子赐纪伊家。印本传尾(尾张家)、纪(纪伊家)两家。"这里提的"纪伊家"与"尾张家"皆为德川家康的后裔。当时赐给纪伊家的铜活字,据日本《宽政年间纪伊家呈案》的记录,共为"九万余字",《群书治要》的印本,共有"五十一部,每部四十九册"。赐给尾张家的,因文献缺如,不得而知,大概数量与纪伊家是相等的。

1781年(日本天明元年),尾张藩的大纳言宗睦,有感于《群书治要》虽已刊印百余年,却未能流布于世,于是便从幕府的枫山文库中借得已归入幕府的原金泽文库本,与"骏河版"再相对照比勘,再版梓行,称为"天明本"《群书治要》。此事历五年而成,分与诸家亲臣。

1796年(日本宽政八年),尾张藩得知《群书治要》在中国国内已经逸失,于是,便以五部送至长崎祗役近藤重藏处,托他转送中华。近藤重藏以一部存长崎圣堂,一部纳诹访社,三部托于唐商馆——当时,幕府实行全国的锁国政策,唯中国与荷兰的商人,可在长崎入港。

1802年(清嘉庆七年),清代学者钱侗编辑《知不足斋丛书》,其中收录《群书治要》五十卷。其"识语"曰:"其书久逸,仅见日本天明刊本。"由此可知,钱氏《知不足斋丛书》中所收录的《群书治要》,正是六年前日本尾张藩托长崎官方近藤重藏转交中国商人携带回国的"天明刊本"。魏徵的这部著作,在中国国内失逸了五百余年之后,由于日本的努力和善意,使其重返祖国,实在是一件庆幸的事。此书其后为清代的校勘学立下了不小的功绩。

第六节　江户时代汉籍私人刊印事业的发端

在庆长——元和年间三大官版汉籍刊印的刺激下,日本江户时代的汉籍刊印事业得以勃兴发达。一个显著的标志,便是私家刊版隆盛起来。江户时代的私家刊印汉籍,与中古时代的个人刻刊事业有所不同,其中最重要的差别在于,中古时代的私刻家们,虔诚地以传播汉文化为其宗旨,而江户时代的汉籍私刊事业,则以商业经营为主要的目的。随着町人的崛起,至江户时代后期,京都、江户、长崎等地,书铺满街,刻本盈屋。

一、私人刊印汉籍的开始

近世江户时代私家开版的先驱,当推1596年(日本文禄五年)京都的小濑甫庵以活字排印《补注蒙求》。《补注蒙求》全名为《徐状元补注蒙

求》。此本有刊印者道喜的"识语",文曰:

> 桑城洛阳西洞院通勘解由小路南町居住甫庵道喜,新刊一字版绣此书,以应童蒙之求也。呜呼,未辨芋耶、羊耶、鱼耶、鲁耶,涧愧林惭,冀博览人运郢斤,多幸! 惟时文禄第五丙申小春吉辰　道喜记。

此处说的"一字版",即活字版。署名道喜,即小濑甫庵,尾州人氏,曾仕于丰臣秀次,参加过日本征伐朝鲜的"庆长之役"。此书的刊印,当在他去朝鲜之前。有学者以为,日本的活字印刷是"庆长"战争中从朝鲜传入的。小濑甫庵在赴朝鲜之前已经用"一字版"刊印《徐状元补注蒙求》,足证此说的不确。

小濑甫庵是近世私人刊印汉籍的先驱。

二、直江兼续与《增补六臣注文选》

在德川家康于江户开设幕府的第三年,1606 年,东被地区米泽藩主上杉景胜的老臣直江兼续在京都的要法寺,以铜活字开印《增补六臣注文选》六十卷,并《序目》一卷,凡 31 册。

直江兼续出身武门,本人一直驰驱战场,以武将雄名天下。但他常于兵马倥偬之际,喜好汉学,搜集典籍。当年"骏河版"《群书治要》开印之际,德川幕府曾与直江兼续研讨过版本的问题。所以,江户初期著名的儒学家藤原惺窝称直江兼续"为武臣中第一好学者"。

直江兼续刊印的《增补六臣注文选》,是近世日本版刻史上的大事,由此而开始了江户时代勃发的汉籍复刊事业。

关于直江兼续刊印的这部《增补六臣注文选》,林罗山曾有这样的评述:

> 《文选》有李善注本,有六臣注本。其六臣注本中,又有就(李)善本而加五臣者,有就五臣而添善注者。今此者就五臣而添善注者也。此本近来米泽黄门景胜陪臣直江山城守兼续开版于要法寺。余请秋元但马守泰朝,而后泰朝告景胜,而得义寄余。
>
> (《林罗山文集》卷五四)

此本版式豪放,半页 10 行,每行 22 字,纵 8.2 寸,横 5.4 寸,版心大黑口,气势压倒其他的活字本,具有战国武将的风格。

直江兼续在要法寺刊印《文选》,亦非偶然。该寺属日莲宗,历代住持,汉文化修养都很高。今《山川名迹志》记其事。要法寺开印的汉籍,尚有《论语集解》十卷,《法华传记》十卷等。

日本古代和刊汉籍,从八世纪肇始至于江户时代,经历了漫长的发展过程,屡有起伏,但其总的趋势则是日渐扩展,皇室、贵胄、寺庙、武家、学者、商贾等等,都曾涉足其间。中华民族辉煌的文化以此为载体源源传入日本,并日益深入。

参考文献

《日本思想大系》(67卷),岩波书店,1972年。
《日本古典文学大系》(102卷),岩波书店,1971年。
《日本文学全集》(88卷),集英社,1974年。
《日本历史》(26卷别集5卷),中央公论社,1969年。
安井小太郎:《日本儒学史》。
西村天囚:《日本宋学史》,梁江堂书店,1911年。
牧野谦次郎:《日本汉学史》,世界堂书店,1943年。
铃木大拙:《禅と日本文化》,岩波书店,1965年。
家永三郎:《日本文化史》,岩波书店,1969年。
林屋辰三郎:《日本文化の东と西》,讲谈社,1974年。
日野龙夫等:《江户文学と中国》,每日新闻社,1977年。
柳田国南:《日本の祭》,角川书店,1978年。
铃木修次:《中国文学と日本文学》,东京书籍株式会社,1978年。
今井淳、小泽富夫:《日本思想论争史》,ぺりかん社,1979年。
松浦友久:《中国诗歌原论——比较诗学的主题に即して》,大修馆书店,1988年。
宇田川洋:《アイヌ文化成立史》,北海道出版企画センター,1988年。
熊仓千之:《日本人の表现力と个性》,中央公论社,1990年。
松浦友久:《リズムの美学——日中诗歌论》,明治书院,1991年。
松前健:《日本の神々》,中央公论社,1992年。
田中隆昭:《源氏物语 历史と虚构》,勉诚社,1993年。
安田喜宪:《蛇と十字架——东西の风土と宗教》,人文书院,1994年。
中西进主编:《日本文学における私》,河出书房新社,1994年。
村上哲见:《汉诗と日本人》,讲谈社,1994年。
剑持武彦:《言语生活と比较文化》,朝文社,1995年。
"日中文化关系史丛书"(10卷),大修馆书店,1996年。
权又根:《古代日本文化と朝鲜渡来人》,雄山阁,1991年。
信太一郎:《朝鲜の历史と日本》,明石书店,1992年。
鸟越宪三郎:《古代朝鲜と倭族》,中央公论社,1992年。
中西进、安田喜宪:《迷·王国·渤海》,角川书店,1993年。

严绍璗编撰:《日本的中国学家》,中国社会科学出版社,1979年。
木宫太彦:《日中文化交流史》,胡锡年译,商务印书馆,1980年。
埃德温·赖肖尔:《日本人》,孟胜德、刘文涛译,上海译文出版社,1980年。
村上专精:《日本佛教史纲》,杨曾文译,商务印书馆,1981年。
伊庭孝:《日本音乐史》,郎樱译,人民音乐出版社,1982年。
彭恩华:《日本俳句史》,学林出版社,1983年。
弘法大师原撰:《文镜秘府论校注》,王利器校注,中国社会科学出版社,1983年。
汪向荣、夏应元编:《中日关系资料汇编》,中华书局,1984年。
彭恩华:《日本和歌史》,学林出版社,1986年。
李永炽:《日本史》,水牛出版社(台北),1986年。
许介麟:《近代日本论》,日本文摘杂志社(台北),1987年。
会田雄次:《日本的风土与文化》,陈宝莲译,日本文摘杂志社(台北),1987年。
严绍璗:《中日古代文学关系史稿》,湖南文艺出版社、中华书局(香港),1987年。
王晓平:《近代中日文学交流史稿》,湖南文艺出版社、中华书局(香港),1987年。
严绍璗、王晓平:《中国文学在日本》,花城出版社,1990年。
王家骅:《儒家思想与日本文化》,浙江人民出版社,1990年。
陆坚、王勇编:《中国典籍在日本的流传与影响》,杭州大学出版社,1990年。
严绍璗:《日本中国学史》(第一卷),江西人民出版社,1991年。
尾藤正英:《日中文化比较论》,王家骅译,浙江人民出版社,1992年。
圆仁:《入唐求法巡礼行校注》,小野胜年注、白化文等修订,花山文艺出版社,1992年。
石晓军:《中日两国相互认识的变迁》,商务印书馆(台北),1992年。
王晓秋:《近代中日文化交流史》,中华书局,1992年。
严绍璗:《中国文化在日本》,新华出版社,1993年。
周一良、严绍璗、王勇主编:《中日文化关系史大系》(10卷),浙江人民出版社,1996年。
李丙焘:《韩国儒学史》,亚细亚文化社,1986年。
韦旭升:《朝鲜文学史》,北京大学出版社,1986年。
李秀雄:《苴熹与李退之诗比较研究》,北京大学出版社,1991年。
杨通方等:《汉文化论纲》,北京大学出版社,1993年。
金煐泰:《韩国佛教史概说》,柳雪峰译,社会科学文献出版社,1993年。
金贞培:《朝鲜民族的文化和起源》,高岱译,上海文艺出版社,1993年。
朴忠禄:《朝鲜文学论稿》,北京大学出版社,1994年。
尹丝淳等:《韩国哲学史》(三卷),白锐、韩振乾等译,社会科学文献出版社,1995年。
杨通方:《中韩古代关系史考》,中国社会科学出版社,1996年。

再版后记

本书在20世纪90年代作为新中国开国上将萧克先生主编的《中国文化通志·中外文化交流典》的一种,由上海人民出版社刊出。1998年11月当时的国家主席江泽民先生曾经面见了《中国文化通志》一百余位著者中的15人,本书著者忝列其位。江泽民先生当时对我们说"你们为人民写了好书,我代表大家谢谢你们!"并说"我们的干部如果有时间,读读你们写的这些书,就不会去做那些贪赃枉法的事情了!"但由于《中华文化通志》是以100卷定价6000元打包出售,社会读者事实上无法择卷购买,所以本书也未曾为更多的读者所阅读。2015年北京大学"东方文化集成"编委会议决继续完成季羡林先生的遗愿,推进这一"集成"的组稿、编辑与出版。在诸位的好意中征得刘渤先生和我的同意,决定再版《中国与东北亚文化交流志》,并由北京大学出版社刊出。

承蒙北京大学出版社外语部主任张冰博士鼎力协助,责编严悦先生认真校读,改正错讹,本书得以与更广泛的读者见面,著者谨致深深地谢忱。

严绍璗
2015年12月1日识于北大文史苑6号院